AF403053

ELISABETH GNEHM

DIE SEELE WILL GEHÖRT WERDEN

Eine authentische Forschungsreise durch
Körper, Psyche, Seele und Geist

novum pro

Bibliografische Information
der Deutschen Nationalbibliothek:

Die Deutsche Nationalbibliothek
verzeichnet diese Publikation in
der Deutschen Nationalbibliografie.
Detaillierte bibliografische Daten
sind im Internet über
http://www.d-nb.de abrufbar.

Alle Rechte der Verbreitung,
auch durch Film, Funk und Fernsehen,
fotomechanische Wiedergabe,
Tonträger, elektronische Datenträger
und auszugsweisen Nachdruck,
sind vorbehalten

Gedruckt in der Europäischen Union
auf umweltfreundlichem, chlor- und
säurefrei gebleichtem Papier.

© 2022 novum Verlag

ISBN 978-3-99131-641-1
Lektorat: Tobias Keil
Umschlagfoto:
Cammeraydave | Dreamstime.com
Umschlaggestaltung, Layout & Satz:
novum Verlag
Innenabbildungen:
siehe Bildquellennachweis S. 10

www.novumverlag.com

AUSFÜHRLICHES INHALTSVERZEICHNIS

EINFÜHRUNG DURCH DIE AUTORIN

Bildquellennachweis:
S. 158 oben: © Quelle: „Yoga, die 5 Schlüssel zur gesundheit" S. 260;
          ISBN 978-3-8338-7896-1, bearbeitet von D. Gnehm;
S. 158 unten: © Designed by D. Gnehm ;
S. 162, 163: © Quelle: „Chakrahandbuch" S. 228 ff.,
          ISBN 978-3-89385-038-9, bearbeitet von K. Gnehm;
S. 177: © Quelle: „Lehrbuch Psychosomatische Energetik",
          ISBN 3-936486-15-8, bearbeitet von K. Gnehm;
S. 210: © Quelle: „Astrodata Fernlehrgang 1997",
          Symbole aus dem Internet, bearbeitet von K. Gnehm;
S. 214: © Quelle: „Astrodata Fernlehrgang 1997",
          Symbole aus dem Internet, bearbeitet von K. Gnehm;
S. 215: © Quelle: astrodata.com/Gratishoroskope, bearbeitet von K. Gnehm;
S. 217: © Quelle: astrodata.com/Gratishoroskope, bearbeitet von K. Gnehm;
S. 222: © Quelle: astrodata.com/Gratishoroskope, bearbeitet von K. Gnehm;
S. 241: © Quelle astrodata.com/Gratishoroskope, bearbeitet von K. Gnehm
          nach Idee von E.Gnehm;
S. 332: © Quelle: „Archetypen der Seele", ISBN978-3-442-21929-2,
          zusammengestellt von K. Gnehm nach Idee von E. Gnehm

EINFÜHRUNG

DER AUTORIN

Mehrmals wurde mir nahegelegt, ich solle doch ein Buch schreiben über meine Erfahrungen und mein therapeutisches Wissen.

Im Herbst 2020 spürte ich, wie sich in meinem Geist Ideen konkretisierten und niedergeschrieben werden wollten. Als Geschenk des Himmels fand ich Monika Marti, welche mir die ersten Tipps gab zur „Kunst des Schreibens". Bereits der Einstieg in mein Buch ist herausfordernd, denn mit meinen vorgeburtlichen Erfahrungen werden Sie in ein Thema eingeführt, das Ihnen wahrscheinlich wenig vertraut ist. Am Ende des Buches werden Sie diese Welt wahrscheinlich besser verstehen.

Die Auseinandersetzung mit Essen und Ernährung bestimmte einen großen Teil meines Lebens. Das Thema ist heute sehr präsent, und ich liefere dazu gerne meinen Beitrag, denn Nahrung kann unser Heilmittel, aber auch unser Verderben sein.

Viele Diskussionen gab es zur Frage, ob es angebracht ist, dass ich meinen Partner in mein persönliches Berichten miteinbeziehe. Meine Lebenserfahrungen sind stark mit meiner Partnerschaft verknüpft, so dass es für mich fast eine Notwendigkeit war, die Entwicklung unserer Beziehung als Teil des Buches zu integrieren. Da ich nicht nur über die Sonnenseiten unserer Partnerschaft berichte, sondern auch über die Schattenseiten und Ängste, an denen es zu wachsen galt und gilt, mache ich uns beide mit diesen Zeilen verletzlich. Meine Absicht ist es, Ihnen nicht nur theoretische Inhalte anzubieten, sondern lebensnahe, gefühlte Erfahrungen, über die nicht so häufig gesprochen wird, weil sie in einer Tiefe berühren, die wir gerne für uns behalten.

Die Corona-Zeit hat nicht nur in der Gesellschaft, sondern vielleicht auch in Ihrer Beziehung und in Ihnen selbst Gräben aufgerissen und den Blick in angstvolle Abgründe freigelegt. Was wollen diese uns zeigen?

Ich wollte mögliche Wege beschreiben, wie wir uns den Gräben und Abgründen stellen und an ihnen wachsen können. Dafür sind wir meines Erachtens nämlich als Menschen hier auf der Erde inkarniert.

Ich lasse Sie teilhaben an meinen persönlichen Erfahrungen auf dem langjährigen Yoga-Weg und mit der Astrologie; Wissen, das mich bis heute fasziniert.

Mein Körper ist und war mein bester Lehrmeister, wenn es um das Erkennen von verdrängten Gefühlen oder unpassenden Lebensmustern ging und geht. Ich habe gelernt hinzuspüren und die eigenen Gefühle, Gedanken und Bilder wach und vorurteilslos zu betrachten, zu akzeptieren und, wenn nötig, mit Hilfe therapeutischer Methoden zu transformieren.

Bereits in jungen Jahren wurde ich mit der transpersonalen Welt konfrontiert, mit Erfahrungen, welche über dem Verstandeshorizont liegen und demzufolge in einer von rationalem Denken dominierten Welt schwer einzuordnen sind. Doch Erfahrungen können nicht genommen werden; sie müssen auch nicht geglaubt werden; sie sind, was sie sind.

Auf der Suche nach dem Sinn des Lebens bin ich, wie wohl auch viele andere Menschen, immer wieder dem Thema Liebe begegnet. Gerne nehme ich Sie mit auf meine diesbezügliche Forschungsreise.

Meine Vermutungen, woher wir kommen und warum wir vielleicht da sind, versuchte ich im letzten Kapitel anschaulich darzustellen.

Ich wünsche mir, dass Sie mein Erzählen anregt, über Ihre Lebensthemen nachzusinnen. Entfalten Sie Ihr Potenzial durch seelische Wachheit und Mut zur Ent-Wicklung!

Elisabeth Gnehm-Beeli, Frühling 2022

WORTE DAVOR

VON HERMANN HESSE

„Das Leben, das ich selbst gewählt"

Ehe ich in dieses Erdenleben kam,
ward mir gezeigt, wie ich es leben würde:
Da war Kümmernis, da war Gram,
da war Elend und Leidensbürde.

Da war Laster, das mich packen sollte,
da war Irrtum, der gefangen nahm.
Da war der schnelle Zorn, in dem ich grollte,
da waren Hass und Hochmut, Stolz und Scham.

Doch da waren auch die Freuden jener Tage,
die voller Licht und schöner Träume sind.
Wo Klage nicht mehr ist und nicht mehr Plage
Und überall der Quell der Gaben rinnt.

Wo Liebe dem, der noch im Erdenkleid gebunden,
die Seligkeit des Losgelösten schenkt,
wo sich der Mensch der Menschenpein entwunden
als Auserwählter hoher Geister denkt.

Mir war gezeigt das Schlechte und das Gute,
mir ward gezeigt die Fülle meiner Mängel.
Mir ward gezeigt die Wunde, draus ich blute,
mir ward gezeigt die Helfertat der Engel.

Und als ich so mein künftig Leben schaute,
da hört ein Wesen ich die Frage tun,
ob ich dies zu leben mich getraue,
denn der Entscheidung Stunde schlüge nun.

Und ich ermaß noch einmal alles Schlimme –
„Dies ist das Leben, das ich leben will!"
gab ich zur Antwort mit entschloss'ner Stimme
und nahm auf mich mein neues Schicksal still.

So ward ich geboren in diese Welt,
so war's, als ich ins neue Leben trat.

Ich klage nicht, wenn's oft mir nicht gefällt,
denn ungeboren hab' ich es bejaht.

1

VON DER ZEUGUNG BIS ZUR GEBURT – PRÄ- UND PERINATALE SELBSTERFAHRUNG

Im Frühling 2019 suchte ich in der Nähe von Basel einen Selbsterfahrungsworkshop zum Thema: *Die eigene Zeugung, Embryonalzeit und Geburt nochmals selber auf inneren Reisen erfahren.* Organisiert wurde der Anlass von der isppm (Studiengemeinschaft für prä- und perinatale Psychologie und Medizin) Schweiz. Dabei ging es um die Untersuchung des Bewusstseins und der Wahrnehmung zwischen dem Zeitpunkt der Empfängnis, der Zeit als Embryo und der Geburt.

Es ist die Reise vom Jenseits, aus dem Einheitsbewusstsein zur Verbindung in der Mutter und schließlich durch die Geburt in die Getrenntheit und das Alleinsein.

Der Seminarleiter weiß aus seiner langjährigen Erfahrung, dass schon das vorgeburtliche Bewusstsein ein fundamentales Wissen hat, woher es kommt. Ebenso nimmt es alles wahr, was rundherum geschieht.

Am schönsten ist es für eine Seele, wenn sie vorbehaltlos willkommen geheißen wird. Jede Seele kommt mit bestimmten Qualitäten und einem ihr eigenen Wesenskern ins Erdenleben, einem Geschenk, das es zu entfalten gilt.

Im Laufe einer Schwangerschaft begegnet das werdende Baby aber oft Bedingungen, welche die ankommende Seele einschränken und fremd bestimmen. Dies können ungünstige Umstände der Mutter sein, des Nahrungsangebots, der Elternbeziehung, des Umfeldes oder der Ahnen.

So ist es angeblich für eine Seele die tiefste Verwundung, wenn sie bei ihrer Geburt nicht als Seele, als Wesen, so wie sie/es angelegt ist, willkommen geheißen wird.

Die Frage der Eltern und des Umfeldes sollte heißen: *„Wer bist du? Was kann ich für dich tun? Wie kann ich dir zu deiner bestmöglichen Entfaltung verhelfen?"*

Es wird unterschieden zwischen der Seele, welche bestimmte Qualitäten und einen Wesenskern mitbringt, und dem Ego, welches sich in den Umständen von Schwangerschaft, Geburt und Kindheit erst formt. Das Ego erwirbt sich Qualitäten, die immer eine Hilfe sein sollen, um sich selbst möglichst sicher zu halten und geliebt zu werden.

Je mehr sich die erworbenen Ego-Qualitäten von den mitgebrachten Seelenqualitäten entfernen, umso schmerzlicher wird das Gefühl des Seelenverlustes.

Das Gefühl des Seelenverlustes kann sich ausdrücken als etwas, das fehlt in mir. Man fühlt sich betäubt, emotionslos und apathisch. Der Lebensfunke fehlt, am Leben wird nicht mehr teilgenommen. Man fühlt sich verloren und ziellos. Das Selbstvertrauen schwindet, Ängste, Phobien und Süchte können daraus entstehen. In der Tiefe der Seele verbergen sich Trauer, Wut und Sehnsüchte, die keinen Ausdruck finden.

Die Sprache der Seele kommt oft in Bildern, Träumen, Körperzeichen oder als Intuition daher. Diese Metaphern dürfen nicht zu schnell zu wörtlich genommen werden. Wir müssen Zeit verbringen, um die Seele zu verstehen. Die Seele vermittelt zwischen Ego und Geist (Spirit), zwischen Getrenntheit und Einheit, zwischen mir und der Quelle (Gott, dem All-Einen), von der meine Seele herkommt.

In einer ersten Übung galt es nun, für unsere Seelenreisen eine innere Begleiterin zu finden.

Zu Gesang und schamanischen Trommelklängen ließ ich mit geschlossenen Augen innere Bilder hochsteigen: mein Bruder, meine Katze Miggi und schliesslich meine verstorbene Großmutter, die als inneres Energiebild an meiner rechten Körperseite „hängen" blieb. Sie war es, die mich auf meinen weiteren Reisen begleiten wollte. Ein inneres Bild erschien mir, wie ich als Baby bei meiner „Grosi" wohl war; bei ihr konnte ich entspannen; sie mochte mich, wie ich war.

Zeugung und Empfängnis

Als Nächstes stand die Reise zum Zeitpunkt vor der Empfängnis an.

In einer Meditation wurden wir Kursteilnehmer vom jetzigen Zeitpunkt zurückgeführt in die letzte Woche, das letzte Jahr, die Jugend, die Kindheit bis in den Mutterbauch und vor die Empfängnis.

Bei der nachfolgenden praktischen Übung lag ich in Embryohaltung auf einer Wolldecke. Zwei Kursteilnehmerinnen hielten je zwei Ecken der Decke und drehten mich, auf der Decke liegend, rückwärts. Begleitend gab es eine Urton-Musik, sozusagen das Summen des Kosmos. Ich war erstaunt, wie schnell sich konkrete Bilder zur Zeugungssituation einstellten.

Vor der Empfängnis sah ich, wie mein Energiekörper (Bewusstsein, Seele, Geist) längere Zeit um die Eltern kreiste und sie und deren Situation beobachtete. Es war, als säße ich auf dem Rand eines Trichters und sähe hinunter auf meine künftigen Eltern mit meiner eben erst als Frühgeburt geborenen Schwester. Die Eltern schienen ängstlich und gestresst zu sein in der Fürsorge um das Neugeborene.

„Dahin soll ich nun hinuntergehen? Neben dieser Schwester habe ich ja keinen Platz?! Die braucht die ganze Aufmerksamkeit!", sagte eine innere Stimme in mir. Ich spürte Gefühle der Verweigerung, des Zurückweichens, nicht dort hinunterzuwollen. Doch da gab es „geistige Helfer" und einen „Zwillingsbruder", die mich daran erinnerten, was ich mir vorgenommen hatte. *„Habe Mut zum Sprung, den Mut empfangen zu werden. Du schaffst das schon!"*, waren Worte, die mir auf den Weg mitgegeben wurden.

Ich sah meinen Vater, wie er in seine Sexualkraft kam; sein Penis war erregt. Die Mutter sah ich nicht. Ich spürte meine eigene Gebärmutter; sie war warm.

„Themen aus dem Leben meiner Eltern solle ich in meinem Leben weitertragen und weiterentwickeln“, meinte die innere Stimme. *„Die Gebärmutter mit der Kraft des Herzens verbinden“*, wurde mir als weitere Botschaft mitgegeben.

In der Gebärmutter

Vor der nächsten Übung, der Einnistung in die Gebärmutter, gab uns der Seminarleiter zuerst wieder eine theoretische Vorbereitung:

Möglicherweise ist die Einnistung in die Gebärmutter einer der kraftvollsten Übergänge. Die befruchtete Eizelle hat sich unterdessen mehrmals geteilt und wird zum Blastozysten. Dies ist eine Zellkugel, welche sich nun auf den Weg macht, um vom Ort der Befruchtung, meist dem Eileiter, in die Gebärmutter zu wandern. Die äußeren Zellen sind gut genährt, die inneren sind hungrig. Den Übergang in die Gebärmutter überleben aber viele Blastozysten nicht. Nun sucht sich der Blastozyst, der bestmöglich leben will, den Ort in der Gebärmutter mit dem besten Nahrungsangebot.

Der Blastozyst nistet sich ein und dehnt seine Zellen ins Gewebe der Gebärmutter aus, um Blut zu saugen. Dies ist der erste zelluläre Kontakt mit der Mutter, angeblich auch Ursprung aller Vampirgeschichten. Die Einnistungsstelle beim Blastozysten ist die Gegend des späteren dritten Auges bei der Stirn. Äußerst lehrreich fand ich die Unterscheidung verschiedener Gebärmuttertypen:

Gebärmuttertypen
Die Typologie entstand als Ergebnis von Rückführungsexperimenten. Es werden sechs Typen unterschieden, welche in der Realität auch als Mischformen auftreten können:

Üppig: Das Gewebe der Gebärmutter fühlt sich energetisch lebendig und empfangsbereit an für den Blastozysten. Die Zellen pulsieren. Es hat viel Nahrung und wenig toxische Stoffe.

Die Mutter fühlt sich wohl und ihre emotionale Verfassung ist positiv. Wenn die Mutter Selbstzweifel hat oder andere Schwierigkeiten, hat sie die Fähigkeit, sich schnell und vernünftig daraus zu befreien. Sie ist entspannt und erfreut sich an ihrer Sexualität. Die Mutter ernährt sich gesund und achtet auf ihre Gesundheit. Bei der Rückführung erleben die Probanden ein Gefühl von Willkommen-geheißen-Werden in einer Welt von sinnlichen Freuden und gutem Nahrungsangebot.

Trocken und unfruchtbar: Der Blastozyst hat das Gefühl, in einer Wüste gelandet zu sein.

Diese Qualität widerspiegelt die zu Grunde liegende emotionale Stimmung der Mutter. Die Seele des Embryos fühlt sich nicht willkommen geheißen. Dies kann die Folge von Langzeitstress und Unzufriedenheit der Mutter sein. Es ist möglich, dass die Schwangerschaft zu diesem Zeitpunkt nicht willkommen ist, und die Mutter zieht sich gefühlsmäßig innerlich von der Möglichkeit der Schwangerschaft zurück. Auch emotionale Probleme, eine ungesunde oder alte Gebärmutter führen dazu, dass der Blastozyst/Embryo nicht die Nahrung und Energie bekommt, um sich willkommen und im Leben unterstützt zu fühlen. „Kann diese Umgebung mich aushalten?", ist ein Thema, das in der Rückführung hier auftaucht. Es fühlt sich nicht wie eine stabile und nährende Umgebung an.

Kalt: Es herrscht ein Gefühl der Kälte im Gewebe der Gebärmutter. Dies widerspiegelt eine gefühlsmäßig kalte Einstellung von Seiten der Mutter. Sie ist streng und kann sich nicht an der Sexualität und Sinnlichkeit ihres Körpers erfreuen. Diese Qualität der Härte und Kälte im Gewebe führt dazu, dass die Zellen kaum pulsieren können und das Gewebe zäh ist. So ist auch die

Durchblutung schlecht und ebenso das Nahrungsangebot. In der Rückführung wurde das als durchdringendes Gefühl von Kälte im ganzen Körper erlebt. Anstatt sich willkommen zu fühlen, entstand eher das Gefühl von: „Ich muss mich wie ein ungebetener Gast ins Leben zwingen."

Verschlingend: Die Mutter will wirklich ein Baby, aber nur zu ihrem eigenen emotionalen Nutzen und nicht um ein neues eigenständiges Wesen echt zu empfangen und begrüßen.

In der Rückführung fühlt es sich bei den Teilnehmern an, wie wenn sie gepackt würden vom Gewebe der Gebärmutter und überwältigt vom „emotionalen Hunger" der Mutter. Es bleibt ein Gefühl von „da ist kein Raum für mich als Individuum". Die emotionalen Bedürfnisse der Mutter überfluten den Blastozysten, das Gefühl des Mangels der Mutter ist immer da.

So ergibt sich die Situation, dass sich die Mutter am Blastozysten nähren will anstatt der Blastozyst am Gewebe der Mutter. Die allgegenwärtige Botschaft heißt: „Du gehörst mir."

Vergiftet: Viele Stoffe aus der Umgebung tragen dazu bei, dass das Gewebe der Gebärmutter vergiftet sein kann: Chemikalien, Abgase, Farben, Kosmetika, Pestizide, Konservierungsstoffe, Mangelernährung, Alkohol, Rauchen, Drogen, Medikamente.

Auch emotionale Gifte sind ein Faktor; der Embryo wächst quasi im emotionalen Schatten von Mutter und Vater auf. Ungelöste Probleme sind wie „Eiterherde". Tief erlebte Bitterkeit, Hass, Selbsthass, Depression oder Kummer können eine giftige Qualität in die Gebärmutter bringen. In der Rückführung erleben die Menschen oft eine Abneigung gegen eine vergiftete Gebärmutter; es fühlt sich an wie ein „Schluck Abwasser".

Verwunschen: Wenn es in der Vergangenheit Fehlgeburten gab oder Abtreibungen, dann wird diese Erinnerung im Gewebe der Gebärmutter immer noch festgehalten. Bei der Rückführung wurde dies oft erlebt, wie wenn der ankommende Mensch auf einem Friedhof gelandet wäre oder die Gegenwart eines toten Geschwisters gespürt hätte. Wenn die Eltern sich Zeit zum Trauern gegeben haben, dann vergeht die Erinnerung. Letztendlich bleibt im Gewebe diejenige Gefühlslage, welche die Mutter nach dem Verlust noch hat. Es ist gut, wenn die Eltern ihre eigenen Rituale haben, um das kleine Ungeborene zu verabschieden. Das hilft, den Platz wieder frei und sauber zu machen für ein anderes Baby.

Nach dem Einnisten des Blastozysten in der Gebärmutter wird das heranwachsende Wesen Embryo genannt. Durch die vom Embryo erlebten Qualitäten in der Gebärmutter werden spätere Lebensthemen geprägt. Dazu gehören der Bezug zu Nahrung und genährt werden, zu Geld und Intimität, aber auch die Themen Heimat und Lebensängste.

Zur praktischen Übung wurden wir in Dreiergruppen eingeteilt, eine Person, welche in den Prozess der Einnistung geht, eine zweite, welche den Prozess begleitet, und eine dritte, welche ein Protokoll verfasst über das, was die Versuchsperson mitteilt.

Als Ausgangsstellung ging die Versuchsperson in den Vierfüßlerstand. Mit der Stelle des dritten Auges an der Stirn rollte der Kopf auf dem Boden hin und her, in der Absicht, die Qualitäten der Gebärmutter zu erforschen.

In meinem Protokoll wurde folgender Ablauf festgehalten:

„Herumsuchen, kuschelig, habe es eilig, bin gierig
und hungrig; es ist wenig nahrhaft.
Bin müde, bin suchend. Ist es der richtige Platz für mich?
Ich suche. Was suche ich eigentlich?
Möchte ankommen, bin irgendwie enttäuscht, bin müde.

Ich überfordere meine Mutter mit meinen Bedürfnissen.
Es wird zu eng. Ich (mein Bewusstsein) gehe raus, zurück.
Enge gefällt mir nicht.

Mein Gefühl, Mutter ist gestresst; sie hat mich nicht erwartet.
Bin ich erwünscht, wenn sie merkt, dass ich da bin?"
Ich gehe mit meinem Kopf aus dem Prozess;
ich mag nicht mehr.

Die geistige Welt meint: „Zieh es durch, du hast es gewählt."
Im Hintergrund mein Zwilling[1], der mich ermuntert:
„Komm, wir gehen."

Gehe wieder rein ins Erforschen der Gebärmutter …
Ich habe das Gefühl, mich kaum bewegen zu dürfen,
um nicht zu viel Energie zu verbrauchen.
„Es ist nicht mein Naturell, ruhig zu sein; ich bin ein lebendiges
Wesen!" Resignation, Wut, Frust!
„In höhere Ordnung einpassen müssen.
Dein Wille geschehe", sagt die innere Stimme.
Ich gehe raus: „Freiheit, Weite, Sehnsucht nach draußen."
Mein Zwilling unterstützt mich, indem er auch mitkommt;
ich werde ruhiger.

„Dein Wille geschehe; es wird für dich gesorgt."
Ich gehe aus dem Widerstand heraus.
Meine Mutter ist eine liebe, fürsorgliche Person,
aber gestresst und anscheinend überfordert.
Der Vater ist besorgt um die Mutter,
scheint aber selber psychische Probleme zu haben.

---

1 Oft begleitet eine zweite Seele die erste Seele als Unterstützung bei der Inkarnation, was dann zu einer Zwillingsschwangerschaft führt. Entwickelt sich der zweite Zwilling nicht weiter, sondern stirbt während der Schwangerschaft, so spricht man von einem verlorenen Zwilling.

„Wir kommen am besten durch,
wenn ich mich ruhig verhalte", ist das Gefühl in mir.
„Ich werde eine Rolle spielen und einen Teil von mir verstecken
müssen, um in diese Familie hineinzupassen.
Ich beobachte, was die Familie freut.
Spüre die Verbindung zur geistigen Welt.
Mein Zwilling ist noch da."

Es war sehr eindrücklich, wie jede Teilnehmerin einen sehr persönlichen Prozess erlebte, der aber sehr viel mit der jeweiligen Lebensgeschichte zu tun hatte. Einigen fiel es leicht, in diese Energien einzutauchen und den Zugang zu Sprache und Bildern zu erhalten, andere taten sich schwerer oder erhielten statt Bildern Gerüche, Geräusche und Stimmungen.

Ich ging in meine Unterkunft und spürte den ganzen Abend einen Druck im Magen. Was war das? Mit dem Emotionscode[2] wollte ich herausfinden, welche Gefühle sich hinter diesem Magendruck versteckten und erlöst werden wollten. Durch kinesiologisches Testen[3] erhielt ich folgende Informationen: Wut und Neid auf meine Schwester, gefühlt mit zweieinhalb Monaten, waren in meinem Körper abgespeichert. Weil ich zu wenig Beachtung fand, hatte mein Ego zur selben Zeit Minderwertigkeitsgefühle empfunden und im Körper „hinterlegt". Mit einem Magneten strich ich über Scheitel, Hinterkopf und Wirbelsäule und zog damit diese alten, durch Bewusstwerdung nun im Nervensystem aktivierten Emotionen (= „Ladung") aus dem Körper heraus ... und mein Magendruck löste sich in Kürze auf.

---

2 Emotionscode: eine Methode zur Bestimmung von unbewusst Stress verursachenden Emotionen.
3 Kinesiologisches Testen: Mit dem sogenannten „Muskeltest" sucht der Kinesiologe Disharmonien im Körper-/Seele-/Geistbereich, die dann mit geeigneten Methoden aufgelöst werden können.

Der Geburtsvorgang

Am nächsten Tag sollten wir durch die Geburt geführt werden; dazu gab uns der Seminarleiter einige theoretische Vorinformationen:

Beim **Geburtsvorgang** gibt es verschiedene Stadien, die bei jedem Baby individuell lang sein können. Das Baby beginnt in der Querlage und bewegt sich dann ins Becken hinunter. Es ist stark zusammengekrümmt, Knie und Brust berühren sich. Das Baby trifft auf einen knochigen Widerstand am Gebärmutterhals und den noch geschlossenen Muttermund. Mit dem Voranschreiten der Wehen und durch den Druck des Babys beginnt sich der Muttermund zu öffnen. Dies gibt neue emotionale Empfindungen: *„Was ist da draußen? Fühlt es sich freier an als drinnen, warm oder kalt, hell oder dunkel, vielleicht grenzenlos?"* Ungewissheit herrscht.

Damit das Baby unter dem Schambeinbogen hindurch in den Geburtskanal kommen kann, muss sich sein Kopf um 90° drehen. Das Gesicht ist jetzt in der Kurve des mütterlichen Kreuzbeins, im Nacken ist der Schambeinbogen. Nun muss das Baby auch den Schultergürtel drehen und dem Kopf folgen. Das Baby nimmt eine aktive Rolle ein, um aus dem Schmerz herauszukommen. Die Geburtserfahrung wird jetzt sehr persönlich, entweder schnell und einfach oder stunden- bis tagelang. Der Kopf kommt aus der Vorbeuge in die Rückbeuge, von herznah zur Zuwendung zur Welt.

Die Übung zur Geburt führten wir wieder in Dreiergruppen durch mit Versuchsperson, Begleiterin als Geburtshelferin, und Protokollführerin.

Als Ausgangsstellung ging die Versuchsperson in eine Embryo-Haltung. Die Geburtshelferin bildete nun mit beiden Händen einen Muttermund und legte ihre Hände an die hintere Fontanelle (hintere Scheitelgegend) der Versuchsperson. Anfänglich war der improvisierte Muttermund ca. 5 cm offen, und auf Druck des „Babys" öffnete er sich langsam mehr. Die Begleitperson versuchte der Versuchsperson den richtigen Widerstand zu geben, damit die Erinnerungen an den persönlichen Geburtsvorgang im Gewebe hochkommen konnten.

In meinem Protokoll wurde folgender Ablauf festgehalten:

„Wow! Das ist super schnell gegangen;
ich bin schon im Licht und habe keinen Druck mehr!!"
Ich bin selber überrascht, wie schnell ich draußen bin;
bin mit viel Druck ans Werk gegangen.
Ich gehe nochmals zurück in die Gebärmutter.
„Ich spüre zwei Gesichter, zwei Wesenszüge in mir:
eine kraftvolle und spontane Seite,
aber auch eine zweite sehr sensible.
Könnt ihr mir das zugestehen?"

Ich empfinde sehr viel Kraft in mir und hinter mir sehr viel
Begleitung aus der geistigen Welt:
„Haushalte gut mit deinen Energien", geben sie mir
aus der geistigen Welt mit.
„Andere Menschen werden sich oft überrumpelt fühlen von dir,
weil du schnell reagieren kannst und manchmal
wie ein Blitz den Durchblick hast.
Trauer scheint verbunden mit der Kraft.

Hass auf Männer. Mit Gewalt haben sie mich immer
wieder unterdrückt, wenn ich in meine Kraft als Frau ging.
Mit welchem der beiden Gesichter soll ich auf die Welt kommen?"
Der Zwilling ist weg. Er sagt, er komme später wieder.
Zu mir meinte er: „Du musst vermitteln zwischen männlich und
weiblich. Du hast beides stark in dir."

Ich habe ein ungutes Gefühl in diese Familie zu gehen, zu dieser
Schwester und der Mutter, die auf einen Buben wartet.
Große Scham, dass ich kein Junge bin; Trauer, Ohnmacht.
Vater sagt, er freue sich auf alles. Mutter ist überfordert.
Sehe Licht als Symbol für die geistige Welt.
Ich werde mich immer nach dem Licht orientieren.
Mutter sieht großes Kind kommen.
Habe Angst, wenn sie mein Geschlecht sieht. „Scheiße!"

Mutter hat Angst vor Überforderung;
Ich werde selbständig sein müssen.
Gefühle der Geborgenheit haben keinen Platz.
Spüre karmische, wohl aus früheren Inkarnationen stammende
Geschichten mit dem Vater. Er ist lieb.
Ich will ihm aber nicht zu nahe kommen.
Habe Angst vor meinem Weg; fühle mich selbst überfordert.
Große Spannung im Bauch.
Kann mich nicht richtig zeigen; muss Rolle spielen.
Geistige Ebene sagt: „Du hast so viele Gaben,
du wirst dich durchschlagen können.
Sie werden deine geistigen Gaben schätzen,
nicht dich als Person.
Du musst leisten."
Viel Druck. Hilfe kommt von hinten,
aus der geistigen Welt und gibt Mut zum Weitermachen …
Immer wieder das Gefühl: „Ich bin falsch!"
Will raus! Habe Angst!

Komme ans Licht! Komme raus! Bin ein Mädchen!
Beginne herzzerreißend zu weinen!
Will mein Geschlecht nicht zeigen.
Elend, dass ich mich verstecken muss; bin erstarrt.
Weiß nicht, wie weiter. Es macht mich traurig.
Ich bin vom Unterleib getrennt.
Starkes Weinen … es hat mein Leben
so schwer gemacht … große Trauer.

Die Begleiterin wurde aktiv, indem sie sagte:

„Lass dich deine Erfahrung ehren!
Manchmal ist das Geschenk im Herz eingeschlossen.
Was brauchst du, um deine Trauer loszulassen?"

Ich: *„Angenommen werden, wie ich bin."*

Ich spürte meine verstorbene Mutter; sie sagte: *„Es tut mir leid; es war bei mir ein Selbstschutz, einen kräftigen Jungen haben zu wollen."*

Ich konnte ihr jetzt vergeben.

Die Begleiterin deckte mich zu und hielt ihre Präsenz in meinem Rücken, solange ich sie brauchte.

Am letzten Seminartag ging es darum, unsere Seelenanteile zurückzuholen, die wir auf unserer Seelenreise hierher in dieses Leben verloren hatten.

Dazu gab es schamanische Trommelmusik und die Aufforderung, mit den verlorenen Seelenanteilen zu sprechen, ihnen folgende Fragen zu stellen:

„Warum bist du gegangen?"
„Was hilft dir, zurückzukommen?"
„Was muss ich ändern, damit du zurückkommen magst?"
„Welche Unterstützung brauchst du?"
„Welches Geschenk hast du?"
„Was ist deine Qualität, die ich jetzt verkörpern kann?"
„Welche Bilder, Symbole, Ängste wollen sich dir zeigen?"

Meine Reise zeigte mir zuerst tanzende Kinder als Symbol unbeschwerter Lebendigkeit!

Doch darin war die Angst, andere mit meiner Spontaneität und Lebendigkeit zu überrollen.

„Ich solle meine Lebendigkeit mehr mit meinem Herz verbinden, mit dem Fühlen."

Wieder baute sich ein Druck im Magen auf. Es waren Schuldgefühle, weil ich zu viel gesprochen hatte, zu lebendig war, zu wenig mitfühlend mit den Menschen um mich herum, denen ich zu schnell war.

Ich solle noch mehr Herzqualitäten und Mitgefühl entwickeln, weniger Mission.

Nach unserer inneren Reise durften wir die für uns wichtigsten Eindrücke in einer Zeichnung festhalten. Alle Zeichnungen wurden dann im Raum ausgelegt. In einem berührenden Willkommensritual luden wir die verlorenen Seelenanteile ein, zurück in unser Leben zu kommen.

Schlusszitat des Seminarleiters:

„Wir alle sind gebrochen worden, doch an den Brüchen wachsen unsere Stärken."

oder nach Wabisabi[4]:

„Die Schönheit im Unperfekten sehen."

„Es nährt alles, was authentisch ist, da es drei einfache Wahrheiten anerkennt: Nichts bleibt, nichts ist abgeschlossen und nichts ist perfekt."

---

4 Wabi sabi ist ein japanisches philosophisches Konzept, welches die Ansicht vertritt, dass Schönheit in jedem Aspekt der Unvollkommenheit in der Natur zu finden ist.

2

ERNÄHRUNG – DAS GROSSE LEBENSTHEMA

Mein Weg zur Vegetarierin

Ich wuchs in einem geräumigen Einfamilienhaus am Sonnenberg auf. Meine Eltern ließen das Haus 1957/58, in meinem ersten Lebensjahr, neben dem Bauernhof meiner Großeltern erstellen.

So kam es, dass ich früh mit den Tieren des Hofes vertraut wurde. Ich schaute meinem Großvater beim Melken zu oder begleitete meine Großmutter zu den Hühnern und zur Fütterung der Kaninchen. Da war auch immer Bella, der etwas übergewichtige Appenzeller Hund, mit dabei. Katzen strichen miauend um meine Beine. Ich liebte all diese Tiere und fühlte mich ihnen sehr verbunden.

Umso mehr schockierte es mich, als ich meinen Großvater beim Töten von Hühnern antraf. Mit einer Axt schlug er den Tieren kurzerhand den Kopf ab und ließ sie los. Ohne Kopf flatterten die Hühner einige Meter weit und sackten dann tot zu Boden. Dies war ein fürchterlicher Eindruck für meine empfindsame Kinderseele.

Als ich eines Tages sah, wie mein Großvater einem Kaninchen erst eine Hand voll Gras gab, um diesem dann, während es fraß, den Kopf abzuschlagen, war ich tief schockiert. Der Kopf flog in weitem Bogen blutend weg. Diese Bilder konnte ich mit der Zeit nicht mehr wegstecken. Diese Art des Sterbens der Tiere wurde zu meinem Schmerz.

Am Mittagstisch gelang es mir immer weniger, Fleischbrocken hinunterzuschlucken. Eines Tages soll ich meiner Mutter gesagt haben: *„Wenn ich Fleisch esse, fühlt es sich für mich an, wie wenn ich einem Kalb in sein Hinterteil beißen würde!"* Mich schauderte.

Mit etwa zehn Jahren beschloss ich, Vegetarierin zu werden und auf Fleisch und Fisch zu verzichten. Meine Mutter war ob dieser Marotte gar nicht erfreut und drohte mir, dass ich ohne Fleisch bestimmt krank werden würde. Um trotzdem genug tierische Eiweiße zu bekommen, beschloss ich, mehr Milchprodukte zu konsumieren.

Ich versuchte, mir mit meiner vegetarischen Ernährung treu zu bleiben, obwohl diese Lebenshaltung in den Sechzigerjahren noch völlig gegen den Zeitgeist war. Meine Mutter war stolz, dass sie es sich finanziell immer besser leisten konnte, jeden Mittag beste Kalbfleischqualität zu servieren. Sie war eine leidenschaftliche Köchin und erhielt mit ihren feinen Gerichten und Desserts viel Lob und Wertschätzung. Gleichzeitig erlebte ich aber, wie der Bauch meines Vaters runder und runder wurde, obwohl er immer wieder Gewicht reduzieren wollte.

Um Konflikten auszuweichen, mied ich immer häufiger, das gemeinsame Mittagessen. Meine Essgewohnheiten wurden oft kritisiert, umgekehrt mochte ich die fettmachenden Wohlstandsmenus meiner Mutter nicht mehr sehen.

Ebenso unstimmig war für mich die Atmosphäre am Mittagstisch mit den neusten Radionachrichten. Ich konnte diese als Kind schlecht einordnen und empfand sie irgendwie als belastend. Der Anblick des oft von seiner Arbeit erschöpften Vaters am Mittagstisch bedrückte mich. Gleichzeitig spürte ich den Stress meiner wohlmeinenden Mutter, die alles Unerwünschte mit strafendem Blick in Schach halten wollte. Manchmal gab es auch einen „Beinschubser" unter dem Tisch, wenn ihr mein Verhalten nicht passte. Es waren für mich keine nährenden Umstände beim gemeinsamen Essen, wie ich sie mir gewünscht hätte.

Öfters kam eine Tante zu uns auf Besuch, die immer darüber sprach, dass sie ihr Gewicht reduzieren wolle. Trotzdem aß sie herzhaft und im Übermaß von den Köstlichkeiten, die meine Mutter bereitstellte. Da konnte ich es nicht verkneifen, sie direkt darauf anzusprechen: *„Warum isst du denn so viel, wenn* *du doch abnehmen willst?"* Das war schon zu viel des ehrlichen Hinterfragens.

Irgendwie spürte ich, dass meine feinen Empfindungen und Beobachtungen nicht so sein durften, und das tat weh. Ich fühlte mich immer mehr von der Familie ausgeschlossen. Meine Schulheimwege am Mittag wurden nun oft sehr lange. Ich unterhielt mich bestens mit einigen Jungs. Wir plauderten, spielten, massen unsere Kräfte beim „Rammeln", kauften Süßigkeiten und genossen unsere Selbstbestimmung. Zuhause durfte ich dann, nach immer derselben Strafpredigt, aber ohne Konsequenzen, endlich alleine essen. Dies passte mir sehr, denn so hatte ich meinen Frieden.

Mein Vegetarismus war keine einfache Angelegenheit. Sobald ich unter andern Menschen war, wurde ich zur Außenseiterin. Mit der Zeit war mir das egal. Mir war wichtiger, zu mir und meinen Gefühlen stehen zu dürfen, als dazuzugehören.

Schon früh versuchte ich mich in der Gesellschaft von Schulkollegen auch im Rauchen von Holz-Nielen und von Zigaretten, was mir aber gar nicht schmeckte. Auch war ich sehr erstaunt, dass ich nach zwei Versuchen, einen angebotenen Kaffee zu trinken, beide Male erbrechen musste.

Zu diesem Lebensabschnitt gehörten auch Versuche mit Alkohol und Haschisch. Bei diesen Drogen spürte ich ebenso, dass ich besser die Finger davon ließ, weil mir davon übel wurde. Durch diese Erfahrungen erkannte ich langsam meine Sensibilität, vor allem im Nervensystem.

Seelen-Schock in der Pubertät

In meinem fünfzehnten Lebensjahr wurde meine heißgeliebte Katze Miggi vergiftet. Mit Schaum vor dem Mund fand ich sie eines Morgens tot im Treppenhaus. Ein Riesenschock!

Wahrscheinlich wäre die Giftportion für unseren Dackel „Barco", den Beller, bestimmt gewesen. Der Pächter von nebenan mochte seine laute und aggressiv wirkende Revierverteidigung gegenüber seinen Kühen gar nicht. Nun schien er, so meine Vermutung, zur Tat geschritten zu sein. Doch leider erwischte die Katze das Gift.

Miggi verkörperte für mich eigentlich alles, was ich bei den Menschen nicht fand: Zuneigung, Zärtlichkeit, Sanftheit, Schlauheit, ja wir hatten eine telepathische Kommunikation. Miggi wusste intuitiv, welchen der beiden Schulheimwege ich wählte, und erwartete mich dort dann regelmäßig auf halbem Wege.

Durch den Tod meiner Katze sackte mein Bild vom Guten im Menschen sehr tief ab. Ich versank mehr und mehr in eine alles hinterfragende Sinnkrise. Was war der Sinn des Menschseins, welches mein Weg, meine Bestimmung?

Ich verschlang philosophisch-psychologische Bücher en masse, von Schopenhauer über Nietzsche bis C. G. Jung. Die Werke von Hermann Hesse nährten meine Seele.

Warum geschah so viel Schlechtes auf der Welt, warum sagten viele Menschen dies und machten dann jenes? Wozu waren Alkohol, Drogen und, in meinen Augen, solche lieblosen Formen von Sexualität nötig?

Ich war am glücklichsten auf Spaziergängen in der Natur. Mit dabei waren unser kleiner Dackelhund und der grosse Bernhardinerhund des 70-jährigen Nachbarn. Da fühlte ich mich irgendwie aufgehoben in der Schöpfung und empfand viel Weite und Freiheit. Meinen Gedanken, welche Gleichaltrige kaum interessierten, konnte ich stundenlang nachhängen.

Sozial engagierte ich mich am Wochenende in der Aufsicht und Organisation eines Jugendtreffs und gab Mathenachhilfestunden für Jugendliche. Wöchentlich verbrachte ich im Alter von 15-18 Jahren einen Nachmittag in einem Zoo mit Tierbetreuung. Dabei konnte ich mich durchaus überwinden, halbe Kälber, meist Totgeburten, zu zerlegen für die Löwenfütterung.

Allein in meinem Zimmer, lesend, lernend oder malend war mir aber ebenso wohl. Meine Meerschweinchen und Hamster leisteten mir oft Gesellschaft, indem sie an mir und auf meinem Pult herumkrabbelten.

Ich genoss es auch, mich und meinen Körper zu erforschen. Dazu legte ich mich oft auf die Bettdecke am Boden vor dem offenen Fenster und ließ die Sonne auf meinen nackten Körper scheinen. Wunderbar, mich so zu lieben und zu spüren! Anstatt am Familientisch zu essen, zog ich mich oft mit meinen Lieblingsspeisen: Magerjoghurts, Brot, Magerkäse, Früchten und Karotten in mein Zimmer zurück. Zu meinen sinnlichen Essritualen gehörte, dass ich meist genüsslich alles mit den Fingern aß und leckte.

Im Gymnasium waren wir dann vier Mädchen, die sich dem vegetarischen Lebensstil verschrieben hatten; diese Solidarität tat gut.

Das Thema Ernährung beschäftigte mich täglich. Neben dem Vegetarismus hatte es mir auch die Rohkost angetan. Früchte und Gemüse, direkt aus Mutter Natur, mussten doch bestimmt das Gesündeste sein, was ich zu mir nehmen konnte.

Mein Vater klagte oft über Bauchschmerzen. Er unterzog sich diversen medizinischen Eingriffen an Magen und Darm. Die Verbesserung seiner Befindlichkeit war leider jeweils nur von kurzer Dauer. So wie er wollte ich unter keinen Umständen werden.

Fortwährend kontrollierte ich mein Essen und mein persönliches Verhalten, ohne ganz magersüchtig zu werden. Trotzdem setzte meine Monatsblutung im Alter von siebzehn Jahren aus. Es war mir egal. Meine Mutter hingegen liess nicht locker, bis ich mit 18 Jahren einen Gynäkologen aufsuchte. Der Kommentar des Arztes: *„Sie haben eine Gebärmutter wie eine Zwölfjährige."* War das Balsam für mein weibliches Selbstwertgefühl! Ich bekam Hormontabletten verordnet. Diese aktivierten meinen Menstruationszyklus genau solange, wie ich sie einnahm.

Rückenschmerzen und viele offene Fragen

Etwa zu dieser Zeit begannen auch meine recht häufigen Rückenschmerzen. Kamen sie vom vielen Sitzen in der Schule? Viel Bewegung half mir, damit umzugehen.

Immer wieder hörte ich die Worte meiner Mutter: *„Mit deinen vielen Ticks wirst du noch krank werden. Du wirst auch nie einen Mann bekommen. Wer will schon so ein Knochengerüst!"*
Diese Worte taten sehr weh, denn ich empfand mich als schöne und intelligente Frau, welche durchaus ihre Verehrer hatte.

Auch mein Maturaaufsatz im Fach Deutsch war der Frage nach dem Sinn des Lebens gewidmet. Ich kam dort zum Schluss, dass mein Leben keinen Sinn hätte, solange ich die Frage der Sinnhaftigkeit des menschlichen Seins nicht generell geklärt hätte. Durch die vielen hinterfragenden Gedanken glitt ich öfters ab in suizidale Vorstellungen. Doch schließlich siegten meine Neugier auf das Leben und der Wille, auf Fragen auch Antworten zu finden.

Ich las viele Bücher von Konrad Lorenz über Verhaltensforschung an Tieren und kam so auf die Idee, Verhaltensforscherin am Menschen werden zu wollen. Vielleicht konnte ich dem Sinn des Lebens auf diese Art auf die Spur kommen.

An der Universität Zürich schaute ich mich nach Studiengängen um, die mich diesbezüglich weiterbringen würden: Ethnologie, Psychologie, Biologie. Zu meiner Enttäuschung fand ich in allen Studienrichtungen vor allem mathematisch-naturwissenschaftliche Grundstudien, bei denen ich aber die Auseinandersetzung mit Geist und Seele vermisste.

Was hatte noch am ehesten mit der wahren Lebendigkeit und Sinnfindung zu tun, die ich suchte?

Schließlich begann ich 1977 das Studium der Sekundarlehrerin mit Hauptfach Biologie. In dieser Lebensphase, der Pubertät, machen sich junge Menschen oft auf den Weg der Sinnsuche ihres Lebens. Solche Menschen zu begleiten war vielleicht erfüllend und sinnstiftend, dachte ich mir. Auch an meine Sekundarschulzeit hatte ich beflügelnde Erinnerungen, durfte ich dort doch zwei junge und dynamische Lehrer erleben.

Erstmals wohnte ich allein in einer Einzimmerwohnung in Zürich und genoss meine Freiheit. Auch bekannte Gefühle der Einsamkeit waren manchmal da. Um davon abzulenken, halfen mir Lesen, ausgedehnte Waldspaziergänge am Zürich Berg, Kleider zu entwerfen und Nähen, Malen oder informative Sendungen im Fernsehen anzuschauen. Es bereitete mir aber auch keine Mühe, Schritte nach außen zu tun, andere Menschen anzusprechen, wenn die Gefühle des Alleinseins zu stark wurden. Ich kam mir selber sehr wählerisch vor, was das Anknüpfen von Kontakten anbelangte. Smalltalk interessierte mich nie; dann lieber allein sein und die Umwelt beobachten.

Während des Sekundarlehrerstudiums an der Universität Zürich lernte ich meinen späteren Mann Gosha kennen.

Er akzeptierte mich und meinen Körper von Anfang an so, wie er war, und fand ihn schön. Ich bekam innerlich aber großen Stress wegen der abgespeicherten Aussagen meiner Mutter: *„Mit all deinen Ticks und so mager wirst du nie einen Mann bekommen."* Und jetzt, wie weiter?

Ich wog etwa 48 Kilogramm bei einer Größe von 170 Zentimeter und fühlte mich schlank, aber wohl.

Mit Gosha betrieb ich viel Sport und ließ mich auch für eine Hochgebirgstour begeistern. Im Namen der Gleichberechtigung wollte ich den gleich schweren Rucksack tragen wie er. Tapfer kämpfte ich mich durch die fünf anstrengenden Tage in den Bergen. Beim letzten Abstieg fühlte sich mein linkes Bein immer komischer an. Es begann zu lahmen und zu kribbeln. Ich hatte ein Bein, das nicht mehr wollte, was ich wollte.

Mehr dazu im 3. Kapitel.

Die Situation bewog mich, mir Gedanken zu machen über meine Gesundheit. Ob wohl meine Mutter doch Recht hatte, dass ich mit meinem Lebensstil krank würde?

Gosha machte mich einmal auf meine gelben Handinnenflächen aufmerksam. Die Abklärung bei meiner Hausärztin ergab, dass ich eine Avitaminose hatte, also zu viel Vitamin A, von meinem übertriebenen Karottenkonsum. Wenn ich Hunger hatte, stopfte ich mich oft voll mit Karotten und Äpfeln, um ein kalorienarmes Sättigungsgefühl zu haben. Eher selten waren meine Ess-Brech-Anfälle. Manchmal überkam mich solche Lust auf Glacé, dass ich einen halben Kübel genussvoll mit den Fingern ausleckte. Ich hatte gelernt, danach den Finger in den Hals zu stecken und mich so wieder von den Kalorien zu befreien. Natürlich wusste ich, dass das krankhaft war. Zum Glück gelang es mir, mich auch darin zu kontrollieren.

Allmählich spürte ich immer mehr Stress in mir durch einen gewissen Druck, „normal" zu werden.

Doch was war „normal"? Fleischessen, Gewicht zunehmen, essen wie andere? Werden wie wer oder was?

In dieser Zeit las ich auch einiges über die Hintergründe von Magersucht und Essstörungen, an deren Grenzen ich mich doch eindeutig bewegte.

Waren es die unbewusst abgespeicherten Erwartungen meiner Mutter, die mich stressten? Oder der Druck, den ich mir selber machte, um meinen Vorstellungen von emanzipierter Frau und meinem Freund Gosha zu genügen?

Magersucht hat angeblich auch mit Genussverweigerung zu tun. *„Wollte ich mir nichts gönnen, um nicht zu weich zu werden, so dass die weiblichen Seiten erstarken konnten?"* fragte ich mich immer wieder: *„War das mein ursächliches Thema?"*

Ich empfand mich durchaus als sinnlich und genussfreudig. Doch irgendwie schien es mir nicht zu gelingen, dies nach außen zu leben. Ich war wie in einem angstbesetzten Korsett. Immer hatte ich das Gefühl, ich wäre falsch.

In der Sexualität übernahm Gosha die Führung und wollte mich von seinem kraftvollen, leidenschaftlichen Sex überzeugen, der mir nicht entsprach. Für mein Bedürfnis nach Zärtlichkeiten und Erotik hatte er leider kein offenes Ohr, was mich sehr enttäuschte. Sexualität war nicht nährend für mich, sondern ein frustrierendes Kapitel.

Diese Themen gaben nochmals enormen Druck, der mich fast verzweifeln ließ.

Nach einer zeitweisen Verbesserung meiner Rücken- und Beinbeschwerden nahmen die Rückenschmerzen mit fünfundzwanzig wieder zu. Das lahmende Bein zwang mich zum Loslassen von allen körperlichen Leistungen.

Der jetzt konsultierte Arzt vermutete einen Bandscheibenvorfall als Ursache meiner Symptome. Wegen meines jungen Alters wurde vom Röntgen mit all seinen Strahlenbelastungen für die Geschlechtsorgane abgesehen. Er behandelte mich mit der neu aufkommenden Methode der Osteopathie und Chiropraktik, was ich als wohltuend empfand. Gleichzeitig hatte dieser Arzt auch ein Gespür für meinen inneren Stress und empfahl mir eine Psychotherapie. Beim Psychiater Dr. B. fand ich einen Ort, wo meine Seele Aufmerksamkeit bekam und sich ausdrücken durfte. Dafür war ich sehr dankbar!

Wer bin ich wirklich?

Die Integration meiner weiblichen Seite war das zentrale Thema. Doch wer war ich wirklich als Frau?

Da war die männliche Rolle des starken Jungen, die mir von meiner Mutter während ihrer Schwangerschaft zugedacht wurde. Diese galt es zu ergänzen mit meinen weiblichen Qualitäten. Ich versuchte mich mehr den weiblichen Gefühlen der Hingabe, des Geschehenlassens und des körperlichen Frauseins zu öffnen. Meine Angst, mit dem weiblichen Hormonzyklus meine geistige Klarheit und Kontrolle zu verlieren, war groß.

Ich meditierte auf meinen Beckenraum, um meine Geschlechtsdrüsen wieder zum Arbeiten zu bringen.

Es war ein langsames Herantasten an die wunden Punkte. Immer wieder überfielen mich tiefsitzende Ängste, zu mir und meinem Frausein zu stehen. Nach meinem Empfinden stammten diese angstbesetzten Themen nicht nur aus diesem jetzigen Erdendasein.

In diesen zwei Jahren mit psychotherapeutischer Begleitung nahm ich einige Kilogramme zu, meine Menstruation setzte wieder ein, und ich war sehr dankbar für die fülligeren Brüste.

Ich begann mit dem Thema Essen lockerer umzugehen. Manchmal versuchte ich mich anzupassen, aß zeitweise ein wenig Fleisch und glaubte auf einem guten Weg zu sein.

Nach einigen Jahren des Unterrichtens an Privatschulen und mehreren längeren Auslandreisen wollten wir uns auf dem Lande niederlassen. Gosha und ich nahmen eine Stelle mit möglichem Jobsharing als Sekundarlehrer:in an.

Ich fühlte mich aber weiterhin nicht in meiner Kraft. Das Gefühl, den Boden unter meinen Füßen zu verlieren, war oft da und zwang mich dazu, mich immer wieder hinzusetzen. Die Gelenke schmerzten häufig; es fühlte sich an wie Rheuma, wenn ich morgens aufstand.

In diese Zeit fiel auch ein Besuch bei einer Astrologin. Ihre Aussagen waren für mich und mein Selbstbild sehr hilfreich. Die Beratung ermutigte mich, wieder mehr auf meine innere Stimme zu hören. Von dieser Astrologin ließ ich mir auch homöopathische Mittel nach der Methode des deutschen Astrologen Wolfgang Döbereiner verschreiben. Diese „Kügeli" sollten mich auf meinem Weg zu mehr Authentizität in meinem Leben unterstützen. Es waren bis zu zehn, teils hochpotenzierte Mittel, die ich über einige Monate einnahm.

Lichtnahrung

Gosha hätte gerne eine Familie mit eigenen Kindern gegründet, mir war das nicht so wichtig. Vielleicht klappte das Kinderzeugen auch nicht, weil ich sieben Jahre lang keine Menstruation hatte.

Doch bereits beim ersten ungeschützten Zusammensein wurde ich schwanger. In den folgenden Wochen kämpfte ich mich durch meine Teilzeitarbeit als Sekundarlehrerin. Mir war übel.

Ich fühlte mich schwach und emotional nicht unterstützt von meinem Mann Gosha.

Auch meine Bein- und Rückenschmerzen nahmen wieder zu, vor allem, wenn ich mich zwang, in die Schule zu gehen. Für meine Seele war das Unterrichten nicht mehr stimmig. Doch mein Ego tat sich sehr schwer, die einmal gefassten Pläne des Jobsharings als Lehrer loszulassen.

Ich fiel in eine tiefe körperlich-seelisch-geistige Krise.

Detailliertere Ausführungen dazu finden Sie im 3. Kapitel ab Seite 87.

Im vierten Schwangerschaftsmonat wurde Essen immer mühsamer, bis ich keinen Bissen mehr hinunterbrachte. Bilder aus meiner frühesten Baby-Zeit kamen hoch. Meine Bedürfnisse nach Trinken, Nahrung und Zuwendung schienen damals nicht so gestillt worden zu sein, wie es mir gutgetan hätte. Zur Zeit meiner Geburt war es Brauch, dass die Babys nur alle vier Stunden aufgenommen und gestillt wurden. Dieses Ritual hatte meinem Rhythmus anscheinend nicht entsprochen.

Mir schien, als würde ich seelisch in diese Baby-Phase zurückfallen. Ich konnte fast nur noch flüssige Nahrung, Säfte und Milch zu mir nehmen. Gosha kaufte mir auf meinen Wunsch hin eine Schoppenflasche. Ich hatte das Gefühl, ich müsste mich seelisch nachnähren. Liebe und Zuwendung wollte ich mir schenken, wie ich sie wohl an meinem Lebensanfang gebraucht hätte. Schließlich ging auch das Trinken kaum mehr ... und ich ließ auch davon los!

Nicht mehr essen zu können, schien mir eine riesige Vertrauensprüfung aus der seelisch-geistigen Welt für mein Ego zu sein. War ich bereit, meine Zwänge und Ängste bezüglich Essen und materieller Nahrung ganz loszulassen?

Innere Bilder von einem Leben als Mutter, in dem ich hungern musste, wurden mir gezeigt. Es galt zu entscheiden, welche meiner Kinder ich auf die Flucht mitnehmen konnte und welche ich verhungern lassen musste. Eine herzzerreißende Situation! Waren dies Bilder aus meinem, dem kollektiven Unterbewusstsein oder gar aus früheren Leben?

Ich war bereit, mit meiner Seele durch die mir gestellten Prüfungen zu gehen. Lieber wollte ich das Leben loslassen, als in einem nicht stimmigen Seelenkorsett weiterzuleben.

Etliche Jahre später fand ich Literatur zum Thema Lichtnahrung, die meinen Erfahrungen des nicht mehr Essenkönnens oder -wollens sehr nahe kommen.

Lichtnahrung oder **Breatharianismus**

ist eine Bezeichnung für ein esoterisches Konzept, wonach die für das Leben notwendige Energie nach Vorstellung ihrer Anhänger aus feinstofflicher Energie gewonnen werden soll. Dadurch soll es möglich sein, ohne feste und flüssige Nahrung zu überleben.

Geschichte

Berichte über Menschen, die angeblich keine oder nur sehr wenig Nahrung zu sich nahmen, gibt es seit Jahrhunderten. So soll der Schweizer Einsiedler Niklaus von Flüe (1417–1487) angeblich in den letzten 19 Jahren seines Lebens außer Wasser und der Eucharistie nichts zu sich genommen haben.

Die Lichtnahrung wurde vor allem durch die Australierin Ellen Greve, die sich selbst Jasmuheen nennt, bekannt. Sie behauptet, seit 1993 keine Nahrung im herkömmlichen Sinne mehr zu benötigen, jedoch aus gesellschaftlichen Gründen und in sehr geringen Mengen ab und zu eine Kleinigkeit zu essen. In einem von ihr vorgeschlagenen 21-tägigen „Lichtnahrungsprozess" soll sich der Körper angeblich darauf einstellen, keinerlei feste Nahrung und Flüssigkeit mehr zu benötigen, sich also nur noch von „Licht", von „ätherischer Lebensenergie" zu ernähren. Dieser 21-tägige „Lichtnahrungsprozess" sieht unter anderem vor, dass sieben Tage lang durchgehend weder gegessen noch getrunken und an den folgenden vierzehn Tagen nur getrunken werden soll. Nach Beendigung der 21 Tage könne wieder normal gegessen werden. Es soll von diesem Zeitpunkt durch den Prozess und mit Hilfe von „Energiewesen", z. B. der „Christusenergie", möglich sein, auf „grobstoffliche" Nahrung zu verzichten.

In der Schweiz bot der Arzt und Psychiater Jakob Bösch solche 21-tägige Lichtnahrungsprozesse an.

Bei diesem Prozess geht es vor allem auch um eine spirituelle Erfahrung des Loslassens und Vertrauen-Findens in etwas „Höheres", das uns nährt und trägt.

Mehr dazu finden Sie im Internet unter „Lichtnahrungsprozess".

Im vierten und fünften Schwangerschaftsmonat verlor ich fünf Kilogramm an Gewicht. Eigentlich wusste ich, dass ich in dieser Phase der Schwangerschaft an Gewicht hätte zunehmen sollen. Doch ich vertraute darauf, dass das Erlebte für mich ein heilsamer Prozess sein würde.

Im sechsten Schwangerschaftsmonat konnte ich wieder langsam zu einem einigermaßen normalen Essverhalten zurückkehren und nahm bis zur Geburt insgesamt fünf Kilogramm zu. Ich wog am Ende der Schwangerschaft 56 Kilogramm.

Ein gesunder, 3.5 Kilogramm schwerer Junge erblickte im Sommer 1985 das Licht der Welt.

Ich lebte nun wieder vorwiegend vegetarisch, aber mit weniger Rohkost. Jedes Familienmitglied wurde von mir nach seinem individuellen Geschmack mit meinen Kochkünsten verwöhnt. Unser Sohn wurde ein richtiger Fleischtiger, Gosha war ein pflegeleichter Allesesser, der wohl gerade deswegen meine Esslaunen nicht verstehen konnte.

Auf meinen Beinen konnte ich von Jahr zu Jahr besser stehen. Häufiges Fahrradfahren mit Baby-Anhänger sowie Yogaübungen halfen mir, mit meinen Schwachstellen, Rücken und Beinen, bestmöglich umzugehen.

1990 meldete sich eine neue Untermieterin. In dieser Schwangerschaft ging es mir körperlich und psychisch ausgezeichnet.

Ich war sehr dankbar, dass dieses Mal die ganzen neun Monate der Schwangerschaft problemlos verliefen. Ich nahm bis zur Geburt 12 Kilogramm zu, doch unsere Tochter war genau gleich groß und schwer wie ihr Bruder, bei dem ich nur 5 Kilogramm zugenommen hatte. Anscheinend haben sich beide Babys in der Gebärmutter genommen und bekommen, was sie brauchten.

Blutgruppenernährung

Auch in den folgenden Jahren war mein Bauch häufig gebläht. Ich fragte mich immer wieder, was denn darin nicht stimmen könnte.

Im Jahr 1996 wurde die Theorie mit der Blutgruppenernährung zu einem Trend.

Blutgruppen-Ernährung
Der Naturheilkundler **Dr. Peter J. D'Adamo** verfasste dazu das Bestseller-Buch: **„4 Blutgruppen – Vier Strategien für ein gesundes Leben"**.

„Es muss einen Grund geben, warum es so viele Paradoxa bei den Studien über Ernährung und dem Überleben von Krankheiten gibt, warum manche Menschen Gewicht verlieren und andere, obwohl sie die gleiche Diät machen, kein Gewicht verlieren oder warum manche Menschen auch im Alter ihre Vitalität behalten und andere nicht", sagt D'Adamo. Die fehlende Verbindung bzw. die Erklärung dafür sind nach D'Adamos Meinung die vier Blutgruppen: O, A, B und AB.

Seine Forschungen in Anthropologie, der Geschichte der Medizin und in Genetik führten ihn zur Feststellung, dass *„die Blut-*

gruppe der Schlüssel ist, der die Tür zu den Geheimnissen von Gesundheit, Krankheit, Langlebigkeit, körperlicher Vitalität und emotionaler Stärke aufschließt".

Dr. D'Adamo erklärt, dass die praktische Respektierung der Blutgruppe der „Schlüssel" ist, der es jedem Menschen ermöglicht, eine fundierte Auswahl zu treffen bezüglich seiner Ernährung, sportlicher Betätigung, Nahrungsergänzungen und auch über die Art der ärztlichen Behandlung. Mit der **Blutgruppen-„Straßenkarte"** kann jeder diese Wahlmöglichkeiten nun „entsprechend seinem exakten biologischen Profil" und „den dynamischen natürlichen Kräften innerhalb seines eigenen Körpers" einsetzen.

Menschen mit **Blutgruppe O** fahren gut mit intensiver körperlicher Betätigung, (Tier)-Proteinen, viel Gemüse, aber wenig Milch- und Getreideprodukten, sagt Dr. D'Adamo. Der maßgebliche Grund für eine Gewichtszunahme bei Typ O ist das Gluten, das man in Weizenprodukten findet und, in geringerem Maß, auch in Linsen, Mais, weißen Bohnen und Kohl. Ideale sportliche Betätigungen für Typ O sind Aerobic, Kampfsport, Kontaktsportarten und Laufen.

Für Menschen mit **Blutgruppe A** ist eher eine vegetarische Ernährungsweise geeignet und Nahrung, die frisch, rein und biologisch ist. Da Typ A zu Herzkrankheiten, Krebs und Diabetes neigt, *„kann ich nicht genug hervorheben, wie entscheidend diese Ernährungsanpassung für das empfindsame Immunsystem von A ist"*, sagt Dr. D'Adamo. Typ A profitiert von beruhigenden Konzentrations-Übungen wie Yoga und Tai Chi.

Menschen mit **Blutgruppe B** haben ein starkes Immunsystem und ein tolerantes Verdauungssystem und neigen dazu, vielen der ernsthaften chronischen Krankheiten zu widerstehen oder überleben sie zumindest besser als die anderen Blutgruppen. Typ B profitiert von gemäßigten sportlichen Betätigungen, die eine geistige Ausgeglichenheit erfordern, wie Wandern, Radfahren, Tennis und Schwimmen.

***„Blutgruppe AB** ist, im Hinblick auf die Entwicklung, die neuste der vier Blutgruppen und eine Mischung von A und B. Sie ist die biologisch komplexeste Blutgruppe. Für Menschen mit dieser Blutgruppe ist eine Kombination der sportlichen Betätigung von Typ A und Typ B am besten geeignet"*, sagt Dr. D'Adamo.

Entsprechend Dr. D'Adamo ist die Blutgruppe, mit den ihr eigenen Besonderheiten in Bezug auf Verdauung und Immunsystem, ein Fenster für gewisse Krankheits-Anfälligkeiten des Menschen oder für die Stärke gegen eine Krankheit. Menschen mit Typ O zum Beispiel leiden verstärkt unter Asthma, Heuschnupfen und anderen Allergien, während Menschen mit Typ B eine hohe Allergieschwelle haben und wahrscheinlich nur allergisch reagieren werden, wenn sie die falsche Nahrung zu sich nehmen. Typ B ist anfällig für Autoimmunerkrankungen, wie chronisches Müdigkeitssyndrom, Lupus und Multiple Sklerose. Menschen mit Typ AB neigen am wenigsten dazu, Probleme mit Allergien zu haben, während Herzkrankheiten, Krebs und Anämie gesundheitliche Themen für sie darstellen.

Bei Arthritis sind es wieder überwiegend die Menschen mit der Blutgruppe O, die daran leiden, weil ihr Immunsystem „umweltmäßig intolerant" ist, besonders in Bezug auf Nahrungsmittel wie Getreide und Kartoffeln, was entzündliche Reaktionen in ihren Gelenken verursachen kann, sagt Dr. D'Adamo. Typ A und Typ B sind am anfälligsten für Diabetes, während A und AB einen global höheren Anteil an Krebs haben mit schlechteren Überlebenschancen als die anderen Blutgruppen.

„Sie können Ihre Blutgruppe nicht verändern, aber Sie können das Wissen über die Eigenschaften der Blutgruppen nutzen für einen Ernährungsplan, der Ihrer biologischen Veranlagung entspricht", sagt Dr. D'Adamo, der Listen über Nahrungsmittel für alle vier

Blutgruppen zur Verfügung stellt. *„Die meisten meiner Patienten erfahren Resultate wie: mehr Energie, Gewichtsverlust, eine Verminderung von Verdauungsbeschwerden und eine Verbesserung bei chronischen Belastungen wie Asthma, Kopfschmerzen und Herzrasen (mitunter innerhalb von zwei Wochen nach Beginn der Ernährungsumstellung)."*

Nach dieser Theorie müsste ich, als zur Blutgruppe 0 gehörig, eigentlich Fleisch essen. Menschen mit dieser Blutgruppe sind angeblich genetisch noch direkt abstammend von den Jägern, den Sammlern und Fleischessern.

Eingehend studierte ich diese Theorie und konnte ihr eine gewisse Stimmigkeit für mich abgewinnen.

Ich musste mir eingestehen, dass ich manchmal sehr Lust auf etwas „Bündnerfleisch" hatte. Zugestehen konnte ich mir dies aber nicht, weil ich in mir immer noch die Bilder aus meiner Kindheit pflegte, wonach die Tiere elendiglich sterben müssen, damit wir Menschen Fleisch essen können.

Die Konstitutionstypen im Ayurveda

Bei meiner Vertiefung ins Thema „Yoga" lernte ich auch einiges über die verschiedenen Menschentypen und deren Nahrungsbedürfnisse kennen. In der indischen Gesundheitslehre, dem Ayurveda (= Lehre vom langen Leben), werden folgende Konstitutionstypen unterschieden:

Die drei Konstitutionstypen (Doshas)
Vata, Pitta und Kapha: So nennt die ayurvedische Gesundheitslehre die drei „Doshas" (Regelkräfte), und räumt ihrem Gleichklang bzw. ihrer Balance einen äußerst großen Stellenwert ein.

Aber was sind Doshas genau? Ayurveda beschreibt die Doshas als drei grundlegende Kräfte bzw. Prinzipien, die den gesamten Kosmos, die Natur und auch den Menschen durchdringen und somit alle Körperfunktionen steuern.

Der Mensch als Spiegel seiner Dosha-Balance
Die individuelle Verteilung der drei Doshas bestimmt unsere Konstitution bzw. unseren Ayurveda-Typ. Dieser beschreibt unsere geistigen und körperlichen Veranlagungen: unseren Körperbau, unsere Ernährungsbedürfnisse und unseren Stoffwechsel ebenso wie die unterschiedlichen Merkmale unserer Persönlichkeit, unser Temperament, unsere Vorlieben und Abneigungen, unsere Stärken und Schwächen.

Ayurveda-Typen
Je nachdem, welches Dosha vorherrscht, unterscheidet man im Ayurveda verschiedene Konstitutions- bzw. Ayurveda-Typen: den Vata-, Pitta- und Kapha-Typ, sowie eine Reihe von Mischtypen.

Vata, Pitta, Kapha – So prägen uns die Doshas
Vata – das Bewegungsprinzip
Vata ist verantwortlich für das Nervensystem, die Atmung und alle Bewegungsabläufe im Körper. Dem Vata-Dosha werden die Elemente Raum und Luft zugeordnet. Bei ausgeglichenem Vata fühlt man sich energievoll, froh, enthusiastisch und kreativ; der Geist ist ruhig, klar und wach.

Pitta – das Stoffwechselprinzip
Pitta regelt unter anderem die Verdauung und die Körpertemperatur. Im geistigen Bereich steht es für einen scharfen Intellekt und Emotionen. Pitta besteht in erster Linie aus dem Feuerelement. Im Gleichgewicht verleiht es Zufriedenheit, Energie, Sprachgewandtheit, eine gute Verdauungskraft, die richtige Körpertemperatur und einen klaren Geist.

Kapha – das Strukturprinzip

Kapha verleiht dem Körper Festigkeit und Stabilität und hält den Flüssigkeitshaushalt im Gleichgewicht. Die Elemente Erde und Wasser werden ihm zugeordnet. Ein ausgeglichenes Kapha schenkt Kraft, Ausdauer, ein gutes Immunsystem, Geduld und psychische Stabilität.

Welcher Dosha-Typ bin ich?

Im Internet unter „Ayurveda- Dosha-Test" finden Sie Gratis-tests, um Ihren dominanten Konstitutionstypus zu bestimmen.

Vata-, Pitta- und Kapha – typengerechte Ernährung

Alle Nahrungsmittel werden ebenfalls kategorisiert in Vata-, Pitta- oder Kapha-fördernde oder reduzierende.

Die meisten Menschen haben ein Haupttemperament, einen Hauptkonstitutionstypen, der bei ihnen überwiegt, und die anderen zwei Temperamente sind in der Regel schwächer ausgeprägt.

Um die Balance in den Doshas bestmöglich zu unterstützen, muss ein Mensch mit Vata-Konstitution in der Ernährung die Vata-Nahrungsmittel eher meiden und sich den Nahrungsmitteln der Pitta- und Kapha-Kategorie zuwenden.

Gesundheit ist nach den Erfahrungswissenschaften der indischen Kultur ein Zustand bestmöglicher Balance dieser drei „Doshas". Ganzheitliche Gesundheit kann durch das Einnehmen der passenden Nahrungsmittel klar unterstützt werden.

Durch das Ausfüllen eines Ayurveda-Konstitutionstests stellte ich fest, dass ich von meinem Temperament und von meinen Körpereigenschaften her eindeutig sehr „Vata-betont" war, also „luftig". Vata fördernde Nahrungsmittel sind vor allem Rohkost, viel Salat und kaltes Essen. Also hatte ich durch genau diese Nahrungsmittel mein „Vata-Temperament" über Jahre verstärkt. Ich wurde immer luftiger und abgehobener mit sehr sensiblem Nervensystem, statt ausgeglichen und gut geerdet.

Meinen „Vata-Pegel" reduzieren konnte ich also mit warmer Kost, das heißt mit warmen Speisen und gekochtem Gemüse, aber kaum Rohkost.

Für den „Blutgruppe O-Typ" werden viele eiweißhaltige Nahrungsmittel wie Fleisch, Fisch, Hülsenfrüchte und Nüsse empfohlen, aber wenig Milchprodukte. Ebenso passen zum „O-Typ" nur wenig Getreide (Weizen, Dinkel, Roggen, Gerste, Hafer, Hirse), aber vollwertige Kohlenhydrate wie Kartoffeln, Reis, Mais, Buchweizen, Quinoa.

Ernährungsberatung

Um mir einen klaren Durchblick zu verschaffen, suchte ich erstmals eine in all diesen Bereichen kompetente Ernährungsberaterin auf. Sie überzeugte und ermutigte mich, meine Ernährungsgewohnheiten grundlegend auf den Kopf zu stellen: keine Rohkost mehr, dafür warme, leicht gedämpfte Früchte und Gemüse, wieder etwas Fleisch und Fisch, aber keine Kuhmilchprodukte mehr. Bei den Kuhmilchprodukten stellte die Beraterin bei mir eine Unverträglichkeit fest. Rahm, Butter und Ziegenprodukte konnte mein Körper hingegen verstoffwechseln.

Nun galt es, mein mit den Tieren mitfühlendes Herz umzustimmen. Dies fiel mir gar nicht leicht; es war eine Art Herz- und Hirnwäsche.

Doch wenn mein Körper sagte, er brauche etwas Fleisch, um wohl zu sein, dann wollte ich ihm das von nun an geben. Bekanntlich ist der Körper das Haus der Seele, und dieser sollte es endlich wohl sein in ihrem irdischen Zuhause.

Vor allem durch den Verzicht auf Kuhmilchprodukte und Rohkost verbesserte sich meine Gesundheit schnell und spürbar. Die rheumatischen Gelenkschmerzen wurden weniger und der Rücken belastbarer. Ich fühlte mich insgesamt besser geerdet sowie seelisch stabiler.

Jetzt war die Zeit gekommen, wieder einen Schritt in die Öffentlichkeit zu wagen, nun als engagierte Yogalehrerin ... und bald auch als Therapeutin.

Einfluss der Gefühle auf die Verdauung

Mein Darmzustand schien noch nicht optimal zu sein, denn es plagten mich immer noch ab und zu Blähungen. Meine nächste Anlaufstelle, um Hilfe zu suchen, war ein Homöopath, den mir eine Freundin empfahl. Unsere Begegnung war speziell, seine Behandlungsmethoden ebenfalls. Er holte seine Mittel mittels Medialität aus dem „energetischen Feld", das heißt, er ließ sich die passenden Mittel für mich als mediale Botschaft durchgeben. Als Resultat erhielt ich dann einen Zettel mit Buchstaben und homöopathischen Potenzen auf meinen Bauch gelegt. Natürlich war ich erst skeptisch und kritisch gegenüber dieser Methode; doch was ich dabei spürte, überzeugte gar meinen kritischen Verstand. Erst erlebte ich eine Herzöffnung, wie wenn eine Sonne in mein Herz gelegt wurde. Mir wurde bewusst, wie sich meine Lebensqualität durch das innere Gefühl von Licht, Freude und Leichtigkeit massiv verbesserte. Diese aufbauenden Gefühle gaben mir die Kraft, auch schwierige Gefühle wie Angst, Wut und Trauer besser verarbeiten zu können. Immer mehr wurde mir in den kommenden Jahren bewusst, wie negative Gefühle auch die Verdauung direkt belasteten. Durch Stress wird die Drüsenaktivität vermindert und die Verdauungskraft gedrosselt, so dass Blähungen die Folge sein können.

Schwermetalle, Zähne und Verdauung

Seit Jahren ließ ich meine Zähne von einem ganzheitlichen Zahnarzt im Appenzellerland betreuen. Ich hatte aus meiner Jugend viele quecksilberhaltige Amalgamfüllungen. Die Forschung bewies nun eindeutig, dass das Quecksilber in den Zahnfüllungen ein gesundheitsgefährdendes Schwermetall ist, welches Leber und Gehirn belasten kann. Besorgt um meine Gesundheit, ließ ich mir in nur zwei Behandlungen meine Amalgamfüllungen durch Keramikfüllungen ersetzen. Ich hatte die Hoffnung, dadurch nochmals etwas Gutes für meine Darmgesundheit zu unternehmen. Rückblickend würde ich sagen, dass es einerseits ein Fehler war, so schnell so viele Füllungen zu ersetzen, denn beim Herausbohren der Füllungen wurde sehr viel Quecksilber freigesetzt und durch die Schleimhäute aufgenommen. Der Zahnarzt legte damals noch keinen abschirmenden Schutz (= Kofferdam) um den zu behandelnden Zahn wie es heute üblich ist. Gleichzeitig war die Schwermetallausleitung, die zu einer Entfernung der Amalgamfüllungen dazugehören müsste, mangelhaft.

Aller guten Absichten zum Trotz bekam ich zunehmend Probleme mit einigen Backenzähnen und wieder vermehrt mit dem Darm. Heute weiß ich, dass Schwermetalle nur über einen gesunden Darm ausgeleitet werden dürfen. Erst gilt es, den Darm zu sanieren, indem darin eine gesunde Darmflora aufgebaut wird, z. B. mit Probiotika. Nur ein gesunder Darm hat die Kraft, die Schwermetalle, zum Beispiel mit Hilfe von Algentabletten, auszuleiten. Nebst dem Quecksilber sind heute Aluminium, Kadmium, Arsen und Blei Schwermetalle, die uns Menschen belasten und zu verschiedenen, v. a. Nerven- und Immunkrankheiten beitragen. Deshalb sind regelmäßige, fachgerechte Entgiftungskuren sinnvoll. In meinem Fall erlitt die Darmflora durch die Amalgam-Entfernung zusätzlichen Schaden. Noch mehr „schlechte" Bakterien und Pilze konnten sich im Darm ausbreiten, Blähungen waren wieder die Folge.

Ganzheitlich arbeitende Zahnärzte wussten schon damals, dass die Verdauungsorgane und die Zähne „miteinander telefonieren", weil einige innere Organe über Energiebahnen (Meridiane) mit den Zähnen verbunden sind. Andrerseits ist bekannt, dass über die Nervenbahnen Bakterien, Pilze und Parasiten vom Darm ins Zahnumfeld einwandern können und auf diese Weise auch Entzündungen hervorrufen.

Im Internet findet man heute Tabellen, die aufzeigen, welche Lebensthemen und Emotionen den einzelnen Zähnen zugeordnet werden und diese negativ beeinflussen können (siehe Zahn-/Organzusammenhänge).

Diese neuen Umstände bewogen mich, eine ganzheitlich arbeitende Klinik aufzusuchen für eine Zahn- und Darmsanierung. Die Erfahrungen dort entpuppten sich für mich als Katastrophe und nachhaltige Lebenswende!

Nach einem Vierteljahr Behandlung ging es mir bedeutend schlechter als vorher. Drei Backenzähne wurden mir gezogen. Es war ein schmerzliches Trauerspiel, meine gesunden Zähne aus angeblich entzündetem Knochen so schnell loslassen zu müssen. Eine Ärztin verordnete mir angeblich aufbauende und entgiftende Infusionen, die sich für mich aber sehr unstimmig anfühlten.

Erste Begegnung mit Kinesiologie

Ziemlich verzweifelt, und auch wütend erbat ich eine Sitzung beim Kinesiologen vor Ort.

Die **Kinesiologie** ist eine alternative Behandlungsmethode, welche auf dem Muskeltest basiert. Über den sogenannten Muskeltest wird das Unterbewusstsein einer Testperson abgefragt, ob etwas zu Prüfendes (Medikament, Nahrung, Organ, Aussage) bei ihr Stress erzeugt.

Die Begegnung mit dem Kinesiologen war für mich eine Wende für mein ganzes zukünftiges Leben!

Ich durfte erfahren, dass mein Gefühl, die erwähnten Infusionsbehandlungen könnten nicht passend sein, richtig war. Die Behandlung wurde daraufhin abgebrochen, eine Entschuldigung für die Fehlbehandlung blieb leider aus.

Erst durch langes Insistieren gelang es mir, die Ursachen dieser Fehlbehandlung zu klären. Genauere Analysen ergaben, dass ich angeblich „genetisch bedingt" eine schlechte Entgiftung hätte. Dies hatte zur Folge, dass mein Körper nicht so entgiften konnte, wie „es offensichtlich normal" war. Ich fühlte mich deswegen nach diesen Infusionen eher vergiftet als entgiftet. Diese Erkenntnis erklärte mir, warum ich „Konsumgifte" wie Zucker, Kaffee und Alkohol sehr schlecht vertrage.

Kinesiologie als therapeutische Methode schien mir dermaßen hilfreich und einleuchtend zu sein, dass ich mehr davon verstehen wollte. Dieses Werkzeug ermöglichte, bei mir selber auszutesten, was mir guttat oder was mir Stress bereitete. Super!

Psychosomatische Energetik

Nach diesen erkenntnisreichen Sitzungen musste ich erneut Wege suchen, um meinen gestressten Körper und die schwer enttäuschte, wütende Seele zu verheilen. In der Psychosomatischen Energetik nach Dr. Banis fand ich Lösungen.

Psychosomatische Energetik
Das Ärztepaar Ulrike und Reimar Banis entwickelte ein System, mit welchem **psychische Konflikte**, welche **die sieben Chakren (Energiezentren) und den Körper blockieren**, mittels **homöopathischer Mittel** aufgelöst werden können.

In jeder Kultur gibt es Redewendungen für solche Energieblockaden, welche sich schließlich auch auf die Körperebene auswirken können. Beispielsweise kennen wir die „Angst im Nacken", ein „gebrochenes Herz", etwas „liegt mir auf dem Magen", „Wut im Bauch". Dabei handelt es sich um tiefsitzende Emotionen, welche erst unser Energiesystem, die Chakren, blockieren. Bei chronischer Hemmung des Energieflusses entstehen daraus auch körperliche Probleme im Bereich des entsprechenden Chakras.

Psychische Themen werden so zu körperlichen Beschwerden, darum Psycho-somatische Energetik. Zur Auflösung dieser Konflikte wurden homöopathische Komplexmittel entwickelt, welche einerseits das betroffene Chakra wieder energetisch in Fluss bringen. Andrerseits wird die Seele durch die Mittel unterstützt, das psychische Thema zu lösen, und der Körper das somatische.

Um das bedürftige Chakra, das richtige Thema und die passenden Mittel herauszufinden, wird auch bei dieser Methode eine Form von Kinesiologie/Muskeltest angewendet. Mehr zum Thema „Chakra" siehe S. 162–163.

Mir persönlich half diese Methode nach den schwierigen Erfahrungen in der Klinik, meine Seele zu besänftigen und meinen Körper wieder besser ins Lot zu bringen.
Die Anwendung der Methode habe ich daraufhin selber erlernt und verwende sie bis heute erfolgreich bei meinen Klient:innen.

Stoffwechseltherapie ABL

Eher „zufällig" erfuhr ich von Maria Schmid-Spirig und ihrer erfolgreichen Stoffwechselmethode. Ich hörte, dass Menschen nach einer Behandlung mit Marias Methode wieder vom Rollstuhl aufstehen und gehen konnten. Sogar Embryos wurden im Mutterleib behandelt ... alles über die Beeinflussung des Stoffwechsels!

Was ist ABL – Auto(selbst) Biologisches(Leben) Lernen?
Auszug aus: uniun.ch, Fachverband für Auto Biologisches Lernen 2021:

„Das Auto Biologische Lernen, kurz ABL, ist eine rund 40-jährige komplementäre Methode aus dem Kanton Graubünden. Entwickelt wurde sie von Maria Schmid-Spirig, ehemals Lehrerin und Kinesiologin. ABL bringt neues und altes Wissen sowie jahrzehntelange Erfahrung zusammen. Der Grundgedanke von ABL ist einfach und zugleich revolutionär: „Körper können lernen.“

Welche Prinzipien liegen ABL zugrunde?
Auto Biologisches Lernen bedeutet: „Gesunde Abläufe kann der Mensch und damit jede menschliche Zelle selbst erlernen.“ Um zu ermitteln, was der Körper dazu braucht, wird mit Hilfe des kinesiologischen Armlängen-Reflextestes mit dem Körper kommuniziert. Darüber hinaus ermöglichen „Modes“ eine noch detailliertere Kommunikation; „Modes“ sind Fingerstellungen, die eine gewisse energetische Spannung erzeugen. Im ABL steht immer der Körper des Ratsuchenden im Mittelpunkt: *Mit Respekt und Neugierde lassen wir uns von ihm leiten und erfahren, was er braucht.* In der Erfahrung hat sich gezeigt, dass der ABL-Stoffwechselprozess meist dieselbe Reihenfolge aufweist wie die Entwicklung eines Embryos. Ebenso hat sich gezeigt, dass Körper meist innert drei Wochen einen neuen Ablauf lernen und eine weitere Woche benötigen, um diesen zu verinnerlichen. Danach ist das Körpersystem bereit für einen nächsten Lernschritt. Das Lernen bezieht sich nicht nur auf geistige, sondern auf jegliche psychischen und physiologischen Prozesse. Genau dieser Lernprozess, der auf allen Ebenen stattfinden kann, charakterisiert ABL und macht die Methode einzigartig.

Wie funktioniert ABL?

Der Körper bestimmt. Als Ratsuchender oder als Ratsuchende besucht man ungefähr jeden Monat eine Therapiestunde. Hier wird mit dem kinesiologischen Armlängen-Reflextest erforscht, wo der Körper steht und was er braucht, um den Stoffwechsel zu verändern. Am Ende der Stunde erhält man einen Plan mit individuellen Ernährungs-, Mineralstoff- und Vitamin-Empfehlungen sowie energetischen Punkten am Körper, die gehalten werden müssen. Damit werden die Meridiane beeinflusst. Auch „Modes" kommen zur Anwendung. Dies sind Handstellungen, die eine bestimmte Schwingung erzeugen und so eine verfeinerte Kommunikation mit dem Körper erlauben. Mithilfe von „Modes" werden etwa unterbewusste Konflikte ermittelt oder Ursachen genauer geklärt.

Ebenso wichtig ist eine individuell ausgetestete Schonkost, welche dem Körper zusätzlich hilft, schneller zu verheilen.

Im Laufe des Monats verbessert der Körper idealerweise mit der ABL-Beeinflussung seinen Zustand Schritt für Schritt. Je größer das körperliche Potenzial zur Heilung, desto mehr Veränderung kann angestoßen werden. Im Prozess gibt der Körper den Rhythmus vor, er entscheidet, wann welche Körperregion oder welches Symptom angegangen wird. So wird in individuellem Tempo der Stoffwechselprozess nachhaltig verändert.

Während diesem Ablauf lernt das System Körper, Stoffe wie Proteine, Co-Enzyme und mehr ab- und aufzubauen und wieder neu zu formieren."

Im Jahre 1998 starb mein Vater. In seinem letzten Lebensabschnitt litt er an Parkinson. Vorher erlebte ich ihn lange Jahre leidend an Körper, Seele und Geist. Über seine Gesundheit habe ich mir oft Gedanken gemacht. Ich empfand es immer als wahrscheinlicher, dass seine depressiven Verstimmungen, die

Bauchprobleme, die Ernährung, auch seine vielen Zahnkronen und Implantate sowie schließlich die Krankheit Parkinson miteinander verknüpft waren.

Meine Mutter litt bereits als 70-Jährige an Alzheimer, ebenfalls eine Nervenkrankheit. In der ganzheitlichen Medizin wird heute kein Geheimnis mehr daraus gemacht, dass bei all diesen Gehirndegenerationskrankheiten das kranke Darmmilieu, Schwermetalle und die Psyche mitbeteiligt sind. Einem eigenen solchen Zukunftsszenario wollte ich möglichst entgehen.

In mir wuchs das Bedürfnis, dem Stoffwechselerbgut meiner Familie und Ahnen nachzuforschen.

Maria Schmid hat in langjähriger Forschungsarbeit ABL = „Auto-Biologisches Lernen" entwickelt. Durch Organe, Knochen, Knorpel und alle Systeme, wie Kreislauf und Nervensystem, ja, bis hin zum Erbgut in den Chromosomen wird durch kinesiologisches Testen ermittelt, wo Stress verborgen liegt. Die gefundenen Stressoren werden mittels verschiedener kinesiologischer Balancierungsübungen und mit Hilfe von orthomolekularen Stoffen neutralisiert.

Nach den Lehren der chinesischen Medizin herrscht im Körper eine bestimmte Hierarchie = Abfolge, wie er sich verheilen kann. Dieser gilt es zu folgen. Beispielsweise verheilt der Körper zuerst die Chromosomenebene, dann seine lebenswichtigsten Organe Gehirn, Herz und Verdauung, bevor etwa die Hände oder das Knie im Verheilungsprozess an der Reihe sind.

Ebenso wichtig für den Verheilungsprozess ist die individuelle Austestung der passenden Ernährung. Schon Hippokrates sagte: *„Die Nahrung soll unser Heilmittel sein."*

Indem ich die empfohlene Ernährung befolgte und täglich kinesiologisch ausgetestete Vitamine und Mineralstoffe zu mir nahm sowie die „Finger-Modes" anwendete, erlebte ich, wie Stress aus meinen Genen verschwand. Meine Myelinschicht (= fettreiche Schicht) um die Nerven des unteren Rückens war beschädigt. Nach Marias Erfahrung bestand Gewissheit, dass sich diese Schutzschicht erneuern konnte.

Erst nahm ich als Klientin an dieser Therapie teil, doch schon bald wurde ich Schülerin. Was ich während dieser Sitzungen lernte, faszinierte mich! Meine eigene Therapie verlief über mehrere Monate. Während dieser Zeit verheilten meine inneren Organe, Gewebe, Knochen und Knorpel, aber auch das Lymphsystem und die Nerven. Verheilen tat auch manchmal weh, denn die Heilprozesse berührten alte Wunden. So wurden bekannte Themen ein weiteres Mal angetippt und besser integriert.

Endlich ging es mir ganzheitlich immer besser! Ich danke Maria bis heute von ganzem Herzen für die heilende Botschaft ihrer unkonventionellen Methode!

Kaum hatte ich eine neue Therapieform erlernt, kamen auch die entsprechenden Klienten in meine Praxis, ganz nach dem Gesetz der Resonanz, welches heißt: „Gleiches und Gleiches ziehen sich an."

Ich begann Menschen zu begleiten, die im Bereich der Ernährung oder der Sanierung ihrer Verdauungsorgane und des Stoffwechsels Unterstützung suchten.

Der Weg zur Verheilung wird durch kinesiologisches Testen der verschiedenen Körperebenen bestimmt: Chromosomen, Knochen/Knorpel, Gewebe, Systeme (Nerven-, Lymph-, Immunsystem), Gefühle, Gedanken, der optimalen Ernährung und der zum Verheilen nötigen Baustoffe.

Bis heute halte ich mich mehr oder weniger an dieses Konzept. Alle 2–3 Wochen teste ich meinen Körper auf „Baustellen = Stress" ab und „frage ihn", was er zu deren Verheilung brauche.

Auf diese Weise konnte ich in den letzten Jahren mein Körpersystem auf fast wundersame Weise stärken und mich in eine seit 40 Jahren nicht mehr dagewesene Kraft und Gesundheit begleiten.

Kinesiologisches Testen ist für mich zu einem nicht mehr wegzudenkenden Hilfsmittel geworden, um Allergien und Unverträglichkeiten auszutesten.

Meine Kuh- und Schafmilchunverträglichkeit sind noch einige Jahre geblieben. Rahm, Butter und Ziegenmilchprodukte kann ich in Maßen essen, ohne unangenehme Folgeerscheinungen zu verspüren. Verstandesmäßig sind die Nuancen, die das Testen manchmal ergibt, nicht immer erklärbar. Mittlerweile vertraue ich der Weisheit des Körpers jedoch mehr als dem Verstand. Blähendes Gemüse wie Knoblauch, Kohl, Linsen und Gewürze wie Ingwer, Koriander und Rosmarin ertrug mein Darm erst nach einigen Jahren wieder ohne Stress.

Meine ganze Familie habe ich schließlich ausgetestet und erkannt, dass bereits mein Vater eine Kuhmilchunverträglichkeit hatte, ebenso mein Bruder sowie mein Mann und meine beiden Kinder. Die Kinder spürten in der Pubertät selber, dass ihnen nach dem Genuss von Milchprodukten unwohl war, und verzichteten deshalb freiwillig darauf.

Unverträglichkeiten und Allergien

Bei meinen Klient:innen sind die Unverträglichkeiten ganz unterschiedlich. Gluten und tierische Milchen sind Spitzenreiter bei den am schlechtesten verdaulichen Lebensmitteln, seltener ist es auch eine Fruktose- oder Histamin-Intoleranz.

Bei den Milchprodukten habe ich festgestellt, dass es oft nicht nur die Laktose ist, die nicht vertragen wird, sondern auch das Kasein, das Milcheiweiß. Dieses wirkt als Allergen und kann ähnliche Symptome auslösen wie die Laktoseintoleranz.

Laktosefreie Kuhmilchprodukte testen bei mir und allen, die ich je getestet habe, kinesiologisch schlecht. Sie scheinen für das Körpersystem etwas Fremdes, Ungesundes zu sein und in der Leber Stress auszulösen. Ich empfehle darum, diese zu meiden und ganz auf (Kuh-)Milchprodukte zu verzichten.

Nahrungsmittel-Intoleranz

ist ein Sammelbegriff für verschiedene, nicht allergisch bedingte Reaktionen auf Nahrungsmittel.

Nahrungsmittel-Intoleranzen lassen sich mit einem Allergietest nicht nachweisen. Am häufigsten lösen Milchzucker (Laktose), Fruchtzucker (Fruktose), Gluten oder Histamin eine Intoleranz aus; dies häufiger bei Erwachsenen als bei Kindern. Im Gegensatz zu einer Nahrungsmittelallergie ist eine -Intoleranz aber nicht lebensbedrohlich.

Ursachen und Auslöser einer Nahrungsmittel-Intoleranz

Bei einer Lebensmittelintoleranz hat der Körper die Fähigkeit teilweise oder ganz verloren, einen bestimmten Stoff zu verdauen – oder er hat diese Fähigkeit nie besessen. Der Körper bildet hier keine Antikörper, sondern reagiert unmittelbar mit Beschwerden auf ein Nahrungsmittel. Geringe Mengen des beschwerdeauslösenden Nahrungsmittels können oft weiterhin und ohne Konsequenzen gegessen werden.

Symptome einer Nahrungsmittel-Intoleranz

Die Symptome einer Nahrungsmittel-Intoleranz können vielfältig sein. Am häufigsten kommt es zu allgemeinen Verdauungsbeschwerden wie Bauchschmerzen, Blähungen, Durchfall oder Verstopfung und Unwohlsein.

Mögliche weitere Reaktionen sind: Müdigkeit, Gereiztheit, Hautausschläge, Kopfschmerzen (Migräne), Kreislaufbeschwerden, rheumatische Beschwerden usw. Häufig beginnen die Beschwerden schleichend. Es ist daher nicht immer einfach, diese mit einer Nahrungsmittelintoleranz in Verbindung zu bringen.

Diagnose und Differenzialdiagnose
In der Schulmedizin wird versucht, Unverträglichkeiten mit Tests (z. B. Gentest im Blut oder H_2-Atemtest bei Verdacht auf Laktoseintoleranz oder Fruktosemalabsorption) herauszufinden, um einen Verdacht zu bestätigen.

Ich bin erfolgreich mit dem kinesiologischen Testen beim Herausfinden von Unverträglichkeiten. Das Testen ist auch sehr kostengünstig und kann von Laien selbst erlernt werden.

Das Führen eines Nahrungsmitteltagebuchs ist eine andere Möglichkeit, die eigenen Unverträglichkeiten herauszufinden.

Verschiedene Ursachen von Unverträglichkeiten werden unterschieden:

Malabsorptionskrankheiten: Glutenintoleranz (Zöliakie, Sprue) und Fruktoseintoleranz (Fruktosemalabsorption) fallen unter diesen Begriff.

Enzymatische Intoleranz: Die Ursache ist ein Enzymmangel oder ein Enzymdefekt, der zur Folge hat, dass bestimmte Nahrungsbestandteile nicht (vollständig) verdaut werden können.

Bekannt und angeboren sind: Hereditäre Fruktoseintoleranz und Galaktoseintoleranz. Erworben sind: Laktoseintoleranz, Histaminintoleranz, Saccharoseintoleranz, Sorbitintoleranz, Fruktosemalabsorption.

Pharmakologische Nahrungsmittel-Intoleranzen: Bestimmte Substanzen in Nahrungsmitteln sind pharmakologisch aktiv und können, wenn sie in großen Mengen verzehrt werden, zu Symptomen von Lebensmittelintoleranzen führen (relative

Intoleranz). Beispiele sind biogene Amine wie Histamin in Tomaten, Rotwein und reifem Käse, Phenylethylamin in Schokolade, Tyramin in reifem Käse oder in Schokolade, Serotonin in Bananen und Nüssen oder Glutamate (Glutamatunverträglichkeit) und Koffein.

Nicht definierte Intoleranzreaktionen (pseudoallergische Reaktionen auf Nahrungsmittelzusatzstoffe): Die Symptome sind ähnlich wie bei einer Allergie. Bei nichtdefinierten Intoleranzreaktionen handelt es sich um Reaktionen auf natürliche Nahrungsmittel oder bestimmte Zusatzstoffe wie Salicylate, Benzoesäure, Farbstoffe, Emulgatoren, Sulfite und Geschmacksverstärker.

Therapie und Behandlung
Nach der Diagnosestellung muss der Betroffene die beschwerdeauslösenden Nahrungsmittel weglassen. Bei der Laktose-, Fruktose- und Histamin-Intoleranz wird die individuelle Verträglichkeit ermittelt. Bei einer Zöliakie muss eine streng glutenfreie Ernährung eingehalten werden.

Medikamentös kann bei Laktoseintoleranz das Enzym Laktase und bei Histaminintoleranz das Enzym Diaminoxidase in Form einer Tablette eingenommen werden.

Tipps und Tricks
Wenn laktose-, fruktose- oder histaminhaltige Speisen in kleinen Mengen und über den Tag verteilt gegessen werden, sind sie besser verträglich.

Gluten- und milchfreie Produkte sind heute auch bei Großverteilern problemlos erhältlich.

Beim Einkauf immer die Zutatenliste lesen, um sicherzugehen, dass das Nahrungsmittel verträglich ist.

Nahrungsmittelallergie
Auslöser von Nahrungsmittelallergien

Eine Nahrungsmittelallergie beruht auf einer Abwehrreaktion des Immunsystems im Körper gegenüber harmlosen pflanzlichen oder tierischen Eiweißen (Allergenen). Die dabei entstehenden IgE-Antikörper lösen bei jedem Kontakt – oft genügen kleinste Mengen des entsprechenden Nahrungsmittels – eine allergische Reaktion aus.

Symptome von Nahrungsmittelallergien
Häufige und harmlose Reaktionen machen sich im Mundbereich bemerkbar: Juckreiz an Lippen und im Hals, ein pelziges Gefühl in Mund und Gaumen, Schwellungen der Lippen, Zunge sowie der Schleimhaut von Wangen und Rachen unmittelbar nach Genuss des Nahrungsmittels. Diese Symptome werden unter dem Begriff „orales Allergiesyndrom" zusammengefasst.

Weitere mögliche Reaktionen: Erbrechen, Magen- oder Bauchkrämpfe, Durchfall, auch Reaktionen der Haut, z. B. Ekzeme, Urtikaria, zudem Asthmaanfälle, allgemeines Schwächegefühl/ Kraftlosigkeit, Blutdruckabfall, Herzrasen bis hin zu anaphylaktischen Schocks.

Diagnose und Differenzialdiagnose
Die Selbstbeobachtung, idealerweise festgehalten in einem „Symptomtagebuch", sowie die Resultate von Hauttest und Bluttests bilden die wichtigsten Grundlagen für die Diagnose einer Nahrungsmittelallergie in der Schulmedizin.

Tests mittels Kinesiologie oder Bioresonanz sind meines Erachtens ebenso brauchbar und viel günstiger.

Therapie und Behandlung
Wichtig ist eine konsequente Karenz, das Auslassen des allergieauslösenden Nahrungsmittels. Auch auf versteckte Quellen

in Backwaren, Wurstwaren, Gewürzmischungen sowie Halbfer-
tig- und Fertigprodukten muss geachtet werden.

In der Schweiz müssen 14 Zutaten, die Allergien oder andere
unerwünschte Reaktionen auslösen können, klar deklariert
und auf der Verpackung hervorgehoben werden (z. B. fett markiert, kursiv oder mit Großbuchstaben geschrieben). Zusätzlich werden unbeabsichtigte Vermischungen/Kontaminationen
am Ende der Zutatenliste mit folgendem Hinweis angegeben:
„kann … enthalten" oder „kann Spuren von … enthalten". Auch
im Offenverkauf (z. B. Bäckerei, Metzgerei, Restaurant, Take-
away-Stand) muss das Verkaufspersonal Auskunft über die Zutaten geben können

Wer bereits eine starke allergische Reaktion erlebt hat, sollte immer einen Notfallausweis und ein Notfallset bei sich tragen. Bei einer erneuten, starken allergischen Reaktion sollte der
Notfallarzt oder ein Spital aufgesucht werden. In der Schweiz
sind SOS-Kapseln wenig bekannt, können aber hilfreich sein.

Eine spezifische Immuntherapie mit Nahrungsmittelallergenen
steht noch nicht zur Verfügung. Im Rahmen von Studien wird
versucht, eine orale Toleranz bei einer Nahrungsmittelallergie
zu entwickeln. Erste Erfolge wurden bereits erzielt. Die Therapie wird Betroffenen in der Praxis aber noch nicht angeboten.

Tipps und Tricks
Auf „Visitenkarten" die allergieauslösenden Nahrungsmittel
schriftlich festhalten und im Restaurant beim Bestellen dem Per-
sonal abgeben. In den Ferien diese Karten in die jeweilige Lan-
dessprache übersetzt mitführen. Für Einladungen bei Familie
und Freunden entweder die Gastgeber genau über die Allergie
instruieren oder anbieten, etwas Allergenfreies mitzubringen.

Zutatenlisten auch von bekannten Lebensmitteln vor jedem
Kauf prüfen. Rezepturänderungen können jederzeit vorgenom-

men werden. Bei Unsicherheit geben die Hersteller oder Groß-
verteiler gerne Auskunft. Die Kontaktangaben sind auf der Verpackung zu finden.

Zahlen und Fakten

Erwachsene sind am häufigsten allergisch auf Haselnüsse, Sellerie, Äpfel, Baumnüsse, Kiwi und Kasein (Milcheiweiß). Besonders schwerwiegende allergische Reaktionen treten auf Erdnüsse,
Meeresfrüchte oder Nüsse und Sesamsamen auf. Kinder reagieren typischerweise auf Kuhmilch, Hühnerei, Erdnuss und Nüsse.

Kreuzreaktionen zwischen Birkenpollen und rohem Stein- und
Kernobst sind häufig, kommen aber auch zwischen Milben und
Meeresfrüchten sowie Latex und exotischen Früchten vor.

Quelle: In Anlehnung an: „aha! Allergiezentrum Schweiz"/Ei-
generfahrung

Zum Weizen würde ich gerne hinzufügen, dass dieser durch
Zucht heute bedeutend mehr Gluten (Klebereiweiss im Getreide) enthält als noch vor fünfzig Jahren. Je höher der Glutengehalt des Getreides ist, umso besser ist es wegen der dadurch
zunehmenden Klebefähigkeit industriell verarbeitbar. Also wurde das Kriterium, hoher Glutengehalt, Ziel der Weizenzucht in
den letzten Jahrzehnten. Ebenso haben die Menschen in vielen
westlichen Ländern noch nie so viele Weizenprodukte konsu-
miert wie heute: Brot, Pasta, Burger rund um die Uhr. Dadurch
wird der Darm des Menschen überfordert und kann nicht genügend glutenzerlegendes Enzym produzieren, was zur Gluten-
Unverträglichkeit führt.

Milch ist von der Natur her als Nahrung für die (Menschen-
und Tier-)Babys und -Kinder gedacht. Sie enthält deshalb viele
wachstumsfördernde Hormone. Heute konsumieren Erwachsene teils Unmengen von Genussprodukten auf der Basis von
Milch und überfordern so ebenfalls den Enzymstoffwechsel.

Denn das milchverdauende Enzym Laktase wird im Erwachsenenalter weniger bis gar nicht mehr gebildet. Dazu kommt, dass die wachstumsfördernden Hormone der Milch bei Erwachsenen auch unerwünschtes Wachstum, z. B. von Krebszellen unterstützen können. Gerne wird auch die Behauptung aufrecht erhalten, dass Milchprodukte gut und nötig seien für die Knochengesundheit. Neutrale Studien zeigen aber, dass in Ländern mit wenig Milchkonsum Osteoporse (Knochenschwund) viel weniger auftritt.

Zur Vertiefung der Themen „Unverträglichkeiten und Allergien" sowie der Orthomolekularen Medizin habe ich etliche Weiterbildungen besucht.

Heute bin ich der Ansicht, dass sehr viele Krankheiten über die individuell passende Ernährung, das richtige Maß, Vermeidung von Stressoren, den Stoffwechsel und mit Hilfe der orthomolekularen Medizin geheilt bzw. vermieden werden können. Ich vergleiche den menschlichen Körper oft mit einem Haus, dessen Bausubstanz durch die äußeren und inneren Einflüsse mit den Jahren abgenutzt wird. Beim realen Haus genügt es auch nicht, auf die Defekte „Pflästerli" zu kleben, damit man sie nicht mehr sieht. Eine defekte Scheibe muss mit einer Scheibe, ein kaputtes Schloss mit einem neuen ersetzt werden, Fugen ebenso. Beim Körper bedeutet es, dass er genau weiß, wie er sich verheilen kann, wenn wir ihm die entsprechenden Baustoffe in der richtigen Dosis und Reihenfolge zur Verfügung stellen.

Das Informationsfeld – Informationsmedizin

In den folgenden Jahren durfte ich noch weitere ganzheitliche Heilmethoden in mein Repertoire aufnehmen, welche mir nochmals neue Horizonte eröffneten: die **Time Waver**[5] Informations- und Frequenztherapie, entwickelt vom Physiker und Philosophen Marcus Schmieke und Dr. Nuno Nina, sowie das **Innerwise**[6] Diagnostik- und Heilsystem, entwickelt vom Arzt Uwe Albrecht.

Beiden Systemen ist gemeinsam, dass sie mit dem Informationsfeld arbeiten. Alles, was uns als einzigartige Wesen ausmacht, sind Informationen. Diese können grobstofflich als Materie, Körper oder feinstofflich als Gefühle, Gedanken und verschiedenste Energien wahrgenommen werden. Jeder Mensch hat ein ganz persönliches Informationsfeld, einen „Lebensrucksack", wie ich das meinen Klient:innen jeweils zu erklären versuche. Ebenso ist alles, was ist, auch was wir sehen, denken, fühlen und uns vorstellen können, eine Form von Information. Je nach persönlicher Anlage und Wertung sind diese Informationen, die wir mittragen für unsere Gesundheit, positiv, unterstützend oder negativ, belastend.

Gesund sein heißt nun für einen Menschen, mit einem Lebensrucksack unterwegs zu sein, der in möglichst guter Balance ist. Belastendes, das sich als Stress zeigt, sollte immer wieder bearbeitet und bestmöglich eliminiert oder integriert werden. Zu dieser Balance gehören verschiedene Ebenen, die es zu berücksichtigen gilt:

---

5 Der Time-Waver ist ein computerbasiertes Gerät, mit welchem Menschen, Tiere und Unternehmen nach Themen analysiert und mit Hilfe von passenden Informationen unterstützt werden können.

6 Bei der Innerwise-Heilmethode wird das Informationsfeld eines Klienten kinesiologisch auf Disbalancen getestet und dann mit Innerwise-Heilkarten unterstützt.

Dimensionen der Gesundheit
Grobstoffliche Körperebene:
strukturell: Knochen, Knorpel, Organe, Muskeln, Bindegewebe, Kreislauf, Nervensystem, Lymphsystem.

Biochemisch: Stoffwechsel bestehend aus körpereigenen Stoffen wie Mineralstoffen, Vitaminen, Spurenelementen, Hormonen, Neurotransmitter, Biom[7] und aufgenommenen Stoffen aus der Nahrung.

Feinstoffliche Körperebene
Rhythmische Ebene: Jedes Organ und Gewebe hat einen Rhythmus, es schwingt.

Energieebene: In den Gesundheitssystemen des Ostens gibt es seit Jahrtausenden Modelle, die den Energiefluss im Körper zeigen sollen, z. B. das chinesische Meridiansystem[8] oder das indische Chakren System mit den Nadis[9].

Emotionale Ebene: Gefühle der Gegenwart und abgespeicherte Emotionen der Vergangenheit.

Mentale Ebene: Gedanken und Wertsysteme der Gegenwart sowie abgespeicherte Glaubensmuster der Vergangenheit.

Spirituelle Ebene: Auftrag der Seele, Selbst-Verwirklichung.

---

7 Als Biom wird eine Lebensgemeinschaft bezeichnet; eine solche gibt es bei jedem Menschen z. B. im Darm, bestehend aus Bakterien, Parasiten, Viren und Pilzen, auch Darmflora genannt.
8 Meridiane, treffender „Leitbahnen", sind in der traditionellen chinesischen Medizin (TCM) Kanäle, in denen die Lebensenergie Qi fließt.
9 Nadis sind feinstoffliche Röhren, welche zusammen mit den Chakren im indischen Heilsystem, dem Ayurveda, das Energienetz bilden, durch welches die Lebensenergie Prana fließt.

Karmische Ebene: mitgebrachte Themen von Familie, Ahnen oder früheren Seelenerfahrungen.

Umfeld: Umgebung, Herkunftsfamilie, Kultur, Zeitqualität.

Anderes: noch Unbekanntes.

Persönlich gilt es nun, all diesen Ebenen Beachtung zu schenken durch immer feiner werdende Selbstwahrnehmung. Für eine bestmögliche Gesundheit muss ich lernen, für mich typengerechte, individuelle Lösungen zu suchen und zu finden.

Dazu können diese beiden Systeme TimeWaver und Innerwise, jedes auf seine Art, sehr hilfreich sein.

Letzen Endes geht es um die bestmögliche Ernährung nicht nur für den Körper, sondern auch um die stimmige „Nährung" der eigenen Seele und des Geistes. Dazu gehören auch der Umgang mit unsern Gefühlen und Gedanken. Eine sinnstiftende Tätigkeit sowie ein Umfeld, in dem wir uns wohl fühlen, sind ebenso wichtig. **Heil werden heißt ganz werden, letzten Endes unsere Seelenaufgabe erfüllen. Leiden gehört dabei zum Weg und zur Motivation, um Erkenntnisse anzustreben und umzusetzen.**

Bio oder Nicht-Bio

Meinem Partner bin ich dankbar, dass er seit Jahren Freude hat am biologischen Gartenbau. Auf diese Weise sind wir fast ganzjährig mit gesundem Gemüse und Beeren versorgt. Was sonst noch nötig ist, kaufe ich regional und in Bioqualität. Das inspirierende Buch von A. W. Dänzer „Die unsichtbare Kraft der Lebensmittel – Bio und Nicht-Bio im Vergleich" zeigt auch bildlich, dass Bio-Lebensmittel mehr „innere Strahlkraft" haben. Das fotografisch festgehaltene Energiefeld von biologisch angebauten Lebensmitteln ist viel feiner und harmonischer als jenes von konventionell gezüchteten, mit Kunstdünger und Pestiziden behandelten Früchten und Gemüsen. Genetisch veränderte Lebensmittel haben gar ein verklumptes, wenig harmonisches Energiefeld.

Nebst vielen Gemüsen, Früchten, Nüssen und Samen bereichern wenig Bio-Ziegen-Milchprodukte und Eier meinen Speisezettel. Fleisch und Fisch von Tieren aus der Region, die nach biologischen Richtlinien gehalten werden, gibt es in kleinen Mengen etwa einmal wöchentlich.

Kohlenhydrate vom vollen Korn esse ich als Zugehörige der Blutgruppe 0 eher zurückhaltend, Produkte mit Weißmehl und viel Zucker selten. Eine kleine Süßigkeit hat aber täglich Platz in meinem Speisezettel. Bedeutend wichtiger als früher sind mir heute Fette, vor allem diejenigen mit ungesättigten Fettsäuren und viel Omega-3. Nüsse, Samen, Erdnüsse und kaltgepresste Öle scheinen meiner Gesundheit gutzutun. Fertigprodukte gibt es kaum bei uns. Als 0-er Typ mag ich recht eiweißreiche Ernährung. Das sind heute nebst wenig tierischen vor allem Eiweiße aus Nüssen, Soja- und Lupinenprodukten, Quinoa, Hülsenfrüchten oder Vollkornmehlen.

Das kinesiologische Testen lässt sich auch sehr gut im Alltag anwenden. Beim Einkaufen oder beim Auswärtsessen kann ich mit dem Testen bequem herausfinden, ob mir ein Produkt guttut oder nicht.

Der „kinesiologische Armlängentest" (siehe Internet) ist auch für Laien erlernbar und nach einigem Üben hilfreich.

Obwohl die vegane und vegetarische Lebensweise heute trendig ist, werde ich nicht mehr auf diesen Zug aufsteigen. Mein Körper sagt mir, dass wenig tierische Produkte aus biologischer Haltung für ihn wohltuend sind. Ich glaube nicht, dass von der Natur vorgesehen ist, dass wir unsere Ernährung als Veganer dauernd mit dem Vitamin B12, das vorwiegend in tierischen Lebensmitteln vorkommt, anreichern müssen.

Von der Metaebene aus gesehen sind für mich alle Lebewesen beseelt und folgen einer geistigen Idee. Ob ich nun Fleisch oder Gemüse esse, kommt meines Erachtens nicht so darauf an. Ich zerstöre beim Gemüse und beim Kalb Leben, um mich am Leben zu erhalten. Wichtiger scheint mir die innere Haltung der Wertschätzung, die ich gegenüber allen Wesen verspüre, die mir dienen und mein Leben ermöglichen.

Im Falle von Entzündungen rate ich aber allen Klienten, die tierischen Produkte zu meiden. In der Erfahrungsmedizin ist heute belegt, dass Entzündungen dann schneller verheilen.

Vom ökologischen Gesichtspunkt des Ressourcenverbrauchs und CO2-Ausstoßes ist eine Ernährung mit wenig Fleisch-, Fisch- und Milchprodukten erstrebenswert. Zu beachten ist, dass diese Naturprodukte nicht durch neue, ebenso CO2-verursachende Fertigprodukte ersetzt werden.

„Iss nur so viel, wie dir guttut, und kauf nur so viele Vorräte, wie du aufbrauchen kannst", sind alte Weisheiten, die leider in unserer Wohlstandsgesellschaft immer weniger beachtet werden. Ich freue mich, dass es vermehrt aktive politische Bewegungen gibt, welche die Themen von „Food Waste" (Nahrungsmittelverschwendung) und Ressourcenverbrauch (Wasser-, Land-, Futtermittelverbrauch und CO2-Ausstoß) den Menschen bewusst machen wollen.

Vor einigen Jahren begann ich auch das Wasser auf Rückstände von Substanzen zu testen, welche von den Wasserwerken nicht offiziell veröffentlicht werden. Ich war erstaunt, wie mein Hahnenwasser zuhause positiv auf Pestizide, Hormone und Antibiotika testete, obwohl ich auf dem Lande wohne. Diese Schadstoffe wollte ich nicht weiter zu mir nehmen, und habe mich darum nach einem praktischen Filtersystem umgeschaut. Da gibt es bereits etliche Angebote auf dem Markt. Es braucht ein kritisches Auge, um die richtige Wahl zu treffen. Auch in öffentlichen Kläranlagen werden zusätzliche Filter eingebaut, wohl nicht, weil alles gut ist, wie es ist!

Bei der Testung des Bindegewebes bei meinen Klient:innen stelle ich häufig Belastungen mit Giftstoffen, Pestiziden, Medikamenten und Konservierungsmitteln fest, welche sie anscheinend in ihrem Gewebe gespeichert haben. Diese Ablagerungen können Grund für diffuse Schmerzen sein. Schmerzen sind immer ein Ruf, um genauer hinzuschauen, was los ist. In diesem Falle möchte das Bindegewebe die „Giftstoffe und Abfallprodukte" loswerden.

Für mich ist klar, dass die Landwirtschaft zu einer biologischen und nachhaltigen Bewirtschaftung von Pflanzen und Böden zurückkehren muss. Nutztiere sollen ein Recht haben auf artgerechte Haltung (Muttertierhaltung), Fütterung und genügend Auslauf.

Der Kostenanteil für die Ernährung in Bezug zum Gesamteinkommen ist in den letzten Jahrzehnten stark gesunken. Also wäre es durchaus verkraftbar und ethisch richtig, wenn Bio-Lebensmittel mehr kosten dürften. Die Mehreinnahmen sollten aber dann denjenigen zugutekommen, welche den Mehraufwand der biologischen Bewirtschaftung bewerkstelligen, und nicht dem Zwischenhandel.

Mit unseren Lebensgrundlagen Wasser, Luft und Boden müssen wir wieder achtsamer und respektvoller umgehen, wenn wir selber und unsere Nachkommen gesund bleiben wollen.

Letzten Endes geht es um ein globales Denken des Vernetzt- und Verbundenseins bei allem, was wir zum Leben in Anspruch nehmen. Ich kann nur glücklich und zufrieden sein mit meiner Nahrung, wenn auch die Menschen, welche sie hergestellt haben, Arbeitsbedingungen haben, die ihnen ein zufriedenes Leben ermöglichen. Ebenso sollte die Herstellung von allen Gütern, die ich brauche, immer in einem gesunden Gleichgewicht mit der Natur stehen.

Wie ich schon als Kind gespürt habe, geht es bei der Ernährung nicht nur um das sichtbare Essen, sondern auch um die feinstofflichen Werte. Wie sind meine seelische Befindlichkeit beim Essen, die Essgesellschaft, die Atmosphäre und Umgebung? In welchem Tempo nehme ich die Nahrung zu mir, wie kaue ich sie, und wo ist meine Präsenz, während ich esse?

Selber nehme ich meine Mahlzeiten am liebsten in einer fast meditativen Atmosphäre der Achtsamkeit ein, mit Blick ins Grüne. Dankbar bin ich für die Vielfalt an Lebensmitteln, die mir zur Verfügung stehen. Damit gestalte ich jeden Mittag ein dekoratives Kunstwerk, welches das Auge erfreut. Ich liebe es auch leidenschaftlich, eine Mahlzeit einzupacken und in der Natur ein Feinschmecker-Picknick zu veranstalten.

3

PARTNERSCHAFT – DAS IST DER RICHTIGE, ABER ES WIRD NICHT EINFACH SEIN

„Der Großteil menschlichen Schicksals
ist darin begründet, die Andersartigkeit anderer
Menschen nicht zu akzeptieren.“

H.v. Kritzinger

Im Winter 1978 lud ich einen Studienkollegen in unser Ferienhaus in Graubünden ein, damit ich nicht allein für die Zwischenprüfungen im Sekundarlehrerstudium „büffeln“ musste.

Er fragte mich, ob er auch seinen Wohnkollegen Gosha mitnehmen dürfte, den ich bereits von Treffen in deren WG kannte. Warum nicht, gute Idee!

Bei unserm gemeinsamen Lernen nahm ich sehr wohl wahr, wie gewissenhaft und akribisch Gosha sich auf die Prüfungen vorbereitete. Ich war eher eine Lernende, die mehrmals alles eher oberflächlich durcharbeitete und dann darauf vertraute, dass mir im richtigen Moment die richtigen Antworten zufallen würden.

Zur Abwechslung vom Lernen unternahmen wir Winterwanderungen in der herrlich verschneiten Landschaft. Es blieb nicht bei den Wanderungen, sondern kam auch zu „Schneeballschlachten“ und „liebevollem Einreiben mit Schnee“.

Bis heute ist mir rätselhaft, was Gosha in diesen Tagen bewog, mich zu fragen, ob ich mit ihm eine Freundschaft eingehen wolle.

Das war eine Anfrage, welche bei mir nebst Freude einigen Stress auszulösen begann. Sofort kamen die abgespeicherten Worte meiner Mutter: *„Du mit deinen vielen Ticks und so mager! Du wirst nie einen Mann finden!“* Und jetzt?

Gosha hatte schwarze Haare, war schlank und intelligent; alles Dinge, die ich mir an meinem Traummann so vorgestellt hatte.

Während ich hin und her überlegte, was ich Gosha zur Antwort geben sollte, bekam ich wie einen Blitz vom Himmel folgende Eingebung: *„Das ist der Richtige, aber es wird nicht einfach sein."*

„Oh, das tönt aber nach Herausforderung!", dachte ich mir. Ich sagte zu, mich auf ein gemeinsames Beziehungsexperiment einzulassen.

Unsere Prüfungsvorbereitungen wurden zu einem gefühlsmäßigen Höhenflug mit Schmetterlingen im Bauch.

Nach gut bestandenen Prüfungen feierten wir unsere Beziehung mit dem ersten Kuss auf dem Uetliberg. Ich war unsicher und gehemmt in meinem Körper, der ja angeblich ein Knochengerüst sein sollte. Gosha gab mir nichts von alledem zu spüren. Am liebsten hätte er mich vernascht in seinem leidenschaftlichen Gefühlsrausch. Ich verehrte Gosha als eine Art Erlöser aus meinen Minderwertigkeitskomplexen, fühlte ich mich doch so angenommen, wie ich war.

Gosha räumte ein, dass er kürzlich eine fünfjährige Beziehung beenden musste, weil seine Verlobte ihn verließ. Für mich war er somit ein beziehungserfahrener Mann, von dem ich viel lernen konnte und wollte.

Wir unternahmen gerne Ausflüge in die Natur und waren beide an Biologie und einer ökologischen Lebensweise interessiert. Diese Themen verbanden uns und ergaben viel Gesprächsstoff.

Tretminen

Bald zeigten sich aber auch gewisse „Tretminen" = Themen, in welchen wir verletzlich waren und einander verletzen konnten.

Ich hatte ein Faible für Farben, Farbkombinationen und kreatives Gestalten, auch in der Garderobe. Gosha waren Kleider und Farbzusammenstellungen völlig unwichtig. Es zeigte sich gar, dass Gosha eine Sehschwäche hatte und gewisse Farben nicht richtig unterscheiden konnte.

Wenn ich beim Thema „Farben" mit Fragen oder Kritik kam, reagierte Gosha sofort sehr empfindlich. Er wollte perfekt sein, alles können, doch beim Erkennen von Farben gelang es ihm nicht. Als Folge meiner Hinweise war er tief beleidigt und verschloss sich dann für längere Zeit.

Beim Thema „schenken" tappte ich auch ins Fettnäpfchen. Mit viel Liebe fertigte Gosha für mich ein hübsches Glasperlenarmband in den Farben Orange und Türkis an. Als Gosha mir das Armband überreichte, war meine Reaktion freundlich, aber nicht begeistert, denn das waren nicht die Farben meiner Kleiderkollektion. Gosha erwartete wohl ein freudvolles Gesicht, ein begeistertes Dankeschön für sein Kunstwerk, bekam aber von mir nur ein höfliches Lächeln. Wieder geschah bei Gosha ein Verschließen seines Herzens und ich spürte, dass er sich tief verletzt fühlte. Ich konnte mir die Schwere von Goshas Enttäuschung nicht richtig erklären, doch es sollte Folgen haben.

Gosha fühlte sich fortan beim Thema „schenken" so gestresst, dass er auch meinen Geburtstag als nicht existent beiseitelegte. Das wiederum verletzte mich. Erst Jahre später kam ich der Stress verursachenden Geschichte auf die Spur.

Als zehnjähriger Junge durfte Gosha, vom Hausarzt verordnet, zu einem Erholungsaufenthalt in die Berge. Mit dem wenigen Sackgeld, das er bekam, kaufte er für seine Mutter, die er als sehr gläubig wahrnahm, eine in Holz geschnitzte Marienfigur. Seine Mutter soll das Geschenk aus dem Papier gewickelt und beim Anblick von Maria ausgerufen haben: *„Was, eine Maria, ich bin doch nicht katholisch!"* Die von Gosha mit viel Liebe ausgewählte Figur wurde zum Verbrennen in den Ofen gelegt.

Wie musste Klein-Gosha nach diesem Vorfall in seinen Gefühlen verletzt gewesen sein. Bis heute scheint ihm das Thema, seiner Frau ein Geschenk zu machen, sehr schwerzufallen. jetzt können wir glücklicherweise darüber reden.

Gosha wollte sehr schnell eine enge Beziehung pflegen. Ich hielt mich eher zurück, denn ich wollte meine bisherigen Männerbekanntschaften weiterführen. Mein Gefühl war, dass andere Männer nicht mehr an einer Freundschaft zu mir interessiert sein würden, wenn ich mich als Frau, Händchen haltend und schmusend, mit Gosha in der Öffentlichkeit zeigte. Eine Paarbeziehung musste mir auch Freiräume für andere Kolleg:innen erlauben, sonst fühlte ich mich eingeengt und unwohl, ja gelangweilt. Diese Erfahrung machte ich mit einer ersten Männerbeziehung in der Pubertät und wollte daraus lernen.

Gosha war für mich ein großes Vorbild in seiner Disziplin beim Lernen; er schaffte noch bessere Noten als ich. Auch sportlich forderte er viel von sich. Ich wollte es ihm, im Namen der Gleichberechtigungsbewegung in den Siebzigerjahren, gleichtun.

Mit Gosha und einigen Kollegen unternahm ich eine erste Hochtour mit schwerem Rucksack. Nach der Rückkehr hatte ich ein Gefühl von Lähmung und Kribbeln in meinem linken Bein (siehe 2. Kapitel). Was war das?

Ich ging zu einem damals bekannten Rheumatologen zur Klärung und bekam eine Cortisonspritze, eine medizinische Maßnahme, die damals gerade in Mode kam. Allzu viel änderte sich nicht an meinem Zustand.

Mir blieb nichts anderes übrig, als mit meinem „komischen“ Bein etwas herum zu lahmen und mich zu schonen, in der Hoffnung auf Besserung. Das linke Bein und der untere Rücken hinderten mich einige Monate, körperlich zu leisten, was meinem Selbstwert ziemlich zusetzte.

In unserer Freizeit als Paar hatten wir nun mehr Zeit für Nähe und Intimität. Bald erkannten wir, dass wir sehr unterschiedliche Vorstellungen hatten, wie wir Sexualität leben wollten. Gosha erlebte ich als von sich selbst überzeugten, sehr Kopf- und Sexualtrieb gesteuerten Mann. Mich empfand ich als schüchterne, verunsicherte Frau, sehr sensibel, sinnlich und einfühlsam, aber voller Minderwertigkeitsgefühle. Sexualität war für mich mit Streicheln, Wärme und gegenseitigem Einfühlen, was für jedes von uns stimmig war, verbunden. Gosha verstand meine Bedürfnisse nicht.

Diese unterschiedliche Haltung empfand ich als Druck, der mich fast verzweifeln ließ.

Schon damals fragte ich oft meine „innere Stimme", was wir aus diesem Konflikt lernen sollten, wo die Lösung der Probleme zu finden sei. Als Antwort zu unserer unterschiedlichen Herangehensweise an das Thema Sexualität bekam ich folgende Worte: „*Gosha käme von seinem Wesen her von den unteren Chakren (= Energiezentren, siehe Seite 162–163), ich käme von den oberen Chakren, und in der Mitte, im Herz, müssten wir uns letzten Endes treffen.*" Das tönte gut; das Bild gefiel mir. Doch wie konnten wir den Weg ins Herz finden?

Es war tatsächlich so, dass ich eher zum mystisch, spirituellen Empfinden neigte, was der Qualität des obersten Chakras entsprach. In der Sexualität bedeutete dies, dass ich eine allumfassende Erfahrung des Eins-Seins in Liebe mit dem Partner und dem Kosmos suchte. Gosha hingegen wollte, nach der Qualität der unteren Energiezentren, eine Art ursprüngliche, triebhafte Sexualität leben. Orgastische Höhepunkte dienten ihm als kurze Entgrenzung, dem Abladen seines Stresses und zur Eigenbefriedigung ohne spürbare Empathie für das Gegenüber, für mich.

Wenn ich meine Wünsche und Empfindungen aussprach, gab es meist sehr schlechte Stimmung.

In meinen romantischen Vorstellungen war gelebte körperliche Zweisamkeit und Sexualität etwas liebevoll Zärtliches, das mich als ganzen Menschen meinte. Gosha wollte nur an seinen Geschlechtsteilen berührt werden und glaubte stur, dasselbe sei auch gut für mich. Er wollte mir seinen Weg zu Lust und Sex zeigen.

Sollte ich dies einfach akzeptieren? War ich da so falsch in meinen Bedürfnissen und Gefühlen? Ich haderte schwer mit mir, meinen Minderwertigkeitsgefühlen als Frau und den für mich eher rohen Bedürfnissen von Gosha. Ein Urologe, bei dem Gosha Rat holen wollte, riet ihm gar, von mir als Frau abzulassen; die sei frigide.

Das war eine schmerzliche Ohrfeige, die es für mich zu verdauen gab. Musste ich zeigen und beweisen, dass ich nicht frigide war, indem ich Goshas Sex-Spiele zu seiner Befriedigung einfach mitmachte?

Ich fragte mich oft, wie Goshas recht differenzierte Ethik, seine Intelligenz und Weitsicht mit diesem eher tierischen und selbstbezogenen Ausleben der Sexualität zusammenpassten. Antworten fand ich keine.

Auch das Thema Hygiene war ein Streitpunkt. Goshas größte Freude waren spontaner Wald- und Wiesensex. Er hätte mich oft am liebsten gepackt und umgelegt. Solche Sätze hatten durchaus ihren erotischen Reiz und gaben mir ein Gefühl von Begehrt-Werden. Doch ich wusste bald durch verschiedene Infekte um mein sensibles Immunsystem und hatte kein Bedürfnis mehr nach animalischen Gerüchen und krankmachenden Untermietern.

Wo waren Herz und Empathie für das Gegenüber, für mich als Frau? Ich kam mir immer mehr als benutzt vor, damit Gosha seine eigenen Sexualbedürfnisse stillen konnte.

Reisen in die weite Welt –
äußerlich und innerlich

Beide unterrichteten wir unterdessen an Privatschulen. Dies erlaubte uns, in Teilzeit zu arbeiten, aber auch Urlaub zu nehmen für größere Reisen.

Eine dreimonatige Reise führte uns zuerst durch Teile der USA und Mittelamerikas und danach nach Kanada. Anfänglich waren wir zwei zusammen mit drei Studienkollegen unterwegs und besuchten vor allem die wunderschönen Gegenden der Nationalparks im Westen der USA und Kalifornien. Danach bereiste ich mit Gosha Mittelamerika. Wir logierten in sehr günstigen Unterkünften, die teils unhygienisch waren. Prompt las ich mir, wohl in einem schmutzigen Bett, einen unangenehmen Parasiten auf. Ich musste Schlange stehen in einem öffentlichen Spital in Mexiko und mich schließlich gegen Krätze, eine Milbenart, die unter der Haut lebt, behandeln lassen. Allmählich hatte ich die Nase voll von Gosha, seinen Sexbedürfnissen und dem billig-schmutzigen Lebensstil. Es kam zum Eklat! Bombenalarm wegen des Terrors in Guatemala begleitete unseren Streit in einem Restaurant ebenda. Frustriert und ohnmächtig, weil wir uns auch nach langem Reden nicht fanden, beschlossen wir, uns zu trennen und von da an eigene Wege zu gehen.

Wie von einer riesigen Last befreit, fühlte ich mich, als ich allein an der Ostküste der USA hochreisten durfte. Etliche gastfreundliche Amerikanerinnen luden mich spontan ein und zeigten mir ihr Amerika. Danke!

Immer war ich auch an Kunstmuseen interessiert, und so besuchte ich die National Gallery of Art in Washington. Wer lief mir da über den Weg? Kaum zu glauben! Es war Gosha!

Warum führte uns gerade hier, im großen Amerika, das Schicksal wieder zusammen?

Wir vereinbarten, die Kanadareise nochmals miteinander zu versuchen.

Zurück in der Schweiz, wollten wir unserer Beziehung eine weitere Chance geben.

Die unterschiedlichen Empfindungen in Bezug auf Sexualität waren unser dominantes Streitthema. In meinem steten Bemühen, bei Konflikten Lösungen zu suchen, fragte ich „den Himmel", wie ich Gott, die Quelle oder das Allumfassende nannte, nach dem Lernpotential in unseren Sexstreitereien. Als Antwort bekam ich nochmals dieselbe Inspiration wie früher:

„Ich käme in meiner Haltung zur Sexualität von den oberen Chakren und Gosha von den unteren Chakren. In der Mitte, im Herzen, müssten wir uns treffen."

Dieses Mal versuchte ich diese Botschaft Gosha zu überbringen, untermalt mit meinem ersten Buch über Tantra („Tantra, die Kunst der sexuellen Ekstase" von Margo Anand). Darin war auch der Zusammenhang mit den Chakren, der Bewusstseinsentwicklung und der Sexualität klar beschrieben. Doch Gosha rümpfte nur die Nase und wertete ab: *„Ach du mit deinem esoterischen Zeug!"*

Gosha war immer noch voll überzeugt davon, dass seine Sicht, was „gute Sexualität" anbelangt, die einzig richtige war. Da gab es kein Streicheln für mich und kaum Vorspiel. Möglichst schnell sollte es zur Penetration und zu Wolllustgefühlen für Gosha kommen. Wehe, wenn ich eine seiner Berührungen an mir korrigierte, weil es anders für mich schöner gewesen wäre. Dann bewirkte der Hinweis, der bei Gosha immer als „böse Kritik" ankam, sofort, dass er in seiner Kraft einbrach und mich des Störens beschuldigte. Natürlich war mir auch da bald klar, dass dies mit einer früheren Verletzung Goshas zu tun haben musste und nicht mit mir. Es schien eine Art verborgenes, unbewusstes Trauma in ihm zu schlummern, eine große Angst vor Ablehnung.

In mir verstärkte sich immer mehr die Vermutung, dass Gosha mich als die kritisierende, mahnende und strafende Mutter erlebte, die ihm als Kind kaum Zuneigung geben konnte. Gosha war als erstes und nicht gewolltes Kind zur Welt gekommen und musste früh viel Verantwortung übernehmen für seine fünf jüngeren Geschwister. Sein eigenes Kind-Sein und seine Spontaneität wurden ihm früh abgewöhnt. Mithilfe auf dem Bauernhof war gefragt. Goshas hübsche, groß gewachsene Mutter fühlte sich gezwungen, den Vater, einen eher selbstbezogen wirkenden, kleinen Mann, zu heiraten und in dessen Familie auf einen Bauernhof einzuziehen. Ich weiß aus der heutigen pränatalen Forschung, dass Kinder, die unter diesen Bedingungen geboren werden, im Leben oft Schuldgefühle und wenig Selbstwert haben. Sie brauchen viel Bestätigung, dass sie geliebt werden. Gosha versuchte sich diese Bestätigung durch seine Hilfsbereitschaft, Angepasstheit und intellektuellen Leistungen zu holen.

Das waren die Charakterseiten, die auch ich an Gosha sehr schätzte. Hingegen spürte ich bald, dass auch Gosha, genau wie ich, im Selbstwert große Defizite hatte. Sehr gerne hätte ich mit Gosha darüber Gespräche geführt. Doch nur schon meine Beobachtungen zu thematisieren, wurde als Kritik empfunden und mit Ausweichmanövern quittiert. Goshas Sexualtrieb schien mir immer mehr ein Gefäß und das Ventil für allen Stress, den er in sich trug durch die verdrängten Emotionen von Wut, Trauer, Angst und Verletzlichkeit.

Und jetzt, was nützten mich all diese Analysen und Hypothesen?

Ich spürte, dass auch ich mit Ängsten rang, wenn ich mich für meine Bedürfnisse einsetzte.

Als ich im Alter von zwanzig Jahren beschloss, vermehrt meinen eigenen Weg zu gehen, schlichen sich immense Ängste ein. Sie flüsterten mir zu: *„Wenn du dich selber lebst, wirst du umgebracht.“*

Einmal mehr fragte ich „den Himmel“, meine innere Stimme, was in dieser Situation mit Gosha meine Aufgabe sei. Eine eindrückliche Geschichte zeigte sich mir: *Ich war eine Tantra-Meisterin am Hofe eines Maharishi (Großer Weiser) in Indien. Von einem Diener (frühere Inkarnation von Gosha) wurde ich jeweils zu sexuelltantrischen Ritualen zum Meister begleitet. Der Diener musste mich nach dem Ritual wieder hinausführen. Anscheinend verliebte sich der Diener in mich als Tantra-Meisterin und fragte eines Tages, ob ich mit ihm auch einmal ein solches sexuelles Ritual durchführen würde. Ich war sehr erstaunt über diese Anfrage und gab ihm zur Antwort: „Bis es so weit kommen kann, musst du dich spirituell noch etwas weiterentwickeln.“ Natürlich war der Diener enttäuscht. Eines Tages, als mich der Diener wieder zum Ritual führte und dann zurück, übermannten ihn seine Triebe, und er zerrte mich hinaus ins Freie, an einen Platz, wo er mich in seinem Liebesrausch überfiel und vergewaltigte. Aus lauter Verzweiflung, wie er jetzt mit dieser Situation umgehen sollte, erwürgte er mich schließlich.*

Was sollte ich jetzt mit diesen Bildern machen? Enthielten sie Antworten auf meine Angst, umgebracht zu werden, sollte ich mich selbst verwirklichen? Erklärte das Vergangene unseren unterschiedlichen Entwicklungsstand beim Thema Sexualität in diesem Leben?

Tatsache war, dass ich eine starke Affinität zu einer viel umfassenderen Sexualität hatte und habe, welche das körperliche, seelische und geistige Erleben miteinbezieht. Im Sexualakt, der durch alle Chakren –, wie das Spiel auf einer Flöte – spürbar ist, wollte ich zusammen mit dem Partner in etwas Größerem aufgehen. Auch wollte ich nach der körperlichen Vereinigung über die unterschiedlichen Wahrnehmungen kommunizieren.

Tantrische Sexualität verstand ich als einen Entwicklungsweg, der alle Persönlichkeitsebenen umfasst. Dazu gehören über Jahrhunderte erprobte Rituale, etwa mit dem Atem oder der Energielenkung, welche sich durch größtmögliche gegenseitige Achtsamkeit und Anteilnahme auszeichnen.

Der Gegensatz zwischen Goshas und meinen Erwartungen an Sexualität konnte größer kaum sein. Wie sollten wir uns da je finden?

Im Herz sollten wir uns finden, war eine frühere Eingebung; im Herz als Sitz der Empathie und des Mitgefühls. Wie konnte ich Gosha dazu bewegen, auch meine Sicht- und Empfindungsweise bezüglich Sexualität gelten zu lassen? Ich spürte, dass da vorläufig keine Bereitschaft von Gosha vorhanden war.

Traurig war nur, dass das Thema der Sexualitätskonflikte immer sehr viel Raum einnahm.

Um diesem Thema weniger Gewicht beizumessen, stellte ich die Bedingung, während unserer mehrmonatigen Asienreise auf Sexualität zu verzichten. Es war eine Art Probe für mich, ob Gosha das Beziehungsspiel mit mir auch ohne Sex noch mitmachen würde. Er tat es!

Wir erlebten sehr spannende Monate in Sri Lanka, Hongkong und in Gastfamilien in Japan. Auf den Philippinen ergaben sich unerwartet Kontakte zu einem Geistheiler und Schamanen. Nach Aufenthalten in Bali, das es meiner Seele besonders angetan hatte, und in Indonesien reiste ich nach Hause. Gosha zog für drei Monate weiter nach Neuseeland auf eine Farm von Bekannten.

Härtetest macht weich

Nach der Rückkehr arbeitete ich wieder als Sekundarlehrerin an einer Privatschule in Zürich. Dort gefiel es mir gut, weil ich mich auf einige wenige, jedoch schwierige Kinder konzentrieren konnte.

Um meine kreativen Neigungen ausleben zu können, besuchte ich in der Freizeit Kurse an der Kunstgewerbeschule. Nach einigen Wochen merkte ich, dass mit meiner Verdauung etwas nicht stimmte. Untersuchungen ergaben, dass ich von der Asienreise Amöben als Untermieter mitgenommen hatte. Sie hatten sich wohl in den Bananenblättern des leckeren Frühstücks eingenistet. Die Ausscheidungen der Amöben schienen auch meine Psyche zu belasten. Ich wurde zunehmend depressiv.

Die Medikamente zur Abtötung und Ausleitung der Amöben belasteten meinen sensiblen Körper spürbar. Mein Rücken und die Beine fühlten sich wieder schlechter an, schmerzhaft und schwer.

Wie viel Angst die bevorstehende Rückkehr von Gosha in mir auslöste, weiß ich nicht. Ich spürte jedoch das Beziehungsthema als eine Art Druck und Bedrohung im Rücken.

So fuhr ich mit gemischten Gefühlen zum Flughafen, um Gosha abzuholen. Prompt sprang mir auf dieser Fahrt eine schwarze Katze vor mein Auto. Die Wagenräder zerquetschten das arme Tier. Ich fühlte mich nach dem tragischen Zwischenfall hundeelend. *„Hatte ich, Mörderin, nun auch einem Kind sein Lieblingstier weggenommen?! Herrgott, wie sollte ich dieses Zeichen des Himmels deuten?"*

Es war der Anfang einer dunklen Zeit. In mir begann alles zu zittern.

Ich musste loslassen, mich von meiner Arbeit als Lehrerin freistellen lassen, gar mein WG-Zimmer in Zürich aufgeben und ins Elternhaus zurückkehren. In meinem Heimatdorf gab es einen Arzt, dem ich mein Vertrauen schenken konnte.

Dr. S. schien mir gut zuzuhören, denn nebst osteopathischen und chiropraktischen Behandlungen empfahl er mir eine Psychotherapie. Schwerpunkte dieser Therapie waren vor allem die Auseinandersetzung mit meinem Selbstwert, der Herkunftsgeschichte und die Integration meiner weiblichen Seiten in unsere Paarbeziehung. Ich versuchte ein „Ja" zu mir als Frau zu finden.

Einmal mehr war es mir ein Anliegen, auch die Ressourcen, die guten Seiten und Wachstumsmöglichkeiten unserer Beziehung zu erkennen. Das tiefe Bedürfnis, Goshas Horizont bezüglich Sexualität zu meinen Gunsten zu erweitern, lag mir weiterhin am Herzen. Oft hatte ich das Gefühl, dass eigentlich auch Gosha eine Psychotherapie gebraucht hätte, um seine Kindheitsgeschichten zu erlösen. Doch da ich viel unsicherer wirkte als er, suchte ich die Fehler für unsere Probleme meist bei mir. Ich galt ja schon immer als „komisch" und Gosha in der Außenwelt als makelloses Vorbild.

Wenn ich unsere Beziehung aus der Metaebene betrachtete, hatte ich immer öfter den Eindruck, in unserer Beziehung ginge es auch um gegenseitiges Verheilen früherer Verletzungen. Ich glaubte, dass unsere Verbindung einen stark karmischen, aus seelischen Vorleben, geprägten Hintergrund hatte. Ansprechen durfte ich diese Eingebung bei Gosha aber nicht. Also mussten Veränderungen über mein Handeln erfolgen.

Ich war zu diesem Zeitpunkt stark von der Yogaphilosophie beeinflusst, welche den Karma-Yoga, das selbstlose Tun, als spirituellen Weg empfahl.

So beschloss ich, Gosha in seinen Vorstellungen von Sexualität zu folgen, mich in eine passive, empfangende Haltung zu begeben, um zu sehen, was diese Haltungsänderung in ihm und mir auslösen würde. Ich fühlte mich zu dieser Zeit körperlich schwach, also gerade recht für den „Test der weiblichen Hingabe".

Meine Ergebenheit schien Gosha nicht abzustoßen. Im Gegenteil, sie zog ihn an. Zu meinem Erstaunen wollte er sich, während ich mich sehr schwach fühlte, mit mir verloben. Ich war nicht mehr die bedrohliche Mutter, sondern die fügsame, hilfsbedürftige Frau. Mit dieser wollte Gosha definitiv zusammenziehen und eine Sekundarlehrerstelle auf dem Land, eventuell im Jobsharing, suchen.

Einerseits war es für mich entlastend zu spüren, dass Gosha mich auch akzeptierte, wenn ich schwach war. Essentiell schien für ihn die Versorgung mit Sex und Essen zu sein; welch einfaches Leben!

In unserer Beziehung strebte ich eindeutig nach erweiterten seelisch-geistigen Erfahrungen. Ob es eine Frage der Zeit und Entwicklung sein würde, bis Gosha sich für ein Mehr öffnen könnte? Gab es berechtigte Hoffnung oder erlag ich einem Wunschdenken?

Weiter zu zweit

Nach der Verlobung bezogen wir die erste gemeinsame Wohnung und Gosha erhielt im selben Dorf eine Anstellung als Sekundarlehrer. Ich mochte noch nicht in Anstellung zu arbeiten, sondern wollte das neue Nest einrichten und unsere Hochzeit vorbereiten, was ich beides gerne tat.

Kreatives Gestalten war eines meiner Hobbys und Leidenschaften. Aus diesem Grunde ließ ich mich auch auf die Herausforderung ein, unsere Hochzeitskleider selber zu entwerfen und zu nähen. Dies war mir eine Freude! Goshas Hobbys waren ein kleiner Gemüsegarten, OL-Laufen, Anti-AKW-Demos und gemeinsame Wanderungen. Ich sammelte beim Wandern Heilpflanzen und interessierte mich für deren Verwertung zu Salben, Ölen und Tinkturen.

Erstmals hatten wir ein gemeinsames Schlafzimmer. Meine Erinnerungen daran sind traurig. Gosha kam meist müde von der Schule nach Hause und erledigte dann seine Vorbereitungen für den nächsten Tag. Nach meinem Empfinden brauchte er mich abends nur noch, um im Sex bei mir seinen Stress abzuladen. Nach seinem Orgasmus drehte er sich von mir weg und wollte schlafen. Mir fehlte das Gespräch, da ich fast den ganzen Tag lang alleine und neu an diesem Wohnort war.

Nachts, nach vielen schlaflosen Stunden, führte mein Weg oft in die Stube aufs Sofa. Dort schluchzte ich vor mich hin in Selbstmitleid, weil ich kein Gehör und keine Zuwendung bekam. Gosha verstand meinen Kummer nicht. Er fühlte sich zwar sofort schuldig, dann minderwertig, doch anstatt im Gespräch Lösungen zu suchen, verschloss er sich noch mehr.

Da wurde mir klar, dass ich Gosha nicht ändern konnte, sondern nur mich und meinen Umgang mit Gosha und dem Leben.

Kurz nach unserm Hochzeitsfest wurde uns das moderne Haus eines Architekten zum Kauf angeboten. Es gefiel uns auf Anhieb. Ich hatte bereits seit meiner Konfirmation Geld gespart für ein eigenes Haus. Hausbesitzerin zu werden war mir wichtig in meinem Leben. Ich liebte es, Platz zu haben und den Raum auch persönlich zu gestalten. Im Frühling 1984 konnten wir einziehen. Mit Freude und Schweiß stürzte sich Gosha in die Arbeit des „grünen Außenministers“. Ich durfte meine Ideen als „ästhetische Innenministerin“ realisieren. An der Sekundarschule übernahm ich als Lehrerin einige Zeichen- und Turn-Lektionen. Zusätzlich leitete ich eine Gruppe von Frauen an bei der Herstellung eines großen textilen Wandbehangs für die Kirche.

In diese Zeit fiel meine erste astrologische Persönlichkeitsberatung, die mein Leben nachhaltig prägen sollte. Erstmals hatte ich das Gefühl, dass jemand meine Seele lesen konnte. Ich fühlte mich völlig angesprochen von den Aussagen der Astrologin, die da etwa waren:

„Sie müssen sich mit dem Hintergründigen beschäftigen, sind sehr empfindsam und werden keine gewöhnliche Mutter sein. Sie sind sehr kreativ, werden aber als Person nicht auf der Bühne stehen. Es ist ihr Werk, durch das sie sprechen werden. Geld werden Sie immer genug haben. Ihre Halsschmerzen haben Sie immer dann, wenn Sie in Minderwertigkeitsgefühle verfallen.“

Ich hatte das Gefühl, weit entfernt von meinem Seelenweg zu leben. In den letzten Jahren versuchte ich krampfhaft, es allen andern recht zu machen, um anerkannt und geliebt zu werden. Um mehr zu mir selber zu finden, beschloss ich, mich einer astrologisch basierten homöopathische Kur nach der Verschreibung des Astrologen W. Döbereiner zu unterziehen. Auch eine astrologische Beratung zu unserer Beziehung schenkte ich mir. Was die Astrologin zur Beziehung von Gosha und mir sagte, klang recht passend: *„Große Leiden-schaft und Kreativität. Sexualität ist wichtig, aber auch das Streben nach Wahrhaftigkeit und Integrität. Gefahr von Streitereien in alltäglichen Kleinigkeiten, weil jeder auf seiner Anschauung beharrt. Ihr habt euch etwas zu sagen!“*

Grenzerfahrungen in der Schwangerschaft

Gesundheitlich ging es mir besser, und so wurde die Frage, ob wir Kinder haben wollten, wichtiger. Ich wusste, dass Goshas Wunsch diesbezüglich sehr groß war; ich wollte es der Natur überlassen. Die Astrologin sagte mir bereits: *„Diese Frau hat Kinder und wie!“*

Bereits bei unserem ersten ungeschützten Zusammensein fand Samenzelle zu Eizelle. Leider empfand ich auch diesen Akt der Vereinigung als lieblose männliche Triebbefriedigung.

Diese unromantische Art der Zeugung war für mich jenseits aller Wunschvorstellungen! Ein sinnliches Ritual hätte ich mir gewünscht mit viel Zärtlichkeit und Liebe. Eine neue Seele hätte ich gerne bewusst und von Herzen eingeladen. Stattdessen hat sich Gosha zur Seite gedreht und ist eingeschlafen. Enttäuscht versuchte ich in der Dusche möglichst alle Samenflüssigkeit wieder wegzuspülen. Vergeblich!

Es ging los mit einer Schwangerschaft, die ich mir in den kühnsten Träumen nicht so hätte vorstellen können.

Gosha nahm meine Schwangerschaft zur Kenntnis, zeigte aber überhaupt keine Zuwendung oder vermehrte Zärtlichkeiten deswegen. In seinem Ökotripp zwang er mich gar, bei achtzehn Grad im Wintermantel in der Stube zu sitzen. Ich fror innerlich und äußerlich langsam ein, und er merkte nichts, gar nichts! Immer wieder suchte ich Erklärungen für seine emotionale Kälte und Teilnahmslosigkeit. Waren es die Prägungen von seiner Familie auf dem Bauernhof, die ihn so werden ließen? Nach drei Monaten Schwangerschaftsübelkeit und dem Gefühl des Unverstandenseins bei Gosha brachen mein Körper und meine Seele wieder ein.

Eine tiefe Trauer befiel mich. Auch meine Beine wollten mich auf dieser Art Lebensweg nicht mehr tragen.

Gosha war völlig absorbiert von der Schule. Er hatte oft tiefe Ängste, trotz seines Perfektionismus, immer noch nicht zu genügen. Zuhause wollte er immer nur zwei Dinge von mir: Sex und Verpflegung.

Mein Körper schaffte es, im dritten Schwangerschaftsmonat vierzig Grad Fieber zu erzeugen. Wenn ich in die Schule gehen wollte, stieg die Temperatur, und sie sank wieder, wenn ich mich entschied, die Schule als Arbeitsort zu verlassen.

Mit meinem Willen konnte ich gar nichts mehr ausrichten. Die Seele hatte via Körper die Regie übernommen. Dies schien ich akzeptieren zu müssen.

Anstatt jetzt zur Ruhe zu kommen, hatte ich das Gefühl, ich würde mit meinem Körper und den Gefühlen auf eine Achterbahn geschickt.

Allmählich wurde Essen immer mühsamer, bis ich keinen Bissen mehr hinunterbrachte. Mehr dazu siehe 2. Kapitel Seite 39.

Die Gefühle in mir wechselten von tiefster Verzweiflung und unerklärlichen Schmerzen im unteren Rücken bis zu unvergesslichen Lichterfahrungen durch den ganzen Körper. Zeitweise glaubte ich, sterben zu müssen vor Schmerz. Meine Rückennerven fühlten sich wie brennende Drähte an. Kälteschauer und Hitzeschübe wechselten sich ab. Ich schrie oft stundenlang in der Nacht. Albträume, dass mir meine Mutter das Baby wegnehmen würde, verfolgten mich. Einmal warf sie das Baby eine Treppe hinunter, ein anderes Mal klemmte sie es im Lift ein. Woher kamen diese Bilder?

Als die Verzweiflung und Angst eines Nachts sehr schlimm waren, hatte ich das Gefühl, das Bewusstsein zu verlieren. Ich fiel innerlich einen tiefen Tunnel hinunter. Unten waren zwei Hände im Licht, die mich auffingen.

Diese Hände waren „Gott", eine Kraft, die immer da war, mich immer tragen würde und mich auch bis dahin immer getragen hatte.

Diese Erfahrung veränderte mein Leben, gab mir von da an Halt und Vertrauen ... bis heute!

In dieser Zeit hatte ich mich von der Außenwelt völlig abgekapselt. Nur Gosha, mein Mann, war noch in meiner Nähe und versuchte, für mich da zu sein. Er verstand mich nicht, und ich konnte mich ihm auch nicht verständlich erklären.

Wahrscheinlich war auch für Gosha die Situation zum Verzweifeln. Doch in mir war sein Kind unterwegs, und das schien ihn an meiner Seite zu halten.

Ein Arztbesuch kam für mich in dieser Zeit nicht in Frage. Ich hatte Angst, in der Schulmedizin mit Psychopharmaka abgefüllt oder gar in eine psychiatrische Klinik eingewiesen zu werden.

Meine Symptome der lahmenden Beine hatten Ähnlichkeit zu denen von Multipler Sklerose, was übersetzt „vielfache Verhärtungen" heißt. Diese Deutung machte für mich durchaus Sinn, war meine Seele doch durch meinen Lebensstil in vielen Verhärtungen gelandet.

Aus diesen Verhärtungen schien sich meine Seele lösen zu wollen, und sie legte mich dazu förmlich lahm. Ich wollte um alles in der Welt meinen Seelenweg finden und gehen!

Zum Glück stieß ich immer wieder auf Literatur, welche mir half, meinen Prozess einzuordnen:

Stanislav Grof[10]
„Über spirituelle Krisen und transpersonale Psychologie"

Er vertritt die Auffassung, dass die Naturwissenschaften nicht das Instrumentarium böten, das Leben und all seine Phänomene zu erklären. Daher müsse der Tunnelblick überwunden werden, der resultiere, wenn man sich auf diese beschränkt. Es existiere ein universaler Geist. Die Transpersonale Psychologie erkenne so genannte Gipfelerfahrungen (peak experiences) an, die über das „Alltagsbewusstsein" hinausreichten. Solche Erfahrungen wurden bereits im Schamanismus, im Zen, Hinduismus und andern spirituellen Lehren beschrieben. Mit **Transpersonaler Psychologie** wird eine Reihe inhaltlich unterschiedlicher psychologischer Ansätze bezeichnet, die sich mit der Erfahrung veränderter Bewusstseinszustände auseinandersetzen. Es geht dabei um das Erfassen psychischer Zustände außerhalb des gewöhnlichen „normalen" Wachbewusstseins. Daher stehen insbesondere Ekstase, spirituelle Erlebnisse und Grenzerfahrungen im Zentrum des Interesses. Die Transpersonale Psychologie und die darauf aufbauende Transpersonale Psychotherapie wollen die klassischen Ansätze der Psychologie und der Psychotherapie um philosophische, religiöse und spirituelle Aspekte erweitern.

---

10 Stanislav Grof, geb. 1931, ist ein tschechischer Psychiater und gilt als einer der Begründer der Transpersonalen Psychologie. In ihr werden neben humanistischen Aspekten auch religiöse und spirituelle Erfahrungen der Psyche berücksichtigt.

Gopi Krishna[11]
„Kundalini, die Erweckung der geistigen Kraft im Menschen"

Kundalini, die „Schlangenkraft", bezeichnet eine in tantrischen Schriften beschriebene ätherische Kraft im Menschen. Im Tantrismus spricht man metaphorisch von einer schlafenden, zusammengerollten Schlange (Sanskrit: „kundala", gerollt, gewunden), wie sie in jedem Menschen am unteren Ende der Wirbelsäule, im untersten Chakra = (Energiezentrum) liegt. Bildlegende dazu siehe 4. Kap. Seite 162–163.

Die Kundalini Kraft

Nach der tantrischen Lehre wohnt in jedem Menschen eine Kraft, die *Kundalini* genannt wird. Diese befindet sich gemäß dem Tantrismus ruhend am unteren Ende der Wirbelsäule und wird symbolisch als eine im untersten Chakra schlafende zusammengerollte Schlange dargestellt. Sie gilt als die der Materie am nächsten stehende Kraft im Menschen. Durch yogische Praktiken soll sie erweckt werden können und aufsteigen, wobei die transformierenden Hauptenergiezentren oder Chakren durchstoßen werden. Erreicht sie das oberste Chakra, soll sie sich mit der kosmischen Seele vereinigen und des Menschen höchstes Glück erlangen. Erst hier vereinigt sie sich nach tantrischen Lehren in ihrer transformierten Form mit den kosmisch-spirituellen Kräften. Da das Aufsteigen der Energie nach den klassischen Lehren auch Gefahren in sich birgt, sollen eine gute Vorbereitung und ein innerer Reinigungsprozess entscheidend sein, weshalb viele Schulen zuerst das Herzzentrum entwickeln. Es gibt immer wieder Fälle, die Tantriker als „spontanes Erwachen" der Kundalini interpretieren.

---

11 Gopi Krishna, 1903–1984, indischer Yogi, Mystiker und Gelehrter, hatte selbst ein Kundalini-Erwachen erlebt und setzte sich fortan für die wissenschaftliche Erforschung des Kundalini-Phänomens ein.

Auch einige Vertreter der frühen westlichen Psychologie beschäftigten sich mit dem Kundalini-Phänomen, allen voran der Schweizer Psychologe Carl Gustav Jung.

Der Kundalini-Prozess

Um diese „physiopsychische" ätherische Energie zu aktivieren, wurden mehrere Methoden entwickelt, z. B. *Kundalini-Yoga*. In einer ersten Stufe versucht der Adept Lebensweise, Ernährung, Verhalten und Charakter mittels Meditation und ähnlicher Praktiken zu schulen und zu reinigen, die je nach Tradition sehr unterschiedlich sein können. Manchmal kündet das Höhere Selbst mittels Träumen das Erwachen der Kundalini an. Das Sich-Regen der zuvor schlafenden Kundalini führt zu erhöhter Körpertemperatur, die aber nicht mit hohem Fieber zu vergleichen ist. Einmal aktiviert, entwickelt der Kundalini-Prozess eine gewisse Eigendynamik, die zu steuern durch weiteres sorgfältiges Training gelernt werden muss. In der Regel hat der Prozess starke Auswirkungen auf die Befindlichkeit der betreffenden Person und kann selbst zu unangenehmen und unerwünschten Nebeneffekten führen.

Das Aufsteigen der Kundalini soll in der Regel stufenweise erfolgen und sie soll sich sogar zurückziehen können, wird das dritte Energiezentrum in der Nabelgegend nicht erreicht. Nur selten steigt sie nach tantrischer Auffassung bis zum Kronenchakra, wo sich das „reine Bewusstsein" befindet.

Die verschiedenen Yoga-Richtungen befassen sich mit dem Thema Kundalini. Die meisten Yoga-Asanas dienen allerdings nicht direkt der Erweckung der Kundalini. Manche Yoga-Schulen beschäftigen sich ausdrücklich mit der Kundalini und wollen mit ihren Übungen den Körper auf den heiklen Prozess der emporsteigenden Kundalini vorbereiten. Dabei wird darauf geachtet, dass die Chakren gereinigt und „durchlässig" werden, damit die Kundalini ungehindert aufsteigen kann.

Begleiterscheinungen

Als Begleiterscheinung der aufsteigenden Kundalini werden
körperliche Auswirkungen beschrieben, die durch den heftigen
Energiefluss verursacht werden sollen. Zu ihnen gehören Hitze-
wallungen, d. h. ein Gefühl an flutender Wärme, Kälteschübe,
Zuckungen (unwillkürliches Schütteln, Zittern, plötzliche Nick-
bewegungen des Kopfes), chronische und zeitweilige Schmerzen im ganzen Körper, die sich diagnostisch schwer erfassen
lassen, Stechen (wie ein Biss) im großen Zeh und am ganzen
Leib, Taubheitsgefühle der Hände und Füße bis hin zum ganzen Körper, Schwankungen des Sexualtriebs, plötzliche Laut-
äußerungen und Gefühlsausbrüche (Lachen, Weinen), ekstatische Glückseligkeit, innere Bilder und Visionen.

In mir spürte ich eine innere Führung, die ich „machen lassen
musste". Meinen ganzen Körper-Seele-Geist-Prozess empfand
ich als eine Art schamanischer Prüfung[12]. War ich bereit, mich
von meiner Seele, meinem Selbst und der geistigen Welt führen
und meine Ego-Ängste loszulassen?

Innere Ruhe und Zuversicht fanden mein Körper und meine
Seele beim Eintauchen in spirituelle Musik. Ich ließ mich streicheln von diesen Klängen und nähren bis in jede Zelle.

Zu den Rückenschmerzen kamen nun öfters sehr erregende
Gefühle, welche ich so bisher nicht gekannt hatte. Es war, als ob
sich eine ungeheure Kraft in mir zeigen wollte, die sich auch in
fast dauernder sexueller Lust äußerte. Dies war für Gosha wie
Balsam für den Stress, den er mit mir durchstehen musste. Anstatt Mittagessen gab es Sex.

---

12 Ein Schamane ist ein Heiler, Priester, Mystiker, der viele Jahre braucht,
bis er sein Handwerk erlernt hat, und geht durch viele körperlich, seelisch,
geistige Prüfungen und Initiationsrituale. Es ist ein Mensch, egal ob Mann
oder Frau, der sein Bewusstsein verändern kann, um außerhalb von Zeit
und Raum in die nichtalltägliche Wirklichkeit zu reisen, die man sich par-
allel zur unsrigen vorstellen kann.

Für den heranwachsenden Embryo interessierte sich Gosha kaum. Wie nahm wohl das Ungeborene seine kraftvollen Penisstöße wahr? Ich ließ es unterdessen geschehen, erlebte doch auch ich entzückende und orgastische Zustände, wenn ich selber für mich sorgte.

Im angebauten Nachbarhaus kämpfte unterdessen unsere 38-jährige Nachbarin gegen ihre Krebskrankheit. Ver-rückte Zustände! Am Tag, an dem unsere Nachbarin zu Grabe getragen wurde, lag dann auch noch meine heißgeliebte Katze „Sally" mit Schaum um den Mund am Boden. Vergiftet hatte sie sich, wie ich es schon von meiner ersten Katze her kannte. Der Tierarzt konnte feststellen, dass sie Carbolineum (Teeröl) geleckt haben musste, mit dem Gosha unsere Verandabalken gegen Pilzfäulnis behandelt hatte. Da die Katze angeblich nur mit einer Niere zur Welt kam, hatte sie zu wenig Kraft zum Entgiften und musste elendiglich sterben.

Bald mochte mich nichts mehr aus der Fassung zu bringen. Durch meine spirituellen Erlebnisse in dieser Zeit spürte ich eine starke innere Kraft, der ich vertrauen konnte. Alles schien Teil meines Weges zu sein.

Sehr oft verband ich mich innerlich mit meinem Embryo, sprach mit ihm und bezeugte ihm meine Liebe. Ich wollte ihm aber auch die Freiheit geben, sich von mir zu verabschieden, wenn ihm meine chaotische Geschichte zu viel wurde.

Gegen Ende des fünften Schwangerschaftsmonates schien sich meine innere Geschichte langsam zu beruhigen und meine Gesundheit stabilisierte sich etwas.

In diesen transformierenden Schwangerschaftsmonaten vier und fünf verlor ich fünf Kilogramm an Gewicht und fühlte mich danach wirklich mager und zerbrechlich.

Ich versuchte wieder Schritte nach außen zu machen, stand aber noch sehr schwach auf meinen Beinen.

Ein gynäkologischer Untersuch ergab zu Beginn des sechsten Schwangerschaftsmonates, dass sich mein Muttermund bereits etwas geöffnet hatte. Die Frauenärztin verwies mich deswegen ins Spital. Dort wurde ich mit Wehen hemmenden Medikamenten und Spitalkost gefüttert. Was für eine schreckliche Erfahrung! Mit diesen Medikamenten zitterte ich am ganzen Körper und konnte auch die Hände nicht mehr ruhig halten. Diesen Preis wollte ich nicht bezahlen, nur damit ein Kind in der Gebärmutter gehalten wird, das vielleicht gar nicht geboren werden wollte. Ich entschied mich, einige Zeit bei meinen Eltern zu leben, in meinem ehemaligen Kinderzimmer, und mir möglichst Ruhe zu gönnen.

Langsam konnte ich auch wieder zu einem einigermaßen normalen Essverhalten zurückkehren und nahm bis zur Geburt insgesamt fünf Kilogramm zu.

Die Geburt, vor der ich sehr Respekt hatte, verlief zügig und problemlos. Gebären machte mir gar Spaß! Für Gosha war es das schönste und wertvollste Geschenk, das ich ihm geben konnte: ein eigenes Kind!

Das Einzige, was bei unserm Sohn auffiel, war sein Zittern am ganzen Körper. Ich wurde im Spital gefragt, ob ich Drogen genommen hätte. Nein.

Doch meine monatelangen, nervlich sehr belastenden, inneren Prozesse schienen das Neugeborene auch im Nervensystem geprägt zu haben. Nach der Geburt erlebte unser Baby eine Art „Drogen-Entzug", wie das Pflegepersonal sein Zittern bezeichnete. Er weinte oft untröstlich.

Das länger anhaltende Weinen wurde auf Magenkrämpfe zurückgeführt, deren Ursache angeblich meine Muttermilch und die Zusammensetzung meiner Nahrung wären. Dies löste bei mir erneut Ernährungsstress aus. Was durfte ich essen; was war zum Wohle meines Kindes?

Andererseits war ich überglücklich, dass ich meinem Kind überhaupt Milch in Hülle und Fülle anbieten konnte. Durch diese Erfahrung zerrannen wenigstens meine Selbstzweifel und Ängste, nicht stillen zu können und als Mutter nicht zu „funktionieren".

Ja, ich hätte zwei Kinder an meine Brüste hängen können, so viel Milch gab es, obwohl ich noch immer sehr mager war. Ein zweites Kind gab es manchmal in Form von Gosha, der während des Stillens sich ebenfalls befriedigen wollte. Es schien mir eine Kompensation für zu wenig erhaltene Mutterwärme. Ich diente als „Mutterersatz"!

Die Schreikrämpfe unseres Sohnes dauerten nicht nur drei Monate, sondern ein ganzes Jahr. Heute sehe ich diese Krämpfe nicht mehr als Folge der mütterlichen Ernährung, sondern eher als Entladung von erlebtem Stress in der Schwangerschaft. Ich würde unseren Sohn heute einfach liebevoll an meinem Körper halten und begleiten, aber ohne Schuldgefühle, was schon vieles erleichtert hätte.

Uns Eltern brachte diese Schrei-Zeit nervlich an den Rand unserer Kräfte. Ein mehrmonatiger Erholungsurlaub in Australien und Neuseeland schien die rettende Idee zu sein. Gedacht, geplant, getan. Den Winter 1986/87 verbrachten wir, im Mobilhome herumreisend, „Down Under". Wir gönnten uns viel Zeit am Meer, in Nationalparks und auf Spielplätzen. Es war erholsam und doch nicht ganz befriedigend. Ich merkte, was mir fehlte: geistige Nahrung und Kreativität.

Neue Berufungen: Familie, Astrologie und kreatives Gestalten

Nach unserer Rückkehr wollte ich mich in die Astrologie vertiefen und auch vermehrt mit Ton arbeiten; beides machte mir Freude. Mit unserem Sohn lag ich oft am Boden, um meine immer noch schwachen Beine zu schonen. Er liebte es über alles, wenn ich ihm Geschichten erzählte. Mit Gosha konnte ich meine Interessen kaum teilen, denn Astrologie war für ihn unwissenschaftlich und esoterisch. Themen, welche unsere Zweierbeziehung betrafen, wich er möglichst aus, flüchtete sich in die Schule oder in politische Aktivitäten.

Natürlich las ich auch viel Literatur über Psychologie und Beziehungsmuster. Immer wieder interpretierte ich unsere Kosmogramme (= astrologischer Ausdruck unseres Geburtsmoments) und hatte das Gefühl, in unserer Ehe würde doch mehr Potential stecken zur Persönlichkeitsentwicklung und Beziehungsvertiefung. Gosha schien mir gegenüber emotional in einem Korsett zu stecken, geprägt durch seine Kindheit und frühere Seelenerfahrungen, das er nicht lösen wollte oder konnte. War es meine Seelenaufgabe, ihm zu helfen, seine verletzten Seelenanteile zu verheilen? War es meine Seelenaufgabe, mit meinem Einfühlungsvermögen sein verdrängtes, nicht gelebtes Seelenpotential hervorzulocken?

Für die Art, wie Gosha damals lebte, fand ich den Begriff „schizoid". Er lebte nur in seinem Kopf und im Sex. Etwas dazwischen, ein einfühlsames Herz mir gegenüber, gab es kaum. Noch nicht ... wie ich unverbesserliche Optimistin hoffte!

Als Gosha die Frage nach einem zweiten Kind stellte, sah ich eine Möglichkeit, ihn etwas unter Veränderungsdruck zu setzen. Derart lieblos und ohne Anteilnahme wollte ich kein Kind mehr zeugen und „für ihn" austragen. Für ein Ja meinerseits zu einer zweiten Schwangerschaft müsste sich sein Verhalten in unserer Beziehung gründlich ändern.

Ein zweites Kind war ihm so wichtig, dass er tatsächlich mir gegenüber aufmerksamer wurde. Dadurch kam endlich etwas Zuversicht in mein oft trauriges Gemüt. Seelisch genährt und zufrieden durfte ich eine zweite, glückliche Schwangerschaft erleben. Mit fünf Jahren Abstand erblickte ein gesundes, „pflegeleichtes" Mädchen das Licht dieser Welt.

Zu diesem Zeitpunkt ging es uns gut, wenn ich mich auf Goshas sexuelle Wünsche und Experimentierlust einließ. Alles Mögliche, was ihm Lust machte im Becken- und Mundraum, wollte ausprobiert werden. Um dem Dienen irgendwie Sinn zu geben, gab ich mir die Rolle der Tempeldienerin und heiligen Hure. Dadurch bekam mein Tun wenigstens einen spirituellen Anstrich. Ein inneres Gefühl sagte mir, dass ich diese Jobs wohl schon in Vorleben in Indien kennenlernen und leben durfte/musste.

Mein Weg und Ziel für unsere Beziehung war jedoch eine Weiterentwicklung, auch in der Sexualität, vom Becken zum

Herz und zum Spirit. Waren das zu hohe Erwartungen? Gar Vergewaltigung? Gosha bezichtigte mich oft der Übergriffe, wenn ich wieder meine Wünsche und Erwartungen anmelden wollte.

Auffallend für mich war, wie Gosha im Umgang mit andern Frauen charmieren und weich sein konnte; mir gegenüber empfand ich ihn oft als sehr hart und zurückweisend.

Das Gefühl, dass ich eine Projektionsfläche für seine als streng erlebte Mutter war, wurde ich nie los. Immer wieder rief sie ihn nach der Schule zur Arbeit auf den Hof zurück; er durfte kaum Freizeit mit andern Kindern verbringen.

Ich erlebte mich aber überhaupt nicht so, sondern ermunterte Gosha oft, das zu tun, was ihm Spaß machte und sich nicht von der Schule auffressen zu lassen. Wenn ich im Alltag etwas kritisierte, fiel mir auf, dass es bei Gosha sofort tief im Herzen ankam wie eine Verletzung, die Angst auslöste und Gosha klein werden ließ. Diese Reaktionsweise verhinderte konstruktive Gespräche über Kritik und unterschiedliche Meinungen.

Vollzeitmama war nie mein Wunschtraum. Deshalb suchte ich eine andere Mutter mit Kind, mit welcher ich zuerst unsern Sohn Demian und später unsere Tochter Laila zum Hüten austauschen konnte. Kitas gab es damals noch keine bei uns auf dem Land. Dieses Hüte-Konzept gab mir Freiraum, um meinen Hobbys nachgehen zu können. Mit viel Fantasie widmete ich mich in meinem Atelier dem keramischen Gestalten. Anfangs war mein Gestalten geprägt vom Thema „Hände, die mich halten". Später waren es Gartenskulpturen und Stehlen, die zu kreieren mir Freude bereitete. Naturgetreu, von Fotos kopiert, malte ich Katzenportraits auf Steine; diese waren ein Verkaufshit. Meine Werke durfte ich an verschiedenen Ausstellungen zeigen und verkaufen.

Meinen Intellekt nährte ich mit dem spannenden und erhellenden Studium der astrologischen Psychologie. Nebst dem autodidaktischen Studium besuchte ich über Jahre Kurse und Sommerkurswochen zu diesem Thema.

Mit dem Erziehen und Führen der Kinder hatte ich, wie mir schon die Astrologin damals vorhersagte, kaum Probleme. Ich gab ihnen einen klaren Rahmen von Ethik und Regeln, in welchem sie aber viele Freiheiten in Haus und Umgebung genießen durften. Schon früh schaute ich mir die astrologischen Gegebenheiten der Kinder an. Diese Erkenntnisse fand ich sehr hilfreich, um die Einzigartigkeiten der beiden Wesen wahrzunehmen und dadurch Konflikten vorzubeugen. Unser Sohn hatte zum Beispiel die Tendenz, jähzornig zu reagieren und davonzulaufen. Laut Astrologin eine Folge/Resonanz der Zeugungssituation, bei welcher ich selber wütend davonlief. Gleichzeitig wollte er schon sehr früh Pilot werden, abheben. Mit der Argumentation, dass er als Pilot im Cockpit bei Problemen nicht einfach davonlaufen könne, gelang es uns und ihm, seine jähzornigen Schübe in gute Bahnen zu lenken. Ebenso halfen die Judostunden unserem Sohn, seine zeitweise aggressiven Energien auszuleben und zu zügeln.

Hauptthema der Tochter waren ihre Entscheidungsschwierigkeiten, die sich erstmals in der Zangengeburt zeigten. Da bestand der Konflikt zwischen Rausgehen in die unbekannte Welt oder lieber im Schutz der Gebärmutter bleiben. Sie konnte sich nicht entscheiden; man musste ihr mit der Zange nachhelfen. Später stieß ich in ihrem astrologischen Kosmogramm auf dasselbe Thema und behielt es darum achtsam im Auge. Als Kind brauchte sie viel liebevolle Unterstützung beim Entscheiden. Doch mit viel Fingerspitzengefühl und Ermunterung wollte ich sie dahinführen, sich Entscheidungen immer mehr selbst zuzutrauen.

Gosha liebte seine Kinder sehr. Sie waren auch bald in der Prioritätenliste hinter der Schule, aber noch vor mir als Partnerin. Diese Prioritätenliste war mir oft ein Dorn im Auge, stieß aber, wenn ich das Thema ansprach, auf taube Ohren. Ich sei halt eifersüchtig.

Immer mehr merkte ich, dass ich selber für meine Zufriedenheit sorgen musste, vor allem, was die emotionalen und spirituellen Ebenen anbelangte. Gosha konnte mir keine emotionale Wärme geben, es gab kein Anlehnen und keine tiefen Gespräche. Ich fühlte mich gebraucht, um zu funktionieren für ihn und die Kinder.

Lange entschuldigte ich Goshas Verhalten mir gegenüber als Folge seiner Jugend bei seinen Eltern auf dem Bauernhof, wo er nie eine Umarmung erlebte. Bei Goshas Brüdern beobachtete ich aber früh, wie sie das Erleben im Elternhaus hinterfragten und ihr Verhalten in ihren Partnerschaften zu verändern versuchten. Warum war Gosha zu dieser Selbstreflexion nicht bereit oder fähig?

Funktionell war unsere Familie perfekt.

Gosha war in seinem Beruf eine Kapazität und erfüllte seine Pflichten sehr gewissenhaft. Mama sorgte für das leibliche und seelische Wohl der Familie, besorgte Wäsche und Einkäufe. Es gab gutes, gesundes Essen, oft aus Goshas Garten. Die Kinder wurden liebevoll unterstützt und gefördert, doch die Wärme und Empathie in unserer Zweierbeziehung fehlten.

Ich hatte Verständnis für Goshas Liebe zu den Alternativenergien und unterstützte sein Engagement dafür bedingungslos. Warum konnte er mir keine Unterstützung bei meinen „alternativen Hobbys" geben, sondern musste mich immer irgendwie bekämpfen, gegen mich konkurrieren? Ist das ein männliches Muster oder einfach Goshas Muster?

Yogalehrerin und Therapeutin

Als auch unsere Tochter den Kindergarten besuchte, wollte ich als Yogalehrerin in die Öffentlichkeit zurückkehren. In einem Fitnesscenter unterrichtete ich meine erste Yoga-Gruppe 1996. Ich war innerlich oft sehr nervös beim Unterrichten, denn sowohl für mich als Lehrerin als auch für die Teilnehmer war der Yogaunterricht Neuland.

Mit viel Liebe und Engagement schien es mir zu gelingen, einige Frauen vom Yoga zu begeistern. Bald waren es drei, vier und auf dem Höhepunkt gar sechs Yogagruppen, welche ich wöchentlich unterrichten durfte. Es macht mir bis heute Freude, meinen ganzheitlichen Yoga-Stil weiterzugeben.

Nebst den Yogagruppen wollte ich auch einzeltherapeutisch tätig sein. Ich begann, mich mit Ausbildungsmöglichkeiten auseinanderzusetzen, und entschied mich schließlich für jene zur körperorientierten Psychotherapeutin in Zürich. Mit großer Motivation begann ich das Grundstudium. Vieles vom anfänglich vermittelten Stoff kam mir aus meinen langjährigen Selbststudien und meinen Selbsterfahrungen bekannt vor; dies merkte auch der Gruppenleiter. Er nahm mich eines Tages zur Seite und sagte zu mir: *„Ich habe das Gefühl, du bist hier unterfordert. Wozu willst du noch fünf Jahre ‚absitzen‘, wenn du schon so viel weißt und erlebt hast?"* Er empfahl mir, an der gleichen Ausbildungsstätte einen Abschluss als Atemtherapeutin zu machen, um auf diese Weise als Krankenkassen-anerkannte Therapeutin arbeiten zu können.

Mir schien eine Welt von Zukunftsvisionen einzubrechen. Ich wollte mit der Psychotherapeutenausbildung auch einen akademischen Titel erwerben, um damit vielleicht doch noch mein Ego und den Stolz meiner Mutter zu bedienen. Nichts sollte daraus werden!

In meinem Hinterkopf geisterten auch immer wieder Ängste, als „esoterische Hexe" abgestempelt zu werden. Diesen Ruf wollte ich in diesem Leben nicht haben. Ich verstand mich immer als Brückenbauerin zwischen der sogenannten messbaren Naturwissenschaft (Biologie, Schulmedizin) und der Erfahrungswissenschaft (Astrologie, Yoga, Naturheilkunde).

Ein erstes Krankenkassen- und gesellschaftlich anerkanntes Diplom erwarb ich mir als Atem-Therapeutin. Beruflich angekommen fühlte ich mich jedoch bei dieser Arbeit nicht. Eine Selbsterfahrung bei einer befreundeten Craniosacral-Therapeutin beeindruckte mich so nachhaltig, dass ich auch diese Methode lernen wollte. Die vielschichtige und tiefgreifend heilsame Arbeit als Craniosacral-Therapeutin gefällt mir bis heute ausgezeichnet.

Ich eröffnete meine erste Praxis für Einzelklienten im Anbau unseres Wohnhauses. Auch bei dieser Arbeit war ich anfänglich wieder sehr nervös, wollte ich meine Arbeit doch gut machen.

Anscheinend wirkte ich kompetent und vertrauenswürdig. Meine Arbeit wurde geschätzt, was mir immer mehr Rückhalt und Selbstvertrauen gab.

Unterstützend für meine Yoga- und Praxisarbeit war auch mein Engagement als Präsidentin des Vereins „Volksgesundheit". Bei dieser Arbeit durfte ich mit einem tollen Frauenvorstand eine Gruppe von gesundheitsbewussten Menschen durch das Jahr begleiten. Wir organisierten Fachvorträge, Kurse und Ausflüge. Organisieren war mir schon immer leichtgefallen, und so war unser kreatives und zukunftsweisendes Programm beliebt. Eine Generalversammlung nach Paragraphen zu leiten, war mir hingegen ein Graus. Während der sieben Jahre als Präsidentin wurde mir auch diese Arbeit vertrauter.

Meine eigenen gesundheitlichen Schwachstellen in Darm und Rücken trieben mich weiterhin an, Neues zu lernen und auszuprobieren.

Während meiner Abwesenheit an Kurswochenenden schaute Gosha nach den Kindern. Um keine Vorwürfe und Schuldgefühle aufkommen zu lassen, dass ich eine Rabenmutter oder Egoistin sei, waren die Wochenend-Menus für die Familie immer von mir vorbereitet. Auf diese Weise klappte das Familienleben sehr gut. Die Weiterbildungen erlebte ich als heilsame und erholsame Nahrung für Körper, Seele und Geist.

Frustrierte Frau – und jetzt?

In diese Zeit fiel auch ein Besuch bei meinem langjährigen, alternativen Zahnarzt im Appenzellerland. Auf meine Frage, was denn sich zurückbildendes Zahnfleisch bedeutete, gab er mir zur Antwort: *„Das sind die frustrierten Frauen um die vierzig!"*

Auf diese Antwort war ich nicht gefasst. Die Worte „frustrierte Frau" lösten bei mir einen großen inneren Stress aus. *Mein sich zurückbildendes Zahnfleisch sollte Merkmal einer frustrierten*

Frau sein? Ich frustrierte Frau? Ich frustriert? Wo frustriert? Habe doch schon viel erreicht!?

Es begann in mir zu nagen, und mein Herz wusste genau: *Ja, in meiner Beziehung zu Gosha war ich frustriert!*

Anstatt das seelische Thema Frustration weiter in die Körperebene sinken zu lassen (= psychosomatisieren), wollte ich den enttäuschten Erwartungen jetzt ins Gesicht schauen und Lösungen suchen.

Ich konnte die Themen, die mich frustrierten, schnell benennen. Es fehlte mir die Akzeptanz von Gosha, mich als ganzen Menschen anzunehmen, wie ich war, und auch meine Bedürfnisse anzuerkennen. Ebenso auf die Frust-Liste gehörten die mangelnde Gesprächsbereitschaft zu meinen Themen, die Berührungsqualität in unsern Begegnungen sowie Humor und etwas Romantik in unserm Alltag.

Spontan, wie ich war und bin, unterbreitete ich Gosha das Ergebnis meiner Zahnarztbegegnung und meine daraus gezogenen Schlüsse. Ich war gespannt auf Goshas Reaktion.

Innerlich waren sofort Abwehr und Selbstschutz da, äußerlich meinte er: *„Dann such dir doch diese Qualitäten anderweitig, wenn du mit mir nicht zufrieden bist.“* Eigentlich hätte ich gerne Gosha zu diesen Qualitätsverbesserungen motiviert, denn ich hatte immer das Gefühl, dass er sein diesbezügliches Potential mir gegenüber gar nicht lebte.

Meine andauernden Verdauungsprobleme hatten bestimmt auch mit meinem inneren Beziehungsstress zu tun. Ich vermutete auch einen Zusammenhang mit dem harten Sex, den Gosha von mir zu seiner optimalen Befriedigung immer wieder wünschte. *Warum machte ich, „dummes Huhn“, diese Spiele immer wieder mit?* Es waren die wenigen Momente, in denen ich Gosha wie eine Sonne strahlen sah: glücklich, entspannt und zufrieden. Selbst blieb ich zurück, irgendwie traurig, mit einem Becken voller Wut, die aber, nach meinem Empfinden, gar nicht die meine war. Wenn ich dem Wutgefühl nachging, dann hatte ich eher den Eindruck, dass dies die unerlöste Wut von Gosha auf seine in seiner Kindheit maßregelnde und ihn emotional überlagernde Mutter war. Wenn er mich als Frau so hart nehmen konnte, schien ihm das irgendwie Befriedigung und vielleicht Erlösung von alten Verletzungen zu geben.

Wegen meiner Verdauungsprobleme suchte ich diesmal einen mir empfohlenen, bereits früher erwähnten, Homöopathen W. auf. Kaum sah ich ihn, geschah etwas in meinem Herzen. Es war wie ein magnetisches Angezogen-Sein. Ich legte mich auf seine Liege, und er machte mit seiner Hand ein Aura-Scanning[13] über meinem Bauch. Mehr dazu im 7. Kapitel S. 266.

Im Anschluss an die Behandlung hatten wir ein sehr intensives Gespräch und verstanden uns auf Anhieb auf einer Ebene, die ich noch nie auf diese herzlich, spirituelle Art mit jemandem teilen konnte. Ein spannender herzöffnender Genuss!

Ich erzählte Gosha von meiner Begegnung Er tat unbeeindruckt, gab sich froh, dass ich jemanden gefunden hatte, mit dem ich reden konnte. Es folgten mehrere Begegnungen mit W. Er kam gar zu mir nach Hause, weil wir über eine allfällige therapeutische Zusammenarbeit austauschen wollten. Gosha gab sich unberührt.

Während eines Yogaretreats schrieb ich W. einen zehnseitigen Brief. Gosha war in derselben Woche in einem Klassenlager. Wie ich erst später erfuhr, hatte Gosha genau zum Zeitpunkt meines Briefschreibens einen Velounfall und verletzte sich die rechte Schulter und einige Rippen. Was sollte das bedeuten? Für mich war es ein Hilferuf von Goshas Angst, mich zu verlieren. Sein Unterbewusstsein musste gespürt haben, dass ich die Energie von ihm abgezogen hatte. Wollte Gosha mit seinem Unfall unbewusst wieder mehr Zuwendung von mir holen?

Die Begegnung mit W. war für mich ein wunderbares Geschenk des Himmels. Zu einer therapeutischen Zusammenarbeit sollte es nicht kommen, doch wenigstens zu einer Fahrt in seinem Jaguar und einem romantischen Nachtessen.

---

13 Als Aura bezeichnet man den feinstofflichen Energiekörper eines Wesens; darin sind die Informationen von Gefühlen, Gedanken und Prägungen abgespeichert, welche für sensitive Menschen lesbar sind.

Gosha jammerte häufig über seine Schulterschmerzen. Ich gab ihm öfters eine Sitzung in Craniosacral-Therapie, was er unterdessen sehr schätzte. Da er sich aber weigerte, die innerseelischen Probleme seiner Schulterthemen anzusehen, nämlich sich den andauernden Beziehungsproblemen zu stellen, gab es schließlich eine eingefrorene rechte Schulter. Gosha ließ sich das verklebte Gewebe auf schmerzhafte Weise unter Narkose wieder aufreißen.

Noch einen weiteren Schulterunfall zog sich Gosha zu und jammerte deshalb am Wochenende oft in seiner Unzufriedenheit herum. Ich hatte genug davon! Dank meiner gut laufenden Praxis, die mich finanziell zunehmend unabhängig von Gosha machte, war ich jetzt bereit, unsere Beziehung aufs Spiel zu setzen, wenn sich nicht zeitnah etwas ändern würde.

In einem Rebirthing-Seminar[14] wurde mir „vom Himmel zugeflüstert", ich solle mir eine zweite Wohnmöglichkeit am Bodensee suchen. Gehört, gesucht, gefunden! Es war keine Wohnung, wofür ich mich entschied, sondern ein Stück Land mit herrlicher Aussicht über den ganzen Untersee. Dieses Grundstück konnte ich langfristig mieten. Um dort auch übernachten zu können, war ein Häuschen nötig. Nach Abklärungen mit dem Bauamt und mit Hilfe der ganzen Familie konnte bald ein kleines Sommerholzhäuschen auf der Parzelle erstellt werden. Gosha fand die meisten meiner Pläne zuerst verrückt. War es die Angst vor Veränderung, die ihn so empfinden ließ? Doch nach kurzer Zeit war auch er begeistert von meiner paradiesischen Oase. Er half mir willig, das Häuschen mit Betten, Kochgelegenheit und Ofen wohnlich einzurichten und den Umschwung zu bepflanzen und zu pflegen.

---

14 Rebirthing (dt. wiedergeboren werden) ist eine besondere Technik des zirkulären Atmens, also des Ein- und Ausatmens ohne Pausen. Diese Atemtechnik wurde in den 1960er Jahren entwickelt als Methode zur Atem- und Bewusstseinsschulung, aber auch Bewusstseinserweiterung.

Die Oase war auch „Trainingscamp" für unsere Beziehung. Mehrmals, wenn wieder Streit und Spannung aufkamen, schickte ich Gosha weg. Dies sollte ein Ort des Friedens und der Entfaltung werden. Öfters weilte ich auch allein in meiner Oase und lernte die Umgebung kennen. Direkt am See gab es ein Seminarzentrum mit einer alternativen Lebensgemeinschaft. Dort fand ich Menschen, die ähnliche Interessen verfolgten wie ich. Diesen Leuten waren Bewusstseinserweiterung und der Weg des Herzens Lebensinhalt und Ziel. In diesem Zentrum besuchte ich auch mein erstes einwöchiges Tantraseminar bei Daniel Odier[15]. Daniel lehrte die Teilnehmer Tandava, einen intuitiven Tanz aus der eigenen Mitte. Der Tanz bewirkte ein spürbares Öffnen der Energiekanäle im eigenen Körper, was ein wunderbares Gefühl von „Flow" und Leichtigkeit gab. Ebenso durfte ich dort eine intuitive Form von Massage kennenlernen. Ich war entzückt vom Erlebten. Das war mein Ding! Mehr dazu siehe 7. Kapitel Seite 287.

In der Tantramassage, die ich mit einer Frau teilte, bekam ich endlich die Berührungsqualität zu spüren, nach der ich mich schon lange sehnte. Es war eine bedingungslose, intuitive Hingabe an den Fluss der Hände und der Körper. Ebenda lernte ich auch A. kennen, einen Mann, der sich schon lange in dieser Szene aufhielt und wusste, wie man Frauen durch Berührung elektrisieren konnte. Wow, schon wieder ein Geschenk des Himmels!

Ich erzählte Gosha von diesen Begegnungen und offerierte ihm auch eine solche Massage.

Tatsächlich ließ sich Gosha auf diese tantrische Massage ein und konnte sein Wohlgefühl danach nicht verbergen. Es berührte ihn tief. Durch diese Art der Berührung begann bei Gosha ein großes Thema aufzubrechen. Er war von seinen Eltern kaum in Liebe berührt oder umarmt worden. Die Trauer darüber wollte zugelassen werden und war heilsam.

---

15 Daniel Odier, geb. 17. Mai 1945 in Genf, ist Schriftsteller und Tantra- wie auch Chan-Lehrer. Unter dem Pseudonym Delacorta veröffentlichte er eine Reihe von Kriminalromanen.

Ich traf A. mehrmals zu sinnlichen Abenden mit philosophischen Gesprächen auf lauschigen Spaziergängen. Bei sich zuhause schaffte er eine liebevolle Atmosphäre mit Kerzen, Musik, Duftölen, Tee und farbigen Tüchern. Von solchem Gespür für das Sinnliche konnte ich bei Gosha nur träumen. Das war Gosha nichts wert. Auch stellte ich fest, wie rücksichtsvoll, höflich und geduldig A. mir gegenüber war. Ob dies ein Resultat von seinen über hundert Frauenbegegnungen war, welche A. bei Osho und in seinem weiteren Leben angeblich hatte? A. strahlte Ruhe und Gemütlichkeit aus, was sehr entspannend war. Im Gegensatz dazu fühlte ich mich bei Gosha immer irgendwie unter Druck. Goshas Motto hieß: pressieren, funktionieren, keine Zeit für absichtslose Muße. Mir wurde durch die Begegnung mit A. klar, dass ich mich diesem Druck von Gosha nicht mehr länger aussetzen wollte. Für das Sinnliche, das Schöne, Sanfte und Weiche wollte ich mir künftig mehr Zeit nehmen.

Schicksal anstelle von Weiterentwicklung

Immer wieder versuchte ich Gosha mit ins Boot zu holen, um an unserer Beziehung zu arbeiten. Aus diesem Grunde lud ich ihn im Februar 2007 zu einem schamanischen Seminar ein, zu welchem er gar seinen Zuspruch gab. Wow, wie freute ich mich darauf!

Wir hatten Winterferien und Gosha wollte am Vortag des Seminars noch eine recht hohe Tanne in unserem Garten fällen. Ich fragte Gosha, ob ich ihm helfen könnte, zum Beispiel den Gipfel mit einem Seil auf eine Seite zu ziehen. *„Nein, nein, das kann ich schon selber“*, war seine Antwort, worauf ich dann ins Haus ging. Eine Viertelstunde später hörte ich einen Schlag und einen Schrei. Ich ahnte nichts Gutes, eilte hinaus und sah Gosha mit laufender Motorsäge und schmerzverzerrtem Gesicht am Boden liegen.

Der Tannenwipfel fiel beim Sägen auf seine Seite. Er konnte nur noch aus vier Metern Höhe wegspringen, um nicht davon getroffen zu werden. Beim Aufprall schien er sich den rechten Fuß verletzt zu haben.

Ich brachte ihn notfallmäßig zur Hausärztin und von dort sofort ins Spital. Sein rechter Fuß war arg beschädigt. Durch den Aufschlag wurde der Fersenbeinknochen zwischen Schien- und Wadenbein gedrückt. Die Schien- und Wadenbein verbindende Knorpelhaut, die sogenannte Syndesmose, wurde dadurch zerrissen. Es gab eine längere Operation zur Wiederherstellung des Fußgelenks.

In mir spürte ich viel Wut. Einerseits weil Gosha sich einmal mehr nicht helfen lassen wollte, und andererseits, weil er uns jetzt auch das gemeinsame Seminar zerstörte. Ich beschloss, trotzdem zum Seminar zu gehen. Gosha war ja im Spital in guten Händen; ich hätte ihm auch nicht mehr helfen können.

Nach einigen Tagen im Spital kam Gosha nach Hause. Er wusste nichts Besseres zu tun, als kurz darauf mit Gehstöcken und abgefüllt mit Schmerzmitteln wieder in die Schule zum Unterrichten zu gehen. Er fühlte sich so unentbehrlich!

Erneut kochte ich vor Wut, denn das war nochmals eine Selbstsabotage, die nicht nur ihm, sondern auch uns als Paar schadete. Nach zwei Wochen Schulunterricht war der Fuß so dick angeschwollen und entzündet, dass Gosha selber einsah, dass er wieder Hilfe brauchte. Ein zweiter Spitalaufenthalt wurde nötig. So viel Unachtsamkeit war für mich definitiv zu viel! Alle meine Gefühle sträubten sich dagegen, Gosha unter diesen Umständen im Spital zu besuchen und ihm irgendeine Form der Zuwendung zu geben.

Diese, meine Haltung, schien endlich ein Nachdenken bei Gosha auszulösen! Nun gab er sich etwas Zeit, zuhause seinen Fuß zu schonen.

Was ihm fast wichtiger war als seine Fußgenesung, war das Überprüfen seiner Potenz. Funktionierten Erektion und Orgasmus noch nach Vollnarkose und den vielen Schmerzmitteln? Ja, wenigstens das!

Jetzt blieb Gosha nichts anderes übrig, als den Sport und anstrengende Körperarbeit für einige Zeit loszulassen. Er bekam sogar die Diagnose, dass er nie mehr joggen könne und im betroffenen Fußgelenk früher oder später Arthrose bekommen würde. Diese Zukunftsperspektive nagte nun schwer an seinem Gemüt, machte ihn aber mir gegenüber etwas sanfter.

Wir erlebten in diesem Jahr wunderschöne Ferien in Rhodos, wo Gosha vermehrt auf meine sinnlichen Ideen und Bedürfnisse einging. Bodypainting, die Bemalung meines Körpers, war sogar möglich, und Gosha konnte dies ausgezeichnet! Romantische Strandbummel, Tanzen zu einheimischer Musik direkt am Meer und einfach Zusammensein waren für mich erfüllende Erfahrungen.

Im Alltag suchte ich mir nährende Momente in meinen Aus- und Weiterbildungen. In der Erforschung der Zusammenhänge von Körper, Seele und Geist im Menschen hatte ich meine Berufung gefunden. Je mehr Erfahrungen, Erkenntnisse und Methoden ich in meinem „Lebensrucksack" hatte, umso freier, glücklicher und erfolgreicher fühlte ich mich in meiner therapeutischen Arbeit. Lernen und Forschen waren und sind für mich wie Lieben; es öffnet, beflügelt und macht dankbar, an etwas Größerem teilhaben zu dürfen.

Die anstrengendste Arbeit war, Gosha von seinen pessimistischen Gedanken zu seiner Fußgesundheit wegzubringen. Da die Schmerzen in seinem Fußgelenk trotz Schmerzmitteln andauerten, wurde ihm eine neue Operation vorgeschlagen. Dabei wurde Knorpel vom Fuß beim beschädigten Fußgelenk eingepflanzt. Mit großer Angst und Hoffnung unterzog sich Gosha dieser Operation. Wie würde wohl das Resultat herauskommen?

Diesmal erlaubte sich Gosha sogar zwei Wochen Kuraufenthalt. Als ich ihn dort besuchte, zückte er als Erstes ein Kondom. Alles funktionierte noch. Unterdessen hatte er auch verstanden, dass ich keinen ungeschützten Sex mehr haben wollte, während er so starke Medikamente einnahm. Für mich war immer besser spürbar, wie die Giftstoffe der Schmerzmittel auch in seinen Körperflüssigkeiten waren. Meine Scheidenschleimhäute wehrten sich dagegen folgerichtig mit einer Allergie.

Neue Wege und Herausforderungen als Paar

Wiederholt ermunterte ich Gosha, eine eigene Psychotherapie in Angriff zu nehmen, um seine Blockaden und unsere Beziehungsknöpfe anzuschauen. Das kam für ihn nicht in Frage. Deshalb machte ich jetzt Druck, dass wir wenigstens gemeinsam Seminare besuchen sollten.

Wir landeten tatsächlich in einem ersten Tantra-Basisseminar, wo sich Gosha in Körper, Seele und Geist sehr gefordert fühlte. Er war danach todmüde. Für mich fühlte sich der Seminarinhalt als eine Art Heimkommen an. Endlich!

Weitere Tantra-Seminare sollten folgte ...

Das wohl nachhaltigste Seminar erlebten wir im Seminarhaus am Bodensee bei einem erfahrenen Tantra- und Lebenslehrer. Gosha wollte gerade wieder über mich jammern, da sagte der Leiter energisch zu ihm: *„Komm mal aus deinem schwarzen Loch heraus, aus deinem Selbstmitleid!"* An mich richtete er die folgenden Worte: *„Ich verstehe nicht, warum du dich von Gosha immer wieder in sein schwarzes Loch ziehen lässt."*

Ja, ich verstand es manchmal auch nicht, was Goshas und meine Seele auf dieser Erde miteinander zu erledigen hatten. Gab es einen Seelenauftrag, den meine und Goshas Seele vor unserer Inkarnation beschlossen hatten? Ich hatte von Goshas Charakter Disziplin, Ehrlichkeit und Genauigkeit gelernt. Wenn er von seinen Sorgen und Hobbys erzählte, hörte ich ihm zu. Gegenüber meinen Anliegen ging Gosha meist in einen Widerstand und weigerte sich, von mir etwas zu lernen und anzunehmen. Oft entstanden Macht- und Abwehrkonflikte, die ich gar nicht suchte. Unser Zusammenleben war anstrengend!

Nährend waren für mich meine Gruppenreisen und Ferien, die ich, seit dem unsere Kinder größer waren, allein unternehmen durfte. Während meiner wunderschönen, spirituellen Nepalreise im Jahr 2000 besorgte meine Mutter den Haushalt und den Hütedienst für die Kinder. Es folgten Reisen nach Indien mit einer Yogalehrerin, nach Kuba, Ägypten, Türkei und Hawaii.

Mit „High on Life" wurde die Reise nach Hawaii beworben. Ein dreiwöchiges tantrisches Fest sollte es werden, im Haus des erwähnten Tantra-Kursleiters.

Bei meiner Ankunft in Hawaii hieß es, der Gastgeber habe sich eben das Knie verletzt, und ich durfte bereits meine erste Craniosacral-Therapiesitzung geben. Wir waren achtzehn Menschen verschiedenen Alters aus der ganzen Welt, welche sich mit allen Sinnen, Körper, Seele und Geist aufeinander einlassen wollten. Täglich gab es „Kreissitzungen" bei denen der Leiter zu einem Lebensthema referierte und auf Teilnehmerfragen einging. Ebenso wurden wir angeleitet zu Selbsterfahrungsreisen, Meditationen und Tanz. Ausflüge waren geplant.

Am dritten Tag beklagte sich der erste Teilnehmer über Übelkeit und bald verbreitete sich eine Magen-Darmgrippe in der ganzen Gruppe. Anstatt das Leben sinnlich zu feiern, gaben wir uns in den folgenden Tagen vor allem die Klinke der Toilette in die Hand. Jeder rang mit seiner Verdauung. War das eine ernüchternde Erfahrung!

Allmählich ging es mit allen Teilnehmern gesundheitlich wieder aufwärts. Nur das Knie des Leiters war noch nicht belastbar. Aus diesem Grunde blieb es bei eher bescheidenen Ausflügen zu verschiedenen wunderschönen Stränden, zu einem eindrücklichen Vulkan und einem hawaiianischen Volksfest.

Am Abend wurde getanzt, geknuddelt, massiert, Liebe gelebt, aber auch Eifersuchtsdramen und Enttäuschungen fanden ihren Raum. Es war sehr spannend, auf diese Weise Menschen mit verschiedenen Hintergründen wahrzunehmen. Mich selber lernte ich besser kennen in Bezug auf den Umgang mit Nähe, Abgrenzung und Distanz, denn hier war alles an Begegnung möglich, was man sich zutraute.

Ich spürte klar, dass ich keinen Sex suchte, denn davon hatte ich zuhause genug. Mich interessierten eher die feineren Qualitäten von Nähe, Berührung und Bewegung, das Hintergründige in Gesprächen, das Kreative in Begegnungen.

Nach drei Wochen war das Abenteuer vorbei und ich kehrte nach Hause zurück zu Gosha. Dieser empfing mich mit der

Hiobsbotschaft, dass er eine neue Frau gefunden hätte, die ihn
anspreche. Deshalb wolle er das folgende Wochenende zu ihr
nach Deutschland fahren.

Das war aber dicke, unerwartete Post! Ich blieb wie erstarrt
stehen und fragte mich: *„Warum das?"* Gosha erzählte: *„Nie habe
ich von dir eine SMS-Nachricht von Hawaii bekommen! Deshalb habe
ich mir ausgemalt, dass du es dir wohl mit andern Männern in Hawaii sexuell gut gehen ließest."*

*Waren meine SMS von Hawaii tatsächlich nicht angekommen?
Kaum zu glauben!*

Jedenfalls war es Gosha ernst mit seinen Plänen, und er zog
sein „Fremdgehwochenende" in Deutschland durch.

Mir zerrissen diese Vorstellungen, Gosha auf dem Weg zu einer anderen Frau zu wissen, förmlich das Herz. So einen inten-
siven Herzschmerz hatte ich noch nie erlebt! Die Tränen flossen.
Gefühle von Wut und Trauer stiegen hoch. In leidenschaftlichen
SMS-Botschaften teilte ich Gosha meine Gefühle mit.

Doch auf einmal, nach vielen Tränen, war erstaunlicher Frie-
de in mir. Jetzt hatte sich Gosha selber aus meinem Herzen her-
ausgenommen. Unser Miteinanderverflochtensein war wie aufgelöst. – Ich war ich. – Eine große innere Kraft und ein Gefühl
des Getragenwerdens breiteten sich in mir aus. Seither begleitet
mich der Satz: *„Nur ein gebrochenes Herz ist ein offenes Herz!"* Ich
spürte, dass ich mein Herz mir zuliebe immer offen halten sollte. Nur so kann ich die kosmische Liebeskraft, die mich nähren
und durch mich wirken will, spüren, erhalten und weitergeben.

Gosha kam reuig von seinem Ausflug zurück. Erst am Schluss
des Treffens hatte ihm die Frau gesagt, dass sie möglicherweise
HIV-positiv sei. Diese Erfahrung bedeutete für Gosha, sich in
den nächsten Wochen zu enthalten und sich einem HIV-Test zu
unterziehen. Glücklicherweise war dieser negativ.

Nach diesem Erlebnis mussten auch die Karten zwischen
Gosha und mir neu gemischt werden. Wie wollten wir mit unserer Beziehung weiterfahren? Was war erlaubt, wo wollten wir
uns Grenzen setzen?

Wir beschlossen, weiter in tantrischen Gruppen Erfahrungen zu sammeln. Einerseits in öffentlichen Gruppen, doch auch zuhause organisierten wir Treffen mit anderen Paaren für tantrische Übungen, aber ohne Sex.

Besonders die Teilnahme an zwei organisierten tantrischen Liebesnächten fand ich prickelnd. Wir waren etwa vierzig Teilnehmer, die sich alle in eigener Verantwortung mit dem Thema „Liebe" auseinandersetzen wollten. Da hieß es, sehr genau hinzuspüren, mit wem und wofür ich mich einlassen wollte. Wie nahe wollte ich mir den sehr zuvorkommenden, mich umschmeichelnden C. kommen lassen? Herzöffnend war K., der Romantiker, der mir Rosenblätter streute. Wem sollte ich meine Massagen anbieten? Diese tantrischen Begegnungen waren sowohl für mich als auch für Gosha gute Beziehungslernfelder. Wir konnten spüren, was uns in anderen Beziehungen reizte und gefiel oder was wir in welcher Qualität geschenkt bekamen. Wie kamen wir selber als Menschen bei andern Frauen und Männern an, wie wurden wir wahrgenommen? Wo gab es auch mit und bei anderen Schattenseiten?

Um mir mit Gosha eine Zukunft vorstellen zu können, musste sich definitiv etwas an unserer Sexualität ändern. Diese Heftigkeit, die auch meinem Rücken spürbar zusetzte, musste ein Ende haben. Ich „schleppte" Gosha in eine tantrische Sexualberatung, wo ich meine Sorgen ausbreiten konnte. Tatsächlich stieß ich auf Verständnis! Wenn wir uns als Paar in der Sexualität so lange im männlich betonten Pol der Aktivität bewegt hätten, dann sei es jetzt mehr als nötig und normal, dass auch der weibliche Pol des Geschehenlassens und des Sanften und Weichen Raum bekommen sollte, war die Meinung des Therapeuten.

Ich wusste bereits, wo wir „sanften Sex" lernen konnten, nämlich im Seminar „Slow Sex" bei Diana Richardson[16]. War das eine Erlösung für mich, als Gosha hier Anleitungen bekam für einen liebevolleren und weicheren Sex! Gosha war vom Gehörten nicht begeistert, schien aber unterdessen die Notwendigkeit von Verhaltensänderungen einzusehen, wenn er mich nicht verlieren wollte. Nach den Instruktionen des Seminars ging das Üben los. Es waren neue Erfahrungen, die es zu spüren und zuzulassen galt und möglichst nicht zu werten. Entwicklung und Transformation scheinen bei Gosha weh zu tun, weil alte Gewohnheiten losgelassen werden müssen. Deshalb lösten die Veränderungen immer wieder viel Widerstand und kräfteraubende Auseinandersetzungen zwischen uns aus. Ich meinerseits freute mich wie ein Kind auf neue Erfahrungen und Forschungsreisen zu zweit.

Wie wohnen und leben
im dritten Lebensabschnitt?

Unsere beiden Kinder waren unterdessen am Ausfliegen, und für uns stellten sich Fragen nach der Wohnform im dritten Lebensabschnitt.

Sollten wir/ich unseren dritten Lebensabschnitt in einer Wohngemeinschaft, zum Beispiel im Seminarhaus am Boden-

---

16 Diana Richardson, Sexualtherapeutin und Autorin der Bestseller „Zeit für Liebe" und „Zeit für Weiblichkeit", ist gebürtige Südafrikanerin, studierte Jura, bevor sie sich ganz der Erforschung der Sexualität und Meditation widmete. In ihre Arbeit fließt das Wissen der uralten indischen und chinesischen Philosophien ebenso ein wie moderne sexualwissenschaftliche Erkenntnisse. Die Essenz ihrer Lehre liegt in den einfachen und wirkungsvollen Schlüsseln der Liebe, die zeigen, wie Sex zum heilenden und kraftspendenden Instrument der Liebe wird. Seit 1995 leitet Diana Richardson zusammen mit ihrem Mann Michael Richardson die „Making-Love-Retreats". Als Buch und DVD sind dazu erschienen: „Slow sex".

see, verbringen, zu zweit in einem Haus, oder wollte ich gar alleine wohnen?

Die vielen Beziehungen, die es in einer Wohngemeinschaft zu pflegen gibt, schienen mir bald zu anstrengend. Eher wollte ich so leben, dass die Leute zu mir kommen würden, auf Besuch oder in meine Praxis.

Das bisherige Haus schien für mich nicht mehr der richtige Ort zu sein. Es war meines Erachtens zu groß für uns zwei und nicht mehr auf meine/unsre Bedürfnisse zugeschnitten. Nachdem drei Kolleginnen mir vorgelebt hatten, wie es sich anfühlte, an einem neuen Ort ein neues Haus zu bauen, packte auch mich diese Idee.

Was mir an einem neuen Haus wichtig war, wusste ich, wenn ich mein Herz fragte: sonnig und schöne Aussicht, Nähe zur Natur, gute Verbindung zum öffentlichen Verkehr, mit hellem Atelier und Praxisraum und dazu einem Schwimmteich. Nicht gerade bescheiden, was ich da für Wünsche hatte!

Gosha entschied sich für eine vorzeitige Pensionierung 2016, wäre aber gerne am alten Ort geblieben, denn da fühlte er sich zuhause. Ich spürte, dass ich meinen inneren Impulsen folgen wollte, mit oder ohne Gosha. Ich ließ ihn in seiner Unklarheit, ob er mit mir kommen wollte oder nicht, und machte mich auf die Suche nach einem Haus/Grundstück an einem Südhang. Wenn es für meinen Lebensplan stimmig war, würde mir die geistige Welt beim Landsuchen und -finden beistehen, war meine feste Überzeugung.

Gosha kam schließlich mit auf die Landsuche. Als ich auf einer unverbaubaren Parzelle mit toller Aussicht stand, überkamen mich Tränen und ein Gefühl, schon einmal da gelebt zu haben. Sehr seltsam! Dies schien der richtige, zukünftige Platz für meine Seele zu sein.

Nach langem Hin und Her, ob wir so viel Geld in die Hand nehmen wollten, sagten wir zu und bekamen das Land zugesprochen.

Nun ging die Planung los. Wenn wir schon der Erde Land wegnahmen, dann sollte es wenigstens umweltverträglich verbaut werden, war unser Vorsatz. Diese Ideen bedeuteten, dass wir unser Haus nach baubiologischen und ökologischen Maßstäben erstellen wollten. Wir entschieden uns für viel Holz statt Beton, denn das ist bedeutend CO_2-freundlicher. Die Dachflächen sollten begrünt werden, um den Pflanzen und Tieren Lebensraum zurückzugeben. Energetisch wollten wir das Haus mit Alternativenergien von Sonne und Erde versorgen. Wegen meiner Elektrosensibilität war geplant, das ganze Haus mit Graphitplatten gegen Elektrosmog fachgerecht abzuschirmen. Jedes Zimmer sollte auch einen LAN-Anschluss bekommen. Auch Goshas biologischer Gemüsegarten, viele Beerensträucher und einige Obstbäume gehörten zum Konzept. Ein Natur-Schwimmteich mit bepflanzten Ufern und üppigem Filtergraben zur Wasserreinigung war mein Traum, den ich verwirklichen wollte. Wichtig war mir auch die vierfarbige Fassade, welche Lebensfreude und spirituelle Symbolik ausdrücken sollte. Die Hausentwürfe skizzierte ich mit großem Eifer selber.

Ursprünglich war geplant, das alte Haus zu verkaufen, doch Gosha konnte und wollte es nicht ganz loslassen. Aus diesen Gründen drehte sich unsere Planung mehrmals im Kreis, bis alle zufrieden waren. Wir schufen schließlich die Möglichkeit, dass unser Sohn mit Familie unser bisheriges Haus erwerben konnte. Gosha musste auf diese Weise am alten Ort nicht ganz loslassen und ich konnte im alten Haus weiterhin meine Praxis betreiben und die Yogaschule im Dorf weiterführen.

In dieser Zeit der Hausrealisation ging es in unserer Beziehung gut. Die kreativen Aufgaben der Planung und Ausführung erfüllten uns. Ich übernahm sogar die Bauführung, da wir kurzfristig noch zu einer Baufirma wechselten, die mehr Erfahrung beim Thema Baubiologie hatte.

Wir wollten auch etliche Eigenleistungen einbringen, z. B. den Schwimmteich selber bauen, die Hausfassade farbig gestalten, Innenwände mit naturfarbenem Kalkverputz behandeln und das betonierte Untergeschoss eigenhändig ausbauen.

Kurz bevor es darum ging, die Hausfassade zu bemalen, schnitt ich mir an einer Blumenvase heftig in den Daumen. Erst einige Wochen später, merkte ich, dass ich den Daumen nicht mehr biegen konnte. Mit Ultraschall wurde festgestellt, dass ich mir Nerv und Sehne durchtrennt hatte. Eine Operation war unumgänglich und schließlich geglückt. Es hieß nun, ich dürfte die rechte Hand drei Monate lang nicht mehr gebrauchen.

Sollte ich das Malen jetzt loslassen? Die Maler hatten keine Zeit, diesen Auftrag auch noch zu übernehmen. Gosha wollte mir nun plötzlich helfen, nachdem er vorher die auffällige, farbenfrohe Hausfassade eher abgelehnt hatte. Zu zweit schafften wir die recht anspruchsvolle Bemalung bravourös in drei Tagen. Ich zeichnete linkshändig den Entwurf auf die Fassade und zog die Umrisse nach, Gosha malte alle Flächen mit dem Roller aus!

Schließlich gewöhnte ich mich an das Arbeiten mit der linken Hand und bewerkstelligte immer anstrengendere Arbeiten. Es war beglückend zu sehen, was Frau selber gestalten konnte!

Bis zum Umzug im Oktober 2016 hatte ich meine Energien sehr gut eingeteilt. Das Packen von dem, was wir mitnehmen wollten, und das Räumen des alten Hauses hatte ich aus langer Sicht geplant und gut dosiert ausgeführt. Nur Gosha schien sich mit dem Räumen seines langjährigen Arbeitsplatzes und dann noch dem Zügeln physisch überfordert zu haben. Er konnte danach kaum mehr gehen, weil sich sein rechter Unfallfuß mit Schmerzen und einer Entzündung meldete. Eigentlich war geplant, dass Gosha die schweren Verputzarbeiten im Untergeschoss ausführen würde und ich danach das Malen. Doch mit diesem schmerzenden Fuß waren Ruhe und Erholung angesagt, was Gosha nur widerwillig einsah. Er kämpfte gegen eine Depression, weil er sich schonen musste und nicht wusste, wie es mit seinem Fuß weitergehen würde. *Hatte er jetzt die von der Schulmedizin prophezeite Arthrose im Fußgelenk? Würde er den Fuß nie mehr richtig belasten können?* In einem Röntgenbild war ersichtlich, dass Goshas Unfall-Fußgelenk gar keine Arthrose hatte! Der Fuß wurde einfach überlastet und die Muskeln waren hart und verspannt. Die Behandlung mit Craniosacral- und Trauma-Therapie, die ich Gosha in den letzten Jahren schenkte, sowie die ausgetesteten Nahrungsergänzungsmittel schienen sich bei Goshas Fuß bewährt zu haben. Um die Verspannungen im Fuß zu lösen, halfen und helfen Gosha bis heute die Dehnungsübungen nach Liebscher und Bracht[17].

Mir ging es gut. Ich freute mich an unserem neuen Haus und der wunderschönen Umgebung, Mein Ziel war es, bis zum nächsten Sommer das Untergeschoss ausgebaut zu haben. Meine zweite Praxis mit Sicht auf den Schwimmteich und in die Berge wollte ich dann eröffnen. Ich entschloss mich, das Verputzen der Wände selber zu übernehmen. Nebst meiner Arbeit als Therapeutin und Yogalehrerin arbeitete ich abends und am Wochenende am Bau. Plötzlich, als ich mein schweres E-Bike eine Treppe hinaufstieß, begann sich mein Rücken mit einem eingeklemmten Nerv zu melden. Das war ein klares Warnsignal an mich, dass ich es nicht übertreiben sollte mit den strengen Bauarbeiten. Glücklicherweise ging es Gosha unterdessen wieder etwas besser, und wir konnten zu zweit noch die Sockelleisten montieren und eine Decke einziehen. Das Untergeschoss geschmackvoll einzurichten, war zum Abschluss aller Mühen noch das Dessert für mich.

Überglücklich, aber auch erschöpft, durfte ich zu meinem sechzigsten Geburtstag meine neue Praxis mit einem „Openhouse-Tag" einweihen.

Eine freudvolle, aber auch strenge Zeit begann. An drei Tagen pendelte ich mit Postauto und Zug zu meiner Yogaschule und Praxis an den alten Wohnort. Den Rest der Woche verbrachte ich in unserer neuen Wohnoase, wo sich auch bald die ersten Klienten meldeten.

---

17 Das deutsche Ehepaar Roland Liebscher und Petra Bracht hat sich zum Ziel gesetzt, die Menschen durch gezielte Körperübungen und eine gesunde Ernährung zu einem schmerzfreien Leben anzuleiten. Auf ihrer Website *www.liebscher-bracht.com* findet man dazu viele Infos und YouTube-Filme.

Unfälle zeigen Grenzen auf

Erst in einem Faszien-Seminar bei Liebscher und Bracht wurde mir bewusst, wie unterschiedlich meine beiden Körperseiten unterdessen geworden waren. Links hatte ich eine verspannte Wade, Gesäß und Schulter vom vielen Handwerken, rechts schwache Muskeln vom Schonen. Ich bemühte mich, mit Dehnungsübungen wieder mehr Balance in meine beiden Körperseiten zu bringen.

Die viele Therapiearbeit, die mich nachts erst spät heimkehren ließ, schien doch des Guten zu viel für meinen Körper gewesen zu sein. Eines Abends im Frühling 2018 kam ich mit einem kribbelnden linken Bein und lahmender zweiter Zehe nach Hause.

Wohl wieder Selbstüberforderung, war mein erster Gedanke. Ich legte mich zwei Tage ins Bett in der Hoffnung, dass der Körper sich dadurch erholen könnte. Doch dem war nicht so! Meine linke Wade und das Gesäß schmerzten, nicht aber mein Rücken. Was war das? Das erste MRI (Magnetresonanztomographie) meines Lebens wurde nötig. Die Diagnose ergab, dass ich einen massiven Bandscheibenvorfall am fünften Lendenwirbel hatte. Im MRI-Bild sah ich erstmals meine zwei verheilten Bandscheibenvorfälle, welche ich mir in jungen Jahren zugezogen hatte. Sie hatten sich auf kleine Ausstülpungen zurückgebildet. Ich ließ mich auf das mir empfohlene schulmedizinische Prozedere ein mit Schmerzmitteln, Entspannungsmedikament und einer Spritze an die Bandscheibe. Es war meine Hoffnung, dass dies die schnellstmögliche Lösung meines Problems sein würde. Ich unterschrieb beim behandelnden Arzt ein Formular, auf dem stand, dass ich am siebten Tag mit hoher Wahrscheinlichkeit schmerzfrei sein würde. Gespannt, aber auch etwas skeptisch, beobachtete ich die Wirkung der Medikamente. Meine Schmerzen waren nicht im Rücken, sondern in der Wade und tief im Gesäß. Meines Erachtens war die Bandscheibe nur noch die Sicherung, die durch die Überlastung herausgesprungen war. Die Hauptspannungen, welche es zu lösen gab, waren im Gesäß und in der Wade.

Brav schluckte ich den Antischmerzcocktail, spürte aber keine Linderung meiner Probleme. Am siebten Tag waren die Schmerzen in der Wade so heftig, dass ich mich jaulend wie ein verletztes Tier im Bett wälzte. Was war das? Es fühlte sich an, als wenn ich einen Pfeil in der Wade stecken hätte! Ich konnte das Phänomen nicht einordnen.

Schließlich kam mir die Idee, kinesiologisch nachzutesten, wie alt dieser Schmerz in der Wade sei. *„Hundertzwanzig Jahre"*, war die Antwort. Also musste er aus einem früheren Leben sein, war meine Schlussfolgerung. *„Wo lebte ich denn damals?" „In Afrika"*, war die Antwort. *„Und jetzt, was sollte ich damit anfangen?"* Ich war ratlos und ließ mir durch Gosha auch noch Morphintabletten gegen die Schmerzen holen. Diese nützten aber auch nichts. Vier Wochen lag ich zweiundzwanzig Stunden pro Tag auf dem Rücken und konnte mich wegen der Schmerzen kaum bewegen. Erstmals in meiner Berufskarriere musste ich meine Yogaschule und beide Praxen schließen. Es gab mir arg zu denken, dass ich so aus meiner Mitte gefallen war. Meinem Körper hatte ich nachhaltig Schaden zugefügt wegen meiner kräftemäßigen Selbstüberschätzung und einseitigen Arbeitsweise. Gosha umsorgte mich in dieser Zeit liebevoll, indem er kochte und den Haushalt besorgte. Auf dem Rücken liegend gelang es mir, wenigstens zu stricken, so dass in dieser Zeit zwei Wolljacken entstanden. Nach einem Monat mit schulmedizinischen Ratschlägen und Tabletten sah ich leider kein Licht am Horizont. Doch im Internet fand ich einen alternativen Schmerztherapeuten, Jörg A. Stuckensen, dem ich mein Leid anvertraute. Seine Herangehensweise an meine Schmerzthematik war völlig überzeugend! Mit seinem Daumen drückte er auf Schmerzpunkte in meinen Gesäßmuskeln und hielt den Druck so lange aufrecht, bis die Spannung im Gewebe nachließ und dadurch spürbar auch der Schmerz. Es war nun meine Hausaufgabe, die von den Bauarbeiten verspannten Muskeln/Faszien mit einem Faszien-Ball immer wieder durchzudrücken, bis der Schmerz nachließ. Erstmals seit Wochen verspürte ich sofort eine schmerzlindernde Reaktion. Hurra! Ich setzte augenblicklich alle Schmerzmittel ab, die mir gar nichts genützt hatten.

Am ersten Tag wiederholte ich die Übung sechs Mal. Tränen flossen mir über die Wangen, weil das Drücken der Gesäßfaszie so schmerzte! Am folgenden Tag waren noch fünf „Ball-Sitzungen" nötig, dann vier, drei und während längerer Zeit noch zwei Eigenbehandlungen pro Tag.

Bereits nach drei Tagen konnte ich wieder gehen und nach fünf Tagen das Fahrrad benützen, sensationell! In seinem Buch „Chronischer Schmerz ist nichts als Verspannung" erläutert der Dr. Stuckensen sehr gut die Zusammenhänge von Schmerz und Übersäuerung in verspanntem Gewebe. Durch den Druck mit dem Ball werden die Säurekristalle zerdrückt, was dann auch als sogenannter „piezoelektrischer Effekt" spürbar ist. Dabei werden Elektronen durch den Druck aus den Kristallen herausgesprengt. Dies kann wie ein elektrisches Strahlen wahrgenommen und leicht verwechselt werden mit Nervenschmerzen, z. B. vom Ischiasnerv.

Meine Beweglichkeit gewann ich durch diese Übungen schnell zurück. Ein tägliches Übungsprogramm mit Faszien-Massage, -druck und Dehnungsübungen galt es in den Alltag einzubauen. Mein Körper schien mir nochmals zu verzeihen. Ich wollte nun eine unvergessliche Lektion lernen in besserer Selbstwahrnehmung bezüglich Stress und Selbstüberforderung.

Mit viel Achtsamkeit arbeitete ich mich ins Leben zurück. Natürlich integrierte ich meine Erkenntnisse schon bald in meine Yogalektionen und Therapiesitzungen.

2018 war ein sehr heißer und trockener Sommer. Durch Vorschläge in einem Buch kamen Gosha und ich auf die Idee, Schluchtenwanderungen im Toggenburg auszuprobieren. Es war abenteuerlich, den Verlauf der Flüsse Thur und Neckers auf diese Weise zu erkunden. Fantastische Naturlandschaften durchstreiften und bewunderten wir. Eine Schluchtenwanderung führte uns ins eher enge und wilde Libingertobel. In Wanderschuhen durchwateten wir das teils mit Holz versperrte Bachbett. Tiefklare Wasserbecken luden zum Plantschen ein. An den Ufern erfrischender Wasserfälle galt es hochzukraxeln.

Plötzlich stellte Gosha bei sich eine stark verdickte Wade fest. *War es ein Insektenstich oder was sonst?* Ich begann kinesiologisch zu testen. Die zunehmende Blaufärbung der Wade brachte mich auf die Vermutung einer geplatzten Vene. *Oh Schreck!* Wir waren gerade etwa in der Hälfte der Wanderung! Auf beiden Seiten ragten meterhohe Nagelfluhwände empor. Wir konnten das Tobel nirgends verlassen und hatten keinen Handyempfang. Mir wurde sehr mulmig. *Worauf hatten wir uns da eingelassen? Verantwortungslos?* In solchen Situationen pflege ich alle geistigen Hilfen anzuflehen. Ich glaubte, bald die Begleitung beschützender Engel zu spüren. Es blieb uns nichts anderes übrig, als weiter zu wandern. Das kalte Wasser war bestenfalls etwas blutgerinnungsstillend.

Es galt, nochmals eine Stunde über Baumstämme, die kreuz und quer lagen, zu klettern. Durch üppige Wildnis, die trotz allem faszinierte, bahnten wir uns einen Weg, bis wir beim Postauto waren. Goshas Wade schien glücklicherweise stabil zu bleiben. Die notfallmäßige Abklärung im Spital bestätigte die Diagnose einer geplatzten Vene. Prophylaktisch wurde Gosha empfohlen, einige schwache Venen aus seinem Unterschenkel zu entfernen. Nochmals waren wir glimpflich davongekommen!

Noch mehr zu denken gab mir die Situation, als wir uns für eine herbstliche Velotour vorbereiteten und Gosha plötzlich im Entree zu Boden ging, weil ihm total schwindlig war. Er meinte, es könnte ein Lageschwindel sein. Ich testete und kam eher zum Schluss, dass es eine Gefäßverengung im Kopf sein könnte, vielleicht ausgelöst durch einen Blutpfropfen. Gosha wollte noch zuwarten mit einer ärztlichen Beratung und schleppte sich auf die Couch. Ich begab mich auf die Velotour. Als am Abend der Schwindel immer noch da war, konnte ich dem Drama nicht länger zusehen und brachte Gosha wieder in den Notfall. Die Testungen auf Lageschwindel waren nicht klar. Gosha musste für weitere Tests die Nacht im Spital verbringen. Am folgenden Morgen rief er mich an mit der freudigen Botschaft, jetzt sei alles wieder gut.

Im Spital kamen sie erst einige Tage später auf die Diagnose des möglichen Blutgerinnsels und empfahlen Gosha Blutverdünner. Ich empfahl Gosha, endlich Dehnungsübungen für den Nacken zu machen und achtsamer am Computer zu sitzen. Nach meinen Informationen ist bei neunzig Prozent der Hirnblutungen ein verspannter Nacken mitbeteiligt. Nackenverspannungen machen Druck auf die Halsgefäße, die das Blut vom und zum Kopf führen. Sind diese Gefäße durch Druck verengt, wird die Kopfdurchblutung schlechter. Dies kann zu Schwindel und Gefäßblockierungen führen und letzten Endes zu einer Hirnblutung.

In dieser Notfall-Nacht, allein zuhause, erlebte ich ein Gedankenkarussell mit der Frage, wie es weiterginge, wenn Gosha jetzt ein gröberes gesundheitliches Problem mit bleibenden Folgen hätte. Diese Vorstellung empfand ich als außerordentlichen Stress, weiß ich doch, dass ich nicht die geduldige Pflegefrau wäre. Die Haustechnik und der Garten würden mich ebenfalls völlig überfordern.

Aller guten Dinge sind drei, schien sich die Schicksalsgöttin zu denken und schickte uns gleich nochmals eine gesundheitliche Prüfung. Als ich mit vollen Einkaufstaschen auf unserer steilen Zufahrt mit dem Velo zum Haus hinunterfuhr, traute ich meinen Augen nicht! Gosha lag, anscheinend hilflos, am Boden vor dem Hauseingang. *„Jetzt hat ihn doch noch ein Hirnschlag erwischt"*, war mein erster Gedanke. Doch beim Näherkommen sah ich, dass Gosha hechelte und stöhnte. Was war geschehen? In einer Hand hielt er die Zeitung, aus der andern kullerten Brombeeren. Er sei auf der nassen Rampe ausgerutscht und auf den Rücken gefallen. Trotz farbiger Bodenbemalung „Rutschgefahr" benutzte er also die Rampe statt die Treppe. Dies zu hören, machte mich gerade etwas verständnislos. Ich versuchte Gosha aufzusetzen, doch er konnte weder sitzen noch liegen, aber immerhin die Beine bewegen. Mit Hilfe des Nachbarn gelang es uns, Gosha ins Wohnzimmer zu bringen. Da die Schmerzen in jeder Position unerträglich schienen, blieb mir nichts anderes übrig, als den Notfall zu bestellen. Mein kinesiologisches Testen ergab, dass nichts gebrochen war. Im Wohnzimmer wurde er von zwei Rettungssanitätern an die Schmerzmittelinfusion gelegt, sehr achtsam auf die Bahre geladen und ins Spital gebracht. Im Röntgenbild war ersichtlich, dass der achte Brustwirbel angerissen war. Dies genügte für das starke Schmerzempfinden. Sobald die Knochenhaut verletzt ist, wird es sehr schmerzhaft. Mit einer Tasche voller Schmerzmittel kam Gosha anderntags nach Hause. Am Abend bot ich ihm eine craniosacraltherapeutische Behandlung an, welche er dankbar annahm. Die darauf folgende Nacht erlebte er als weitgehend schmerzfrei. Sehr oft durfte ich schon erleben, dass nach einem Sturz eine Craniosacral-Therapiebehandlung dem Körper hilft, schnell wieder in die innere Ordnung zurückzufinden, so dass der Körper keine Schmerzen mehr anzeigen muss. Anderntags gab ich Gosha noch eine zweite Craniosacral-Therapiebehandlung, was bewirkte, dass alle Schmerzmittel des Spitals nicht mehr nötig waren. Wunderbar!

Nach diesem dritten Vorfall wurde mir bewusst, wie schnell sich im Leben Grundsätzliches verändern kann. Ein Partner kann von einem Augenblick zum nächsten nicht mehr da sein. Jederzeit kann ich völlig auf mich selbst zurückgeworfen werden und muss mich dann selber organisieren. Infolge dieser Erkenntnisse ging ich innerlich über die Bücher, was ich machen würde, wenn Gosha nicht mehr da wäre. Das tönt vielleicht makaber, war und ist für mich aber eine Art Stressprophylaxe. Das Haus wollte ich auf keinen Fall verlassen müssen, denn da fühlte ich mich sehr angekommen. Es war eine der besten Entscheidungen in meinem Leben, an diesem wunderbaren Platz ein gesundes Haus zu bauen. Mir war klar, dass ich kundige, wohl männliche, Hilfe bräuchte für die Haustechnik und den Unterhalt der Umgebung; solche Hilfe war käuflich. Um die Miete zu teilen, dachte ich in diesem Moment eher daran, das Haus mit einer Mitbewohnerin teilen zu wollen. Erleichtert, Wichtiges für den Notfall durchdacht zu haben, wollte ich mich dem Leben wieder hingeben. Ja, ich wollte die Vielfalt des Lebens gar noch tiefer auskosten und annehmen mit allem, was es mir zeigen wollte!

Unterdessen hatten wir uns gut eingelebt in unserem neuen Zuhause und der neuen Umgebung. In der Praxis lief es gut. Klienten aus allen Himmelsrichtungen mit spannenden Lebensgeschichten fanden den Weg zu mir. Ich liebte und liebe es, mit all meinen Methoden aus dem Vollen zu schöpfen und ganzheitliche Hilfe anzubieten für Körper, Psyche, Seele und Geist.

Meiner Seelenstimme folgend, wollte ich mich jetzt noch mehr vertiefen in der Schulung der sensitiven und medialen Wahrnehmung. Immer wieder spürte ich, dass ich einen guten Zugang zu diesen Themen hatte. An Übungsabenden in Gruppen wuchs das Vertrauen in mein diesbezügliches Potential. Mehr dazu siehe 7. Kapitel S. 262/279.

Positiv erlebte ich die mediale Dimension, wenn sich in Sitzungen mit Klient:innen spontan Verstorbene meldeten. Durch ihre Präsenz bewirkten sie bei den Klient:innen oft eine tiefe Herzensöffnung. Es gab ihnen das heilsame Gefühl, auch aus der geistigen Ebene in Liebe und Wohlwollen begleitet zu werden.

Eher schwierig erwies sich meine konstante seelisch-geistige Weiterentwicklung für meine Beziehung zu Gosha. Er fühlte sich oft durchschaut in Bereichen, die er lieber im Schatten hätte liegen lassen. Ich war überzeugt von der Idee, dass eine seelisch-geistige Entwicklung und Öffnung auch für Gosha und unsere Partnerschaft bereichernd wäre.

Gosha empfand meine Vorstellungen eher als Übergriff. Es würde doch bedeuten, dass er sich mit seinem Schatten auseinandersetzen müsste. Seine unerlösten Themen belasteten meines Erachtens immer wieder unsere Beziehung. Das tat mir irgendwie weh; es müsste so nicht sein.

Gosha war aus der Schul- und Studienzeit gewohnt, der Beste zu sein. Nun schien ihn seine Frau bezüglich „Intelligenz" zu überholen, weil sie nicht nur auf Verstandesintelligenz setzte, sondern auch die emotionale und spirituelle Intelligenz seit Jahren trainierte. Das schien Gosha schlecht zu verkraften. Sein

Motto war immer noch: *„Leisten, um zu genügen, mit sich selber streng sein, um etwas zu erreichen."*

Ich meinerseits spürte immer mehr, wie ich mich eingebettet fühlte in etwas Größeres, das mich trug und inspirierte. Je mehr ich mich für alle Ebenen des Seins öffnete und mich meinem „höheren Selbst" hingab, umso kraft-, licht- und liebevoller wurde die Verbindung „nach oben". Es war wunderbar. Das „Höhere Selbst" überfordert(e) mich nie. Es gab und gibt mir die richtigen Ideen zur richtigen Zeit, lässt Ängste sich auflösen, schenkt mir Geduld, Selbstvertrauen und Zuversicht. Ich fühle mich gut geführt.

Gosha war pensioniert und suchte sich neue Lebensaufgaben im Naturschutzverein, im Vorstand der Grünen sowie als Ski-, Wander- und Fahrrad-Tourenleiter. Das Präsidium der von ihm vor über 20 Jahren gegründeten Solargenossenschaft führte er weiter. Ich unterstützte alle Vorhaben, die Gosha Freude machten. Unsere Arbeits- und Interessenbereiche waren sehr unterschiedlich. Verbinden konnten uns Unternehmungen in der Natur, Haus und Garten, liebevolle Massagen und Zusammensein.

Ich hätte mir noch mehr gegenseitig befruchtende, ehrliche und tiefgehende Gespräche gewünscht. Doch wenn ich (zu) persönliche Fragen stellte, erlebte ich oft Goshas Abwehr, eine Art Aggression und Angst. Welche Blockaden steckten bei diesen Reaktionen wohl dahinter? Im Alltag wurde unser Umgangston oft gehässig. Wir nervten uns an kleinen Dingen, die wir unterschiedlich empfanden, sei es beim Kochen, Putzen oder bei Kleidern.

Gosha sah meistens das Glas halb leer, die Welt schwarzweiß und empfand mich manchmal kompliziert. Ich tendierte dazu, das Glas halb voll und die Dinge sehr differenziert zu sehen. Es entsprach meiner Wesensart, überall Lösungen zu suchen; Gosha sah eher in jeder meiner Lösungsvorschläge ein neues Problem! Ich fand das Zusammenleben zunehmend anstrengend und unbefriedigend.

Meine verschiedenen Vorschläge, diesen von beiden empfundenen Missstand miteinander anzuschauen, lehnte Gosha immer wieder ab.

Schließlich schritt ich zur Tat und meldete uns bei einem Paartherapeuten an. Nach einem halben Jahr Wartezeit saßen wir zum zweiten Mal in einer Paartherapie. Hauptthema war unsere Kommunikation.

Brücken schlagen durch achtsame Kommunikation

Herr K., den ich von einer Auswahlliste im Internet kinesiologisch testend ausgesucht hatte, war uns sympathisch. Er hatte ein klares Konzept, wie Kommunikation in der Partnerschaft gelernt werden konnte. Seine Überzeugung war, dass die meisten Beziehungsprobleme infolge von Kommunikationsproblemen entstehen würden. Dem konnte ich nur beipflichten.

Nachdem Gosha und ich uns und unsere jeweiligen Problempunkte in der Beziehung vorgestellt hatten, ging es weiter mit Hausaufgaben.

Wir mussten für uns selbst aufschreiben, was uns im Leben/Alltag Freude bereitete. In der nächsten Sitzung wurden wir zuerst gefragt, was wir dächten, was dem/der Partner:in Freude bereiten würde.

Mir fiel es nicht schwer, Goshas Vorlieben aufzuzählen, denn ich nahm ihn ja tagein und tagaus seit über vierzig Jahren wahr. Gosha erlebte, dass er meine Vorlieben und Werte, die ich dann vorlesen durfte, eigentlich gar nicht so gut kannte. *„Einfühlungsvermögen und gegenseitiges Verständnis für die Vorlieben des andern sind bereits ein wichtiger Beziehungsfestiger"*, meinte Herr K. Die Qualität des Einfühlens und dem andern Freude bereiten sollten wir während des nächsten Monats einüben. Wir wurden beide beauftragt, Protokoll zu führen, wann wir gespürt oder wahrgenommen hätten, dass uns der/die Partner:in eine Freude bereiten wollte. Das bedeutete, im Alltag achtsam zu werden für die kleinen Freuden des andern.

**Wir lernten, dass es vier Verstärkerebenen
gibt in einer Beziehung:**

» *soziale Dimension:*
  Lob, Lächeln, Blickkontakt, Zärtlichkeit, Humor
» *materielle Dimension:*
  Blumen, Wein, Kleider, CDs, Bücher, Essen etc.
» *Handlungsverstärker:*
  zus. tanzen, Massage, Sexualität, Sport, singen
» *spirituelle Verstärker:*
  Gespräche über Philosophie, Spiritualität

Welche dieser Dimensionen pflegten wir in unserer Beziehung, welche machten uns eher Mühe? Dies galt es herauszufinden und uns darin zu üben.

Wir beide liebten es, umarmt zu werden. Gosha liebte feines Essen, Süßigkeiten und „guten Sex“. Seine Hobbys Garten, Biken, Skitouren und Wandern waren ihm wichtig. Ich stellte in meiner Freizeit seit fünfzehn Jahren grössere Betonskulpturen her oder widmete mich dem Malen. Wir beide liebten auch das ungestörte Alleinsein in unsern Zimmern. Mein Herz erfreute sich an Ästhetik beim Essen, den Kleidern und in Haus und Garten. Ich liebte Tiefgründigkeit, aber auch Humor, Erotik und Spontaneität. Für Tanzen, Massagen und Unternehmungen in der Natur war ich fast immer zu begeistern. Aber auch Goshas Hilfe am Computer war mir wertvoll. Wir erlebten, wie uns diese gegenseitige Aufmerksamkeit guttat; wir fühlten uns beide mehr wahrgenommen und wertgeschätzt. In unseren gemeinsamen Gesprächen sollten wir vorerst den Fokus auf das Positive richten, was uns aber nicht so gut gelang. Immer wieder stießen wir auf „Tretminen“, die vor allem Gosha enorm zu stressen schienen. Er begann zu zittern, hielt mich/sich kaum mehr aus und lief weg.

Haupttretmine schien mir Goshas Angst vor Kritik sowie die Angst, nicht gut genug zu sein. Ich musste auf Gosha manchmal wie ein „bedrohlicher Drache“ wirken, wenn ich meine Meinung äußerte. Die Frage nach seiner Befindlichkeit mochte er gar nicht gerne, denn da gälte es, sich zu spüren und Gefühle zu beschreiben.

Während diese Gespräche für mich ein Hoffnungsschimmer für eine bessere Kommunikation im Alltag waren, schienen sie für Gosha eine unberechenbare Berg- und Talfahrt zu sein, bei der er seinen Emotionen, Ängsten und Blockaden begegnete und die Kontrolle verlor.

Er bemühte sich manchmal sichtlich um Selbstreflexion, kam mir aber noch häufiger als Gefangener seiner Ängste vor.

Im Frühling 2021 gab ich Gosha einen Einblick in mein Buchprojekt. Das Kapitel über unsere Partnerschaft schockierte ihn zutiefst. Er fühlte sich angeklagt und bloßgestellt. Lange Diskussionen folgten, ob es verantwortbar sei, dass ich Details unserer Beziehung so öffentlich ausbreitete. Ich sah unsere ganze Geschichte keineswegs als Anklage, sondern als 40-jähriges „Forschungsprojekt", das ich möglichst wertfrei beschreiben wollte. Es geht/ging mir darum aufzuzeigen, wie Blockaden erkannt und aufgelöst werden können, um mehr Lebensqualität zu erlangen. Persönlichkeits- und Beziehungs-Entwicklung waren mir immer ein Anliegen der Liebe, Selbst-Findung und Selbst-Befreiung. Tiefgehende Entwicklung findet aber selten in der Komfortzone statt. Das menschliche Wesen scheint das Leiden zu brauchen, um zu lernen und sich selber zu erkennen. Am schwierigsten ist es wohl, die Konfrontation mit den eigenen Schattenseiten und Ängsten auszuhalten und zu transformieren. So erlebten wir gemeinsame Ferien, in denen ich an unseren Themen in Gesprächen „vorwärts" machen wollte. Dies löste in Gosha gerade das Gegenteil aus, völlige Blockaden im Kontakt zu mir und im Denken. Es stimmte uns beide hilflos und traurig.

Wenn jeder von uns seinen eigenen, selbstbestimmten Weg ging, fühlten wir uns wohl, doch gemeinsam schien es nicht zu gehen. Wir litten beide. Schlaflosigkeit und diverse psychosomatische Symptome waren die Folge davon. Gedanken und Gespräche über eine Trennung wurden zum Thema. Doch keiner wollte richtig loslassen. Unsere Wohnsituation liebten wir beide und in funktionellen Dingen ergänzten wir uns immer noch recht gut. Also gaben wir uns möglichst viel Freiraum und machten getrennte Ferien. Ich nahm mir Auszeiten zum Schreiben an Plätzen, wo ich mich wohl und inspiriert fühlte. Gosha verbrachte zehn Tage an einem Ort, wo er therapeutische Hilfe bekam und sich erstmals mit seiner Kindheit auseinandersetzen durfte/musste.

In der gemeinsamen Zeit hielten wir uns bestmöglich an die therapeutischen Empfehlungen und trafen uns zweimal die Woche zu einem therapeutischen Gespräch über unser Innenleben: Gefühle, Gedanken, Ideen, Wünsche. Es war für beide Stress! Ich wusste nicht, wann Gosha davonlief. Gosha beschrieb das Dranbleiben und sich seinen Gefühlen stellen zu wollen als zeitweise fast unerträglich. Ich sah es als einzigen Weg, über die Kommunikation Verständnis und Wertschätzung füreinander aufzubauen. Sollten wir diese Aufgabe nicht bewältigen, war unsere Beziehung für mich nicht mehr haltbar; da spürte ich meine klare rote Linie.

Unterdessen gingen wir miteinander aber eindeutig achtsamer um im Alltag. In den wöchentlichen Gesprächen konnten immer mehr auch heikle Themen aus der Vergangenheit angesprochen werden. Ich glaube, dass Gosha immer mehr spürte, dass es mir überhaupt nicht um Rache oder Anklage ging, sondern um Erkennen und Verzeihen, um mehr aus der Angst in die Liebe zu kommen. In einzeltherapeutischer Begleitung war Gosha bereit, an seinen Kindheits- und Schattenthemen zu arbeiten. Er wurde darin bestärkt, seine Vergangenheit zu akzeptieren, auch das Unperfekte. Das schien ihn freier und offener für liebevolle Begegnungen zu machen.

Einige Beziehungskiller im Alltag galt es noch zu verändern. Goshas Negativität sowie unsere Machtspiele und Rechthabereinen zerstörten immer wieder Nähe. Mir wurde geraten, diese Tretminen einfach nicht mehr zu bedienen. So versuchte ich mit viel Achtsamkeit, aber auch gezielter Kommunikation, diese Spiele ins Leere laufen zu lassen. Das schien zu wirken. Gosha nahm sich vor, nicht mehr so schnell auf Dinge zu reagieren, die ihn an mir und durch mich „triggerten". Ich fühlte mich dadurch freier und die Stimmung wurde entspannter.

Zu unserem Hochzeitstag im Herbst 2021 schenkte ich uns eine Sitzung bei B., einem mir bekannten Medium. Ich wollte uns eine Sicht aus einem anderen Blickwinkel auf das Mysterium unserer Beziehung ermöglichen. Gosha ließ sich darauf ein, was ich mutig fand und mich sehr freute.

B. sah uns zu zweit weitergehen. Sie erkannte unsere Verschiedenartigkeiten, die unsere Partnerschaft erschwerten. *„Doch es könnte"*, meinte sie, *„gerade die Aufgabe in unserer Partnerschaft sein, zu akzeptieren, dass wir uns nicht verstünden."*

Sie sah Gosha symbolisch als Fisch[18], dem es im Element Wasser wohl war. Mich sah sie eher als Kamel[19], das in verschiedenen (geistigen) Lebensräumen existieren und sich anpassen konnte. *„Wenn ihr in Beziehung treten wollt, dann müsst ihr beide bewusst zusammenkommen und euch auf eure Verschiedenheiten einlassen wollen. Gosha darf dann nicht abtauchen!"* waren B.s einprägsame Worte.

Diese Bilder nahmen wir dankbar mit; sie gaben uns eine neue Art von Verständnis füreinander. Wir bemühten uns fortan, unsere Verschiedenheiten stehen zu lassen und unser Sosein in Liebe zu akzeptieren. Eine neue Art von Miteinander entstand. Gosha erlebte ich viel entspannter, positiver und liebevoller mir gegenüber.

In diesem zunehmenden Raum des Vertrauens und der gegenseitigen Akzeptanz begannen sich auch die alten Geschichten zu wandeln.

Enttäuschungen über Rückschläge und neue Verletzungen blieben aber nicht aus. Sie gehörten wohl zum Leben, das nie perfekt sein wird.

---

18 Der Fisch steht symbolisch für die Gefühlswelt: Gefühle verstehen, akzeptieren, in Fluss bringen, heilen.
19 Das Kamel steht symbolisch für Ausdauer, Geduld und Belastbarkeit.

Ein Stein des Anstoßes in unserer Beziehung wurde immer wieder die Tatsache, dass ich als Therapeutin in Sachen Gesundheit und Seelenarbeit einen Wissens- und Erfahrungsvorsprung hatte. Gosha fühlte sich dadurch oft bevormundet und glaubte, keine eigenen Wege gehen zu dürfen, wenn es um seine Gesundheit und Persönlichkeitsentwicklung ging. Deshalb versuchte ich nun noch mehr, mich mit Ratschlägen zurückzuhalten.

Um seine Psyche zu unterstützen, entschloss sich Gosha auf Rat seines Hausarztes, ein Psychopharmaka auszuprobieren. Ihm wurde gesagt, dass es eine Gewöhnzeit an das Medikament bräuchte, in welcher Nebenwirkungen auftreten könnten. Dass Gosha aber zweimal nach Einnahme der Tablette Horrornächte durchleben musste, in welchen er nur zitterte und keinen Schlaf fand, erstaunte ihn dann selber.

„Eine solche Behandlung darf ich meinem Körper nicht weiter antun", waren seine Worte.

Nach dieser Erfahrung fand Gosha keinen Schlaf mehr. Es war, als hätte sein Gehirn ein Trauma erlitten. Auch er war gewohnt an Schlafunregelmäßigkeiten; doch dass das Einschlafen gar nicht mehr klappte, frustrierte ihn sehr.

Er versuchte alle möglichen pflanzlichen Schlafhilfen, Turnübungen und Spaziergänge mitten in der Nacht, schließlich sogar Schlafmittel vom Hausarzt. Doch gar nichts konnte ihm zu Schlaf verhelfen. Gosha bemühte sich um gute Laune, doch mit dem zunehmenden Schlafmangel wurde er immer dünnhäutiger und kraftloser. Er tat mir leid in seiner Ohnmacht. Aus meiner Sicht ist die Nacht die Zeit der Seele. Entweder erledigt sie ihre Angelegenheiten nachts im Schlaf oder, wenn sie sich nicht gehört fühlt, weckt sie uns, um uns etwas ins Bewusstsein zu bringen. Gosha konnte in diesen Äußerungen keinen Sinn finden.

Im Frühling 2022, nachdem wir beide Corona durchgemacht hatten, fühlte sich Gosha so geschwächt, dass er sich eine Auszeit nehmen musste als Präsident einer Genossenschaft. Sich vor andern Menschen einzugestehen, dass er seine Vorstandsarbeit kräftemässig nicht mehr verrichten konnte, war für ihn eine sehr schwierige, doch, wie sich zeigte, auch heilsame Erfahrung. Alle Betroffenen hatten Verständnis für Gosha und zeigten sich sehr einfühlsam.

Ich fragte ihn, was er denn jetzt bräuchte, um in seine Mitte zu kommen. Er wusste es nicht. Wäre eine eigene Wohnung und Distanz zu mir vielleicht das Richtige, um sich selbst zu finden? Dieser Vorschlag kam gar nicht gut an. Er spürte, dass dadurch seine Angst, verlassen zu werden, ausgelöst wurde und sein innerer Stress noch zunahm.

Gosha begann die Gespräche zu verweigern, weil er sich durch meine über ihn geäußerten Gefühle immer wieder verletzt fühlte. Er ertrug keine Meinung, die seinem Selbstbild widersprach. Doch gerade das galt es zu lernen, unsere verschiedenen Meinungen und Gefühle, auch zur eigenen Person, gleichberechtigt nebeneinander stehen zu lassen.

Wir stritten uns oft, denn das war für mich kein tragbares Zusammenleben mehr. Ich wusste, dass unsere astrologischen Konstellationen (mit Mars/Venus/Pluto-Konjunktion im 7. Haus) gerade sehr anspruchsvoll waren. Es war der Zeitpunkt, als der Ukrainekrieg begann.

Krieg in der Welt wie auch in unserer Beziehung war für mich „altes Verhalten". Weiterentwicklung, Selbst-Erkenntnis und Transformation von überholtem Verhalten waren meines Erachtens nötig. Ich schlug Gosha als Unterstützung die psychosomatische Energetik vor mit der Chakren- und Themenbehandlung über Homöopathie. Sein 7. Chakra, wo es um die Sinnfindung im Leben und die Einordnung des Egos in etwas Größeres ging, testete kinesiologisch als behandlungsbedürftig. Auch wagte ich es, Gosha eine Adresse von einer Therapeutin zu empfehlen, die ihm, wenn ich meinem kinesiologischen Testen glauben wollte, helfen konnte. Endlich folgte er meinen Empfehlungen. Die Therapeutin führte Gosha auf einen „Journey" durch seinen Körper nach der Methode von Brandon Bays (S. 181). Er kam sehr beeindruckt vom Erlebten heim. *„Durch* *dunkle Löcher, schmerzhafte Gefühle bis zu meiner Zeugung ist die Reise gegangen"*, erzählte mir Gosha. *„Auf diesem inneren ‚Journey' habe ich Ressourcen erhalten, die ich nun im Alltag anwenden soll/will: die innere Lichtdusche, Affirmationen wie: ‚Ich mache es gut', ‚Schön, dass du da bist'. Dankbarkeit und Freude am Leben und allem Schönen soll ich pflegen. Mich auch durchsetzen, wenn mir etwas wichtig ist oder nicht passt."*

Drei Tage nach dieser Seelenerfahrung konnte Gosha wieder besser schlafen. Etwas Tiefgehendes durfte sich anscheinend verändern!

Mehr Schlaf und kinesiologisch ausgetestete orthomolekulare Stoffe brachten Gosha wieder langsam Kraft und Zuversicht. Er nahm seine gewohnte Arbeit am Computer wieder auf und merkte, dass ihm gerade dies gar nicht guttat. Die Schlafprobleme kamen zurück. Was galt es also zu ändern, um der Seele gerecht zu werden? Gosha erkannte, dass er viele Dinge (v. a. Vorstandsarbeit am Computer) tat, um geliebt, gelobt oder anerkannt zu werden, die ihm aber keine Freude bereiteten. Seinen Körper überforderte er immer wieder mit zu langer Gartenarbeit und zu viel sportlicher Leistung, die er von sich forderte. Loslassen von diesen Gewohnheiten, weil die Augen und Gelenke schmerzten, schien ihm sichtlich schwerzufallen.

Unterdessen machte ich eine Weiterbildung zum Thema „Symbolik" (mehr dazu S. 294). Ich lernte, dass es Symbole gab, welche uns helfen können, im feinstofflichen Körper Anstöße zur Heilung zu geben. Natürlich wollte ich solche Symbole sofort für mich und unsere Beziehung ausprobieren. Ich machte ein sogenanntes „Heilpaket" für mich, Gosha und unsere Partnerschaft.

Mit Gosha suchte ich wieder das Gespräch. Schon während des Gesprächs bekam ich ein Jucken in meinem Körper, ausgehend von meiner Magengegend. Das Jucken erfasste den ganzen Körper und ich begann mich abends wund zu kratzen. Die entstehenden Pickel kamen mir vor wie kleine Stacheln, die sich wehrten. *„Gegen was?"* Ich spürte, dass es die immer noch oft negativen Gedanken und die sich selbst abwertenden Muster von Gosha waren, die ich nicht mehr ertrug: z. B. *„Ich bin immer Schuld, ich kann nichts recht machen, alles ist sinnlos"*. Anstatt zu kratzen, was selbstzerstörerisch war, begann ich meine Haut kräftig zu reiben und einzuölen. Auf die innere Frage, wozu dieser Juckreiz gut sei, bekam ich die Antwort: *„Durch kräftiges Reiben kannst du alle negativen Emotionen, die in deinem Bindegewebe gespeichert sind, wegdrücken."* Der Juckreiz hielt über einige Wochen an. Meine Leber und Galle waren vor Wut und Ohnmacht gestaut. Mariendistelurtinktur und Leber-/Gallentee halfen mir, diese Organe (auch feinstofflich) zu entgiften. Anhaltende Schmerzen im rechten Oberbauch und das Austesten einer Gallenstauung durch Gallensteine bewogen mich schliesslich, die Leber-/Gallenreinigung nach Moritz zu machen. Danach waren die Gallensteine, die Oberbauchschmerzen und die gestaute Wut weg!Das Leben konnte, durfte, sollte doch endlich wieder fliessen!

Zu unserem 44. Paarjubiläum im März 2022 erlaubte mir Gosha, dass ich mit Hilfe von Kinesiologie und den Symbolen einige seiner Ängste und negativen Glaubenssätze transformieren durfte.

Die „Heilpakete für eine gute Partnerschaft" wiederholte ich mit den Symbolen und unseren Anliegen alle drei Wochen.

Waren es all diese Maßnahmen oder die im April 2022 sehr aktive bewusstseinserweiternde astrologische Konstellation Venus/Jupiter im Fischezeichen, die uns beiden das Gefühl gab, dass es mit uns auf eine neue Art aufwärtsging?

Ein Tantra-Paar-Seminar bot uns in einer Übung Gelegenheit, unsere Streitkultur noch besser zu erkennen. Gosha fiel bei Meinungsverschiedenheiten sehr schnell in ein Gefühl von Minderwertigkeit und tendierte dann dazu, sich klein zu machen und davonzulaufen. Bei mir löste solches Verhalten Wut und Trauer aus. Ich wünschte mir einen sich selbst reflektierenden, Selbst-bewussten und zuhörenden Gesprächspartner auf Augenhöhe ... und ich wusste, dass Gosha eigentlich das Potential dazu hätte.

Gosha erkannte endlich, dass meine Meinung oder Kritik kein Angriff auf seinen Wesenskern war, sondern eine persönliche Empfindung zu einem Sachverhalt. Seine Minderwertigkeits- und häufigen Schuldgefühle konnte er nun in einen Zusammenhang bringen mit seiner Herkunftsgeschichte als ungewolltes Kind statt mit mir.

Nach dem Anhören des You-Tube-Vortrages von Robert Betz: „Liebesglück ist keine Glücksache" vom 10.2.2022 wurde auch Gosha klar, dass alles, was ihn triggert mit ihm und seinen inneren Mustern zu tun hat. Unsere eigenen Triggerpunkte sind die besten Hinweise für die Erkenntnis unserer Schattenthemen!

Gosha versuchte vermehrt seine Trigger zu analysieren, statt auf mich zu projizieren, was für mich ein Riesenfortschritt ist!

All diese Erkenntnisse stimmen uns zuversichtlich, doch Schritt für Schritt in unseren Themen weiterzukommen: von Angst, Minderwertigkeit, Wut und Trauer zu Einfühlungsvermögen, Akzeptanz und Liebe.

Zu meiner Freude entschloss sich Gosha gar für ein tantrisches Jahrestraining beim Shima-Institut: *„Dieses Persönlichkeitstraining ist eine Reise zu den wichtigsten Themen unseres Lebens. Zu dieser Reise gehören das Bestehen von Herausforderungen, das Betreten von Neuland, das Überwinden von Einschränkungen. Sie ist verbunden mit Freude, Lebendigkeit, Tanz und Stille. Am Ende dieser Reise ist dein Leben bunter, erfüllter, ausgerichteter."*

Dies ist für mich der beste Beweis, dass es Gosha jetzt ernst meint mit seiner Persönlichkeitsentwicklung und Schattenarbeit nach dem Motto:

„Selbsterkenntnis ist der beste Weg zur Besserung"
„... und er kann sogar Freude bereiten." (Lisa)

4

YOGA – ALTES WISSEN UND WEISHEIT

„Wenn die Sinne gestillt sind, wenn die Gedanken ruhen, der Verstand nicht mehr schwankt – sagen die Weisen –, ist der höchste Zustand erreicht. Alle Kräfte des Körpers, des Verstandes und der Seele werden dem göttlichen Willen untergeordnet."

Katha-Upanishad

Wie viele Menschen, fand auch ich den Zugang zum Yoga, weil ich körperliche Probleme hatte, Rückenschmerzen. Das langsame und bewusste Ausführen der Übungen war neu für mich. Ebenso das Begleiten der Yogastellungen mit achtsamem Ein- und Ausatmen.

Still sitzen und mich auf mich selbst zu konzentrieren bereitete mir anfänglich ordentlichen Stress. Meine Sinne waren gewohnt im Außen herumzuschweifen. Jetzt sollte ich auf einmal meinen Atem beobachten und meinen Körper spüren. Oft war ich fixiert auf meine Rückenschmerzen. Nun galt es, auch andere Körpergegenden zu erkunden. Wo fühlte es sich gut an, wo hell-dunkel, leicht-schwer? In der Entspannung durfte der ganze Körper loslassen lernen, sich einfach hingeben und führen lassen von den Worten der Lehrerin.

Schon nach wenigen Yogastunden spürte ich, dass mir die Übungen guttaten. Mein zunehmendes Wohlgefühl im Körper verbesserte auch meine seelische Verfassung. Daraus entstanden mehr Lebensfreude und Lebenskraft!

Während mehrerer Jahre besuchte ich einfache, sogenannte Hatha-Yoga-Stunden, welche immer etwa dem gleichen Ablauf folgten.

Mein erstes Yogabuch „Sport und Yoga" von Selvarajan Yesudian[20] besorgte ich mir 1980. Ich wollte mehr über diese „Lehre" wissen, die zu jener Zeit gerne als „esoterisch" abgewertet wurde. Das Wort „esoterisch", im Zusammenhang mit Yoga, war für mich die richtige Bezeichnung, denn es heißt „durch innere Erfahrung etwas erleben". Beim Praktizieren des Yoga erlebt jeder Mensch sich selber in seinem Innenleben. Diese Erfahrung ist sehr persönlich, innerer und seelisch-geistiger Natur und kann darum kaum mit anderen, die keinen Yoga ausüben, geteilt werden. Vielleicht erhielt Yoga deshalb den Beigeschmack einer „geheimen Lehre".

Mit den Wurzeln und dem Hintergrundwissen des Yoga wurde ich erst richtig vertraut, als ich mich im Zuge meiner Yogalehrerausbildung damit befassen musste. Da mich dieses alte Wissen sehr bereichert hat, möchte ich hier einige Inhalte aus der Yoga-Theorie weitergeben. Um einen Bezug zum altindischen Ursprung beizubehalten, habe ich die deutschen Bezeichnungen und die Sanskritnamen verwendet. Sanskrit ist die altindische Gelehrtensprache.

---

20 Selvarajan Yesudian (1916–1998) war ein indischer Yogalehrer und Autor. Er begründete mit Elisabeth Haich 1941 die erste Yogaschule in Europa in Ungarn und kam 1946 in die Schweiz, wo er viele Menschen mit dem Yoga und seinen Büchern vertraut machte.

Der Begriff **„Yoga" ist ein Sanskrit-Wort und bedeutet „Joch".**

Anschirren und Einspannen unter dem Joch beinhalten das Vereinen, Verbinden und das Beherrschen, Zügeln. Was soll beim Menschen vereint und gezügelt werden? Das symbolische Bild der Pferdekutsche soll diesen Zusammenhang veranschaulichen:

„Der Wagen ist der Körper, gelenkt wird er durch den Fuhrmann,
die Intelligenz (buddhi), gezügelt durch seinen Verstand (manas).
Der Fahrgast, der im Wagen sitzt, ist die Seele (atman).
Unsere fünf Sinne sind die Pferde, die den Wagen ziehen.
Die Wertobjekte – Sinnendinge – sind die Bahn, der Lebensweg."

Unter dem Begriff Yoga werden heute Traditionen zusammengefasst, welche durch Übungen, Praktiken und Disziplinen den Kontakt zur Seele, zum Selbst *(atman)* und zur Quelle herstellen wollen. Quelle steht stellvertretend für Gott, Brahman, Allah, das Allumfassende, All-Eine, Kosmos etc. **Yoga ist keine Religion, sondern bietet Methoden und Techniken an zur Unterstützung der „Ganzwerdung" des Menschen.** Es gibt verschiedene Formen des ursprünglichen Yoga (Karma-, Bhakti-, Jnana- und Raja-Yoga), deren gemeinsames Ziel es ist, den Menschen in seiner körperlichen, seelischen und geistigen Entwicklung zu unterstützen und zu einer Offenheit für das Transzendente zu führen. Yoga ist ein Selbsterfahrungsweg mit der Absicht, allen Aspekten der eigenen Persönlichkeit näher zu kommen und diese auf konstruktive Art zu integrieren. Erst durch die Selbst-Wahrnehmung können Selbst-Erkenntnis, Selbst-Wert, Selbst-Vertrauen und Selbst-Verwirklichung entstehen. „Werde, die/der du bist." Dieser Weg ist begleitet von einem zunehmenden Gefühl geistiger Freiheit und seelischer Ganzheit. Das individuelle Bewusstsein erkennt das „höhere Selbst"[21] und verschmilzt schließlich mit der universellen Wirklichkeit, mit Gott.

Die Spuren yogischer Techniken gehen bis in die Frühzeit indischer Religionsgeschichte zurück. In der vedischen Periode (1500–900 v. Chr.) sind yogatypische Bräuche wie Konzentrationsübungen, Atemtechniken, Schwitzen und Askese am Rande der offiziellen Gesellschaft anzutreffen.

Erst in der Phase des Brahmanismus (900–300 v. Chr.) zog Yoga in die Religionswelt Indiens ein. Es war eine Zeit tiefgreifender Umwälzungen (Befreiungsbewegungen, Kriege, Hungersnöte, Seuchen), in der bestehende Werte hinterfragt wurden. Die Religion wurde individualisiert und verinnerlicht. Drei Grundkonzepte wurden damals geboren:

» **Glaube an den Kreislauf der Wiedergeburten (Reinkarnation),**
» **Glaube an die Vergeltung von Taten (Karman-Prinzip),**
» **Glaube an die persönliche Befreiung *(moksa)* aus dem Karman-bedingten Kreislauf der Wiedergeburten und vom Schicksalszwang**.

Diese Einsichten verlangten nach konkreten Heilswegen und Befreiungstechniken. In dieser Zeitepoche entstanden die **Upanishaden, wichtige Weisheitsoffenbarungen. Die innere Dimension des Menschen wurde zum zentralen Bezugspunkt.** Körper-, Atemübungen und Meditationstechniken wurden beschrieben. Ebenso wurden auch die Funktionsweise des Geistes und die verschiedenen Ebenen der Einheitserfahrung untersucht.

---

21 Das Höhere Selbst wird heute der Einfachheit halber oft gleichbedeutend verwendet wie der Begriff Seele. Das höhere Selbst ist das Geistselbst, welches dem Ego übergeordnet ist und in Verbindung zur Quelle, zu unserem Ursprung, zum Göttlichen steht.

In der **Bhagavad Gita** (ca. Jh. n. Chr.), noch heute ein Volks-epos der Inder, wurde die **Befreiung durch rechtes Handeln in der Welt** postuliert.

Daraus entstanden die verschiedenen Yoga-Wege:

Karma-Yoga, der Yoga des Handelns. Schwerpunkt ist selbst-loses Tun, bei dem der spirituell Strebende jede Handlung und ihre Früchte Gott als Opfer bringt. So wird das Ego geläutert und das Herz befreit.

Jnana-Yoga, der geistige Weg der Erkenntnis. Durch lo-gische, geistige Analyse zur Erkenntnis des Göttlichen finden. Dies fordert einen scharfen Verstand und die Läuterung des Geistes. Unwissen muss durch Meditation überwunden werden.

Bhakti-Yoga, der Yoga der liebenden Hingabe an das Gött-liche. Gott ist die Verkörperung aller Liebe und wird durch Ge-bet, Verehrung und Ritual verehrt. Dieser Weg soll allen Men-schen als zuverlässig und wirkungsvoll offenstehen.

Die **Yoga-Sutras** (= Leitfaden) **des Patanjali** (vor 5. Jh. n. Chr.) gelten als klassisch und sind heute als

Raja-Yoga = königlicher Yoga bekannt. Der erste Teil be-schreibt die Funktionsweisen des Geistes und die verschiede-nen Ebenen von *samadhi*, der Einheitserfahrung. Der zweite Teil beschäftigt sich mit speziellen Übungen, die zur Einheits-erfahrung führen. Der dritte Teil behandelt Fähigkeiten *(sidd-his)*, welche durch Yogapraxis erlangt werden können, und der vierte Teil die Befreiung des Selbst *(kaivalya)*. Heute wird der Raja-Yoga meist mit dem Asthanga-Yoga, dem acht-gliedrigen Yogaweg, gleichgesetzt (siehe später).

Der Tantrismus (ab 5. Jh. n. Chr.) **fordert eine radikale Hinwendung zur Welt.** Die Welt sollte nicht mehr Stätte der Pflicht sein, sondern Stätte des Genusses und des süßen Spiels.

Der **Tantrismus entdeckte den Bereich der Sinnlichkeit**.
Der Körper sollte nicht mehr „Quelle des Schmerzes" sein, sondern ein „Tempel Gottes". Der rituelle Genuss wurde entdeckt
und als Yogaweg postuliert.

Daraus entstand **der Hatha-Yoga** (9. Jh. n. Chr.), ein Oberbegriff für körperbezogene Yogapraktiken. **Die zentralen Elemente sind Haltungen des Körpers (*asanas*), Reinigun-
gen des Körpers (*dhautis*), Atemübungen (*pranayamas*),
Gesten (*mudras*) und Verschlüsse (*bandhas*).**

Viele Übungen des Hatha-Yoga operieren auf der feinstofflichen
Ebene, im System der **Energiekanäle (*nadis*)**, der **Energiezentren (*chakras*)** und der ***kundalinikraft,*** der psychophysischen Manifestation der „weiblichen Energie".

Der Hatha-Yoga wird in drei Grundtexten (H-Y-Pradipika, Ghe-
randa-Samhita und Shiva-Samhita) beschrieben. Darin wird
die Lebensweise eines Yogi beschrieben und werden obige Yogapraktiken erläutert.

Ha-Tha-Yoga bedeutet eigentlich „Sonne-Mond-Yoga";
gemeint ist die Verbindung gegensätzlicher Lebensprinzipien
(z. B. Anspannung-Entspannung, Einatmen-Ausatmen, männ-
lich-weiblich, Himmel-Erde, Vorbeuge-Rückbeuge …).

Trotz der Körperorientiertheit des Hatha-Yoga ist sein Ziel der
Samadhi-Zustand, die Befreiung der Einzelseele aus der Ego-
Verhaftung, das Aufgehen in Brahman, Gott, dem Höchsten,
der Quelle.

Hochblüte des Hatha-Yoga war im 15./16. Jahrhundert.

Während der Kolonisation Indiens durch Grossbritannien folgte eine Stagnation in der Ausbreitung des Yoga, da die kulturelle Eigenständigkeit des indischen Volkes unterdrückt wurde.

Erst im 19. Jahrhundert besannen sich die Inder wieder auf ihr kulturelles Erbe. Etliche Inder verspürten das Bedürfnis, die Botschaft des Yoga der westlichen Welt näherzubringen.

Hauptvermittler des Yoga im Westen

Swami Vivekananda (1863–1902) kam als erster „Guru" 1893 in den Westen, um in Chicago am „Kongress der Weltreligionen" teilzunehmen.

Seine Botschaft vom universalen Menschen, der die verschiedenen Yogawege vereint und sich langsam spirituell „emanzipieren" soll, fand großen Anklang: Er postulierte die Einheit aller Religionen.

„Ihr seid Götter, prächtige Kinder der Unsterblichkeit", meinte Vivekananda und ermunterte die Menschen, die in ihnen schlummernde Göttlichkeit voll zu manifestieren.

Ramana Maharshi (1879–1950) galt als der erleuchtete Wissende (Jnana-Yogi). Er beantwortete unermüdlich Fragen, auch von Europäern. Sobald das fragende „Ego" befriedigt ist, stößt man zum „Selbst" vor, zum Wesenskern, wo alles Fragen aufhört, war seine Überzeugung.

Swami Sivananda (1887–1963) hatte schon als Jugendlicher „samadhi-Erlebnisse". Er studierte Medizin und war mit der indischen Gesundheitslehre, dem Ayurveda, sehr vertraut. Sein Leben widmete er dem Dienst an den Mitmenschen, veröffentlichte viele Bücher und vertrat einen Yoga der Synthese, den integralen Yoga, den er so zusammenfasste:

*„Diene, liebe, meditiere, erkenne und verwirkliche –
Sei gut, tue Gutes – Liebe ist Gott."*

Sri Aurobindo (1872–1950) wuchs sehr westlich und intellektuell betont in England auf. Er engagierte sich später in der Befreiungsbewegung in Indien. Im Gefängnis hatte er tiefgreifende spirituelle Erfahrungen. Diese bewogen ihn dazu, sich für eine spirituelle Evolution einzusetzen. Dazu gehörten drei Prozesse: „Sich Öffnen", der „Aufstieg vom niederen ins höhere Bewusstsein" und „die Herabkunft des supramentalen Lichtes". Den Weg seines Integralen Yoga erklärt Aurobindo so:

„Die spirituelle Disziplin dieses Yoga erfolgt nicht durch festgelegte mentale Lehren oder Formen von Meditation, Mantras oder andere Mittel, sondern durch Streben, Selbstkonzentration nach innen und oben, durch das Sich-Öffnen gegenüber dem Einfluss der göttlichen Kraft über uns und ihren Funktionen, gegenüber der göttlichen Gegenwart im Herzen und durch Zurückweisen aller Dinge, die diesen Dingen fremd sind. Nur durch Glauben, Streben und Überantworten kann diese innere Öffnung kommen."

Paramahansa Yogananda (1893–1952) hatte bereits in früher Kindheit lebhafte Erinnerungen an frühere Leben. Er wurde in den Kriya-Yoga (Übungen zur Energieerweckung und -lenkung) eingeweiht und brachte diesen Yoga-Weg ab 1920 in den Westen. Weltweit bekannt wurde er durch das Verfassen seiner „Autobiographie eines Yogi" 1945.

B. K. S. Iyengar (1918–2014) war oft krank als Kind und verlor seinen Vater früh. Auf einer Yogaschule wurde er gesund und wollte als Yogalehrer seine Erfahrungen weitergeben. Er gründete weltweit Iyengar-Schulen und unterrichtete viele bekannte Persönlichkeiten. Sein Yoga-Stil galt als systematisch, eher hart und leistungsorientiert. Etliche seiner Bücher sind bis heute Standardwerke, z. B. „Licht auf Yoga".

Swami Vishnu Devananda (1927–1993) wurde in den Westen geschickt, um dort den Raja-Yoga zu verbreiten und Yoga-Zentren aufzubauen. Den Raja-Yoga fasste er für den westlichen Menschen verständlich zusammen in fünf Punkten: richtige Körperübungen *(asanas)*, richtige Atmung *(pranayamas)*, richtige Entspannung *(savasana)*, richtige Ernährung *(vegetarisch)*, positives Denken und Meditation *(dhyana)*.

Selvarajan Yesudian (1916–1998) folgte einem inneren Ruf nach Europa.

Er hat maßgeblich zur Verbreitung eines ganzheitlichen Yoga in der Schweiz beigetragen. Mit seinen gut verständlichen Büchern gelang es ihm, eine Brücke zwischen östlichem und westlichem Kultur- und Religionsgut zu schaffen.

Sri Chinmoy (1931–2007) wurde in Bengalen geboren, lebte längere Zeit im Sri Aurobindo-Ashram und kam 1964 nach New York. Er ist Begründer der UNO-Friedensmeditationen, des internationalen „Peace-Runs", gab meditative Konzerte, war Schriftsteller und Künstler. Er ermunterte seine Anhänger, die Meditation in den Alltag zu integrieren, und betonte:

„Wahre Religion hat eine universelle Qualität. Sie kritisiert andere Religionen nicht. Vergebung, Mitgefühl, Toleranz, Brüderlichkeit und ein Gefühl des Eins-Seins sind die Merkmale einer wahren Religion.

Unsere Philosophie ist die Annahme des Lebens, mit dem Ziel, es zu verwandeln und Gottes Licht hier auf der Erde zu Gottes eigener Stunde, auf Gottes eigene Weise zu manifestieren."

Mein persönlicher Yoga-Weg

Anfänglich habe ich Yoga einmal wöchentlich in einer Gruppe geübt und zuhause, wenn ich gerade Rückenschmerzen hatte. Dies half mir spürbar, meine Schmerzen zu reduzieren, mein vegetatives Nervensystem auszugleichen, den Energiefluss anzuregen und mich zu entspannen. Es war ein einfacher Yoga mit Körperhaltungen, Atemübungen und geführter Meditation, jedoch ohne Theorie und Philosophie.

Meine spirituelle Entwicklung verband ich anfänglich kaum mit dem Begriff „Yoga". Ich empfand mein spirituelles Interesse als eine Folge meiner Persönlichkeitsstruktur. Zeit meines Lebens war ich interessiert am Wesen des Menschen und an den Hintergründen und Zusammenhängen des Lebens.

Das Gefühl des „Eingebundenseins in etwas Größeres" empfand ich bereits als Kind; es war für mich eine Art selbstverständlich, zum Leben gehörig.

Als ich in meinen Zwanzigern seelisch und körperlich immer mehr Probleme bekam, wurde ich mir selber zum Forschungsobjekt. *„Wie hingen Körper, Seele und Geist zusammen? Warum streikte mein Körper? Warum überfielen mich plötzlich unerklärliche Ängste und Selbstzweifel?"*

Wissen, welches ich mir von einem Studium in Verhaltensforschung erhofft hatte, musste ich nun selber erarbeiten. Mit Intellekt, Kreativität und Willenskraft wollte ich den Dingen auf den Grund gehen. Jedes Problem sah ich als Chance, um etwas über das Leben zu lernen. Meine Umwelt war mir Spiegel, der mir zeigen konnte, wie ich im Außen wahrgenommen wurde im Vergleich zu meiner Selbstwahrnehmung. Wodurch zeichnete ich mich aus, worin fiel ich auf gegenüber andern im Guten wie im Schlechten? Ich begann mich dauernd mit anderen zu vergleichen. Ein oft verzweifeltes Fragen, was denn mein Weg zu einem glücklichen Leben sein könnte, begleitete mich. Ich lernte mein Ego zu durchleuchten. Dieses wurde geformt und geprägt durch die Erlebnisse und Werte aus meiner Umgebung und Vergangenheit. Gleichzeitig hörte ich auch immer mehr eine innere, „höhere" Stimme, welche die Dinge anders sah als mein Ego. Meine „Egostimme" führte einige Jahre heftigste Kämpfe gegen meine „Seelenstimme", bis es einsah, dass es nur die Wahl zwischen Krankheit, falschem Ego-Weg, und Überantwortung an ein „höheres Selbst" gab. Ich musste De-mut lernen, Mut, etwas Höherem zu dienen. Vor allem die tiefgreifenden Erlebnisse in meiner ersten Schwangerschaft ließen mich Vertrauen aufbauen in etwas Höheres, das mich trug und lenkte.

In den schwierigsten Monaten dieser ersten Schwangerschaft stieß ich auf die Gedichte und die Musik von Sri Chinmoy. Ich war berührt von seiner demütigen Anbetung des „Höchsten".

„Wer ausharrt, ist mutig.
Wer gehorcht, ist mutig.
wer sich selber treu ist, ist mutig."

Auch ich wollte mich fortan von dieser höheren Kraft führen lassen und ihr folgen. Mein ganzes Leben, jede Handlung, sollte eine Art Meditation werden. Diese innere Haltung brachte mich sehr langsam auf einen neuen Lebensweg, auf ein bewusstes „Leben aus dem Selbst". Der Körper zeigte mir sofort durch Schmerzen oder eine Disbalance im vegetativen Nervensystem (Übelkeit, zittrige Beine, Kloß im Hals) an, wann ich wieder „aus dem Selbst herausgefallen war" und meinen Ego-Vorstellungen folgte. Als letzten „Seelentrick" bekam ich eine „Eindrucks-Allergie". Meine Nerven wurden zu brennenden Drähten, wenn ich mich ungeeigneten Reizen aussetzte. Dies konnten Zeitungs- oder Fernsehberichte sein, „Niedrig-Energie-Nahrung"[22], Menschen, die mir nicht guttaten, und äußere Zwänge. Durch inneres Hinspüren versuche ich bis heute, immer wieder diesen,

---

22 Als Niedrig-Energie-Nahrung bezeichne ich Nahrungsmittel, die industriell verarbeitet sind, Zusatzstoffe enthalten und nicht frisch sind. Sie enthalten wenig lebenswichtige Nährstoffe und Lebensenergie.

meinen Weg mit meiner Seele zu gehen. Die wichtigste Qualität dabei sind meines Erachtens innere Achtsamkeit und Verbundenheit mit meiner Mitte, meiner Seele und meiner Quelle.

Beim Lesen der Autobiographie von Yogananda fand ich Erklärungen für meine „paranormalen Empfindungen“. Ich fühlte mich nicht mehr so falsch, sondern anders, einzigartig, beschenkt, wie alle Menschen dies auf eine Weise sind.

Nachdem ich zehn Jahre, nebst der Begleitung meiner Kinder, ein kunsthandwerkliches Atelier geführt hatte, schien für mich die Zeit gekommen, wieder als Lehrerin in der Öffentlichkeit zu wirken. Ich hatte in dieser Lebensphase viel über mich und das Leben gelernt und wollte diesen Erfahrungsschatz nun als Yogalehrerin weitergeben. Da der Yogalehrertitel bis heute nicht geschützt ist, begann auch ich damals ohne Prüfung, eine erste Yogagruppe zu unterrichten. Das Wohlfühlen schien gegenseitig zu sein. Weitere Yogagruppen entstanden. Ich hatte eine neue Berufung gefunden!

Von einer befreundeten Yogalehrerin, die oft in Indien weilte, wusste ich, dass sie als freie Kandidatin eine Yogalehrerprüfung absolvieren durfte.

Bis zu jenem Zeitpunkt war ich noch nie in Indien, doch für meine Seele war der Yoga mit seinem Hintergrundwissen gar nicht neu. Ich traute mir zu, das Wissen und die Praxis für die Yogalehrerprüfung selbst erarbeiten zu können. Vom Schweizer Yogaverband bekam ich die Chance dazu. Es galt, eine Anatomieprüfung zu bestehen und eine anspruchsvolle Diplomarbeit zu schreiben. Zwei Patinnen wurden mir zugeteilt, bei welchen ich Praxislektionen absolvieren durfte. Mit Eifer und großer Freude setzte ich mich hinter das autodidaktische Lernen. Das Durcharbeiten der philosophischen Schriften empfand ich wie ein Heimkommen in etwas Vertrautes. Viele religiöse und spirituelle Fragen fanden für mich durch dieses Studium befriedigende Antworten. Ebenso begann ich, meine inneren seelisch-geistigen Erlebnisse besser zu verstehen

Im Folgenden möchte ich einige alte Weisheitssysteme vorstellen, die noch heute Grundlagen der Yogapraxis sind.

Die Yoga-Sutras des Patanjali ist die älteste Textsammlung des Yogasystems und besteht aus vier Teilen:

a) Die Funktionsweisen des Geistes und der Samadhi-Zustand:

Jnana-Yoga als Erkenntnisweg wird hier beschrieben in vier Stufen:

» Die Einsicht in die Unzulänglichkeit menschlicher Erkenntnismittel.
» Übungen zur Beruhigung der Gedankenwellen.
» Die Loslösung vom Weltlichen.
» *Samadhi*, die Schau des höchsten Bewusstseins *(purusha)*.

b) Raja-Yoga oder Astanga Yoga als Mittel zur Erreichung von *samadhi*
Es gibt fünf äußere (1–5) und drei innere (6–8) Glieder.

Astanga-Yoga wird oft als achtgliedriger Yogaweg bezeichnet:

1. **Yama: Disziplin der Gemeinschaft gegenüber**, der äußeren Welt.
   ahimsa: „nicht schädigen", gewaltlos in Gedanken, Worten und Taten gegenüber der Mitwelt.
   asteya: „nicht stehlen", Raffgier überwinden, Genügsamkeit.
   satya: „wahrhaftig, echt in sich selbst sein", nicht lügen, wahr sein ohne zu verletzen.
   brachmacarya: „Keuschheit" im Sinne von „sich nicht von den Sinnen verführen lassen", „Beherrschung der sinnlichen Kräfte", um nicht vom Weg zu Gott abzukommen.

aparigraha: „nicht annehmen", sich nicht abhängig machen durch Geschenke oder materielle Verpflichtungen.

2. Niyama: persönliche Disziplin, Haltung sich selber gegenüber

shauca: äußerliches (Körper) und innerliches (Gedanken) Reinigen.

samtosha: Zufriedenheit durch Ausgeglichenheit.

tapas: „innere Glut"; als Resultat von selbstdiszipliniertem Üben wird die Selbst-Erfahrung immer intensiver.

svadhyaya: „Selbstbeobachtung, Selbsterforschung", um seinen Charakter, seine Stärken und Schwächen besser zu verstehen.

ishvara pranidhana: „Hingabe an Gott", das Göttliche begleitet immer.

3. Asana – innere und äußere Haltung

Patanjali beschreibt nur die Sitzhaltung der Meditation: „Sie soll fest und angenehm sein." Erst in der Zeit des Tantrismus wurden neue Körperstellungen erprobt, um das Körper-Seele-Geist-Bewusstsein zu verfeinern. Die *asanas* sollen den Körper vorbereiten für spirituelle Erfahrungen.

4. Pranayama – Atemregelung

Um die Konzentration zu erleichtern, wird die Atemlenkung empfohlen. Atemübungen dienen auch der Lenkung der Lebensenergie (*prana*), wodurch Gedanken, Vitalität und spirituelle Entwicklung beeinflusst werden können.

5. Pratyahara – Zurückziehen der Sinne

Die fünf Sinne werden von der Außenwelt abgezogen und nach innen gelenkt, um die eigene Tiefe zu erforschen.

6. Dharana – Konzentration, Geisteskontrolle

Der Geist konzentriert sich ausschließlich auf ein Objekt, beispielsweise auf den Atem, die Herzgegend, das 3. Auge.

7. Dhyana – Meditation

Meditation ist eine intensive Konzentration, die zum Verbinden mit dem Konzentrationsobjekt führen soll. Es ist ein geistiges Eindringen in den Wesenskern des Meditationsobjektes.

8. Samadhi – Erleuchtung, Einswerdung, Glückseligkeit

Im Samadhi-Zustand verschmilzt der Geist mit dem Meditationsgegenstand, der Betrachter wird eins mit dem Objekt. Alles Persönliche hört auf, die innere Weisheit erwacht, Zeit- und Raumgefühl lösen sich auf, Einheits-Erfahrung.

c) Entfaltung der übersinnlichen Fähigkeiten – *siddhis,*

welche durch Yoga erreicht werden können. Dazu gehören Kenntnisse der Vergangenheit, Gedankenlesen etc. Für den Yogi sind diese Kräfte nichts Übernatürliches, sondern Teil der Schulung und dienen der Stabilisierung von *samadhi.* Der Praktizierende sollte sich allerdings hüten, sich an diese Fähigkeiten zu binden; dann werden sie zu Hindernissen.

d) Kayvalya, die Befreiung

Es ist ein Zustand, den die Seele erreicht, wenn sie erkennt, dass sie vollkommen reines Bewusstsein ist, frei von aller bedingten Relativität.

In der **Taittirya-Upanishad** (ca. 6. Jh. v. Chr.) wird das Wesen des Menschen mit den **drei Körpern (sharira)** und den **fünf Hüllen (kosha)** erklärt.

Demnach ist unser physischer Körper lediglich die äußere Ebene einer mehrdimensionalen Struktur, die wir Mensch nennen.

Unser „Selbst", unsere wahre Natur, *atman*, ist eingehüllt und uns in unserem körperlichen Bewusstsein vorerst nicht mehr einsichtig.

Atman, das reine Bewusstsein, steigt herab in die stoffliche Welt. Dieses „In-die-Welt-Herabsteigen" ist eine Energiebewegung von der Quelle des reinen Bewusstseins zur körperlichen Form und Gestalt. Während dieser Energiebewegung vergröbern sich die energetischen Schwingungen und das Bewusstsein verengt sich. Das reine Bewusstsein, *atman,* umgibt sich bei diesem und durch diesen Verdichtungsprozess mit verschiedenen Hüllen.

1. Grobstofflicher physischer Körper – *stula sharira*
Der grobstoffliche Körper besteht aus einer Hülle, dem **physischen Körper**, auch Nahrungshülle – *anamaya kosha* genannt. Er ist zusammengesetzt aus den fünf Elementen (Erde, Wasser, Luft, Feuer und Äther) und hat verschiedene essentielle Stufen: Zeugung, Geburt, Wachstum Reife, Verfall, Tod. Der grobstoffliche Körper muss durch stoffliche Nahrung erhalten werden, um diese Hülle mit der notwendigen Energie zu versorgen.

Ist das Bewusstsein mit dem physischen Körper verbunden, können wir körperlichen Schmerz oder Lust empfinden.

2. Feinstofflicher, astraler Körper – *sukhsma sharira*

Der feinstoffliche Körper besteht aus drei verschiedenen Hüllen:

a) Die Energie- oder Vitalhülle – *pranamaya kosha*

Weitere Namen für diese Hülle sind auch Atem- oder Ätherhülle.

Diese Hülle besteht aus einem bioenergetischen Feld, das dem physischen Körper Vitalität verleiht und ihn energetisiert. Ein Modell für die Wirkung dieses bioenergetischen Feldes sind die Energiebahnen (*nadis*), in denen *prana*, die Lebensenergie, zirkuliert. *Prana* kann vor allem von der Luft durch die Atmung, aber auch von der Erde durch Wasser und Nahrung oder von der Sonne durch die Haut aufgenommen werden.
Zur Energiehülle gehören die fünf *pranas*: *prana* (einströmender Atem), *apana* (hinabströmender), *samana* (ausgleichender), *udana* (hinauf) *und vyana* (verbindender Atem); diese steuern den Stoffwechsel.
Ebenso werden die Energiezentren, *die Chakren*, dieser Hülle zugeordnet.
Zu dieser Energiehülle gehören auch die fünf Handlungsorgane *(karma indriyas)*: Mund, Hände, Füße, Ausscheidungs- und Fortpflanzungsorgane.
Die Empfindungen dieser Hülle sind Hunger, Durst, Hitze und Kälte.
Die Energiehülle bildet die Brücke zwischen dem grob- und dem feinstofflichen Körper. Sie belebt das Denken und den physischen Körper.

b) Die Geist-, Gedanken-, Empfindungshülle – *manomaya kosha*

Zur Gedanken- oder Empfindungshülle gehören die fünf Wahrnehmungsorgane *(jnanendriyas)*: Augen, Ohren, Nase, Zunge, Haut und die zwei inneren Sinne Denken (manas) und Empfinden *(citta)*.

Über die fünf Sinne bekommt der Geist Informationen, die er mit Hilfe der Denkfähigkeit verarbeitet. Durch die Prägungen des Unterbewusstseins werden die Sinneseindrücke immer subjektiv empfunden. Gedanken, Begierden, Emotionen und Wünsche werden in dieser Geisthülle gebildet.

c) Die Wissens-, Mental- oder Intellekthülle – *vijnana-maya kosha*

Vijnana ist die Unterscheidungsfähigkeit, die Fähigkeit, Gedanken logisch zu verknüpfen, was auch dem Begriff *buddhi* entspricht. Buddhi leiht sich die Intelligenz und das Bewusstsein von *atman* und entfaltet alle Fähigkeiten des Menschen bis zur Intuition. *Ahamkara,* das Ich-Bewusstsein, der „Ich-Macher", motiviert das Denken, so dass die Vorstellung entsteht, ein einmaliges, von allen getrenntes Wesen zu sein. Aus dieser Dualität, der Subjekt-Objekt-Beziehung, resultiert die Täuschung, dass die Erscheinungswelt eigenständig wäre. Unterscheiden/entscheiden sind die Hauptfunktionen dieser Hülle.

3. Kausal-, spiritueller oder Samenkörper – *karana sharira*

Der Kausal- oder Ursachenkörper ist eine feinstoffliche Konfiguration von ursächlichen Grundmotiven, die das Leben eines Menschen durchziehen. Er besteht aus einer Hülle, der **Wonne- und Glückseligkeitshülle – *anandamaya kosha*.** Dies ist die letzte Hülle, *die atman,* das „Selbst" verdeckt. Sie verbindet das Individuum mit der letztendlichen Wirklichkeit. Ihre Funktion ist es, Wonne und Glück zu erfahren.

Involution und Evolution

Die Bewegung von *atman*, dem „Selbst", zum grobstofflichen Körper entspricht der Schöpfung, der **Involution = Ein-wicklung.**

Meinen Yogaschülern versuche ich diesen Prozess von Involution und Evolution mit einfachen und praktischen Bildern und Worten zu erklären:

Die Seele, unsere geistige, feinstoffliche Essenz, in welcher unsere Anlagen und Lebensaufgaben wohl angelegt sind wie in einem Samen, inkarniert in den grobstofflichen Embryo im Bauch der Mutter. Dort erlebt die Seele alle Gefühle und Stimmungen der Mutter und ihres Umfeldes. Wie Hüllen legen sich diese Eindrücke um die Seele = das Selbst des Embryos. Die Seele, das Selbst, wird dadurch geprägt, z. B. mit positiven Gefühlen der Liebe, Freude und des Vertrauens oder mit negativen Gefühlen der Angst, Ablehnung, gar des Hasses. Bei der Geburt kommt das Neugeborene in ein Umfeld, in welchem gewisse familiäre Verhältnisse herrschen, kulturelle Regeln gelten, welche weitere Hüllen um das wahre Selbst des Kindes bilden. Diese Hüllen können für die Seele unterstützend sein, wenn sie den Anlagen und der Lebensaufgabe des Selbst entsprechen, z. B. ein lebhaftes Kind wird in seiner Lebendigkeit unterstützt und eine kreative Seele in ihrer Kreativität erkannt und gefördert. Hinderlich und einschränkend können diese Hüllen für eine Seele sein, wenn das Umfeld z. B. konservative Werte vertritt, die Seele des Kindes aber ein rebellisch progressives Wesen hat oder die Talente eines Kindes in seinem Kulturkreis keinen Platz haben. **Bis zum Erwachsensein wird jede Seele durch mannigfaltige Hüllen an Erfahrungen „eingewickelt" = involviert und das wahre Selbst dadurch mehr oder weniger verdeckt.** Was der Mensch jetzt lebt, ist sein „Ego". Dies ist die bestmögliche Form der Anpassung der Seele an die vorgefundenen Umstände, um als Menschenwesen zu überleben und bestenfalls geliebt zu werden. Das Eingewickeltsein der Seele in die von außen erworbenen Lebensmuster empfindet ein Mensch oft als ein Ge fühl des Nicht-mehr-sich-selber-Seins. Dieses Gefühl kann einen Menschen veranlassen, sich auf die Suche zu machen nach seinem wahren Selbst, seinem wahren Wesen, seiner Seele. An diesem Punkt beginnt nach der Yogaphilosophie **die Evolution = Ent-wicklung.** Bei der Ent-wicklung geht es um das Erkennen meiner Ego-Hüllen, meiner erworbenen Prägungen und Lebensmuster. Es gilt zu prüfen, welche für das gegenwärtige Leben nötig sind und welche mich in meiner Wesensart und auf meinem Seelenweg einschränken und behindern. **Ziel der Evolution ist die Selbst-Findung.**

Am Beispiel der drei Körper und fünf Hüllen lässt sich der Yogaweg praktisch wie folgt erklären:

1. Grobstofflicher physischer Körper

Ich erlebe meinen Körper bewusst, nehme meine körperlichen Eigenheiten wahr und versuche sie zu akzeptieren, wie sie sind.

Was erzeugt in meinem Körper Wohlgefühl oder wie kann ich mit Lust und Schmerz umgehen, sind weitere Lern- und Entdeckungsaufgaben.

2. Feinstofflicher Körper

a) **Energie- oder Vitalhülle**: Ich nehme meine Energiehülle wahr, indem ich spüre, was mir Lebenskraft gibt und was mir wie viel Energie nimmt. Der Atem als lebensspendende Kraft, die mich mit dem Kosmos, ja allem Lebendigen verbindet, wird mir bewusst. Ich mache Atemübungen, um meine Energiehülle zu stärken. Die unterschiedlichen Qualitäten der Nahrungsmittel lerne ich zu spüren und beginne dadurch bewusster zu essen.

b) **Geist-, Gedanken- und Empfindungshülle**: Meine Gedanken und Gefühle sind manchmal wie wilde Pferde, die nach allen Seiten ziehen. Durch Atemübungen kann ich meine Sinne zügeln; ich werde ruhiger und ausgeglichener. Ich beobachte meine Gefühle und Gedanken, ohne sie zu bewerten. Ich nehme wahr, welche Gefühle und Gedanken mich kraftvoll und lebendig werden lassen und welche mich seelisch „hinunterziehen".

c) **Wissens-, Mental- oder Intellekthülle:** Ich möchte mehr über mich, meinen Körper, meinen Geist und die Seele wissen. Woher komme ich, warum bin ich, wie ich bin, wo ist meine Quelle, das Göttliche?
Durch Selbst-Beobachtung meines Körpers, meiner Gefühle und Gedanken, meines ganzen Verhaltens und meiner Lebensmuster entsteht Selbst-Erkenntnis. Durch Selbst-Erkenntnis nehme ich meine Talente, meine Stärken und Schwächen wahr. Ich werde selbst-bewusst und erkenne meinen Selbst-Wert; das gibt mir Selbst-Vertrauen. Indem ich die „übernommenen Hüllen" (Lebensmuster) analysiere und loslasse, was nicht zu mir gehört, entwickle ich mich mehr und mehr zu meinem wahren Selbst. Nun kann ich mich selbst-verwirklichen, indem ich den wahren Kern meines Selbst lebe und meiner seelischen Berufung folge.

3. Kausal-, spiritueller oder Samenkörper

Beim Erforschen meines Wesens erkenne ich ursächliche Grundmotive, welche meine Seele für dieses Leben gewählt hat. Ich spüre meine Lebensaufgabe.

a) **Wonnehülle**: Beim Meditieren spüre ich die höchste Quelle, in welche meine Seele zurückgefunden hat. Es ist ein Gefühl der Glückseligkeit. Ich erkenne, dass meine Seele Teil des Ganzen ist; die Einheit als letzte Quelle ist erreicht:

„Tat tvam asi – Das bist du"

Die 7 Chakren, Ida-, Pingala- und Shushumna-Nadi

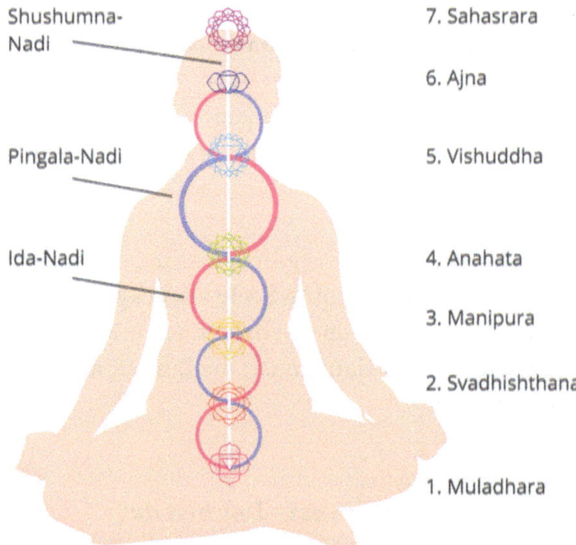

HYP bedeutet wörtlich „Leuchte des strengen Yoga" und wurde im 15. oder 16. Jahrhundert von Swami Swatmarama niedergeschrieben.

Ha-tha ist aus den zwei Silben **„ha", die Sonne, energetisch *prana*, das Einatmen, der aktive männliche Pol,** und **„tha", der Mond, energetisch *apana*, das rezeptive weibliche Prinzip** zusammengesetzt.

Sinn des Hatha-Yoga ist es zu lernen, wie man diese zwei Energien, *prana* und *apana*, kontrolliert, um letztendlich Kontrolle über den Geist zu erlangen. Dazu bedient man sich des Körpers als Werkzeug für Haltungen, Atemübungen, Siegel und Verschlüsse, um Seele und Geist zu befreien.

Der Körper wird als Ort der Erkenntnis und Wahrheit angesehen, denn er ist der Spiegel von Seele und Geist.

Die HYP versucht die körperlichen Disziplinen zu beschreiben, um sie dann mit den spirituellen Zielen des Raja-Yoga zu verbinden.

Ziel ist es, die *kundalini*-Energie zu erwecken, um shakti, das weibliche Ur-Prinzip, die Schöpfung, wieder mit shiva, dem männlichen Ur-Prinzip, dem reinen unbewegten Bewusstsein, zu vereinen.

Kundalini – nadis – chakra

Die **kundalini** (*kundalin* = geringelt) wird auch Schlangenkraft genannt, weil sie wie eine Schlange am unteren Ende der Wirbelsäule eines jeden Menschen vorerst schlafend ruht. *Kundalini* ist das ruhende *shakti*-Prinzip. **Shakti** ist die dynamische, schöpferische Kraft, die sich zu Beginn des Schöpfungsaktes von shiva, dem ruhenden, transzendenten Aspekt, trennte; es ist der Abstieg des Geistes in die Materie.

Die Sehnsucht der *shakti*, wieder in den Zustand der Vereinigung mit *shiva* zurückzukehren, nimmt der Mensch als spirituelles Suchen wahr.

Durch Disziplinierung des Körpers, Reinigung der Energiekanäle *(nadis)* und durch die Kontrolle des Atems kann der Mensch die *kundalini* wecken und aufsteigen lassen.

Auch durch Bewusstseinserweiterung, geistiges Suchen und göttliche Gnade kann die *kundalini*-Energie selbst aufsteigen und sich mit dem göttlichen Bewusstsein, shiva, vereinen. So kann *samadhi,* der Einheitszustand, und *moksa,* die Befreiung, aus dem Gefühl des Getrenntseins erlangt werden.

Der Begriff **kundalini** ist verknüpft mit den Begriffen **ida, pingala** und **sushumna,** den **drei wichtigen, feinstofflichen Energiekanälen in und um die Wirbelsäule**.

Insgesamt soll es 72000 Energiekanäle geben, genannt **nadis,** in welchen *prana*, die Lebensenergie, fließt.

Ida-nadi, das kühlende, weibliche Mondprinzip, verläuft vom linken Nasenloch spiralförmig um die Wirbelsäule zum Becken.

Pingala-nadi, das wärmende, männliche Sonnenprinzip, verläuft vom rechten Nasenloch spiralförmig um die Wirbelsäule zum Becken. Dort, wo sich *ida-* und *pingala-nadi* überkreuzen, werden die *chakras* gebildet. **Chakras sind feinstoffliche Energiezentren** mit verschiedenen geistig-seelischen Qualitäten, die mit dem physischen Körper kommunizieren. Jedes Chakra hat einen speziellen Bezug zu nahegelegenen Nervengeflechten, Drüsen und Organen.

***Susumna-nadi* ist allen andern *nadis* übergeordnet** und verläuft vertikal, im physischen Körper durch das Rückenmark und die *chakras*.

Wird nun die *kundalini* geweckt, so sollte ihre Energie durch *susumna-nadi* hochsteigen, die *chakra*-Energien aktivieren und sich im obersten Scheitelchakra, dem *sahasrara-chakra*, mit *shiva,* dem absoluten Bewusstsein vereinigen.

Hatha-Yoga geht davon aus, dass der Körper richtig vorbereitet werden muss auf das Erwecken der *kundalini,* sonst können körperliche und mentale Probleme entstehen. Hatha-Yoga beinhaltet aus diesem Grunde viele verschiedene Übungen und Techniken zur Reinigung und Stabilisierung der körperlichen Energien. Diese Übungen wurden erstmals in der HYP niedergeschrieben und seither ergänzt und weiterentwickelt.

Chakra	Name / Bezeichnung	Symbole / Farbe	Lage	Körperliche Zuordnungen	Zugeordnete Drüsen	Zugeordnete Hormone	Thema / Lernaufgabe
1. Chakra	Muladhara-Chakra Wurzel-Chakra Basis-Chakra Steisszentrum	4-blättriger Lotus / Rot	Zwischen Anus und Genitalien, mit dem Steissbein verbunden, öffnet sich nach unten	Alles Feste, Wirbelsäule, Knochen, Zähne, Nägel, beide Beine, Anus, Rektum, Dickdarm, Mastdarm, Enddarm, Prostata, Zellaufbau	Nebennieren	Adrenalin, Noradrenalin	Ursprüngliche Lebensenergie, Urvertrauen, Beziehung zur Erde und zur materiellen Welt, Stabilität, Durchsetzungskraft
2. Chakra	Svadhisthana-Chakra, Sexualchakra, Sakralchakra Kreuzzentrum	6-blättriger Lotus / Orange	Am oberen Ende des Kreuzbeins, etwa an der Schamhaar-grenze, öffnet sich nach vorne	Beckenraum, Fortpflanzungsorgane, Nieren, Blase, alles Flüssige wie Blut, Lymphe, Verdauungssäfte, Sperma	Keimdrüsen, Eierstöcke, Prostata, Hoden	Östrogene, Testosteron	Ursprüngliche Gefühle, mit dem Leben fliessen, Sinnlichkeit, Erotik, Kreativität, Staunen und Begeisterung
3. Chakra	Manipura-Chakra, Nabelchakra, Solarplexus-chakra	10-blättriger Lotus / Gelb	Zwei fingerbreit oberhalb des Nabels, öffnet sich nach vorne	Unterer Rücken, Bauchhöhle, Verdauungssystem, Magen, Leber, Milz, Gallenblase, vegetatives Nervensystem	Bauch-speicheldrüse, Leber	Insulin, Galle	Entfaltung der Persönlichkeit, Verarbeitung von Gefühlen und Erlebnissen, Gestaltung des Seins, Einfluss und Macht, Kraft und Fülle, Weisheit, die aus der Erfahrung erwächst

4. Chakra	Anahata-Chakra, Herz-Chakra, Herzzentrum	12-blättriger Lotus / Grün	In der Mitte der Brust, (Brustbein), öffnet sich nach vorne	Oberer Rücken, Herz, Brustkorb und Brusthöhle, unterer Lungenbereich, Blutkreislaufsystem, Haut, Hände	Thymusdrüse	Thymosin, Thymopoetin	Entfaltung der Herzensqualität, Liebe, Mitempfinden, miteinander teilen, mit dem Herzen dabei sein, Selbstlosigkeit, Hingabe, Heilung
5. Chakra	Vishudda-Chakra, Hals-Chakra, Kommunikationszentrum	16-blättriger Lotus / Hellblau	Zwischen Halsgrube und Kehlkopf, vorne am Hals, öffnet sich nach vorne	Lunge, Bronchien, Speiseröhre, Sprechapparatur, (Stimme), Kehle, Nacken, Kiefer, Kinnbacken	Schilddrüse, Nebenschilddrüse	Thyroxin	Kommunikation, kreativer Selbstausdruck, Offenheit, Weite, Unabhängigkeit, Inspiration, Zugang zu den feineren Ebenen des Seins
6. Chakra	Ajna-Chakra, Drittes Auge, Auge der Weisheit, Inneres Auge	96-blättriger Lotus / Blau	Ca. 2 cm hinter und über der Nasenwurzel, öffnet sich nach vorne	Kleinhirn, Ohren, Nase, Nebenhöhlen, Augen. z.T. Nervensystem, Stirn, Gesicht	Hirnanhangdrüse (Hypophyse)	Diverse Hypophysenhormone	Erkenntnisfunktionen, Intuition, Entwicklung der inneren Sinne, Geisteskraft, Willensprojektion, Manifestation
7. Chakra	Sahasrara-Chakra, Kronen-Chakra, Scheitelzentrum	1000-blättriger Lotus / Gold	In der Mitte oben auf dem Kopf, öffnet sich nach oben	Grosshirn, Schädeldecke	Zirbeldrüse, (Epiphyse)	Melatonin	Vollendung, höchste Erkenntnis durch direkte innere Schau, Vereinigung mit dem All-Seienden, universelles Bewusstsein

Nach meinen chaotischen psychophysischen Erfahrungen in der Schwangerschaft half mir das Wissen um die obigen Zusammenhänge sehr viel.

Es zeigte mir, dass meine *kundalini* in einem zu wenig vorbereiteten Körper aufsteigen wollte. Das Brennen in den Nerven, ja fast Verbrennen, war wohl ein Zeichen dafür, dass die *kundalini*-Energie an gewissen Stellen im Rücken energetisch nicht frei aufsteigen konnte.

Im Buch „Kundalini" von Gopi Krishna erfuhr ich, dass die spontane Auslösung der *kundalini*-Kraft während der Schwangerschaft manchmal vorkommt. Auch Lähmungserscheinungen in den Beinen können mit der *kundalini*-Auslösung einhergehen.

Wie weit meine damals eingenommenen hochpotenzierten homöopathischen Mittel diesen Prozess noch forciert hatten, ist nachträglich schwer zu beurteilen. Aus heutiger Sicht denke ich, dass es zu viele Mittel in zu hoher Dosierung waren.

Doch ich schien ein Kind „göttlicher Gnade" gewesen zu sein, dass ich einen Weg durch diese Krise finden durfte. Letzten Endes war es für mich eine Befreiung aus den Abhängigkeiten vieler menschgemachter Einengungen und erworbener Blockaden.

Ernährung im Yoga

Nach dem ganzheitlichen Prinzip des Yoga sprechen wir erst dann von „Gesundheit", wenn der Mensch sich rundum gut fühlt. Gesunde Ernährung bedeutet im Yoga, dass sie nicht nur unseren Körper stärkt, sondern auch für unsere Seele und unseren Geist gut ist. Dadurch können wir Krankheiten vorbeugen, vorhandene Krankheiten am Fortschreiten hindern und unsere Lebensqualität spürbar verbessern.

Die drei Arten von Nahrungsmitteln

Yoga unterteilt die Nahrung anhand ihrer Eigenschaften in drei Arten: *Tamas* **(Trägheit),** *Rajas* **(Unruhe) und** *Sattva* **(Leichtigkeit)**.

Tamasige **Nahrung** hat keine Vitalkraft mehr. Sie entzieht dem Körper Energie und macht den Verstand träge. Unreife, faule und verkochte, haltbar gemachte Lebensmittel wie zum Beispiel **Fertiggerichte** werden als *tamasig* bezeichnet. **Fleisch und Fisch sowie Alkohol, Tabak und Drogen** gehören ebenfalls in diese Kategorie. Wer sich yogagerecht ernähren will, sollte versuchen, diese Sachen so weit wie möglich vom Speiseplan zu reduzieren. Auch **zu viel essen** hat eine *tamasige* Wirkung.

Unter *rajasige* **Nahrung** fällt alles, was deinen Körper und Geist unruhig, nervös und unkontrollierbar macht sowie dich emotional aufwühlt. Nahrungsmittel wie **Kaffee, schwarzer Tee, zu scharf gewürztes Essen, raffinierter Zucker und weißes Mehl** gehören dazu. Auch diese Nahrungsmittel sollten nach Möglichkeit auf ein Minimum reduziert werden. Zu **hastiges Essen und ungenügendes Kauen** haben ebenfalls eine *rajasige* Wirkung auf uns.

Die ideale, gesunde Ernährung ist eine *sattvige* **Ernährung**. Sie bringt dem Körper wertvolle Nährstoffe, gibt neue Energie und lässt den Geist klar und friedvoll werden. Dazu gehören alle **Vollkorngetreide-Produkte, Kartoffeln, Hülsenfrüchte und deren Produkte wie Sojamilch und Tofu, Gemüse, Salate, Obst, Nüsse sowie Milch und Milchprodukte**, sofern sie vertragen werden. Es gilt, je frischer die Produkte sind, desto besser.

Die Yogis geben keine definierten Empfehlungen, welche Menge an Proteinen, Vitaminen und Kohlenhydraten der Mensch benötigt. Denn kein Organismus gleicht dem anderen. Wir alle unterliegen saisonalen und klimatischen Schwankungen und gehen verschiedenen Beschäftigungen nach. Sprich, die Bedürfnisse ändern sich ständig. Durch das Praktizieren von Yoga verfeinert sich das Körpergespür. Mit der Zeit wird man fast „automatisch" *sattvige*, reine Lebensmittel bevorzugen. Wichtig ist, viel zu trinken, vorzugsweise Wasser und Kräutertees.

Was, wann, wo und wie man isst, hat großen Einfluss auf den Zustand von Körper, Seele und Geist. Daher ist langsames und entspanntes Essen empfehlenswert.

Wichtig ist das Maßhalten! Eine Yoga-Faustregel lautet, seinen Magen zur Hälfte mit Nahrung zu füllen, zu einem Viertel mit Wasser und einen Viertel leer zu lassen. So beugt man der Trägheit und Schwere vor, die sonst oft nach dem Essen spürbar ist. Wenn das Essen keine Belastung für den Körper ist, dann funktioniert die Verdauung optimal und ein natürliches „Gesund-Gewicht" stellt sich ein. Denn das Yoga-Motto lautet: *„Esse, um zu leben, lebe nicht, um zu essen."*

Mein integraler Yogaunterricht

Von Anfang an war mir klar, dass ich einen ganzheitlichen, eher undogmatischen Yogaunterricht erteilen wollte. Da alle Menschen einzigartig sind, sollte auch der Yoga-Weg ein sehr persönlicher Selbsterfahrungsweg sein dürfen. Jede und jeder ist eingeladen, aus meinen Stunden das für sie/ihn Passende mitzunehmen.

Ich wollte keiner festgelegten Lehre, auch keinem Guru folgen. Mein Yoga sollte vor allem alltags- und praxisbezogen sein. Letzten Endes kommt es auf die Anlagen, das Streben und das Ziel jedes Einzelnen an, wohin und wie weit seine Yoga-Reise gehen wird. Die Ansichten von Sri Aurobindo bezüglich innerer Haltung: „öffnen, streben, überantworten" sind auch die meinen.

In meinem Yogaunterricht merkte ich bald, dass das Interesse an Hintergrundwissen eher bescheiden war. Körperübungen und Entspannung waren am meisten gefragt. Dennoch hatte ich an meinen integralen Yoga-Stil den Anspruch, bewusste Erfahrungen und Wissen über Körper, Seele und Geist anzubieten. Die Ausdrücke in der Sanskritsprache mied ich meistens und brauche deutsche Namen für die Stellungen. Vielleicht hatte dieses Vermeiden mit einer, erst unbewussten, Prägung von mir zu tun. Wenn ich in meinen ersten Jahren des Yogaunterrichtens ein Sanskritwort verwendete, z. B. Chakra für die Energiezentren, bekam ich großen inneren Stress und Schweißausbrüche. An meinem Nacken spürte ich das bedrohliche Gefühl eines Schafotts. *„Was war das? Eine alte Seelenerinnerung?"* Durch bewusstes Atmen, den Wechsel meines Fokus in die Beobachterrolle und Annehmen des Stresses lösten sich die angstbesetzten Gefühle mit der Zeit auf. Mehr dazu im 7. und 10. Kapitel.

Da ich sehr bald sechs Yogagruppen unterrichten durfte, wuchs mein Selbstvertrauen zunehmend. Monotoner Unterricht, wie ich ihn selbst erlebt hatte, entsprach nicht meiner Anlage. Mein kreatives Potential wollte auch in die Yogastunden integriert werden. Ich versuchte, als es noch kaum Internet gab, gut verständlich mit illustrativen Plakaten und Arbeitsblättern einen roten thematischen Faden durch alle Stunden zu weben. Wenig Theorie, welche einen direkten Bezug zum Alltag hatte, lebensnah vermittelt, das kam und kommt gut an. Die meisten Teilnehmer:innen kommen zu den Yogastunden, um für ihre Gesundheit etwas Gutes zu tun. Also wollte ich ihnen auch möglichst viele Werkzeuge anbieten, um mit ihrem Körper, ihrer Psyche, der Seele und dem Geist im Alltag zurechtzukommen. Durch meine therapeutischen Ausbildungen vermehrte sich mein Wissen über die gesundheitlichen Zusammenhänge zunehmend. Gerne ließ und lasse ich diese Erfahrungen auch in die Yogastunden einfließen, was von den Yoga-Teilnehmer:innen sehr geschätzt wurde und wird.

Die Übungen versuche ich so weiterzugeben, dass die Teilnehmer:innen in einen meditativen Flow kommen, wenn sie den Anweisungen meiner Stimme folgen. Langes dem Lehrer Zuschauen und Zuhören wollte ich, wenn möglich, vermeiden.

In den 25 Jahren meiner Yogaunterrichtstätigkeit sind viele Begriffe, die anfänglich als „esoterisch" galten, in den Alltagsgebrauch aufgenommen worden (z. B. Chakra, feinstofflicher Körper, Meridian, Meditation). Die Menschen merken, dass sie keine Hindus oder Buddhisten werden müssen, um Yoga zu machen. Yoga ist und war für mich von Anfang an kein Religionsersatz. Yoga vermittelt Techniken zu einem gesunden, selbstverantwortlichen Umgang mit Körper, Psyche, Seele und Geist und letzten Endes spirituellem Wachstum.

Ich selber bin wohl Zeit meines Lebens eine strebsame Yoga-Praktizierende. In Weiterbildungen holte ich mir zusätzlich zum Hatha-Yoga immer wieder neue Werkzeuge und Techniken, welche ich auch meinen Yogaschülern anbieten konnte, z. B. Hormonyoga, chinesisches Yoga nach Mantak Chia, neuzeitliche Yogaströmungen, Feldenkrais, Zilgrei, Tandava, Liebscher/Bracht, usw.

Ich ermuntere meine Yogaschüler immer wieder, den Yoga im Alltag umzusetzen und die Erkenntnisse ins Leben zu integrieren nach dem symbolischen

Bild der Kutsche:

Die Kutsche ist mein Körper: *„Wie geht es ihm gerade? Was (Ernährung, Zuwendung, Ruhe, Bewegung) braucht er, um fit für den Lebensweg zu sein? Wie belastbar ist er? Was trägt er mit an Gefühlen und Gedanken?"*

Die Seele ist der Fahrgast: *„Spüre ich meine innere Stimme? Was sagt sie mir? Mache ich (Ego), was ich als richtig spüre (Seele)? Was ist das Ziel meiner Seele? Gibt es verlorene oder verdrängte Seelenanteile in mir, die ich integrieren sollte?"*

Die Pferde sind unsere Instinkte, Sinne und Triebe; sie ziehen möglicher weise in alle Richtungen, um ihre Sinnengelüste am Weg zu stillen. *„Kenne ich meine Triebe, meine Ängste, meine Sinn-*

engelüste, die mein Verhalten beeinflussen? Habe ich erfolgreiche Methoden, um meine Gefühle und Gedanken zu zügeln und ins Positive zu lenken? Wie gehe ich mit Widersprüchen in mir um?"

Der Weg ist mein Leben: Es hat viele Wege, Kreuzungen, Sinnesreize. Ich muss in jedem Moment achtsam und aufmerksam sein, um auf meinem Seelenweg zu bleiben. *„Wo gilt es Pausen zu machen, um mein Seelengepäck neu zu ordnen, Altes loszulassen und neue Perspektiven zuzulassen?"*

Der Kutscher ist mein Verstand und meine Intuition: *„Ist er in Kontakt mit dem Fahrgast, der Seele? Weiß er, wo die Seele hinwill? Kennt er seinen Wagen (Körper) und dessen Bedürfnisse und Belastbarkeit? Hat er die Pferde (Triebe, Sinnesgelüste) im Griff und kann sie dorthin steuern, wo die Seele hinwill?"*

In meinen Yogaklassen versuche ich nicht nur das Bewusstsein für den Körper zu schulen, sondern auch das Wahrnehmen der Gefühle und Gedanken. *„Wie können wir diese mit Hilfe unseres beobachtenden Verstandes bewusst für eine aufbauende Lebensführung beeinflussen?"*

Der Geist ist auch das Werkzeug zur Kontaktaufnahme mit der eigenen Seele und deren Bedürfnissen. Das Öffnen des Geistes für die Welt jenseits des Verstandes, (z. B. für die Inspiration oder die Intuition, für geistige Helfer etc.) liebe ich zu fördern mit geführten Meditationen.

Ich schätze am Yoga-Weg bis heute, dass es Übungen und Techniken gibt, um den Körper fit zu halten, mit Gedanken und Gefühlen konstruktiv umzugehen, die Seele wahrzunehmen, aber auch das göttliche Licht, die nährende Quelle im Herzen und im ganzen Körper erleben zu können.

Die meisten Yogaschülerinnen zeigen ihre Dankbarkeit für alles, was sie in den Jahren lernen durften, immer wieder. Yoga bereichert ihr Leben!

Das ist die schönste Befriedigung und Erfüllung in meinem Beruf!

Während ich diese Zeilen schreibe, habe ich mich entschlossen, meine wöchentlichen Yogastunden nach 26 Jahren einzustellen. Ich möchte mehr zeitlichen Freiraum. Unterdessen bin ich auch Nana von zwei Enkelkindern, denen ich gerne etwas Zuwendung schenken möchte.

Ganz loslassen vom Yogaunterrichten kann ich aber nicht.

Neu biete ich ein monatliches Angebot unter dem Titel: „Yoga++" an: „Ein Tag für mich". Nebst den Körper-, Atem- und Entspannungsübungen werden die Teilnehmenden an diesem Tag mehr Gelegenheit haben, mit Selbsterfahrungsübungen in ihre eigene Seelentiefe einzutauchen. Auch den Austausch untereinander zu wichtigen Lebensthemen möchte ich dabei fördern. Ein Teil des Tages wird mit Übungen in der Natur verbracht.

5

PSYCHOSOMATIK – WIE GEFÜHLE, GEDANKEN UND BILDER DEN KÖRPER BEEINFLUSSEN UND UNSER LEBEN MITBESTIMMEN

Definition von Psyche, Seele, Geist, Unter- und Überbewusstsein

„Die Psyche ist ein feinstoffliches „Verdauungsorgan", welches Gefühle, insbesondere Ängste, zu bewältigen und zu verarbeiten versucht. Die Psyche existiert nur in Verbindung mit dem Körper, **wohingegen die Seele der unsterbliche Teil eines Menschen ist**. Die Psyche gibt ihre gemachten Erfahrungen an die Seele weiter." Die Chakren sind ein Erklärungsmodell für die Funktion der Psyche; ich nenne sie „Transformerstationen" zwischen Körper, Gefühlen und Gedanken.

„Geist ist ein Begriff, der verschiedene mentale Fähigkeiten umfasst wie Verstand, Intelligenz, Einsichts- und Erkenntnisfähigkeit, Vorstellungsvermögen, Kreativität, Urteilskraft etc.

Der Geist bedient sich des Gehirns, aber auch der Psyche und vermittelt zwischen Körper, Psyche und Seele. Willenskraft und Willensbekundung sind Faktoren des Geistes. Die Schulung des Geistes ist ein wichtiger Teil menschlicher Entwicklung, denn je bewusster der Geist eingesetzt werden kann, umso besser kann die oft verwirrte und von Gefühlen bewegte Psyche gesteuert werden. Geist entwirrt die Psyche durch Bewusstwerdung."

Gefühle, Bilder und Gedanken, welche die Psyche dauernd überschwemmen, kommen meist aus dem persönlichen oder dem kollektiven Unterbewusstsein.

Intuition und Inspiration sind Impulse aus dem Überbewusstsein, vom höheren Selbst, der Seele oder von Wesen der Astralebene. Geist kann sich auch öffnen in den transpersonalen Raum, in andere Seins-Dimensionen, in die Raum- und Zeitlosigkeit.

Quelle: In Anlehnung an „Welten der Seele" von Hasselmann/ Schmolke

Bewusstsein scheint mir die wichtigste zu entwickelnde Ebene menschlichen Seins zu sein, um mit sich, der Welt und dem Leben bestmöglich umgehen zu können. Bewusstsein für das, was mich im Leben antreibt, ängstigt und prägt. Es sind Gefühle, Bilder und Gedanken, die permanent meinen Verstand und meine Psyche überschwemmen. Wer lehrt die Menschen, damit umzugehen?

Forschen im Emotionalkörper

Was ist der Unterschied zwischen Gefühl und Emotion?

Gefühl ist eher der Oberbegriff für verschiedene Arten des Fühlens.
Fühlen ist eine psychologische Reaktion auf einen äußeren (Berührung, Wärme, Kälte) oder inneren Reiz (Übelkeit, Schmerz).
Emotion ist eine **Gefühlsregung,** welche eine psychologische und körperliche Reaktion beinhaltet.

Die Emotion, von lateinisch **„emovere"** = **herausbewegen**, ist eine Gefühlsregung, die aus der Tiefe kommt, die mit einem bereits abgespeicherten Gefühl verbunden ist.

Gefühlswallung ist ein **Affekt,** der meist nicht kontrolliert werden kann.

Bauchgefühl ist eine Eingebung, eine **Intuition.**

Emotion oder **Gemütsbewegung** bezeichnet eine psycho-physische Bewegtheit, die durch die bewusste oder unbewusste Wahrnehmung eines Ereignisses oder einer Situation ausgelöst wird. Die Emotion ist als Gefühlsregung vom Fühlen oder dem Gefühl zu unterscheiden. Die Emotion ist mit einer deutlich wahrnehmbaren physischen Veränderung von Muskulatur, Herzschlag, Atmung usw. verbunden, die mit Messungen neurophysiologischer Parameter nachweisbar sind.

Eine Emotion ist verhaltenssteuernd, sie variiert in der Ausprägung mit der Bedeutsamkeit der Situation. Eine Emotion bewirkt eine spezifische körperliche Aktivierung, die der Situationsanpassung dient; sie ist lokalisierbar im Körper und vor allem im limbischen System.[23] Messbar wird eine Emotion vor allem als Muskelaktivität; messbar ist sie in der Ausschüttung unterschiedlicher Neurotransmitter[24]: Serotonin, Adrenalin, Acetylcholin, Glutamat usw.; sie kann willentlich bewusst wahrgenommen werden.

---

23 Das limbische System umfasst eine Reihe von Gehirnstrukturen, zu deren Funktionen vor allem das emotionale Erleben und Verhalten gehören sowie Lern- und Gedächtnisfunktionen, Motivation und Aufmerksamkeit. Schwierige Emotionen und Traumata sind im limbischen System gespeichert.

24 Die Neurotransmitter sind Botenstoffe von Nervenzellen, welche in ihrer Konzentration maßgeblich die psychische Gesundheit beeinflussen, aber auch umgekehrt.

Bereits als Kind interessierten mich die Ursachen der Gemütsschwankungen meines Vaters. Wie kamen diese unterschiedlichen, oft schnell wechselnden Stimmungen überhaupt zustande? Ich erlebte an meinem Vater, wie versucht wurde, die Stimmungsschwankungen mit Medikamenten zu beeinflussen und auszugleichen. Mein Vater verlor bereits als Kleinkind durch eine Krankheit alle Haarwurzeln und musste mit kahlem Schädel leben lernen. Die Kahlheit auf seinem Kopf brachte ihm als Schulkind öfters unangenehme Aufmerksamkeit. Er entwickelte deswegen Minderwertigkeitsgefühle und fühlte sich später sehr unwohl in großen Menschenmengen. Die Minderwertigkeitsgefühle kompensierte er äußerlich mit starkem Leistungswillen, Kreativität und einem liebevollen, charmanten Verhalten.

Innerlich spürte ich aber seine Ängste, die ihn immer wieder psychisch und physisch einbrechen und an sich selber fast verzweifeln ließen. Meine Mutter versuchte ihn durch ihr positives Denken wieder aufzurichten. Er war auch mehrmals in psychologischer Begleitung und lernte bereits in den 60er Jahren autogenes Training. Doch die Tiefe seiner Verzweiflung konnte auf diese Weise nicht gelöst werden, was mir oft sehr leid tat.

Es war eines meiner obersten Lebensziele, psychisch nie zu werden wie mein Vater, aber auch nicht wie meine Mutter, welche alle Schattenthemen verdrängte oder (aus Liebe und Selbstschutz) schön zu reden versuchte. Ich wollte allen Problemen in die Augen schauen und Lösungen suchen. Mit Psychopharmaka psychophysische Probleme zu unterdrücken, kam für mich nicht in Frage. In dieser Zeit prägte ich mir den Satz ein: *„Jedes körperliche Problem ist ein nicht erlöstes psychisch-geistiges Thema."*

In der Pubertät bekam ich tatsächlich selber psychophysische Probleme, weil mein Selbstbild, wie ich sein wollte und zu sein glaubte, nicht mit den Erwartungen des Umfeldes, wie ich sein sollte, übereinstimmten. Ich suchte nach Lösungen, zuerst in Büchern, um mit meiner inneren Zerrissenheit und Widersprüchlichkeit besser umgehen zu können,. Als ich dann auch noch „zugedeckt" wurde mit Ängsten, von denen ich nicht wusste, woher sie kamen, nützten auch die Bücher nichts mehr. Ich musste mich den Ängsten stellen, wie ich es mir versprochen hatte. Nur wie?

Intuitiv drang ich so richtig in den Kern der Angst. Ich war nicht mehr die Angst, sondern sie wurde zu meinem Gegenüber, zu meinem Forschungsobjekt. Aus heutiger Sicht beschritt ich mit diesem Vorgehen die Treppe zu meinem Unter- und Über-bewusstsein.

In meinen Ängsten steckten weitere Gefühle wie Ohnmacht, ausgeliefert sein, verfolgt werden und schließlich immer klare-re Informationen:

„Ich hatte Angst, umgebracht zu werden,
wenn ich mich selber lebte.“

„Ich hatte Angst,
eine Frau zu sein in diesem Leben.“

Durch Energieheilung zu neuem Leben –
Psychosomatische Energetik

Im äußerst lehrreichen Buch **„Durch Energieheilung zu neu-em Leben“ von Dr. Raimar Banis, dem Begründer der „psy-chosomatischen Energetik“** las ich erstmals etwas über die karmische Angst (aus früheren Seelenerfahrungen), die jeder Mensch bereits mit seiner Geburt ins Leben mitbringt. Den meisten Menschen ist diese Urangst nicht bewusst. Nach den Forschungen von Banis gibt es vier Grund- oder Urängste.

Die vier Urängste:

» Angst vor der Vernichtung der eigenen Existenz → Existenzangst
» Angst vor Veränderung → Angst vor Vergänglichkeit
» Angst vor Ablehnung/Trennung/Verlassenheit → Angst vor Alleinsein
» Angst vor Endgültigkeit → Angst vor Festlegung

Auch wenn diese Urangst unbewusst ist, wird sie doch zu einer starken Triebfeder bzw. Blockade im Verhalten eines jeden Menschen; ja, sie formt den Charakter jedes Menschen. Das Erleben der eigenen Urangst will im Leben bestmöglich vermieden werden, denn sie wirkt traumatisch. Ein Mensch mit der „Angst, verlassen zu werden" meidet solche Situationen, indem er sich anpasst, nett und umgänglich ist, um nicht verlassen zu werden. Oder er trennt sich aus einer Situation oder von einer Partner:in, bevor er selbst verlassen werden könnte. In beiden Fällen sind seine Entscheidungen nicht frei; er lässt sich von seinem Unterbewusstsein mitbestimmen.

Meine Urangst vor der Vernichtung der eigenen Existenz war mir unterdessen bewusst, weshalb Banis dies einen „offenen, karmischen Konflikt" nannte. Grundsätzlich hat Banis achtundzwanzig verschiedene karmische, aus früheren Leben mitgebrachte, Konflikte herauskristallisiert. Diese achtundzwanzig Angst-Konflikte lassen sich nach Banis' Erkenntnissen auf die vier erwähnten Urängste reduzieren. Aus den vier Grundängsten entstehen vier Charaktertypen, die als schizoid, depressiv, zwanghaft oder hysterisch bezeichnet werden.

Die vier Charaktertypen,
ihre Merkmale und Schattenseiten

Antike Typenlehre	Choleriker	Melancholiker	Phlegmatiker	Sanguiniker
Charaktertyp	**Schizoid**	**Zwanghaft**	**Depressiv**	**hysterisch**
Polarität	Yang –	Yang –	Yin +	Yin +
Betroffenes Chakra	Basischakra, Kronenchakra	Halschakra	Oberbauchchakra	Nierenchakra Stirnchakra
Seelische Grundtendenz	rational	rational	emotional	emotional
Seel. Grund-eigenschaft	unabhängig	gehorsam	einfühlsam	lebhaft
Grösste Angst-nach Riemann	Existenzangst	Angst vor Vergänglichkeit	Angst vor Isolation	Angst vor Festlegung
Kompensation der Angst	zu vereinzelt und abwehrend	zu starr und beharrend	zu anpassungsbereit	zu freiheitssüchtig
Häufiger seelischer Schatten	Grössenwahn oder (kompensatorisch) zu schüchtern, besserwisserisch, totalitär	geizig, faul, konservativ, unbeweglich, pedantisch, ängstlich, starr	zu wütend oder zu depressiv, erpresserisch, frustriert, nachtragend	rivalisierend, ichbezogen, zu trieb- und lustbetont, verträumt, fanatisch
Gute Eigenschaften	vertritt Überzeugung klar und kompromisslos, unsentimental, nüchtern und sachlich, scharfe Beobachtungsgabe	ordentlich und fleissig, beständig und zuverlässig, verantwortungsbewusst, liebt genaue Planung, -beherrscht	einfühlsam und hilfsbereit, empathisch, sozial verträglich, kann gut zuhören, altruistisch - fürsorglich	lebhaft, spontan, gut gelaunt, sinnesfroh, vor allem das Hier und Jetzt zählt, charmant und mitreissend
Schlechte Eigenschaften	Totalitär: „Ich bin das Mass aller Dinge!" aggressiv und arrogant. Vermeidet Emotionen und menschliche Nähe. Andere auf Distanz halten. Fehlender Enthusiasmus, gleichgültig gegenüber Kritik: „Nur ich weiss, was richtig ist."	zu grosse Angst vor Risiko und Veränderung, zu detailbesessen, vom Hundertsten zum Tausendsten, Entschlussunfähigkeit aus Perfektionsstreben, Vorurteile, Dogmatismus, moralische Strenge, ein Nein bleibt ein Nein. Faulheit und Bequemlichkeit	zu opferbereit: „Ich will nicht alleine sein!" Verhält sich gerne kindlich hilflos bis erpresserisch. Konfliktscheu: „Ich hasse Streit!" Vogel-Strauss-Mentalität. Wenig Selbstwertgefühl, nachtragend, Sehnsucht nach totaler Verwöhnung	Liebt die ständige Abwechslung, Veränderung um der Veränderung willen, sprunghaft, zu grosses Verlangen nach Anerkennung, Imponiergehabe und Staralüren, neigt dazu, Versprechungen nicht zu halten, vergibt sich selbst vergangene Sünden leicht

Dadurch, dass ich mir meiner Urangst bewusst war, konnte ich sie gut erforschen. Ich hatte bald den Eindruck, dass meine Angst, umgebracht zu werden, mit früheren Frauenleben zusammenhing, in denen ich als starke und vielleicht nicht nach dem Zeitgeist lebende Frau umgebracht wurde. Diese Vermutungen beeinflussten durchaus auch mein Verhalten, indem ich mich lange Zeit körperlich nicht Frau werden lassen wollte und konnte. Ich fragte mich gar, ob meine Seele extra eine Mutter ausgesucht hatte, die sich einen Jungen wünschte, damit ich mich hinter der Jungenrolle verstecken konnte. Die Ängste, mich in der Sexualität hinzugeben, konnte ich durch die Bewusstmachung der „karmischen Tantra-Geschichte" mit Gosha auflösen. Schließlich gelang es mir gar, die Angst in Mut umzuwandeln und zu mir als (aus früheren Leben) Tantra-erfahrene-Frau zu stehen. Meine karmische Angst hielt mich aber davon ab, beruflich als Astrologin oder freie Heilerin zu arbeiten. Ich wollte mich, so weit wie nötig, in das gesellschaftliche System einordnen und eine anerkannte Ausbildung machen, um in diesem Leben nicht wieder als „Hexe" umgebracht zu werden.

Die „Psychosomatische Energetik" nach Banis hilft die karmische Urangst im Energiefeld der Seele erst bewusst zu machen und dann mittels homöopathischer Komplexarzneimittel als Information auf körperlicher, psychischer und geistiger Ebene zu löschen.

R. und U. Banis erforschten nicht nur die Urängste und Charaktertypen, sondern auch alle Konflikte, die den sieben Haupt-Chakren des Menschen zugeordnet werden können. Sie kamen dabei auf achtundzwanzig Lebensthemen. Ist ein Chakra-Thema bei einer Klient:in aktiv und verursacht Stress, so kann es durch kinesiologisches Testen (oder mit dem Reba-Testgerät von Banis) herausgefunden und behandelt werden.

Beispiele von Konfliktthemen in den Chakren in gekürzter Form:

1. Chakra = Becken: Minderwertigkeit; schlecht geerdet; hilflos; zu streng

2. Chakra = Unterbauch: nervös/unruhig; angstvoll; tut stärker, als man ist

3. Chakra = Oberbauch: fühlt sich allein; wütend; unzufrieden;
   frustriert

4. Chakra = Herz: fühlt sich erdrückt; enttäuscht; eingesperrt;
   großer Kummer, Angst vor alten Schrecknissen

5. Chakra = Hals: Schock/Gefühlsstarre; unverstanden/über-
   hört; Opfer

6. Chakra = Stirn: unentschlossen; Angst, sich zu öffnen; in
   sich gefangen; innerlich getrieben; Grübeln; Anspannung; freudlos

7. Chakra = Großhirn: Misstrauen/Abschottung; Leben als Kampf;
   Realitätsflucht; fixiert auf eigene Vorstellungen

Jeder länger anhaltende emotionale Konflikt bindet im Menschen Energie und blockiert den freien Fluss der Energie im
Körper und den Energiezentren (Chakren). Hält die Blockade
länger an, so wird der Körper Symptome auslösen wie Bauch-,
Hals- oder Rückenschmerzen usw.

Wird der emotionale Konflikt gelöst, kann die Energie wieder
frei fließen und der Körper kann zurück zu seinem Gleichgewicht finden, sprich, wieder heil = ganz werden.

Oft ist ein emotionaler Konflikt einem Menschen bewusst,
doch das Thema meldet sich immer wieder über (Körper)-Sym-

ptome. In diesem Fall wollen die Komplexarzneimittel von Banis unterstützend wirken und den Konflikt auch im Unter- und Überbewusstsein auflösen sowie den Energiefluss im Chakra wiederherstellen.

Die vorher im Konflikt gebundene Energie wird frei, was die Klient:in als Zunahme von Vitalität und oft auch Bewusstseinserweiterung erleben kann.

Meine innere Arbeit, mit Hilfe der Komplexarzneimittel alle aktiven Konflikte in meinen Chakren zu bearbeiten, dauerte etwa zwei Jahre. Es war wie eine Psychotherapie ohne Worte, doch innerlich wahrnehmbar, dass sich emotionale, mentale und spirituelle Lebensmuster veränderten. Meine Seele empfand den Prozess als heilsam, befreiend und bewusstseinserweiternd, körperlich fühlte ich mich mehr in meiner Kraft.

Ich durfte weitere Methoden kennenlernen, mit denen ich Klient:innen helfen kann, mit ihren Ängsten oder andern stark belastenden Emotionen, wie Wut, Trauer, Platzangst, Minderwertigkeit etc., besser umgehen zu können. Auch bei schulmedizinisch nicht erklärbaren Körpersymptomen kann durch das Aufdecken der dahintersteckenden blockierenden Emotionen und Gedanken ein Heilungsprozess eingeleitet werden.

„The Journey" – Der Highway zur Seele – eine Heilmethode nach Brandon Bays

The Journey ist ein einfacher, tiefgehender Schritt-für-Schritt-Prozess zur Aktivierung der eigenen Heilkräfte. Die Klient:in wird zuerst in eine Entspannung geführt und dann auf einer inneren Bilderreise begleitet. Ausgangspunkt der Reise ist ein belastendes, psychisches Gefühl wie Angst, Wut, Trauer oder eine unangenehme Körperempfindung. Es wird ein innerer Weg hinter die vordergründigen Symptome gesucht zu den Wurzeln und Ursachen des Problems. Dadurch können blockierende Gefühle und Verhaltensmuster erkannt, gelöst und Veränderungen ermöglicht werden.

Diese Methode ist ein verblüffend einfacher, innerer Prozess, um das Leben auf geistiger, psychischer und körperlicher Ebene zu transformieren. Die Klient:in selbst ermöglicht sich, einschränkende Themen zu erkennen und loszulassen. Die Gegenwart fühlt sich freier an und die Zukunft kann selbstbestimmt neu gestaltet werden.

In der Biochemie hat man erkannt, dass unsere Zellen emotionale Erinnerungen speichern. Durch ein starkes emotionales Ereignis oder eine belastende Situation werden Zellen in ihrer Aktivität gestört oder blockiert. Dadurch entwickeln diese Zellen ein Eigenleben, stören den Stoffwechsel, was zu körperlichen (Krebszellen) und/oder psychischen Reaktionen und Beschwerden führen kann (Depressionen). Umgekehrt wirkt die Befreiung von emotionalem Stress positiv auf die Zellaktivität, den Stoffwechsel und die psychische Gesundheit.

„The Journey" wirkt auf tiefster Ebene – direkt im Zellgedächtnis des Körpers, wo eine (unbewusst) belastende Erinnerung mit starken Emotionen gekoppelt ist. Diese Erinnerung wird gelöst,

Vergebung findet statt und jede Zelle kann nun ihrer ursprünglichen, gesunden Funktion wieder nachgehen.

Die Arbeit mit „The Journey" ist tiefgreifend, berührt alle Ebenen von Körper, Psyche und Geist, wirkt ganzheitlich und nachhaltig heilsam.

Brandon Bays hat im Anhang ihres Buches den therapeutischen
Prozess der inneren Reise wie ein Rezept beschrieben, so dass
diese Art der Psychohygiene auch selbständig durchgeführt
werden kann. Brandon Bays befreite sich auf diese Weise von
ihrem Tumor.

Das Autonome oder Vegetative Nervensystem

**Alle Gefühle, Gedanken, Bilder und Begegnungen wir-
ken auf unser Autonomes Nervensystem (ANS), auch Vegetatives Nervensystem genannt (VNS).** Das Autonome
Nervensystem übernimmt die Steuerung aller unwillkürlichen
Körperfunktionen. Dazu gehören die Atmung, das Herz-Kreis-
laufsystem, die Verdauung, die Niere-/Blasenfunktion, die Geschlechtsorgane und auch alle Drüsen.

Auch die Informationen unseres Unter- und Überbewusstsein wirken auf das Autonome Nervensystem.

„In der Ruhe liegt die Kraft" – diese Redensart kommt aus der Erkenntnis, dass Ruhelosigkeit und Stress beim Menschen viele
körperliche und seelische Beschwerden verursachen können.

**Anspannung, Stress und Entspannung, aber auch Ver-
trauen und Gefühle der Geborgenheit werden durch das**

uns unbewusste Autonome Nervensystem (ANS) gesteuert. Früher wurden nur zwei, heute werden drei Teile des ANS unterschieden: der Sympathikus, der Parasympathikus und seit ca. 1990 das Soziale Nervensystem. Früher herrschte die Meinung, dass der Sympathikus aktiviert wird bei Anspannung und Stress, der Gegenspieler Parasympathikus bei Entspannung und Regeneration. Forschungen von Stephen Porges, einem amerikanischen Psychiater und Biomediziner zeigen, dass das menschliche Autonome Nervensystem noch aus einem dritten Teil besteht, dem Sozialen Nervensystem. Dieses ist zuständig für die Verarbeitung sozialer Kontakte und Erfahrungen. Heute ist bekannt, dass die Balance aller drei Nervenäste wichtig ist für eine ganzheitliche Gesundheit.

Folgende Funktionen werden den drei Systemen zugeordnet **ohne Stress**:

Soziales Nervensystem: „Liebe"; Wohlgefühl; Einbindung in soziale Strukturen und Hierarchien; Kontakt- und sprachliche Ausdrucksfähigkeit, Empathie (Einfühlungsvermögen), Liebesfähigkeit.

Sympathikus: innere Mobilisierung für Essen, Kampf, Flucht, Sex; Stoffwechsel der grossen Muskeln; Wachheit, Begeisterung, sexuelle Klimax

Parasympathikus: Ruhe und Erholung, meditative Zustände, sexuelle Erregung, Schlaf; Grundumsatz für Herz, Atmung, Verdauung, Nieren, Blase, Geschlechtsorgane und Drüsen.

So funktionieren die drei Nervenäste = Schaltkreise **bei Stress**:

Soziales Nervensystem: Der Mensch sucht (oder vermisst) Kontakt, Gespräch, Liebe, Geborgenheit, Sicherheit, Zugehörigkeit, Entspannung.

Sympathikus: Innerer Alarm, Orientierungssuche; Anspannung, Kampf, Flucht oder Entladung sind mögliche Reaktionen.

Parasympathikus: Lähmung, Dissoziation, Erstarrung, Depression sind mögliche Auswirkungen auf den Parasympathikus bei Stress.

Meines Erachtens müsste auch noch ein **spirituelles Nervensystem** angedacht werden.

Ohne Stress: Das Gefühl der Einbindung in etwas Grösseres kann wahrgenommen werden, die Verbindung zur Seele, zu einer Quelle, die Sinn und Orientierung gibt für das persönliche Leben. Die Quelle ist Liebe.

Bei Stress ist der Mensch halt- und orientierungslos, spürt keine Verbindung zur Quelle, fühlt sich ungeliebt, nicht eingebunden und geborgen in der Schöpfung.

Beispiel: In einer zwischenmenschlichen Konfliktsituation wird in der Regel zuerst das soziale Nervensystem aktiviert: der Kontakt und das Gespräch werden gesucht. Ist die Konfliktbewältigung auf dieser Ebene erfolglos, wird der Sympathikus aktiviert: Anspannung entsteht, Kampf, vielleicht anschreien. Ergibt sich auch hiermit keine Lösung, wird der Parasympathikus aktiv: deprimiert, innerlich gelähmt und frustriert zieht man sich zurück.

Was sollten die Menschen also primär lernen für eine erfolgreiche Konfliktbewältigung? Weitere Infos unter: https://polyvagaltheorie.de

Im Parasympathischen und Sozialen Nervensystem ist **vor allem der Vagus-Nerv** hervorzuheben. Vagus heißt der „herumschweifende Nerv", denn er verbindet das Gehirn über viele Nervenäste mit den inneren Organen. Er verarbeitet blitzschnell Gefühle und Bilder, denen wir uns aussetzen. Unser Gehirn registriert, welche Qualität Gefühle und Bilder haben. Erzeugen die aufgenommenen Reize Stress (Angst, Bedrohung, Druck, Kampf, Flucht) oder ein Gefühl von Sicherheit, Entspannung und Geborgenheit? **Bei anhaltendem Stress und chronischer Überforderung kommt es zu einer Blockierung der „Schaltzentrale Vagusnerv" im menschlichen Nervensystem. Ist die Funktion des Vagus-Nervs gestört, kann sich auch der Körper mit seinen inneren Organen nicht mehr entspannen und erholen; er bleibt gefangen in der Überreizung. Zahlreiche Krankheiten, z. B. des Verdauungstraktes, des Herz-/Kreislaufsystems, der Geschlechtsorgane etc., können die Folge sein.**

Die angespannte Atmosphäre am Mittagstisch und das Hören der Radionachrichten während des Essens empfand ich bereits als Kind als unangenehm. Diese Reize holten mich aus meiner phantasiereichen und freudvollen Innenwelt und wirkten bedrohlich. Heute weiß ich, dass mein Vagus-Nerv die unguten Gefühle, die ich beim Essen am Familientisch hatte, meinen Verdauungsdrüsen in den Bauchorganen mitteilte und diese darauf ihre Arbeit drosselten. Diese Drüsen schieden als Folge meines empfundenen Stresses weniger Verdauungsenzyme aus, was bei mir zu Blähungen und Unwohlsein führte. Als Kind versuchte ich den unguten Gefühlen auszuweichen und drückte mich wann immer möglich vom gemeinsamen Essen. Später lernte ich, dass gemeinsames Essen für viele Menschen ein wichtiges soziales Ereignis ist. Ich versuchte mich anzupassen mit Partner und Familie. Doch Essen und gleichzeitig Gespräche führen oder Nachrichten hören ist für mein vegetatives Nervensystem bis heute eine Art Überreizung und demzufolge Überforderung.

Die beste Lösung ergibt sich für mich, wenn ich langsam und bewusst esse, in meiner Mitte bleibe und mich vom Umfeld nicht stressen lasse. Ich nenne das heute **bifokal leben. Meine Aufmerksamkeit ist einerseits bei mir und meinen Gefühlen und andrerseits im Außen, im sozialen Umfeld. Mein Bewusstsein pendelt dauernd vom Innen ins Außen und versucht die beiden Qualitäten auseinanderzuhalten; in mir sind Ruhe und Balance, im Außen kann dann sein, was will.**

Meine Minderwertigkeitsgefühle als junge Frau meldete das Gehirn als Blockade zu meinem Hals. Ich getraute nicht mehr zu sagen, was ich fühlte. Häufige Halsschmerzen waren die Folge. Auch die Druckgefühle auf meinen unteren Rücken entstammten dem Gefühl, nicht zu genügen. Durch Leistung, ja Überforderung, versuchte ich, diese negativen Gefühle zu kompensieren. Das innere Druckgefühl auf den unteren Rücken verspannte unbewusst meine Rückenmuskeln und quetschte dadurch die Bandscheiben zusammen. Dadurch wurden die zwischen den Wirbelkörpern austretenden Spinalnerven gereizt. Rückenschmerzen und Lähmungserscheinungen in den Beinen waren die Folge.

Wollte ich aus meinen Körpersymptomen herauskommen, musste ich mir der Themen, die dahintersteckten, bewusst werden und sie auflösen. Dies verlangte sehr viel Selbst-Hingabe, Selbstbeobachtung und Ehrlichkeit gegenüber mir selber. Nebst der Selbstreflexion im Alltag war auch jede Ausbildung für mich ein Stück Selbsterkenntnis und Selbst-Ermächtigung. Ich lernte Schritt für Schritt, mir selber zu helfen.

Heute bin ich dankbar für die Erkenntnisse, wie ich mein hochsensibles vegetatives Nervensystem positiv beeinflussen und den Vagus-Nerv entspannen kann. Übungen, um das vegetative Nervensystem und den Vagus-Nerv zu entspannen, können folgende sein:

» Atmung wahrnehmen und bewusst vertiefen; Wechselatmung,
» die eigene Mitte spüren, ausdehnen und halten (siehe S. 272),
» Entspannen im Liegen mit progressiver Muskelentspannung oder autogenem Training,
» Spaziergang in der Natur,
» Meditation im Sitzen oder langsame Bewegungsmeditation,
» meditative Musik,
» Craniosacral-Therapie: Fremd- oder Eigenbehandlung.

Eine angenehme und wirksame Methode, um den Vagus-Nerv zu beruhigen, ist die Craniosacral-Therapie. Der Vagus-Nerv tritt an der Schädelbasis aus dem Kopf und verläuft danach entlang der Wirbelsäule hinunter bis zum Becken. Vagus-Nerv-Abzweigungen gibt es von der Wirbelsäule zu jedem inneren Organ. Als Eigentherapie, um den Vagus-Nerv zu harmonisieren, kann ich meine Hände in Gebetshaltung unter den Hinterkopf legen. Die beiden Daumen sind abgespreizt und liegen entlang der Halswirbelsäule. So lasse ich den Kopf in meinen Händen ruhen und stimuliere dadurch den Vagus-Nerv, was bald als Entspannung im ganzen Körper wahrgenommen werden kann.

Das Soziale Nervensystem kann ich eher beruhigen, wenn ich meine Hände beidseitig an meinen Kiefer lege und die Fingerspitzen etwa die Schläfengegend neben meinen Augen berühren. Sanft und liebevoll die Stellung halten bis beispielsweise Erregung oder unangenehme Bilder verschwinden.

Die Darm-Gehirn-Achse

Wie Krankheiten des Verdauungssystems zu psychischen Problemen führen können, lernte ich in der Stoffwechsel-Therapie-Ausbildung ABL.

Unser Verdauungstrakt ist von etwa 100 Millionen Nervenzellen durchzogen, die das sogenannte **enterische Nervensystem = Bauchhirn**, bilden. **Diese Nervenzellen schicken über den Vagus-Nerv, der wie eine Nervenautobahn wirkt, Signale vom Bauchhirn zum Kopfhirn. Dieses Bauchhirn, oder „zweite Gehirn", ist nahezu das Abbild des Kopfhirns, denn Zelltypen, Wirkstoffe und chemische Rezeptoren sind exakt identisch. Darmbakterien helfen z. B. bei der Synthese wichtiger Neurotransmitter (Gehirnbotenstoffe): Serotonin (Glückshormon), Dopamin (Belohnungshormon) und GABA (Entspannung). Diese sogenannten Neurotransmitter spielen eine wichtige Rolle beim Gehirnstoffwechsel und bei der psychischen Gesundheit.** Auch bestimmte Viren und Parasiten scheinen für einen gesunden Darm-Gehirn-Stoffwechsel nötig. Heute ist bekannt, dass diese Mikroorganismen auch auf der Darm-Gehirn-Achse wandern können. **Je mehr die optimale Zusammensetzung der Mikroorganismen = Darmflora gestört und die Produktion der Neurotransmitter aus dem Gleichgewicht geraten ist, umso stärker kann das psychische Wohlbefinden darunter leiden**. Die Ernährung und das Essverhalten spielen demnach eine wichtige Rolle für die Darmgesundheit und die Psyche. Umgekehrt wirken stressende Gefühle und Gedanken über den Vagus-Nerv krankmachend auf die Verdauungstätigkeit. Gehirnkrankheiten wie Parkinson, Demenz, Alzheimer und Depressionen haben in ihrer Entstehung ursächlich viel mit dem Stress im Bauchhirn zu tun.

Erstmals hörte ich in der ABL-Ausbildung, dass mit großer Wahrscheinlichkeit hinter jeder Depression, auch hinter Zwängen und Ängsten und allen degenerativen Gehirnerkrankungen, eine gestörte Verdauungstätigkeit steckt.

Aus anfänglichem Staunen wurde durch die Erfahrung mit meinen Klienten immer mehr Gewissheit, dass dem so ist.

Bereits die Krankengeschichte meines Vaters, aber auch meine schlechte psychophysische Gesundheit in jungen Jahren ließen mich vermuten, dass eine gestresste Verdauungstätigkeit und -organe die psychische Gesundheit negativ beeinflussen.

In meiner Praxis steht deshalb bei neuen Klient:innen an oberster Stelle das Austesten der Verdauungsorgane auf Stress. Um aus dem Teufelskreis von psychischen Störungen und Verdauungsbeschwerden herauszukommen, muss zuerst durch kinesiologisches Testen die für den Moment optimale Ernährung herausgefunden werden. Gleichzeitig werden mit Hilfe von ausgetesteten orthomolekularen Produkten die Sanierung des Darmmilieus und die Unterstützung anderer gestresster Verdauungsorgane in die Wege geleitet. Die ausgetesteten Produkte sind Auf-Baustoffe für die Verdauungsorgane, häufig Probiotika, Omega-3-Fettsäuren, B-Vitamine, Q10, Aminosäuren etc.

Bereits durch die Ernährungsoptimierung sowie das Verheilen der Verdauungsorgane und deren Stoffwechsel bessert sich die psychische Befindlichkeit deutlich. Nach der strukturellen und biochemischen Stabilisierung der Verdauungsorgane können gezielt die emotionalen und mentalen Blockaden angegangen werden, welche oft seit Jahren Gehirn, Drüsen und Verdauungsorgane stressen.

Der Emotionscode
nach Bradley Nelson

„Eingeschlossene Emotionen sind die Ursache von 90 Prozent der Probleme in deinem Körper. Jeder kann lernen, Antworten von seinem Körper zu erhalten, und jeder kann die erforderlichen Schritte gehen, um dem Körper zu helfen, sich zu heilen. Du brauchst kein Doktor dafür zu sein, du musst nur bereit sein zu lernen." Bradley Nelson

Oft fragen Sie sich vielleicht auch, was denn jetzt wieder zu einem steifen Nacken, zu Rücken-, Bauchschmerzen und andern Symptomen geführt hat.

Mein Vorgehen, um eine Ursache hinter einem Körpersymptom herauszufinden, besteht unterdessen darin, zuerst die Symptom-Ebenen auszutesten. Das heißt, dass ich kinesiologisch das Informationsfeld einer Klient:in abfrage, ob hinter einem Symptom die strukturelle, die biochemische, die emotionale, mentale, spirituelle oder karmische Ebene gestresst ist. (2. Kap. S. 67)

Sehr oft ist bei Körpersymptomen tatsächlich die emotionale Ebene beteiligt. Das heißt, dass ein Stress, eine Ladung von einem im Unterbewusstsein abgespeicherten belastenden Gefühl (= Emotion) am Symptom beteiligt ist. Meinen Klient:innen versuche ich dazu folgendes Bild mitzugeben:

Jeder Mensch hat einen „Abfallkübel" für unangenehme, verdrängte, überfordernde Lebenserfahrungen und -gewohnheiten. Überquillt der Kübel, dann zeigt das System Mensch dies dadurch an, dass es den Körper als „Schmerzinstrument" gebraucht. „Hallo, schau her, da ist zu viel Stress, dein Abfallkübel ist am Überlaufen!", möchte der Schmerz uns mitteilen. Dann gilt es, möglichst viele Stressoren (schlechte Lebensgewohnheiten, stressende Emotionen und Glaubensmuster) aus dem Abfallkübel zu entfernen, um wieder unter der Schmerzgrenze leben zu können.

Einen wichtigen Schlüssel zur Erkenntnis, was hinter den Symptomen stecken kann, fand ich bei Bradley Nelson und seinem „Emotionscode".

„Der Emotionscode nach Dr. Bradley Nelson identifiziert und entfernt emotionale Altlasten, die wir unwissentlich mit uns herumtragen und die Ursache von körperlichen oder emotionalen Schwierigkeiten sein können. Alte Emotionen aus der Vergangenheit können sich in Form eines „Energieballs" buchstäblich in unserem Körper festsetzen, den Fluss der Energie beeinträchtigen und dadurch Schwierigkeiten aller Art verursachen. **Bei der Emotionscode-Anwendung wird mit Hilfe des kinesiologischen Muskeltests festgestellt, ob und welche „eingeschlossenen Emotionen" als Ursache eines bestimmten Problems im Körper vorhanden sind. Ebenso kann das Informationsfeld des Menschen der geübten Tester:in Antwort geben, wann diese Emotion entstanden ist.** Durch diese Schritte wird die Klient:in rückverbunden mit einem Ereignis, welches im Leben Stress verursacht hat. Die „Gefühlsladung" kommt dadurch vom Unterbewusstsein ins Bewusstsein und kann erkannt werden." Durch eine spezifische Magnetanwendung kann diese Emotion = Ladung nun entfernt werden.

„Eine weitere bedeutende Entdeckung von B. Nelson ist die der „Herzmauer". Das ist eine „Mauer", welche, nach emotionalen Verletzungen, vom Unterbewusstsein zum Schutz des Herzens vor weiterer Verletzung, um die schwierigen Emotionen aufgebaut wird. Im Moment der Entstehung ist die Mauer zwar durchaus sinnvoll, langfristig jedoch zahlt der/die Betroffene einen hohen Preis dafür. Die eingeschlossenen Emotionen können zu körperlichen oder psychischen Beschwerden, Beziehungsproblemen, Gefühllosigkeit, emotionalen Problemen etc. führen. Die Aufdeckung und Entfernung solcher „Herzmauern" sind wichtige Bestandteile des Emotionscodes."

Der Emotionscode kann von jedermann erlernt werden und im privaten Bereich als Selbsthilfemethode angewendet werden.

Bradley Nelson hat, in Anlehnung an die Erfahrungen der chinesischen Medizin, eine Tabelle erstellt, in der bestimmte Emotionen bestimmten Organen und Meridianen (Energiebahnen) zugeordnet werden. Beispielsweise beeinträchtigen Wut, Zorn und Schuldgefühle vorwiegend den Energiefluss von Leber/Galle; Minderwertigkeitsgefühle und Überfordertsein blockieren den Energiefluss in den Drüsen und Geschlechtsorganen. Nelson hat etwa siebzig Emotionen den sechs Organkreisen zugeordnet. Mit Hilfe der Tabelle und des kinesiologischen Testens lassen sich die gerade aktiven Emotionen einfach bestimmen.

Ich habe zuerst an mir selbst Erfahrungen gesammelt und war sehr beeindruckt, welche Emotionen sich aus welchem Zeitfenster meines Lebens gemeldet haben. Bei meinen gegenwärtig ab und zu auftauchenden Rücken-, Bein- und Schulterschmerzen stieß ich vorwiegend wieder auf die Themen „sich minderwertig fühlen" und „überfordert sein". Zeitlich stammten die Gefühle einerseits aus dem Jetzt, deren Wurzeln gingen aber zurück in frühere Lebensphasen, als ich einen ersten Bandscheibenvorfall hatte, dann bis zur Geburt, als ich ein Mädchen statt des erwünschten Jungen war, und gar in frühere Leben als Frau.

Hatte ich eher Energieblockaden im Verdauungsbereich, tauchte regelmäßig die Emotion „Frustration" auf. „Sich nicht unterstützt fühlen" betraf eher den Nieren-/Blasen-/Genitalbereich.

Durch die Bewusstwerdung dieser Zusammenhänge und die Ableitung der Emotionen mit dem Magneten nach der Emotionscode-Methode verschwanden die Symptome häufig in Kürze.

Die Emotionscode-Methode ist für mich unterdessen ein effizientes, aufdeckendes Vorgehen geworden, wenn es darum geht, bei Klient:innen die unbewussten, emotionalen Zusammenhänge eines Symptoms zu ergründen, ins Bewusstsein zu bringen und aufzulösen.

Manchmal tauchen dieselben Emotionen immer und immer wieder auf. Dies ist dann ein sicherer Hinweis, dass es sich um stark lebensprägende Gefühle handelt, die nun im Alltag durch bewusstes Wahrnehmen und Handeln der Klient:in transformiert werden können.

Hypnose

Als selbsternannte Verhaltensforscherin wollte ich auch Erfahrungen in der Methode der Hypnose sammeln. In der Basisausbildung erkannte ich, dass ich mit meinen bisherigen Methoden wohl schon ganz gut ausgerüstet war, um Programme des Unterbewusstseins zu erspüren und zu transformieren.

Mein Bandscheibenvorfall 2018 und die damit verbundenen „rätselhaften Wadenschmerzen aus früheren Leben" bewogen mich, selber eine Hypnose-Sitzung bei A. zu nehmen. Folgende Geschichte durfte ich dabei erleben:

Die einleitenden Worte von A. führten mich in den für die Hypnose nötigen entspannten Zustand, der mir Zugang ermöglichte zu Informationen aus meinem Unter- und Überbewusstsein.

Auf der mir vorgestellten Leinwand sah ich eine steppenähnliche Landschaft in Afrika. Ich war ein etwa 10-jähriges Mädchen, welches von ihren Eltern eben an einen großen Mann, aus dem Stamme der Massai, verkauft werden sollte. Ich schaute dem Mann in die Augen und spürte ihm gegenüber eine Abneigung. Mit diesem Mann wollte ich nicht mitgehen. Einem inneren Flucht-Impuls folgend, sprang ich davon. Plötzlich spürte ich an meiner Wade einen Stich und Schmerz, der mich zu Boden gehen ließ. Ein Giftpfeil, den mir der Massai-Mann nachgeschossen hatte, steckte in meiner Wade! A. fragte mich: „Bist du danach gestorben?" Ich sah einen Löwen auf mich zukommen, der mich an der linken Schulter packte und wegzerrte … wohl zum späteren Fraß. „Ja, ich bin daran gestorben", antwortete ich.

A. bat mich, in der gezeigten Szene zurückzugehen bis zu dem Punkt, an welchem ich im Film davonsprang. Dort sollte ich die Geschichte nun bildhaft so umschreiben, dass ich ein Selbstbestimmungsrecht hatte und unversehrt weglaufen durfte.

Auf diese Art des „Filmwechsels" sollte die Geschichte im Unterbewusstsein transformiert und entschärft werden. A. sprach danach Worte der Vergebung für alle Beteiligten, welche ich wiederholen musste. Abschließend führten mich A.s Worte aus der Tiefenentspannung zurück ins Hier und Jetzt.

Ich beobachtete in den folgenden Wochen, ob sich an der Schmerzthematik in meiner Wade etwas verändern würde, konnte aber kaum feststellen, dass meine Wade nun weniger empfindlich wurde.

Hingegen ging mir ein weiteres Licht auf zu meiner Affinität für Afrika als Primarschülerin. Als etwa 10-jähriges Kind interessierte ich mich brennend für die National-Parks in Afrika. In meinen inneren Bildern lebte ich oft dort mit den Tieren in der Wildnis. Ich besaß viele Bildbände von Afrika und dachte damals, dass ich Tierforscherin in Afrika werden wollte. In der Schule hielt ich sogar einen Vortrag über das Volk der Massai. Woher kam dieses Interesse für Afrika damals? Es mussten wohl die in meinem Unterbewusstsein abgespeicherten Erfahrungen meiner Seele aus einem Leben vor 120 Jahren in Afrika gewesen sein, welche mich auch in diesem Leben beeinflussten.

Aura-Chirurgie

Im Herbst 2019 nahm ich an einem Kongress für feinstoffliches Heilen teil. Ein Arzt stellte dabei die Aura-Chirurgie nach Gerhard Klügl vor. Die Frau des Arztes erlitt vor einigen Jahren einen Bandscheibenvorfall. Gewisse unangenehme Schmerzen, die ins Bein ausstrahlten, bekam sie mit den herkömmlichen Methoden der Schulmedizin, Physiotherapie, Osteopathie und Craniosacral-Therapie, nicht weg. Erst die Behandlung mit der Aura-Chirurgie brachte vollständige Heilung – bereits nach einer Sitzung. Als ich das hörte, wurden meine Ohren riesengroß, denn auch die Symptome meines 2018 erlittenen Bandscheibenvorfall waren noch nicht alle verschwunden. Mit meinem linken Bein war ich erst mäßig glücklich unterwegs; die Faszien von Wade und Gesäß verspannten sich immer wieder.

Hinter einem Bandscheibenvorfall steckt nach Klügls Erfahrung zu 80 % eine „misslungene Flucht" in einem Vorleben.

Für mich begann sich der Erfahrungskreis meiner Geschichte zu schließen: *Mein Afrikaleben vor 120 Jahren endete mit einer misslungenen Flucht!*

Ich stellte mich sofort als Testperson für eine Aura-chirurgische Behandlung zur Verfügung. Mittels Abtasten meiner Aura (feinstofflicher Körper) und kinesiologischen Testens wurde das Thema „Missglückte Flucht in früheren Leben" an meinem „System" bestätigt. Das hieß, die Aussage „missglückte Flucht in Vorleben" löste in meinem Körpersystem Stress aus. Mit verschiedenen Techniken und jeweiligem Nachtesten wurde der Stress zur Aussage „Missglückte Flucht in vergangenen Leben" in meinem Körpersystem aufgelöst. Danach konnte ich nicht behaupten, dass mein linkes Bein wie neu geboren war, aber ich war beeindruckt von der Arbeit in der Aura und wollte mehr darüber erfahren.

Mein erstes Buch über Aura-Chirurgie begleitete mich mit nach Hause; weitere, dicke Bücher zum Thema sollten folgen. Auch die nächste Ausbildung, die ich anpacken wollte, war mir klar. Es reizte mich, Aura-Chirurgie nach Klügl zu lernen und zu verstehen.

Aura-Chirurgie, auch als virtuelle Chirurgie bezeichnet, ist eine „**Chirurgie im feinstofflichen Körper**", d. h. im Energiefeld des Körpers. Beeinträchtigende psychisch-geistige Muster im Unterbewusstsein sowie energetische Blockaden können mittels aurachirurgischer Techniken aufgelöst und physische

Erkrankungen gelindert werden. Klügls Arbeit findet meist nur im Energiefeld ohne direkte Berührung statt. Sehr oft werden Organmodelle oder Organbilder als Arbeitsgrundlage (Surrogate) verwendet. Die Klienten halten diese Surrogate in den Händen und spüren dann die „Operation", als würde sie direkt am Körper stattfinden.

G. K. berichtete von seinen langjährigen Forschungen, in denen er verschiedene Stress verursachende Gefühle, Bilder und Erfahrungen, die im Energiefeld eines Menschen abgespeichert sein können, herausfand. Mittels spezieller, von K. entwickelten Handhabungen und Techniken werden diese belastenden Informationen in der Aura aufgelöst.

Zu den häufig vorkommenden, belastenden Gefühlen gehört das Thema „Schuld". Viele Menschen tragen dieses Gefühl wie einen schweren, Energie raubenden Klotz am Bein mit durch ihr Leben. Nach K. gibt es keine Schuld, sondern nur persönliche Verantwortung für das eigene Tun. „Schuld lähmt! Wenn ich Verantwortung übernehme", so K., „auch für meine Fehler, handle ich zukunftsgerichtet und kann etwas durch mein Tun verändern, auch wiedergutmachen; das befreit!"

Weitere häufige Blockaden in der Aura, dem feinstofflichen Körper, sind „Eide, Gelübde und Versprechen" aus diesem früheren Seelenleben oder von Ahnen übernommen. Dazu gehören etwa „Unterordnung, Schweigegelübde, Armutsgelübde, Selbstkasteiung, religiöse Versprechen etc.".

Erstaunt war ich über die von K. herausgefundenen „Todeserfahrungen", welche in einer menschlichen Aura abgespeichert sein können.

Dazu gehören viele Erfahrungen, welche im jetzigen Leben eines Menschen zu Halsproblemen führen können, etwa zu häufigen Halsschmerzen, Empfindlichkeit gegen Druck am Hals, chronischen Verspannungen um den Hals, Schilddrüsenprobleme etc. Die in der Aura gefundenen Themen, die zu solchen Körpersymptomen beitragen können, sind „geköpft werden", „Tod durch ein Schafott" oder die „Garotte", das „Tragen eines Sklavenjochs" etc. Aufgelöst werden diese Informationen in der Aura durch Handlungen mit chirurgischen Werkzeugen im feinstofflichen Feld des betroffenen Menschen. Nachgetestet, ob die Information neutralisiert werden konnte und somit nicht mehr stresst, wird einerseits durch die oft sofort verbesserte Beweglichkeit des Halses und das kinesiologische Testen.

Weitere, häufig vorkommende und krankmachende Informationen in der Aura eines Menschen sind „Schwarze Magie", „medizinische Eingriffe", „Kastration", „Pranger", „elektrischer Stuhl", „Vergasung", „Verschüttung", „Pfählung" etc.

Alle diese Informationen können aus dem jetzigen Leben stammen, z. B. durch Erlebnisse, abgespeicherte Bilder aus Medien sowie durch frühere Seelenerfahrungen oder sie wurden von den Ahnen übernommen.

Aus dem Unterbewusstsein können solche Informationen stressend auf das ganze System eines Menschen wirken. Das heißt, sie können psychisch Ängste und blockierende Verhaltensmuster bewirken, wie Platzangst, Minderwertigkeitsgefühle, Druck, Hemmungen etc. Unmittelbar körperlich kann sich der Stress auswirken als Anspannung, Verdauungsbeschwerden, Herzprobleme, Krankheiten der Geschlechtsorgane etc.

Im Ausbildungsseminar wurde sehr lebendig und beeindruckend an Teilnehmer:innen gezeigt, wie das Vorgehen der Aura-Chirurgie funktioniert. Wir alle waren natürlich auch daran interessiert, was uns selbst im Unterbewusstsein an Bildern und Erfahrungen stresste.

Durch meine langjährige Prozessarbeit durfte ich bereits etliche von meinen mich blockierenden Themen erlösen. Was mich immer noch nach einer besseren Lösung suchen ließ, war die gestresste Faszie im linken Bein und in meiner linken Schulter.

Natürlich war mir klar, dass ich durch meine Selbstüberforderung bei den Bauarbeiten im Jahre 2017 einen Großteil der Verspannungen verursacht hatte. Ich war nun bereits drei Jahre lang diszipliniert mit Faszien-Selbstmassage am Werk, und doch baute sich die Spannung im linken Bein und der Schulter

immer wieder auf. Was gab es dazu noch in meinem „Abfallkübel" auszuräumen?

Als K. über das Thema „Vergiftungen" sprach, wurde ich
abermals hellhörig. *„In meinem Afrika-Leben starb ich doch an
einem Giftpfeil in meiner Wade!"* Ich stellte mich als Kandidatin
für eine Behandlung zur Verfügung. Erst wurde kinesiologisch
getestet, ob mein Körpersystem überhaupt auf die Information
„Vergiftung" reagierte. Er tat es, indem er Stress anzeigte. Nun
wurde konkret der Giftpfeil aus der Aura meiner linken Wade
gezogen; ich spürte dies als klare Empfindung an meiner Wade.
K. wusste zusätzlich, dass beim Thema „Vergiftungen" oft auch
die Leber in Mitleidenschaft gezogen wurde. Dies galt es nun zu
prüfen. K. schlug den Anatomieatlas bei der Abbildung „Leber/
Galle" auf. Ich musste eine energetische Verbindung zu Klügls
chirurgischer Arbeit auf dem Atlas herstellen, indem ich meine Hände auf das Buch legte. Erst prüfte K., ob meine Leber mit
seiner „Leber-Berührung" auf dem Atlasbild in Resonanz ging.
Ja, ich spürte einen Druck in meiner Lebergegend. Dann drückte K. im Bild auf meinen Gallenabfluss. Reagierte mein Körper
empfindlich oder schmerzhaft, was er in der Gallengegend tat,
dann war da energetisch oder organisch etwas blockiert.

Mit chirurgischen Instrumenten wurde der Gallenabfluss auf
dem Anatomiebild (symbolisch) freigelegt und meine Schmerz-
empfindlichkeit verschwand. Aus Erfahrung wusste K., dass
beim Thema „Vergiftung" die Leber oft mit einem neutralisie-
renden Gegengift unterstützt werden musste. In einer handels-
üblichen Spritze, die K. vor sein drittes Auge hielt, ließ er sich
„vom Informationsfeld" eine passende Information (Gegengift)
geben. Dieses „Gegengift" bekam nun meine Leber in ihre Aura
gespritzt. Eine Art von Entspannung breitete sich um meine Leber und in meiner linken Körperseite aus. Gespannt verfolgte
ich die nächsten Tage bezüglich Wadenschmerzen und Leber.

Wie bereits im 2. Kapitel erwähnt, erhielt ich bei schulmedizinischen Analysen die Diagnose, dass meine Entgiftungsfähigkeit
über die Leber wegen einer genetisch bedingten fehlenden Ami-
nosäure eingeschränkt sei. Deshalb nahm ich oft Leber unterstüt-

zende Produkte wie Löwenzahn, Mariendistel und Bitterstoffe. Etwa zwei Wochen nach der Aura-chirurgischen Leberbehandlung brauchte meine Leber keine unterstützenden Stoffe mehr. Ein Heilvorgang schien stattgefunden zu haben dank Aura-Chirurgie!

Gedanken, Glaubensmuster und Bilder bestimmen unser Leben

Nach all diesen Erfahrungen wurde mir immer klarer, dass unsere inneren, unbewussten Bilder und Glaubensmuster einen ungeheuren Einfluss auf unser Leben und unser Verhalten haben.

Wie können Menschen mit sogenannten „wissenschaftlichen Studien" immer wieder behaupten, dass uns die Berichte und Bilder in den Medien wenig antun? Tatsache ist, dass alle Menschen in Bezug auf Informationen unterschiedlich reagieren. Jede Person hat ihr eigenes Verdauungssystem, was Gefühle, Gedanken und Bilder anbelangt. Die einen saugen Informationen wie ein Schwamm auf und sind schnell gesättigt, andere Menschen haben eine feinstoffliche Mauer um sich herum, so dass sie Informationen kaum aufnehmen können.

Jahrhundertelang waren es die Religionen, welche die Gedanken, Glaubensmuster und inneren Bilder in unserer Kultur prägten. Auch Kriegserfahrungen und Naturkatastrophen hinterlassen bleibende belastende Bilder und Emotionen in unserem feinstofflichen Körper.

Heute ist es die Flut von Informationen und Bildern aus den verschiedenen Medien, mit denen unsere Seelen eingewickelt und die Psyche zugedeckt und überfordert wird.

95 % (!) aller Informationen, die wir mit uns tragen, sind uns unbewusst.

Wer oder was ist es also, was mein Verhalten bestimmt? Die Inhalte meines Unterbewusstseins; diese bilden meinen Schatten, das Unbekannte, das noch Dunkle in mir.

Solange ich diesen Schatten, meine unbewussten Emotionen, Glaubensmuster und Bilder in mir überhaupt nicht kenne, ist es schwierig, ein harmonisches Leben zu führen. Denn bei jedem Menschen hat es im Schatten Ängste, die blockieren, und Verletzungen, die schmerzen.

Umgang mit Gefühlen, Bildern und Gedanken

Wie sollen wir mit unseren Gefühlen, Bildern und Gedanken am sinnvollsten umgehen?

Aus meiner Sicht bewährt haben sich folgende Herangehensweisen:

» Sich bewusst Zeit nehmen, um eigene Gefühle, Gedanken und innere Bilder zu beobachten. Das kann der Anfang von täglicher Meditation sein, was so viel bedeutet wie „als Beobachter in der eigenen Mitte sein".

» Alle Gefühle, Gedanken und Bilder als zu mir gehörig annehmen und akzeptieren. Wertfrei wahrnehmen, was mich innerlich bewegt.

» Beobachten, was die Gefühle, Gedanken und Bilder mit meinem Körper (Verengung, Verspannung, Schmerzen, Weite, Entspannung) und mit meiner psychischen Stimmung (erhellend, verdunkelnd, zuversichtlich) machen.

» Ich lerne unterscheiden und entscheiden, wie ich auf meine Gefühle, Gedanken und Bilder mit meinem Verhalten reagieren will.

» Es gibt Gefühle, die wollen einfach anerkannt und gehört werden, z. B. das Gefühl der Trauer, der Wut oder Frustration. Andere Empfindungen wollen „wie kleine Kinder in den Arm genommen werden", z. B. das Gefühl „zu kurz kommen", „nicht verstanden zu werden", „versagt zu haben".

» Weitere Gefühle wollen mitgeteilt (verbale und nonverbale Kommunikation) oder ausgedrückt werden (Bewegung, Musik, Malen, Schreiben).

» Gefühle (Ängste, Hemmungen), welche mich in meinem Selbst-Ausdruck hemmen oder behindern, gilt es, besonders sorgfältig wahrzunehmen und zu erforschen. Was könnte als Ursache hinter solchen Gefühlen stecken?

» Nach meiner Erfahrung ist es hilfreich, sich diesen unangenehmen Gefühlen ehrlich zu stellen, statt sie zu verdrängen oder zu überspielen. Es lohnt sich, den Wurzeln bedrohlicher Gefühle bis ins Unterbewusstsein nachzugehen, um sich davon zu befreien.

» Ebenso gilt es, die Gedanken, die mich umtreiben, immer wieder zu beobachten. Ich bin aufgefordert, zu unterscheiden, welche Gedanken ich unterstützen und nähren will, und welche ich bewusst loslassen möchte.

Dazu gibt es eine anschauliche Legende:

Welchen Wolf fütterst du?

Eines Abends erzählte ein alter Indianer seinem Enkel vom Kampf, der in jedem Menschen tobt:

„In unserem Herzen leben zwei Wölfe. Sie kämpfen oft miteinander. Der eine Wolf ist der Wolf der Dunkelheit, der Ängste, des Misstrauens und der Verzweiflung. Er kämpft mit Zorn, Neid, Eifersucht, Sorgen, Schmerz, Gier, Selbstmitleid, Überheblichkeit, Lügen und falschem Stolz.

Der andere Wolf ist der Wolf des Lichts, des Vertrauens, der Hoffnung, der Freude und der Liebe. Er kämpft mit Gelassenheit, Heiterkeit, Güte, Wohlwollen, Zuneigung, Großzügigkeit, Aufrichtigkeit, Mitgefühl und Zuversicht!"

Der kleine Indianer dachte einige Zeit über die Worte seines Großvaters nach und fragte ihn dann: „Und, welcher Wolf gewinnt?" Der alte Indianer antwortete: „Der, den du fütterst."

In unserem Gehirn gibt es nachweislich verschiedene „Inseln"; solche, die wir mit negativen Inhalten wie Angst, Panik, Pessimismus und Schreckensbildern füttern, und solche, die wir mit positiven Botschaften prägen. Unser Hirnstoffwechsel reagiert mit der Produktion verschiedener Hormone, auch Neurotransmitter genannt, auf die vorherrschende Qualität unserer Gefühle, Gedanken und Bilder. Positive Inputs führen zu einer Zunahme des Serotonins (Glückshormon) und der Freude, negative Botschaften zu depressiver Verstimmung und einem Dopamin-Mangel.

Es liegt also in der Verantwortung jedes Einzelnen, die Chemie seines Gehirns und die Gefühlsqualitäten in Psyche und Körper mitzugestalten.

Achtsamkeit im Alltag ist der Schlüssel dazu – Mut zur Selbst-Erforschung und Selbst-Befreiung der Weg dorthin.

Da wir alle in ein soziales Umfeld eingebunden sind, werden unsere Gefühle, Gedanken und Bilder sehr oft durch unser Umfeld, die Mitmenschen, Ereignisse im Außen und die ganze heutige Medienlandschaft ausgelöst.

Sind die ausgelösten Gefühle, Gedanken und Bilder unangenehm, tendieren wir Menschen gerne zur Schuldprojektion. Das heißt, wir machen die Mitmenschen und äußeren Umstände für die bei uns ausgelösten Gefühle, Gedanken und Bilder verantwortlich. Tatsache ist aber, dass bei uns selber nur solche Gefühle, Gedanken und Bilder ausgelöst werden können, für die wir bereits eine vorhandene innere Anlage/Anziehung haben, eine sogenannte Resonanz. In einer Familie können wir beispielsweise beobachten, wie jedes Geschwister mit einer Scheidung der Eltern oder einem Todesfall unterschiedlich umgeht. Der Grund ist auch hier, dass alle Familienmitglieder verschiedene Empfänglichkeiten/Resonanz für verschiedene Themen haben. Ein anderes Beispiel sind Partnerschaften, bei denen wir uns manchmal fragen, warum das Gegenüber auf eine Aussage, die wir nicht schlimm oder aggressiv finden, so heftig reagiert. All unseren Reaktionen sind Emotionen, Glaubensmuster und

Bilder hinterlegt, die uns zu dem Verhalten bewegen, das wir dann nach außen zeigen.

Erst wenn wir uns über unsere, dem Verhalten zugrunde liegenden Gefühle austauschen, können wir lernen, uns in die Innenwelt anderer Menschen einzufühlen. Dies wird meines Erachtens viel zu wenig gepflegt und leider auch nirgends gelehrt.

Oft gehen wir von unseren eigenen Gefühls-, Gedanken- und Bildervorstellungen aus und glauben, dass die andern doch auch so fühlen und denken und uns demnach verstehen müssten. Enttäuschungen und Frustrationen als Kind, später am Arbeitsplatz oder in Beziehungen lehren uns bestenfalls, dass wir alle einzigartige Individuen sind mit einzigartigen Gefühls-, Gedanken- und inneren Bilderwelten.

Alle Gefühle, Gedanken und Bilder dürfen grundsätzlich sein. Die Frage ist, zu welchen Verhaltensimpulsen sie uns bewegen bzw. wir uns bewegen lassen. Welche Ethik und welche Glaubensmuster bewegen uns zu welchen Handlungen?

Als goldene Regel für ethisches Handeln ist folgende Aussage weit verbreitet: „Behandle andere so, wie du selbst behandelt werden möchtest." oder „Was du nicht willst, dass man dir tut, das füge auch keinem andern zu."

Bei beiden Aussagen geht man von der eigenen Perspektive, den eigenen Vorstellungen aus, was für einen andern Menschen gut und richtig ist. Dies kann, wie oben angedeutet, zu großen Missverständnissen führen, denn das Gegenüber fühlt sich dadurch nicht in seinem Wesen wahrgenommen.

So müsste die ethische Regel eher heißen: „Behandle andere, wie sie gerne behandelt würden." Was wäre die Folge solchen Verhaltens?

Wir müssten miteinander reden, uns unserer Gefühle, Glaubensmuster und inneren Bilder bewusst werden und sie auch ausdrücken und teilen lernen.

Ich kann mir vorstellen, dass dies der Weg sein könnte, um aus der gegenwärtigen Polarisierung von fixen Meinungen und Vorstellungen zu einem neuen globalen Miteinander zu finden.

Trauma – eine Information, welche die Seele überfordert

„Ein Ereignis, welches in einem Menschen Gefühle, Gedanken und Bilder auslöst, die die Psyche in ihrem momentanen Zustand überfordern, wird als Trauma bezeichnet. Die Psyche ist nicht fähig, das Erlebte zu verarbeiten und konstruktiv zu integrieren, und wird die damit verbundenen Gefühle, Gedanken und Bilder deshalb abspalten und ins Unterbewusstsein verdrängen; man nennt das Dissoziation." (wikipedia)

Nach Dr. Banis bringt jeder Mensch schon ein Ur-Trauma, den sogenannten „karmischen Zentralkonflikt" (siehe S. 175) mit in sein Leben. Dieses Trauma ist meist unbewusst, bestimmt aber als Angst maßgeblich die Lebensmotivation. In der Schwangerschaft werden oft weitere Traumen erlebt, z. B. durch Themen des „falschen Geschlechts", des „nicht Erwünschtseins" oder durch Schwangerschaftsprobleme der Mutter. Eine Kaiserschnittgeburt ist für Mutter und Kind ein Trauma, weil die natürlichen Impulse des Gebärens und Geborenwerdens jäh unterbrochen und fremdbestimmt werden.

Heute ist bekannt, dass vor allem Ereignisse in den ersten sechs Lebensjahren, welche das Kind überwältigen und welche es nicht einordnen kann, zu Traumen führen können. Beispiele können sein:

» Keine liebende, Wärme und Vertrauen spendende Bezugsperson erleben.
» Instabile, emotional überfordernde Umgebung.
» Verlust oder Abwesenheit von wichtigen Bezugspersonen.
» Sexuelle und andere körperliche Übergriffe.
» Mangelndes Verständnis und Akzeptanz von Seelenanlagen des Kindes.
» Dauerndes Gefühl von Gefahr, z. B. auf der Flucht, in Kriegssituationen.

Alle diese Erlebnisse führen zu einem inneren Dauerstress, der, um überleben zu können, verdrängt werden muss.

Dieses Verdrängen braucht viel Energie, die dann zum Leben und für die Selbstentfaltung fehlt.

Die innerlich erlebte Gefahr führt zu einer nach außen projizierten Abwehrhaltung und Angst vor Begegnung, Beziehung und zu mangelndem Vertrauen ins Leben.

Neue Studien lassen die Vermutung zu, dass abgespaltene und ausgeblendete traumatische Ereignisse eine wichtige Ursache von einer späteren Anlage zu Demenz, Alzheimer und Parkinson sind.(Quelle: „Demenz und die Macht des Ausgeblendeten" von Dietrich Kumrow)

Viele Menschen wissen heute nicht, dass hinter ihren Lebens- und Beziehungsängsten Traumen stecken ... die aufgelöst werden können.

Wege dazu gibt es verschiedene. Wichtig scheint mir, die dahinterliegenden Themen anzuschauen und schlussendlich ein Gefühl des Ur- und Selbstvertrauens aufbauen zu können (spirituelles Nervensystem).

» Auf der körperlichen Ebene gilt es Entspannung zulassen zu können durch Erlernen von Entspannungstechniken und Umgang mit dem VagusNerv (siehe S. 187). Im Vagus-Nerv sind alle Traumen hinterlegt als Blockade. Nur wenn der Vagus-Nerv wieder lernt zu entspannen, kann das Trauma aus der Körperebene befreit werden. Mehr Fachwissen dazu gibt es in der Polyvagaltheorie nach Stephen Porges.

» Auf der psychischen Ebene gilt es, Vertrauen in Begegnungen und Beziehungen aufzubauen und die blockierenden Muster im Alltag durch achtsames Verhalten und ehrliche Kommunikation mehr und mehr abzubauen. Dazu ist anfänglich diszipliniertes Arbeiten nötig; der Gewinn danach ist groß. Die Energie, die vorher für die Verdrängung aufgewendet werden musste, wird frei und kann zum Leben und zur Freude über das Gefühl der Befreiung und Erlösung gespürt werden.

» Im besten Fall erleben wir durch diese innere Arbeit automatisch ein geistiges Öffnen, eine Bewusstseinserweiterung zur Spiritualität. Ich nehme wahr, dass ich Teil eines großen Ganzen bin, in dem ich immer aufgehoben bin. Auch meine Traumata kann ich als Weg zu menschlicher Reifung verstehen lernen, zu mehr Mitgefühl und innerem Frieden.

*„Je besser wir unsere psychophysischen
Reaktionsmuster kennenlernen, umso besser
sind wir fähig zu dem, was die Psychologen
„Selbstregulation" nennen.
Das wiederum ist die beste Voraussetzung für
persönlichen, sozialen und beruflichen Erfolg."*

(aus der Polyvagaltheorie)

6

ASTROLOGIE – EINE HILFE ZUR BEWUSSTSEINSERWEITERUNG

„Wenn wir unterwegs sind, brauchen wir Orientierung. Die Sterne geben Orientierung."

Götz Werner 2011

Als junge Frau geriet ich mehr und mehr in eine Sinn- und Orientierungskrise, was mich selbst als menschliches Wesen und auch meinen Platz im Leben betraf. Ich hatte das Gefühl, dass mein innerer gefühlter Lebenskompass immer weniger mit dem übereinstimmte, was ich im Außen lebte. Deshalb beschloss ich, mir Unterstützung zu holen in einer seriösen astrologischen Beratung. War es möglich, dass mein kosmischer Lebensplan mir stimmige Orientierung geben konnte für mein irdisches Leben? Tatsächlich wurde ich durch diese persönliche Beratung nicht enttäuscht, sondern fühlte mich in meinem Wesen sehr gut gespiegelt und verstanden.

Wie konnte eine wildfremde Frau mir so treffende Aussagen zu mir, meinem Charakter und meiner möglichen Berufung machen?

Nebst den astrologischen Kenntnissen bin ich überzeugt, dass J.Ä. auch über eine sensitive Ader verfügte und sich sehr gut in ihr Gegenüber einfühlen konnte. Die astrologischen Daten, dargestellt als Kosmogramm, gaben ihr die Interpretationsgrundlagen dazu. Wie konnte man aus diesem Kosmogramm, einem Bild aus mehreren konzentrischen Kreisen, mit vielen Zeichen und Strichen, etwas Wahrhaftiges lesen?

Die Qualitäten von astrologischen Sternzeichen, Planeten und Häusern

Kurz nach meinem ersten Besuch bei der Astrologin besorgte ich mir mein erstes Astrologie-Buch. Ich wollte selbst hinter das Geheimnis der astrologischen Deutungskunst kommen, um nicht abhängig zu werden von den Aussagen und Interpretationen einer Fremdperson. Es begann eine Reise ins Chaos und eine emotionale Achterbahn, weil ich anfänglich völlig überfordert war von diesen unterschiedlichen und vielschichtigen Informationen.

Da gibt es die **12 Sternzeichen**, welche wohl den meisten Menschen bekannt sind. Diese zwölf Zeichen **bilden den Tierkreis**, einen am Himmel festgelegten Gürtel von 16 Bogengrad Breite, **in dem sich Sonne, Mond und Planeten scheinbar! um die Erde bewegen**. An diesen kosmischen Planetenstellungen (Konstellationen) orientierten sich die Menschen schon seit langer Zeit geographisch. Die Sternzeichen mit den verschiedenen Planeten waren dem Menschen also zuerst Orientierung auf dem äußeren Weg. Durch Jahrhunderte langes Beobachten stellten weise Menschen fest, dass bestimmte Planetenkonstellationen in Verbindung mit besonderen Ereignissen auf der Erde gebracht werden konnten. **Die Deutung der Planetenkonstellationen wurde zuerst in Bezug auf Wetterphänomene und Katastrophen erforscht. Schließlich wurde die Deutung auch auf das Schicksal von Menschen erweitert, ausgehend von deren Lebensanfang, ihrer Geburt. Jeder Mensch hat „sein Sternzeichen", das heißt, die Sonne stand zur Zeit seiner Geburt in gerade diesem bestimmten astronomischen Tierkreiszeichen am Himmel.**

Zum Volkswissen gehört heute meist auch die Kenntnis von einigen Charaktereigenschaften, welche den verschiedenen Sternzeichen zugeschrieben werden. Zum Beispiel gelten Krebsgeborene als gefühlvoll, mütterlich, aber auch launisch; Löwegeborene stehen gerne im Zentrum, Zwillinggeborene sind kommunikativ und etwas sprunghaft, Skorpiongeborene leben oft im Spannungsfeld von Macht und Ohnmacht, Steinbockgeborene können ausdauernd und verschlossen sein etc.

Jedem Sternzeichen werden Grundeigenschaften zugeordnet, die sich im Leben zeigen können ... aber nicht müssen. Denn in einem ganzen Kosmogramm werden noch viele andere Faktoren mitberücksichtigt, welche sich im späteren Leben mehr oder weniger stark ausdrücken können.

Nebst dem Himmelsgestirn Sonne und dem Erdtrabanten Mond gibt es sieben weitere Planeten, die bei jeder seriösen Deutung miteinbezogen werden müssen. Jeder dieser Himmelskörper wird einem bestimmten Sternzeichen zugeordnet und repräsentiert nochmals ihm eigene Qualitäten. Die Sonne entspricht beispielsweise dem Prinzip der Selbstdarstellung und Selbstverwirklichung, wohingegen der Mond die Gefühlsebene symbolisiert. Der Planet Uranus steht für das Prinzip der Veränderung, wohingegen der Planet Saturn eher für die Qualitäten der Disziplin und Struktur steht.

Dadurch, dass diese Planeten sich am Himmel fortwährend auf ihren unterschiedlich lange dauernden Umlaufbahnen bewegen, verändern sie ihre Positionen am Himmel im Tierkreis, aber auch untereinander. So entsteht zu jedem Zeitpunkt eine neue kosmische Ordnung am Himmel, die in der Geschichte einmalig ist.

Tierkreiszeichen		Planet und Symbol		Haus	Motto und Qualitäten
Widder	♈	Mars	♂	1.	„Ich mache", aktiv, kraftvoll, willensstark
Stier	♉	Venus	♀	2.	„Ich habe", passiv aufnehmend, geniessend
Zwillinge	♊	Merkur	☿	3.	„Ich denke", schnell denkend, kontaktfreudig
Krebs	♋	Mond	☽	4.	„Ich fühle", empfangend, fürsorglich, gefühlsbetont
Löwe	♌	Sonne	☉	5.	„Ich bin", dynamisch, geltungsbedürftig, strahlend
Jungfrau	♍	Merkur	☿	6.	„Ich analysiere", kritisch, unterscheidend, vernünftig
Waage	♎	Venus	♀	7.	„Ich gleiche aus", höflich, verbindend, diplomatisch
Skorpion	♏	Pluto	♇	8.	„Ich hinterfrage", defensiv, leidenschaftlich, kühn
Schütze	♐	Jupiter	♃	9.	„Ich sehe", idealistisch, tolerant, gerecht, ethisch
Steinbock	♑	Saturn	♄	10.	„Ich übernehme Verantwortung", ernst
Wassermann	♒	Uranus	⛢	11.	„Ich erkenne", intellektuell, originell, individualistisch
Fische	♓	Neptun	♆	12.	„Ich ahne", hilfsbereit, mitfühlend, phantasievoll

In allen Regionen der Welt haben sich im Verlaufe der Menschheitsgeschichte Formen der astrologischen Deutungskunst entwickelt. Die bildhafte Darstellung und deren Deutung werden in den verschiedenen Erdteilen unterschiedlich ausgestaltet. Am bekanntesten sind heute die chinesische, die vedisch-indische und die westliche Astrologie, welche ihre Ursprünge mit dem Tierkreis vor ca. 500 Jahren v. Ch. im babylonisch-ägyptischen Raum hat. Die westliche Astrologie wurde von den Griechen und Römern weiterentwickelt. Anfänglich war die Astrologie eng mit der Astronomie verknüpft und erlebte Höhen und Tiefen in ihrer Akzeptanz. Die heutige Astrologie wurde im 20. Jahrhundert sehr verfeinert und in Richtung psychologisch-spirituell-karmischer Astrologie weiterentwickelt.

In der westlichen Horoskopzeichnung, dem kreisförmigen Kosmogramm oder Radix, werden zusätzlich 12 Häuser eingezeichnet. Diese werden aus dem geographischen Standpunkt und dem genauen Zeitpunkt der Horoskop-Aufzeichnung berechnet. Die Häuser sind die Darstellung des geozentrischen Blickwinkels von einem geographischen Punkt aus auf den Tierkreis. Der Ekliptikgrad, der gerade über den Horizont steigt, wird Aszendent (AC) genannt und markiert den Beginn des ersten Hauses. **Die 12 Häuser, welche im Gegenuhrzeiger auf dem Kosmogramm angeordnet sind, symbolisieren die verschiedenen Lebensbereiche eines Menschen.**

Die 12 Häuser und ihre Bedeutung

1. Haus (Aszendent) – Persönlichkeit und Individualität
Bedürfnis nach Eigenausdruck, Selbstbehauptung und Identitätsfindung. Auftritt in der Außenwelt. Physisches Erscheinungsbild, Persönlichkeit, als die uns die andern wahrnehmen; Rolle in der Außenwelt.

2. Haus – Erwerb und Besitz
Sicherheitsbedürfnis materiell und sinnlich befriedigen durch Erwerb und Talententfaltung. Das Verhältnis eines Menschen zu Besitz, materiellen Mitteln und zum eigenen Körper. Geld, Besitz und Früchte der eigenen Arbeit; Selbstwert.

3. Haus – Unmittelbare Interessen und Beziehungen

Bedürfnis nach Austausch und Kommunikation. Wissen sammeln und weitergeben. Beziehungen in der unmittelbaren Umgebung zu Geschwistern, Nachbarn und Kollegen. Kleinräumige Reisen.

4. Haus (IC) – Herkunft und Familie

Bedürfnis nach Zugehörigkeit; Heim, Haus, Wohnung, Familie. Auseinandersetzung mit der Familiengeschichte, Eltern und Vorfahren. Erforschen der eigenen Seelengeschichte und des Unterbewusstseins.

5. Haus – Kreativität und Vergnügen

Selbstdarstellung; kreativer Ausdruck der eigenen Talente; schöpferisches Tun. Spiel und Vergnügen; Umgang mit Kindern und deren Erziehung; Sport; Liebschaften und Erotik; Börse, Spekulationen und Risiko.

6. Haus – Alltag, Arbeit und Gesundheit

Zugehörigkeit durch Mitarbeit schaffen. Unterordnung der eigenen Ansprüche unter das Kollektiv; soziale Arbeit. Auseinandersetzung mit dem Körper und seinen Bedürfnissen, mit Krankheit und Gesundheit.

7. Haus (Deszendent) – Beziehungen und Partnerschaft

Bedürfnis nach Ergänzung durch einen Partner. Anziehung des Gegenpols, um sich zu ergänzen. Geben und Nehmen. Bündnisse, Ehe und Verträge, aber auch Feindschaften durch gestörte Beziehungen. Prozesse, Gericht.

8. Haus – Leben im Wandel

Bedürfnis nach Erneuerung und Wandel; Streben nach Macht und Verantwortung. Fremd- und partnerschaftlicher Besitz; Erbschaft. Umgang mit Sexualität, Grenzerfahrungen und Tod.

9. Haus – Weltanschauung, ferne Länder und Sinnsuche
Geistige Haltung, Philosophie und Weltanschauung eines Menschen. Bewusstseinserweiterung durch weite Reisen und fremde Kulturen. Innere Sinnsuche durch Auseinandersetzung mit Philosophie und Religionen, Moral und Ethik. Drang nach Weite und Freiheit.

10. Haus (MC) – Beruf und Berufung
Die eigene Autorität stellen. Beruf, Berufung und Karriere; gesellschaftlicher Status. Macht und Ansehen durch eigene Leistung. Pflicht und Verantwortung; Ehre und Würde im Außen.

11. Haus – Freunde und das Verhältnis zur Gesellschaft
Freundschaften zu Gleichgesinnten; individuelle Verwirklichungswünsche in der Gemeinschaft. Reformerische Ideale, Hoffnungen und Wünsche und die Gesellschaft verändernde Tätigkeiten. Starkes Freiheitsbedürfnis

12. Haus – Anonymität und Überpersönliches
In der Kindheit einschränkendes Umfeld für das Ego. Überwindung durch helfende Berufe. Hinwendung zum Hintergründigen, Geheimnisvollen; Wahrnehmung und Ausdrücken des Überpersönlichen, Transpersonalen. Rückzug (heute: Meditation, Timeout, Klinik; früher: Kloster, Gefängnis).

Die Planeten übernehmen nun zusätzlich die Eigenschaften des Sternzeichens, in dem sie sich befinden, als auch des Hauses, in dem sie stehen.

Die Planeten untereinander stehen wiederum in einer Beziehung, nämlich in einem Winkel, welcher als harmonisch (60°, 120°) oder spannungsvoll (45°, 90, 135°, 180°) gedeutet wird.

Aus dieser Vielschichtigkeit von berücksichtigten Faktoren wird ein Horoskop zu einem einmaligen Deutungskunstwerk. Wie in jeder Kunst braucht es auch in der Astrologie fundiertes Wissen, Übung und Erfahrung, um als Könner:in treffende Aussagen zu machen.

Zu den bereits erwähnten, bei der Deutung zu berücksichtigenden Faktoren kommen noch weitere Deutungspunkte hinzu wie auf- und absteigender Mondknoten, Lilith und Kleinstplanet Chiron. Jedem Sternzeichen wird auch eines der vier Elemente: Erde, Feuer, Wasser oder Luft als zusätzliche Qualität zugeordnet ... und, und, und ... Astrologie ist eine unterdessen hochkomplexe Erfahrungswissenschaft!

Aszendent	AC	Persönliche Anlage (körperlich, seelisch, geistig), die nach aussen wirkt
Deszendent	DC	Das Du, welches das Ich ergänzt. Das, was mir im Gegenüber begegnet
Medium Coeli Himmelsmitte	MC	Beruf, Berufung, Karriere
Immum Coeli Himmelstiefe	IC	Das Innere, Intime, Private, die Familie
Mondknoten aufsteigend	☊	Lebensaufgabe, Lebensziel, neue Werte
Mondknoten absteigend	☋	Ursprung, mitgebrachte Eigenschaften und Werte
Lilith – schwarzer Mond	☾	Weibliche Urenergie, Schatten, Werden/Vergehen, Symbol für Gleichberechtigung,
Chiron – der verletzte Heiler	⚷	Symbol der persönlichen Schwachstellen und mitgebrachten Verletzungen; Heilerpotenzial
Erdzeichen	Grün	Steinbock, Stier, Jungfrau
Wasserzeichen	Blau	Fische, Krebs, Skorpion
Luftzeichen	Gelb	Wassermann, Zwillinge, Waage
Feuerzeichen	Rot	Widder, Löwe, Schütze

Geburtshoroskop = Kosmogramm = Radix von Barack Obama

mit Tierkreiszeichen, Planeten, Häusern, Aspekten, Mondknoten, Chiron, Lilith und den Elementen Erde, Wasser Luft und Feuer:

- Sonne im Löwezeichen im 6. Haus
- Mond im Zwillingszeichen im 4. Haus
- Merkur im Löwezeichen im 6. Haus
- Venus im Krebszeichen im 5. Haus
- Mars im Jungfrauzeichen im 8. Haus
- Jupiter im Wassermannzeichen im 12. Haus
- Saturn im Steinbockzeichen im 12. Haus
- Uranus im Löwezeichen im 7. Haus
- Neptun im Skorpionzeichen im 9. Haus
- Pluto im Jungfrauzeichen im 7. Haus
- Lilith, der schwarze Mond, am DC
- Chiron im Fischezeichen im 1. Haus
- Mondknoten im Löwezeichen im 7. Haus

Ich stürzte mich in diesen Dschungel von Tierkreiszeichen, Planeten, Häusern, Aspekten und deren Qualitäten und versuchte erste Interpretationen meines Horoskops. Das war vor vierzig Jahren! Das ganze Kosmogramm musste ich damals von Hand zeichnen mit Hilfe der Ephemeriden (Buch der NASA mit den aktuellen Planetenkonstellationen) und Tabellen, um die stimmige Häusereinteilung zu berechnen.

Auffallend war, dass ich anfänglich bei meinen Selbststudien und in meiner unsicheren seelischen Verfassung in meinen eigenen Konstellationen viel Negatives sah, was mir eher Angst machte, als Zuversicht gab. Deshalb entschloss ich mich, das astrologische Deutungshandwerk an der astrologischen Schule von J.Ä. zu lernen, wo nach der Münchner Rhythmen-lehre von Wolfgang Döbereiner unterrichtet wurde. Diese Unterrichtsstunden waren für mich hochspannend und wunderbare geistige und seelische Nahrung! Darauf folgten jährliche Sommerseminare zu verschiedenen astrologischen Lebensthemen wie z. B. Partnerschaft im Horoskop, Gesundheit, Kinderhoroskope, Spiritualität etc. bei verschiedenen Referenten. Während der Kleinkinderzeit waren diese Seminare meine Ferienhighlights. Um mein astrologisches Wissen noch breiter abzustützen, absolvierte ich in den Neunzigerjahren zusätzlich ein astrologisches Fernstudium, welches mir viel Freude bereitete.

Die Auseinandersetzung mit der Astrologie hat mir damals vor allem klargemacht, wie vielschichtig jeder Mensch ist, aber auch wie unterschiedlich Menschen überhaupt sein können. Diese Erkenntnis war für mich innerlich ein Riesenschritt in Richtung Akzeptanz von dem, was ist, Staunen über das, was es alles gibt, und auch Verständnis, ja Faszination für die Verschiedenartigkeit aller Wesen. Die Astrologie zeigte mir auf, dass es in unserer Verantwortung liegt, was wir mit unserem angelegten Potential machen. Nutzen wir unser Potenzial durch Bewusstwerdung, lernen wir die Spannungen in uns zu verstehen und auszuhalten, und sehen wir bei schwierigen Aspekten auch die Chancen für eine Entwicklung?

Geburtshoroskop von Lisa

- Sonne im Krebszeichen im 12. Haus
- Aszendent im Krebszeichen
- Merkur in Konjunktion zur Sonne im Krebszeichen im 12. Haus
- Mond im Skorpionzeichen im 4. Haus in Konjunktion mit Neptun im Waagezeichen im 4. Haus
- Venus/Uranus/Mars-Konjunktion im Löwezeichen im 1. Haus
- Jupiter im Jungfrauzeichen am IC
- Saturn im Schützezeichen im 5. Haus
- Pluto im Löwezeichen im 2. Haus
- Lilith im Fischezeichen im 9. Haus
- Chiron im Wassermannzeichen im 8. Haus
- Mondknoten im Skorpionzeichen im 4.Haus

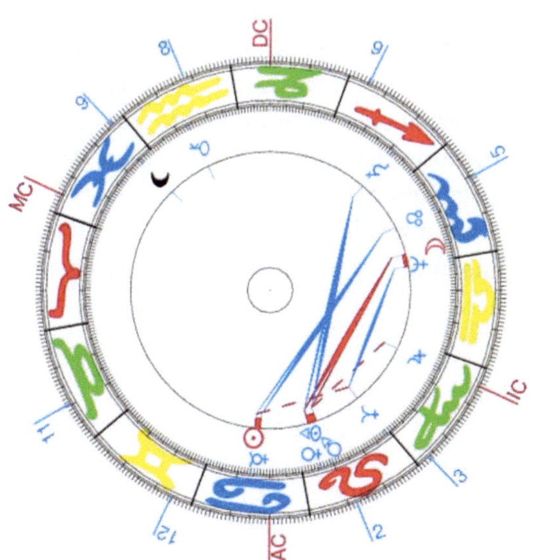

217

Ich bekam in diesen Jahren ein viel tieferes Verständnis für meinen Charakter, meine Talente, meine inneren Widersprüche und eine Ahnung von meiner Seelenaufgabe. Einerseits erkannte ich mich darin als das einfühlsame Wesen, wie ich dies auch in mir selber empfand. Aber ich bekam auch Erklärungen dafür, warum mich mein Umfeld manchmal als eher dominant bis kühl wahrnahm. Mein Interesse für die hintergründigen Zusammenhänge kristallisierte sich in meinem Horoskop ebenso heraus wie mein Hang zu Mystik und Spiritualität als mitgebrachte Anlage. Ich lernte meine Außenseiterrolle als zu mir gehörig anzunehmen, anstatt mich mit erzwungenem Anpassen an den Mainstream zu verbiegen. Als 12. Haus Krebsgeborene, und erst noch mit einem Krebsaszendenten, erkannte ich, dass das Zurückziehen und Allein-sein-Wollen für meine Gesundheit wesentlich sind. Mein Gefühlsleben mit einer Mond/Neptunkonjunktion im 4. Haus im Zeichen Skorpion ist so intensiv, dass ich immer wieder Zeit brauche, um alle Eindrücke des Lebens zu verdauen. Diese Konstellation beinhaltet aber gleichzeitig das Potential für eine gute Intuition und Offenheit für Inspiration. Im Spannungsaspekt zu oben erwähnten, gefühlsbetonten Konstellationen in den Wasserzeichen Krebs und Skorpion stehen meine Planeten Venus/Uranus/Mars am Ende des ersten Hauses im feurigen Löwezeichen. Diese Planetenballung gehört zu einer eher intellektbetonten, originellen, ungeduldigen, erotischen und anspruchsvollen Persönlichkeit, welche sich inszenieren und durchsetzen möchte.

Wie gehen wir mit solch unterschiedlichen Charaktereigenschaften in uns um? Was meint die Astrologie dazu?

Persönlichkeitsanteile erkennen und möglichst positiv integrieren

In jedem Horoskop werden wir auf Konstellationen treffen, welche sich widersprechen, z. B. feurige, ausdrucksstarke Charaktereigenschaften stehen gehemmten Kräften gegenüber, introvertierte Persönlichkeitszüge sind in einem Spannungsaspekt zu extravertierten Persönlichkeitsmerkmalen usw.

Erst gilt es zu erkennen, welche verschiedenen Energie- oder Persönlichkeitsqualitäten in einem Menschen angelegt sind. Man kann diese auch als Teilpersönlichkeiten bezeichnen. Um diese Grundzüge zu erkennen, finde ich die heutigen, von seriösen Computerprogrammen errechneten und ausgedruckten Persönlichkeitsanalysen eine gute Grundlage. Gerne hört man dazu, dass gewisse Beschreibungen nicht stimmen. Nach meiner Erfahrung sind diese nicht anerkannten Themen meistens Persönlichkeitsanteile, die (noch) nicht gelebt, verdrängt oder auf andere projiziert werden. Aus diesem Nichtanerkennen der eigenen, im Inneren angelegten Gestaltungskräfte entstehen meines Erachtens die meisten zwischenmenschlichen Konflikte.

Was dem Computer fehlt, ist die Intuition bei der Gewichtung und Feindeutung der verschiedenen Planetenstellungen.

Für jede astrologische Konstellation gibt es nämlich verschiedene Analogien = Entsprechungen und Deutungsebenen, was das exakte Herauskristallisieren eines Themas manchmal erst im Gespräch möglich macht.

Als Kind erlebte ich, wie meine ältere Schwester, die auch im Krebszeichen geboren wurde, in ihrer gefühlsbetonten, weiblichen Rolle unterstützt wurde.

Für mich als Zweitgeborene war die „Rolle der Gefühlsbetonten" bereits vergeben und besetzt. Bei mir unterstützte vor allem meine Mutter die intellektuelle, kreative und durchsetzungsstarke, eher männliche Rolle. Meine sensiblen, feinfühligen Charakterzüge und mein Zurückziehen ins Alleinsein konnte sie nicht als zu mir gehörig anerkennen. Sie wünschte sich von mir das, was sie selbst nicht leben konnte (= Projektion). Auf diese Weise entstand in mir das Gefühl, nur die von ihr gewünschte Hälfte leben zu dürfen, was in mir als Teenager eine tiefe Trauer und auch Aggression auslöste. Ich fühlte mich nicht verstanden.

Die Astrologie entpuppte sich für mich als tiefstes und umfassendstes psychologisches Deutungswerkzeug zur Selbstentdeckung und Selbstfindung.

Heute gibt es bei der Persönlichkeitsanalyse drei astrologische Hauptbetrachtungsweisen:

Die prognostische Astrologie ist ein Zweig der Astrologie, welcher sich mit Vorhersagen befasst. Dazu werden verschiedene Prognosemethoden verwendet, z. B. das Solarhoroskop, die Transit-Deutung und Progressionen.

Die **psychologische Astrologie sieht im Horoskop, als „Landkarte der Psyche", die Anlagen des Menschen**. Sie geht davon aus, dass dem Menschen alles innerlich Unbewältigte als äußeres Ereignis begegnet.

Die „philosophische" oder „esoterische" Astrologie basiert auf der Evolutionsidee der fortlaufenden Entwicklung von einer Inkarnation zur andern, in der jedes Erdenleben exakt die zur geistigen Weiterentwicklung nötigen Aufgaben bereithält.

Für meinen Forschergeist war es naheliegend, zuerst mein Umfeld durch das Auge der Astrologie zu ergründen.

Mein Partner stand mir am nächsten und der Reiz war groß, sein Horoskop zu analysieren. Zur Erstellung des Kosmogramms galt es, die Geburtszeit beim Zivilstandsamt derjenigen Gemeinde in Erfahrung zu bringen, in der er geboren wurde.

Falls die Geburtszeit nicht ausfindig gemacht werden kann, aber der Geburtsort (einigermaßen) und der Geburtstag bekannt sind, kann die Geburtszeit durch ein bestimmtes Verfahren und mit Hilfe bisheriger Lebensereignisse von Fachastrologen verifiziert werden.

Zur Unterstützung meiner Selbstanalyse ließ ich mir auch von Gosha ein Persönlichkeitshoroskop erstellen, ebenso eine Analyse zu unserer Beziehung, ein sogenanntes Partnerschaftshoroskop.

Mich faszinierten die Aussagen, welche darin gemacht wurden, auf Anhieb. Die differenzierten psychologischen Beschreibungen bestätigten mich in meinem Gefühl, wie ich meinen Partner, aber auch unsere Beziehung erlebte.

Geburtshoroskop von Gosha

- Sonne im Skorpionzeichen im 5. Haus in Konjunktion mit Saturn im Skorpion im 5. Haus

- Mond im Löwezeichen im 3. Haus in Konjunktion mit Pluto im Löwezeichen im 3. Haus

- Mars im Jungfrauzeichen im 4. Haus in Konjunktion mit Lilith im Waagezeichen im 4. Haus

- Venus im Waagezeichen im 4. Haus

- Jupiter im Zwillingzeichen im 12. Haus

- Merkur im Skorpionzeichen im 5. Haus

- Neptun im Waagezeichen im 4. Haus

- Chiron im Steinbockzeichen im 7. Haus

- Mondknoten im Steinbockzeichen. im 8. Haus.

Da gab es tolle, faszinierende, kraftvolle, sonnige Seiten, viel Leidenschaft, aber auch weniger erwünschte Schattenseiten, Liebesbremser und Ernsthaftigkeit sowie eine tiefe Verletzlichkeit beiderseits. Gerne hätte ich mich mit Gosha darüber unterhalten, doch da kam sofort Ablehnung gegenüber diesem „esoterischen Quatsch".

Diese Ablehnung löste bei mir eine Trauer aus, eine Ohnmacht und Hilflosigkeit, denn mir war bewusst, dass wir mit diesen astrologischen Wegweisern wunderbar an unserer Beziehungsentwicklung hätten arbeiten können. Die bereits anfänglich wahrgenommenen Kommunikationsprobleme und Abwehrstrategien infolge alter Verletzungen und unerkannter Schattenthemen begannen in unserer Beziehung ihren Lauf zu nehmen, weil es von Gosha nicht erwünscht war, darüber zu sprechen. Als Mann, der durchaus an Macht und Prestige interessiert war, wäre es anscheinend eine Schwäche gewesen, über die mitgebrachten Verletzungen zu sprechen. Gosha wollte mit mir seine auf sexuelle Leidenschaft kanalisierten Gefühle ausleben und wäre zufrieden gewesen, wenn ich ihm ein behagliches Zuhause geboten hätte, in welchem er sich vom täglichen Kampf um Macht und Anerkennung in der Schule und der Öffentlichkeit hätte erholen können.

Ich wollte mehr in dieser Partnerschaft, auch Gehörtwerden mit meinen Bedürfnissen, tiefgründige Gespräche über Gefühle, Gott, die Welt und unsere anscheinend angsteinflößenden Schattenthemen.

Astrologisch sah ich sehr wohl unsere Spannungsaspekte, die anspruchsvoll waren, um etwas Konstruktives daraus zu machen. Gosha hatte, wie man es in der Astrologensprache nennt, seine Sonne/Saturn-Konstellation ziemlich genau auf meiner Mond/Neptun-Konjunktion am Anfang des Skorpionzeichens. Das heißt, Saturn, das disziplinierende Element, hemmt die Kräfte der Sonne, des Selbstausdrucks und kann zu einer gewissen Schwere im Leben und Härte gegen sich selbst führen. Im Zeichen Skorpion, welches für Kraft, Macht und Wandlung steht, können zusammen mit der Saturnqualität verschiedene Ängste entstehen, z. B. Angst, nicht zu genügen, Angst vor spontanen Veränderungen und Gefühlen. Es besteht ein großes Bedürfnis, diese Ängste zu kontrollieren durch Status, Leistung und Macht. Diese Qualitäten bringen Starre, Festhalten und wenig Flexibilität ins Leben.

Im Gegensatz zu diesen „harten Aspekten" von Gosha symbolisiert meine Mond/Neptun-Konstellation im Zeichen Skorpion höchste Gefühlssensibilität, -tiefe und -durchlässigkeit, Offenheit für Transformation und Sehnsucht nach geistigen Erfahrungen.

Unbewusst zog uns dieser Gegensatz in unseren Persönlichkeiten wohl magisch an, doch im bewussten Alltag war und ist es eher schwierig diese Polarität zu integrieren, weil Gosha bis anhin kaum Bewusstsein für eine astrologische oder psychologische Sichtweise unserer Partnerschaft entwickeln wollte. Ich erkannte, dass ich von Gosha etwas mehr Disziplin (Saturn-Qualität) lernen konnte, denn ich empfand mich früher oft in meinem Tun etwas verzettelt, ungeduldig und oberflächlich; dies können Neptun-Qualitäten sein. Die Lektion, hart und diszipliniert mit mir zu sein, Gefühle (Mondqualität) zurückzuhalten (Saturnqualität), hatte ich dann meines Erachtens bis zum Krankwerden gelernt. Der Körper, die Wirbelsäule (Saturnprinzip), MS-Symptome (Sklerose = Verhärtung = Saturnprinzip) haben mir gezeigt, dass dies mehr als genug der Härte und Disziplin gegen mich selber war. Um gesund zu werden und in Balance zu kommen, musste ich meine Gefühle wieder wahr- und ernst nehmen, und die neptunischen Qualitäten der Phantasie, des Entgrenzens und des Geistigen wieder vermehrt integrieren. Es gilt, dem eigenen Wesen getreu zu leben.

Unbewusst scheint sich Gosha in seinen eher engen Strukturen der Selbstentfaltung (Sonne/Saturn-Prinzip) durch meine Gefühlsoffenheit und Spontaneität oft geschockt, bedroht und verunsichert gefühlt zu haben. Doch dies durfte er nicht zugeben und konnte er bei sich selbst nicht einordnen. Aus Angst musste er das weite, offene, unbegrenzte Neptunprinzip seiner Partnerin ablehnen, bekämpfen und schlechtmachen. So entstanden unsere Macht- und Ideologiekämpfe statt gegenseitige Bereicherung und Anerkennung der uns je eigenen Qualitäten.

Zur Zeit dieses Schreibens führen Gosha und ich therapeutisch verordnete Zweiergespräche über unsere eigenen Gefühle. Abwechslungsweise sind wir entweder Sprecher oder Zuhörer; wobei der/die Zuhörer/in das Gesprochene jeweils wiederholen muss, um das aktive Zuhören zu üben. Anfänglich endete fast jedes Gespräch in Anschuldigungen und Frustration; beide fühlten wir uns nicht richtig wahrgenommen. Etliches an Disziplin war nötig, um die Regeln einzuhalten und die eigene Verletzlichkeit zuzulassen.

Tatsächlich gelang es Gosha auf diese Weise, verdrängte Gefühle aus der Kindheit, v. a. in Bezug zu seiner manchmal hysterisch reagierenden Mutter, ins Bewusstsein zu lassen und als Ursache seiner Ängste vor spontanen Emotionen und starker weiblicher Kraft einzuordnen.

Astrologisch findet sich dieses „Gefühl der Angst vor spontanen Emotionen" in Goshas Horoskop in den Planetenqualitäten einer Mond/Pluto-Konjunktion im feurigen Löwezeichen. Die „Angst vor weiblicher Stärke" ist eine Projektion von Goshas eigener Mars/Lilith-Konjunktion im Waagezeichen auf seine Mutter und später auf mich als Partnerin. Goshas obige Konstellationen weisen auf eigene tiefe und heftige Gefühle hin, die er an sich selber aber kaum aushält, weil sie seinem disziplinierten Selbstausdruck widersprechen. Also projiziert er diese Gefühlsanteile nach außen, um sie dort als bedrohlich zu bekämpfen.

Die Lösung einer Mond/Pluto-Konstellation wäre das Anerkennen der eigenen seelischen Gefühlstiefe, welche auch zu dauernder Transformation und Weiterentwicklung auffordert. In der integrierten Form kann eine Mond/Pluto-Konstellation tiefe Ängste und Schuldgefühle er-lösen und dann als kreative und „Berge versetzende" Kraft erlebt werden.

Lilith und Chiron im Horoskop

Lilith und Chiron sind zwei Fixpunkte im Horoskop, welche erst im letzten Jahrhundert als Deutungsfaktoren mit einbezogen wurden. Ich möchte diesen zwei Themen hier speziell Raum geben, weil sie oft der Schlüssel zu tiefsitzenden Ängsten und Wunden im persönlichen Horoskop sind.

Lilith vertritt die Qualitäten des weiblichen, zyklischen Urprinzips, welches überall und in allen Menschen angelegt ist und in der heutigen Zeit wieder mehr beachtet werden will.

Chiron ist in seiner Qualität Brückenbauer zwischen Geist und Materie in einer Welt, die zu sehr das Materielle und Machbare in den Vordergrund gestellt hat.

Lilith und ihre Bedeutung in der Astrologie

„Wie alle astrologischen Namen, so hat auch der Name Lilith einen Bezug zu verschiedenen Mythen. Einerseits soll Lilith als große Göttin in den matriarchalen Kulturen verehrt worden sein. Im jüdischen Mythos wurde sie hingegen dämonisiert und als bedrohliche Kraft der Leidenschaft und weiblichen Selbstbestimmung gesehen. **In der Astrologie kommt Lilith eine komplexe Bedeutung zu. Sie steht für die instinktive weibliche Urkraft, für Stärke und Emanzipation, aber auch für das Animalische in uns.**

Lilith gilt heute als der Schwarze Mond, ist aber kein Himmelskörper, sondern ein mathematisch zu berechnender Punkt im Horoskop, der wie ein Planet behandelt wird.

In den 1960er und 70er Jahren verhalf die Astrologin Joëlle de Gravelaine der bis dahin fast unbekannten Lilith zu immer größerer Beliebtheit beim Deuten von Horoskopen. Liliths starke Aussagekraft als Gallionsfigur der Emanzipation passt gut in diese Zeit der Frauenbewegungen.

Lilith steht für das Überwinden von Spaltungen, für das Integrieren der Polaritäten, für das Zyklische." Quelle: Lilith-Fibel von Klinghammer/Weiss

Um nachvollziehen zu können, welcher Schatz an Informationen schon in der einfachen **Deutung der Lilith-Qualitäten in meinem Geburtshoroskop** erkennbar ist, gehe ich einfach nach einer kleinen Lilith-Fibel von A. Klinghammer und C. Weiss vor:

Lilith in Lisas Geburtshoroskop

Lilith im Fische-Zeichen:
Für alles, was die Seele zu weiten vermag und den Zauber des Transzendenten erahnen lässt – wie Musik, Mystik und Spiritualität –, besteht häufig ein lebhaftes Interesse. In Beziehungen werden starke Verschmelzungssehnsüchte wach und sowohl körperliche als auch seelische Erlebnisse der Entgrenzung gesucht. Die Durchlässigkeit der Ich-Grenzen kann auch zu psychischen Problemen führen, zu Angst vor dem Bodenlosen, so dass die Welt des Numinosen verdrängt, geleugnet und bekämpft wird.

Lilith im 9. Haus:
Das neunte Haus steht für Bildung, Philosophie und Glaubensvorstellungen. Steht Lilith in diesem Horoskop-Feld, besteht häufig eine Neigung, kleinkarierte Werte und Normen an den Pranger zu stellen und gegen sie zu rebellieren. Die Mechanismen der eigenen Gesellschaft und Kultur werden kritisch durchleuchtet. Es bestehen oft starke Zweifel an allem, was gelehrt wird. Tiefere Gesetzmäßigkei-

ten werden gesucht, welche die Welt im Innersten zusammenhalten, im besten Fall werden bestehende Wissensgrenzen erweitert. Negativ gelebt kann diese Stellung zu Fanatismus und Vorurteilen führen.

Lilith im Aspekt zu Pluto:
Diese Stellung bringt den Menschen in Verbindung mit instinkthaften, urtümlichen und archaischen Schichten des Unterbewussten. Löst dies starke Ängste aus, so werden die an die Oberfläche tretenden Bilder oftmals verdrängt, was sich dann über Scham-, Schuld- und Sühnethemen sowie starke Feindbilder äußert. Durch ein reines Leben soll dann das Sündhafte ausgemerzt werden. Umgekehrt kann dieser Aspekt auch die Kraft vermitteln, mit großer Konsequenz und Bewusstheit dunkle Seiten bei sich und andern anzuschauen und einer Wandlung zuzuführen. Auch die Sexualität kann davon betroffen werden und als transformierende Energie wahrgenommen oder, im Gegenteil, ganz abgelehnt werden.

Der Weg zur Realisierung des eigenen Potentials verläuft aber unweigerlich über die Akzeptanz und Integration der dunklen Aspekte der eigenen Persönlichkeit.

Deutung der Lilith-Qualitäten
in Goshas Geburtshoroskop

Lilith in Waage:
Begehren und zurückweisen, verlangen und ablehnen, Begegnung und Schweigen – mit Lilith im Waagezeichen sind Beziehungen häufig durch derartige Ambivalenzen geprägt. Die Sehnsucht nach Liebe und Anerkennung ist enorm. Gleichzeitig besteht eine große Angst, abgewiesen zu werden. Aus diesem Grunde werden Bindungen entweder ganz gemieden oder man vermeidet es, sich wirklich auf eine Partner:in einzulassen. Anstatt einer echten Begegnung will man sich im andern spiegeln.

Lilith im 4. Haus:

Mit dieser Stellung ist ein ambivalentes Verhältnis zu den Themen des vierten Hauses wie Heim, Herkunft und Familie zu erwarten. Der Grund dafür können schwierige Familienverhältnisse oder traumatische Verhältnisse in der Kindheit sein. Vielleicht fühlt man sich in der Familie, in der man aufwächst, fremd, ungeborgen oder abgewertet. Häufig wird die Familiensituation als emotional sehr belastend empfunden, was zu Wut auf Vater und/oder Mutter führen kann. Oft wird auch ein Elternteil als Versager erlebt. All dies führt zu einem gespaltenen Verhältnis gegenüber der eigenen Elternrolle.

Lilith im Aspekt zum Mars:

Bei diesem Aspekt werden die marsischen Energien oft exzessiv gelebt; man übertreibt, neigt zu unbedachten, manchmal auch gewalttätigen Vorstößen, um kurz danach wieder voller Schuldgefühle in eine zögerliche Haltung zu verfallen. So können Impulsivität und Entscheidungsschwäche miteinander alternieren. Männer erleben mit dieser Stellung häufig eine Verunsicherung ihrer Männlichkeit, die zu einer Überbewertung männlicher Qualitäten führen kann. Die Angst vor „kastrierenden Frauen" führt oft zu Streitsituationen und dem Bedürfnis zu beherrschen, wobei solche die sexuelle Lust stimulieren können. Sexuelle Lust, Gier und Verlangen werden häufig im Gegensatz gelebt zu Verzicht, Unterdrückung und Sublimierung des Verlangens.

In Beziehungen geht es bei dieser Lilith-Thematik erst einmal darum, anzuerkennen, dass es nicht nur „unten und oben" gibt, sondern auch ein Neben- und Miteinander. Lilith verlangt nach gleichen Chancen und Möglichkeiten individuellen Ausdrucks, was heißt, sowohl die eigene Kraft auszuleben als auch die des Gegenübers zu akzeptieren.

Lilith in der Synastrie, das heißt im Vergleich der Partnerhoroskope:

Meine Lilith bildet einen harmonischen Aspekt zu Goshas Sonne, seinem MC und seinem Aszendenten, AC.

Gemäß der Lilith-Fibel spielt bei einer solchen Konstellation in der Beziehung immer das Thema von Konkurrenz und Dominanz eine große Rolle. Die Beziehung weckt bei ihr eine intensive Leidenschaft und erzeugt eine geheimnisvolle erotische Ausstrahlung, auf welche der Mann wie gebannt reagiert. Lässt er sich ohne Abwehr auf seine und ihre Gefühle ein, stärkt das sein Selbstvertrauen und seine Selbstgewissheit. Herrschen traditionelle Rollenmuster vor, wird die Beziehung zum alten Machtkampf der Geschlechter. Das Verharren in einer kompromisslosen Haltung verhindert dann genau das, was diese Konstellation als Potenzial bereithält, nämlich die Chance, sich gegenseitig im Entwicklungsprozess zu stimulieren und zu initiieren. Ihr Anspruch auf Bedeutung und Gleichberechtigung kollidiert mit seinem Anspruch auf Selbstbehauptung und Dominanz.

Wenn ich diese Zeilen lese, sehe ich wichtige Aspekte unserer Beziehung wunderbar abgebildet. Die Aufgaben, die es zu lösen gibt, werden klar angesprochen.

Astrologisches Wissen kann meines Erachtens sehr viel zur Selbsterkenntnis beitragen. Jedes astrologisch aufgezeigte Thema ist ein Angebot, etwas zu prüfen und dazuzulernen. Durch Bewusstwerdung im Alltag gilt es dann, das Erkannte für mich und die Partnerschaft konstruktiv umzusetzen. Dazu sind aber eine ehrliche, sachliche und differenzierte Wahrnehmung und Kommunikation von beiden Partnern Voraussetzung.

Chiron und seine Bedeutung
in der Astrologie

„Chiron ist ein eigener Himmelskörper, der erst 1977 entdeckt wurde. Chiron läuft in einer sehr exzentrischen Bahn zwischen den Planeten Saturn und Uranus in 50.7 Jahren um die Sonne. Chiron schafft eine Verbindung zwischen Saturn, dem irdischen Hüter der Schwelle, und Uranus, dem ersten geistigen Planeten andererseits. Dadurch symbolisiert Chiron eine Brücke zwischen Erde und Himmel, Materie und Geist.

In Anlehnung an die Mythologie steht Chiron in der Astrologie für mitgebrachte Wunden, aber auch für Heilung. **Seine Position zum Zeitpunkt unserer Geburt zeigt an, in welchem Persönlichkeitsbereich unsere tiefsten Verletzungen liegen bzw. wo wir besonders schwach und verletzlich sind. Im Laufe unseres Lebens werden wir mit diesen wunden Punkten immer wieder konfrontiert. Sich damit zu beschäftigen, ist kein Kinderspiel, doch wir können viel daraus lernen.** Ziel ist es nicht, unsere Verletzungen loszuwerden, sondern sie zu akzeptieren und zu lernen, mit ihnen zu leben. **Erst wenn wir unser Schicksal angenommen haben, können wir Heilung erfahren. Oft geschieht dies, indem wir anderen Menschen helfen und somit selbst heilende Kräfte und Begabungen wirken lassen. So lehrt es uns die Figur des mythologischen Chiron. Als er akzeptierte, dass seine Wunde nicht heilbar war und er seine Heil-Kraft anderen schenkte, konnte er letztendlich über sich hinauswachsen.“** Quelle: Chiron-Fibel von V. Bachmann

Chiron wurde zu einer Zeit entdeckt, als die Wissenschaft uns glauben machen wollte, dass alles mach- und heilbar ist. Der Materialismus erreichte seinen Höhepunkt. Mit der Chiron-Qualität will uns aber gezeigt werden, dass dem nicht so ist, dass wir nicht nur „steuerbare Materie“ sind, sondern in etwas Übergeordnetem, Geistig-Seelischem eingebunden sind. Mit Aufgaben und Wunden kommen wir bereits in dieses Leben und eine gewisse Verletzlichkeit wird uns immer begleiten. Im besten Fall werden wir gerade durch dieses Bewusstsein zu mitfühlenden Menschen.

Wie beim Thema der Lilith möchte ich auch hier an den Geburtshoroskopen von mir und meinem Partner aufzeigen, was ein Bewusstsein der Chiron-Qualität im eigenen Horoskop an Erkenntnis bringen kann. Dazu verwende ich Auszüge aus der Chiron-Fibel von V. Bachmann:

Chiron in Lisas Geburtshoroskop

Chiron in Wassermann

Grundthema: *Menschen mit dieser Thematik haben ein ambivalentes Verhältnis zum Thema Individualität. Sie wissen im Innersten um ihre Einmaligkeit, wollen diese auch zum Ausdruck bringen, fürchten sich jedoch gleichzeitig davor, von der Gemeinschaft ausgestoßen zu werden. Sie suchen und brauchen die Freiheit, unabhängig und individuell aus dem Moment heraus zu entscheiden und zu handeln, sehnen sich jedoch nach dem Kontakt zu Gleichgesinnten.*

Empfindsamkeit – Erfahrungen – Reaktionen: *Etwas in ihnen weiß um die unendlichen Möglichkeiten des Geistes, verfügt über Wissen und Erkenntnisse, die weit über das hinausgehen, was auf der konkreten Ebene fassbar ist. Gleichzeitig schrecken sie davor zurück, dieses innere Wissen zu nutzen. Wenn sie ihre Ideen zum Ausdruck bringen, genügen bereits kleinste irritierende Signale seitens der anderen, um sie zutiefst zu verunsichern. Sie reagieren dann mit Arroganz, Rebellion oder ziehen sich zurück.*

Gabe und Entwicklung: Menschen mit Chiron in Wassermann verfügen über eine untrügliche Intuition. Sie haben eine ausgeprägte Begabung für abstrakte Zusammenhänge, erkennen das, was bei andern außergewöhnlich und einmalig ist, und können sie darin unterstützen, ihren individuellen Weg zu gehen. Auf dem eigenen Entwicklungsweg ist es wichtig, sich den eigenen Zweifeln und Ängsten und der großen inneren Unruhe zu stellen und sich vor Überreizung durch äußere Impulse und innere Erkenntnisse zu schützen.

Körperthemen: Nervensystem und Unterschenkel werden körperlich als verletzlich oder schwach wahrgenommen.

Chiron im 8. Haus

Grundthema dieser Konstellation ist ein sehr ambivalentes Verhältnis zum Thema Macht, Willen und allen Urthemen des Lebens wie Geburt, Tod, Sexualität und Tabus; Faszination und Ängste halten sich die Waage. Tief in sich tragen Menschen mit dieser Konstellation eine Erfahrung von Intensität und Lebendigkeit, die entsteht, wenn die Urkräfte des Lebens wirken. Gleichzeitig schrecken sie aber vor diesen Kräften zurück, aus Angst vor dem, was geschehen könnte, wenn sie sich ihnen hingeben würden.

Empfindsamkeit – Erfahrungen – Reaktionen: Es besteht eine große Empfindsamkeit in allen Belangen, in denen in irgendeiner Weise Macht zum Zuge kommt. Auf jeden Ansatz von Machtmissbrauch wird heftig reagiert, ebenso auf Abhängigkeiten und Fremdbestimmung.

Gabe und Entwicklung: Menschen mit Chiron im 8. Haus verfügen über große seelische Kräfte und tragen tief in sich das Wissen über die Geheimnisse des Lebens. Damit können sie andern in Krisen und Grenzsituationen beistehen, sie darin unterstützen, über sich hinauszuwachsen. Auch die Fähigkeit, zum Kern einer Sache vordringen zu können, ungeachtet der äußeren Umstände, kann zu einer Stärke *werden. Nachdem sie selber ihre Ambivalenz und Ängste zu den Themen Macht, Wille und den Urthemen integriert haben, können sie ihr eigenes inneres Kraftpotential immer besser nutzen. Eine Angst und Verletzlichkeit zu all diesen Themen wird aber immer bleiben*

Körperthemen: *Ausscheidungsorgane, Galle, Sexualorgane und Enddarm werden am ehesten als verletzlich empfunden.*

Chiron in Goshas Geburtshoroskop

Chiron in Steinbock

Grundthema: *Menschen mit dieser Konstellation befinden sich in einer ambivalenten Beziehung zu all den Themen, welche die irdische Existenz ausmachen. Sie wissen um die Begrenzungen des Lebens und der menschlichen Natur und leiden an ihnen. Sie haben einen ausgeprägten Sinn für Autorität und Verantwortung, sehen darin Würde, aber auch Bürde. Sie sehnen sich nach klaren Strukturen und Prinzipien, schrecken aber gleichzeitig vor ihnen auferlegten Regeln zurück. Sie stehen in Verbindung mit der Geschichte Moses, der die zehn Gebote empfing, aber aufgrund seines menschlichen Versagens nicht ins gelobte Land durfte.*

Empfindsamkeit – Erfahrungen – Reaktionen: *Für alles, was mit Gesetzen, Normen, Grenzen und menschlichen Schwächen zu tun hat, besitzen diese Menschen eine extreme Empfindlichkeit. Sie haben äußerst hohe Ansprüche an sich und andere in Bezug auf Kompetenz, Disziplin und Integrität und sind extrem leicht zu kränken, wenn sie mit diesbezüglichen Schwächen in Kontakt kommen; sie erleben dies als Versagen. Durch Einsatz, Beharrlichkeit, Disziplin, oft beinahe pedantisches Einhalten von Regeln erarbeiten sich solche Menschen den Respekt und die Achtung der Umwelt. Aufgrund ihres Talentes können sie vor allem in organisatorischen Belangen,* *in denen klare Strukturen gefragt sind, viel erreichen. Gleichzeitig bleiben jedoch eine große Versagensangst und der Zweifel an den eigenen Kompetenzen bestehen – beide werden bei jedem gemachten Fehler als Wunde lebendig. Leiseste Anmerkungen oder nur ansatzweise kritische Fragen werden als Hinweis auf die eigene Schwäche, als Angriff auf die eigene Autorität und Position verstanden – selbst wenn sie wohlmeinend und konstruktiv gedacht sind. Umgekehrt haben sie selber Mühe im Umgang mit Autoritätspersonen, die ihrer Ansicht nach ihrer Aufgabe und Funktion nicht gerecht werden.*

Im Innersten fühlen sich solche Menschen immer unsicher, zweifeln an ihrer Berechtigung, erwarten eine Situation, die zeigt, dass sie den Ansprüchen nicht genügen oder Fehler machen. Das Leben ist für sie eine stete Anstrengung, um zu genügen, im Wissen darum, dass sie letztendlich das, was sie als vollkommene Meisterschaft anstreben, nie erreichen werden.

Gabe und Entwicklung: *Mit einem Chiron in Steinbock besitzen Menschen die Gabe, andern Sicherheit und Halt zu verleihen. Sie haben einen ausgesprochenen Sinn, Prinzipien und Strukturen zu erkennen und damit auch andere anzuleiten und ihnen zu zeigen, wie sie ihre Fähigkeiten und Kompetenzen schulen können. Für den eigenen Entwicklungsweg ist es nötig, sich mit der Angst vor Versagen auseinanderzusetzen und sich mit den Konsequenzen von Fehlern und Schwächen zu beschäftigen.*

Körperthemen: *Verhärtungen, Knochen, Wirbelsäule, Rücken, Knie und Haut zeigen die Grenzen der Belastbarkeit auf.*

Chiron im 7. Haus

Grundthema: *Menschen mit dieser Konstellation besitzen eine große Ambivalenz in Bezug auf Beziehungen, im Umgang mit Nähe und Distanz, Geben und Nehmen. Sie spüren in sich ein großes Liebespotential, das sie schenken und verströmen möchten, sehnen sich da-*

nach in ihrem wahren Wert und Wesen wahrgenommen und geliebt zu werden. Sie hungern nach Nähe, ertragen es aber gleichzeitig kaum, wenn jemand ihnen gegenüber aufrichtige Wertschätzung, Liebe und Sympathie bekundet oder Bezogenheit zum Ausdruck bringt. Sie fürchten sich einerseits davor, vereinnahmt und in Besitz genommen zu werden, andererseits aber auch vor Abweisung und Abwertung.

Empfindsamkeit – Erfahrungen – Reaktion: *In Beziehungssituationen reagieren solche Menschen äußerst empfindlich. Wirklich geliebt und akzeptiert zu werden bedeutet für sie Gefahr. Eine mögliche Ablehnung ihrer eigenen Liebe löst tiefen Schmerz aus. Jede Begegnung, jede mögliche Beziehung gleicht einem Hochseilakt mit der Gefahr eines Absturzes. Um diesem Dilemma zu entgehen, suchen sie früh Wege, um echte Nähe und Bezogenheit zu vermeiden. Sie übernehmen gerne die Rolle des Gebenden oder Fürsorglichen, um sich bei ihren Mitmenschen beliebt zu machen. Da jedoch in ihren Beziehungen keine wirkliche Bezogenheit entstehen darf, bleibt in ihnen ein Gefühl der Leere und Isolation zurück.*

Kleinste Gesten und Bemerkungen in Bezug auf ihr Verhalten, ihr Aussehen – auch wenn sie gut gemeint sind – werden schnell als Kritik bewertet, lösen großes Unbehagen aus und Angst, dass sie nicht liebenswert sind.

Gabe und Entwicklung: *Mit Chiron im 7. Haus besitzen Menschen die Gabe, andern Menschen ein Gefühl von Sicherheit und Wertschätzung zu geben. Durch das Erkennen ihrer eigenen Wunde werden sie auch zu guten Vermittlern und Helfern in Beziehungskonflikten von andern.*

Der eigene Entwicklungsweg beginnt mit der Entdeckung der tiefen eigenen Liebesfähigkeit, dem vorhandenen großen Sinn für Harmonie und Schönheit. Eine behutsame Öffnung für echte persönliche Begegnungen, eine Annäherung, die Berührung erlaubt, sind weitere Schritte. Es gilt auch, die eigenen Werte, den eigenen Selbstwert zu entdecken und Selbstliebe zu lernen. Dann kann die im Innern schlummernde Liebe behutsam in Beziehungen eingebracht werden. Allerdings wird es ein Leben lang immer wieder nötig sein, an dieser empfindlichen Beziehungs-Wunde zu arbeiten und mit dem Zweifel am eigenen Wert umzugehen.

Körperthemen: *Niere, Blase, Gelenke, Gleichgewichtssinn, Geschlechtsorgane und Lippen können als verletzlich oder empfindlich wahrgenommen werden.*

Chiron in der Synastrie, das heißt im Vergleich der Partnerhoroskope

Meine Sonne in Krebs steht gegenüber Goshas *Chiron* in Steinbock

In meiner Selbstfindung und -entfaltung fühle ich mich durch Goshas Verhalten sehr schnell verletzt und verunsichert. Jeder Schritt zu meiner Selbstverwirklichung muss erkämpft werden.

Umgekehrt erinnere ich durch meine Selbstentfaltung Gosha immer wieder an seine mitgebrachte „Beziehungswunde".

Das Potential dieser Konstellation wäre ein gegenseitiges Unterstützen in den verletzten Bereichen. Doch zuerst müssen diese erkannt und als persönliche Wunden akzeptiert werden.

Beim Verfassen dieser Zeilen wurde mir bewusst, was diese „Chiron-Wunde" für Gosha bedeutet: Dauerstress in unserer Beziehung! In unseren Zweiergesprächen wurde die oben beschriebene Verletzlichkeit und Angst vor Kritik und Ablehnung immer wieder so klar spürbar, dass auch Gosha merkte, dass er da ein mitgebrachtes Thema hatte. Nun war er bereit, die Verantwortung für dieses Thema selber zu übernehmen und es zu erforschen.

Mit obigen, sehr persönlichen Beispielen möchte ich zeigen, wie hilfreich astrologische Hinweise eingesetzt werden können

zur Selbsterkenntnis und Bewusstseinserweiterung. Für mich
hat das Integrieren der psychologischen und spirituellen Astrologie zu einer großen inneren Bereicherung, zu Selbstbewusstheit und Freiheit geführt.

Anwendungsgebiete der Astrologie

Die astrologische Deutungskunde kann nicht nur auf Personen
angewendet werden, sondern grundsätzlich auf jeden Moment
und auf alles, was einen Anfang, eine Geburt, hat.

Ein Horoskop kann für ein Land erstellt werden unter Einbezug des Datums der Inkraftsetzung der Verfassung. Für eine
bestehende Firma ist es möglich, ein Gründungshoroskop zu
berechnen. Geht es um eine Firmenneugründung, kann astrologisch dafür ein günstiger Zeitpunkt gesucht werden. Ein Geburtshoroskop kann für eine Paarbeziehung erstellt werden für
den Moment, wo beide ja zueinander sagen; dasselbe gilt auch
für den Zeitpunkt der Zivilheirat.

In der Wirtschaft wird die Astrologie heute intensiv für Konjunkturanalysen eingesetzt und für Prognosen des Börsengeschehens.

Die Wendezeit, welche nun durch das Corona-Virus die ganze Welt erfasst hat, wurde von den Astrologen seit Jahren vorausgesagt durch die prägnostische Analyse der Planetenstände.
Astrologisch konnte zwar nicht erkannt werden, dass es ein Virus sein würde, welches die Transformationen in fast allen Lebensbereichen bewirken würde. Es konnte nur analysiert werden, dass mehrere Planetenzyklen gleichzeitig zu Ende gehen
und eine neue Zeitqualität anbrechen würde. Wichtige Planeten
wechselten im Jahr 2020 vom Erdzeichen Steinbock ins Luftzeichen Wassermann, was heute als Initialzündung für den Digitalisierungsschub gesehen wird. Mit dem Uranustransit durch
das Stierzeichen war aus astrologischer Sicht klar, dass auch

ein unerwarteter Wertewandel stattfinden würde (erzwungen durch die Corona-Politik). Mit diesen Deutungsmöglichkeiten auf verschiedenen Ebenen des Alltags ist die Astrologie für mich so etwas wie ein Gehstock, den ich zu Hilfe nehmen kann, um mit einer zusätzlichen Bewusstseinsebene den Weg des Lebens zu gehen.

Astrologie, die Lehre der Zeitqualität

In jedem Moment sind die Planeten in einer einmaligen, nie genau so wiederkehrenden Position am Firmament. Der Astrologe kann aus jeder momentanen Konstellation eine Qualität ablesen, die sogenannte Zeitqualität.

Den Lesern ist wohl vertraut, dass alle in der Astrologie verwendeten sogenannten Planeten am Himmel ihre Umlaufbahnen haben und permanent weiterziehen. In unserem Geburtshoroskop sind die Planeten und andere Fixpunkte hingegen immer gleichbleibend. Dadurch ergeben sich in jedem Moment neue Bezüge der laufenden Planeten und Fixpunkte zu unserem ursprünglichen Horoskop (= Radix-Horoskop). Ist beispielsweise die aktuelle Sonnenstellung gerade über oder in einem bestimmten Winkel (Aspekt) zu meiner Venus im Geburtshoroskop, so spricht man von einem Transit der Sonne über die Radix-Venus. Die Sonne leuchtet sozusagen meine Geburtsvenus an und aktiviert sie dadurch. In diesen „Transittagen der Sonne über meine Venus" ist mein Venusthema (Liebe, Beziehung, Schönheit) vermehrt angesprochen.

Da wir nun aber etwa zehn Planeten und etliche andere Fixpunkte haben, die im Geburtshoroskop hinterlegt sind, und ebenso viele Planeten und Fixpunkte, die am Himmel ihre Bahn ziehen, ergibt sich tagtäglich ein neues komplexes Transitbild = Bild der aktuellen Planetenübergänge über meine Planeten im Geburtshoroskop. Dieses Transitbild aktiviert meine Ursprungsstellungen auf ganz unterschiedliche Weise und wird von den Astrologen als persönliche Zeitqualität bezeichnet. Eine der Hauptaufgaben der Astrologen ist es, für Menschen, die zu einer Beratung kommen, die „Qualität ihrer Zeit" zu bestimmen. Wir alle haben sicher schon festgestellt, dass es während unseres Lebens unterschiedliche Phasen gibt. Auf unbeschwerte Zeiten folgen schwerere Zeiten, Phasen, in denen die Liebe und Partnerschaft im Vordergrund stehen, wechseln mit solchen, in denen mehr der Beruf oder andere Verpflichtungen wichtig sind. Anspruchsvoll sind meistens die Momente, in denen etwas losgelassen werden muss (Menschen, Umgebung, Beruf), eine Orientierungslosigkeit (Beruf, Partnerschaft, Lebensziel) besteht oder eine Krankheit entsteht bzw. ein Unfall geschieht. Solche Zeiten sind immer mit herausfordernden Übergängen (= Transiten) von Planeten über die eigenen Geburtskonstellationen verbunden. Planetenübergänge aktivieren bestimmte Planetenenergien im Geburtshoroskop. Diese aktuell aktivierten Energien versucht eine Astrolog:in bei einer persönlichen Beratung möglichst passend zum Seelenplan eines Klienten zu deuten. Ziel einer Beratung ist es, dem Klienten konstruktive Lösungswege und neue Blickwinkel für die ihn herausfordernden Themen anzubieten. Dazu gilt es als Astrolog:in, die Denk- und Veränderungsmöglichkeiten des Klienten möglichst gut einzuschätzen, was optimaler Intuition und Einfühlung bedarf.

Saturn-, Uranus- und Pluto-Transite über Goshas und Lisas Horoskop:

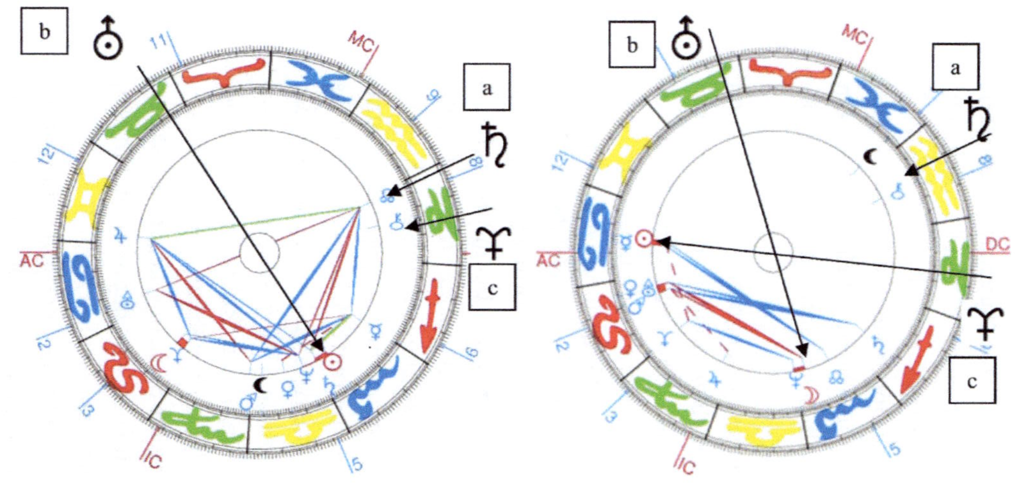

a) Saturn-Transit im Steinbockzeichen überquert Goshas Chiron und aufsteigenden Mondknoten

b) Uranus-Transit im Stier-Zeichen steht in einer Opposition zu Goshas Sonne/Saturn-Konjunktion im Skorpion-Zeichen im 2019/20.

c) Pluto-Transit im Steinbock-Zeichen überquert Goshas Chiron im Steinbock-Zeichen.

a) Saturn-Transit im Steinbockzeichen steht in Opposition zu Lisas Sonne im Krebszeichen

b) Uranus-Transit im Stier-Zeichen steht in einer Opposition zu Lisas Mond/Neptun-Konjunktion im Skorpion-Zeichen im 2019/20

c) Pluto-Transit im Steinbock-Zeichen steht in Opposition zu Lisas Sonne im Krebs-Zeichen.

Der Saturn-Transit (siehe obiges Kosmogramm unter a)) durchquert ab Winter 2018/19 das siebte Haus von Gosha. Er beginnt sich unwohl und eingeengt zu fühlen (Saturn) in der Beziehung bzw. seinen Beziehungsmustern (7. Haus), weiß aber nicht, was ändern und geht in eine depressive Phase. Bald darauf überquert Saturn Goshas Chiron; er wird mit seiner Verletzlichkeit konfrontiert und macht mich dafür verantwortlich (Projektion). Saturn a) macht jetzt auch eine Opposition zu meiner Sonne, worauf ich mich auch eingeengt und begrenzt fühle in meinem Selbstausdruck durch das Verhalten von Gosha. Ich schlage eine Paartherapie vor.

Der Planet Uranus (siehe obiges Kosmogramm unter b)) stand im Winter 2019/20 gegenüber meiner Mond/Neptun-Konjunktion und ebenso gegenüber Goshas Sonne/Saturn-Konjunktion, welche wir beide im Skorpionzeichen haben. Uranus-Transite bringen immer, teils plötzliche, Veränderungen. Wenn der Planet Uranus nun das Stierzeichen durchquert, dann geht es um Werte, materielle oder immaterielle. Für uns beide ging es also darum, unsere Werte zu überprüfen. Bei mir betraf dies den Bereich meiner tiefen, mystischen und spirituellen Gefühle, bei Gosha war die Auseinandersetzung mit seinem eher „gehemmten Selbstausdruck" angesprochen. Ich spürte diese „uranische Energie", die zur Veränderung aufrief, in meinem Fall als ein Bedürfnis nach mehr Gefühlstiefe und -weite, auch in der Partnerschaft. Bei Gosha löste diese „Uranus-Energie des Wandels" Angst aus. Er fühlte sich in seinen Schutzstrukturen bedroht und machte gefühlsmäßig noch mehr zu. Kontrollverlust war ihm unheimlich. Dass er seine Seele und Lebendigkeit einsperrte, spürte er ebenfalls in Form von depressiven Phasen, Vergesslichkeit und einem zittrigen rechten Arm.

Da er es nicht schaffte, sich selbst den nötigen Veränderungen hinzugeben, und ich ihm deshalb ziemlich Druck machte, willigte er schließlich in eine Paartherapie ein.

Der sich sehr langsam fortbewegende Planet Pluto wanderte in 2008 am Himmel ins Steinbockzeichen und berührte ab 2010 bis heute mehrere sensible Punkte (AC, DC, 7. Haus der Ehe und

Begegnungen) in unser beider Horoskope (siehe Kosmogramm mit Pluto-Transit unter c)). Pluto-Transite rufen zu Wandlung und Transformation auf. Mit unserem freien Willen können wir immer entscheiden, ob wir mit oder gegen die Zeitqualität handeln wollen. Durch meine Kenntnis der astrologischen Planetenenergien ist mir vertraut, dass Pluto-Transite „Stirb- und Werde-Prozesse" unterstützen, ja fordern. Also habe ich mich gefragt, was muss/darf sterben und sich transformieren in meinem und unserem Haus der Begegnung. Einerseits war dies die Zeit unseres Hausbaus; mich zog es in eine neue, mir optimal entsprechende Umgebung. In unserer Beziehung war es mir ein Anliegen, die Gesprächsqualität zu verbessern und endlich die energieraubenden Machtkonflikte (Pluto-Themen) zu beenden, um dadurch mehr Intimität und Tiefe in der Begegnung zu ermöglichen, was willentlich eigentlich von beiden gewollt war.

Auch Pluto hatte unterdessen die Stellung von Goshas Chiron im Geburtshoroskop überquert. Gosha wurde nicht nur durch mich, sondern auch durch diesen Transit über seinen Chiron im Geburtshoroskop auf seine große mitgebrachte Wunde aufmerksam gemacht und zwingend von der kosmischen Zeitqualität dazu eingeladen, sich mit seiner Verletzlichkeit und mangelnden Kritikfähigkeit auseinanderzusetzen.

Wenn wir Astrologie auf diese Weise zu Hilfe nehmen, kann uns das Wissen der Zeitqualität helfen zu erkennen, was thematisch an Entwicklungsschritten ansteht. So kann es gelingen, statt an Krisen zu zerbrechen oder krank zu werden, dazuzulernen, Vertrauen ins Leben zu gewinnen und den Horizont zu erweitern.

Astrologie, eine Erfahrungswissenschaft

Obwohl Astrologie, als die Lehre von der Sterndeutung, den Menschen schon seit Jahrtausenden begleitet, wird sie nicht als klassische Wissenschaft anerkannt. In Indien und Europa ist Astrologie aber als Studienfach an die Universitäten zurückgekehrt. Astrologie gilt als Erfahrungswissenschaft, was heißt, dass die Erkenntnisse prinzipiell aus Wahrnehmung und Beobachtung gewonnen werden oder aus Zeugnissen, die ihrerseits auf Wahrnehmungen zurückgehen. Da sich die Gesamtheit der Planetenkonstellationen am Himmel nie in gleicher Weise wiederholen wird, können auch keine genau gleichen Versuchswiederholungen stattfinden. Deshalb wird die Astrologie nie dem wissenschaftlichen Dogma der Wiederholbarkeit genügen können.

Doch Astrologie ist unterdessen eine hilfreiche Wissenschaft der Zyklen, der Archetypen und der energetischen Qualitäten, die im Leben zur Verfügung stehen. Astrologie ist ein Instrument zur Bewusstseinserweiterung und Seelenentwicklung.

Astrologie als Lehre der Zyklen

Der Mond kreist um die Erde, alle andern in der Astrologie berücksichtigten Planeten kreisen hingegen in verschieden großen Umlaufbahnen um die Sonne. Von der Erde wissen wir, dass sie in einem Jahr, genauer in 365,25 Tagen, einmal um die Sonne kreist. Auch alle anderen Planeten haben Umlaufzeiten um die Sonne. Je näher sie bei der Sonne sind (Merkur, Venus), umso kürzer ist ihre Umlaufzeit; je weiter weg sie sind, umso länger dauert es, bis sie einen Umlaufzyklus abgeschlossen haben (Saturn, Uranus, Neptun, Pluto).

Der Mondzyklus dauert 29.53 Tage und ist den meisten Menschen vertraut durch die verschiedenen Mondphasen, die sich am Himmel regelmäßig wiederholen. Ob sich der Voll- oder Leermond auf unsere Stimmung, Unfallquoten oder die Geburtenhäufigkeit auswirkt, ist bis heute umstritten. Hingegen würde auch der Menstruationszyklus der Frau dem Mondzyklus folgen, wenn da nicht die moderne Lebensweise mit Verhütungsmitteln und anderen Störungen (künstliches Licht, Nachtschicht) des natürlichen Zyklus wäre. Die Mondphasen können unsere Biochemie und wohl auch unsere Laune beeinflussen. Gärtner stellen das auch bei den Pflanzen fest und säen, setzen und ernten diese darum, v. a. gemäß der anthroposophischen Lehre, nach dem Mondkalender.

Der Planet Mars braucht für seine Umlaufzeit um die Sonne 2 Jahre. Das heißt, dass er auch die zwölf Häuser eines Horoskops in dieser Zeit durchquert. Werden bei der Durchquerung Planeten oder andere sensible Punkte betroffen, so werden diese Punkte durch die „Mars-Energie" energetisch aktiviert, angeheizt mit geballter Kraft. Dies kann zu mehr Lebensenergie führen, einem Neuanfang, aber auch zu Streit oder Entzündungen, je nachdem wie bewusst ich diese Energie kanalisieren und nutzen kann.

Jupiter umkreist die Sonne in fast zwölf Jahren; er bleibt also während eines ganzen Jahres in einem astrologischen Haus. Die Jupiter-Energie steht für Begeisterung, Weite, Fülle, Toleranz und Reisen. Bei einem Jupiter-Transit werden alle davon betroffenen Konstellationen und der Lebensbereich des betreffenden astrologischen Hauses energetisch „großzügig unterstützt". Optimismus, Mut, Unternehmenslust und ein erweiterter Blickwinkel sind die Folge davon, aber auch Übertreibungen gehören dazu.

Der Planet Saturn braucht für seinen Zyklus 29.6 Jahre, was etwa einer Generation im menschlichen Leben entspricht. Die Saturn-Qualität steht für das Erfahren von Grenzen und die Übernahme von Verantwortung. Der erste Saturnzyklus von 0–30 Jahren ist die Zeit des Heranwachsens, des Spielens und Ausprobierens. Von 30–60 Jahren, während des zweiten Saturn-Umlaufs, übernimmt der Mensch mehr Verantwortung, stellt sich in seinem Beruf, gründet eine Familie, Firma und sucht seine Berufung.

Im dritten Lebensabschnitt, dem dritten Saturnzyklus, von 60–90, geht es um das Loslassen vom Berufsleben, oft auch von den Eltern und um die Sinnsuche des verbleibenden Lebens. Alles verlangsamt sich, der Körper setzt Grenzen.

Der Planet Uranus umkreist die Sonne in 84,6 Jahren, was etwa einem menschlichen Leben entspricht. Die „Uranus-Energie" bringt, wie schon angedeutet, oft plötzliche Veränderungen; sie fordert auf, neue Wege zu gehen. Dies kann ein Wohnortswechsel sein, eine Kündigung/Jobwechsel, Beziehungsabbruch oder -neuanfang, auch ein Unfall oder nervliches Problem/Burnout. Je bewusster wir bereits im Vorfeld die „Energie der Veränderung" in unserem Leben spüren, umso eher können wir die Veränderung selber steuern und sind nicht deren Opfer. Dies gilt auch für die jetzige Corona-Zeit. Es gibt kein Zurück zum oder Festhalten am Alten, nur ein Vorwärts zu neuen Werten. Der Geist wird aktiviert, neue Ideen wollen Gestalt annehmen.

Neptun umkreist die Sonne in 165.5 Jahre. Das heißt, er braucht fast 14 Jahre, bis er ein astrologisches Zeichen durchquert hat. Die Neptun-Qualität wirkt auflösend und entgrenzend. Was sich konkret auflöst, wird bestimmt durch die astrologischen Konstellationen und Häuser, die berührt werden. Das können Beziehungen sein, Verträge, aber auch Überzeugungen und fixe Vorstellungen. Bewusstsein kann sich erweitern; Phantasie, musische Tätigkeiten und spirituelle Erlebnisse werden begünstigt. Entgrenzungserfahrungen können angsteinflößend sein, da sie ein Loslassen bedingen und Vertrauen in etwas Größeres fordern.

Pluto, der kleinste und langsamste unter den berücksichtigten Planeten, braucht ca. 248 Jahre für einen Umlauf um die Sonne. Das heißt, er bleibt während gut 20 Jahren im gleichen astrologischen Zeichen und geht als Transit sehr langsam über eine Konstellation. Pluto gilt als Planet der Wandlung und „Herr der Unterwelt"; was er berührt, lässt er verändert zurück! Pluto-Transite lösen oft Krisen aus und konfrontieren uns mit unsern Schattenthemen. Diese gilt es zu bereinigen und ans Licht zu bringen. So führt uns ein Pluto-Transit auch zu unserem wahren Potential, wenn wir uns denn dem Wandel hingeben können. Angst vor Kontrollverlust steht dem oft im Wege, was dann zu Krankheit und Selbstsabotage führen kann.

Astrologie als Lehre der Archetypen

Mit Archetypus wird eine Grund- oder Urprägung bezeichnet. Archetypen werden definiert als psychische oder psychophysische Urbilder, die als unbewusste Wirkfaktoren das menschliche Verhalten und Bewusstsein beeinflussen.

In der Astrologie wird jedem Tierkreiszeichen und Planeten ein Archetypus, ein „Lebensprinzip", zugeordnet. Diese Archetypen gehen im Symbolgehalt auf griechische und römische Mythen und deren Götterwelt zurück. Jeder Archetypus hat Sonnen- und Schattenseiten.

Der Widder in dir ist die Kriegerin, der Kämpfer, der Pionier:

mutig, unabhängig, gewagt, feurig und aktiv lenkt er die Energie. *Schattenseiten:* aggressiv, ungeduldig, zerstörend, egoistisch, dominant.

Der Planet Mars ist sein Botschafter, benannt nach dem römischen Kriegsgott Mars.

Der Stier in dir ist der Genießer:

gut geerdet, ausdauernd, stetig, willensstark, selbstbewusst, sinnlich.

Schattenseiten: bequem, materialistisch, gierig, stur, faul, unflexibel.

Der Planet Venus ist seine Botschafterin, benannt nach der römischen Göttin Venus, welche Symbol der Sinnlichkeit und Liebe ist.

Der Zwilling in dir ist Geschichtenerzähler, begnadeter Redner und Zuhörer, Journalist und Bote von Neuigkeiten:

gesprächig, neugierig, flexibel, sozial, aufmerksam, intellektuell lebendig.

Schattenseiten: unruhig, oberflächlich, nervös, zerstreut, intrigant, boshaft. Der Planet Merkur, analog zum griechischen Gott Merkur, symbolisiert den Götterboten, den Handel, die Kommunikation.

Der Krebs in dir ist der Erzieher, die Mutter und Urmutter:

sanft, empfindsam, mütterlich, weiblich, nährend, verwurzelt, fürsorglich.

Schattenseiten: launisch, manipulativ, besorgt, klammernd, ängstlich.

Der Mond, analog zur röm. Göttin Luna, symbolisiert die Gefühlswelt.

Der Löwe in dir ist dein innerer König, der Darsteller, das Kind:
herzlich, selbstbewusst, ausdrucksstark, kindlich, großzügig, kreativ, treu.

Schattenseiten: stolz, eingebildet, narzisstisch, dominant, anmaßend.

Die Sonne ist die Botschafterin des Löwen; selbst ein Archetypus des Lichtvollen, Positiven, Wärmenden, Freudvollen.

Die Jungfrau in dir ist Heiler, Perfektionist, Märtyrer:
analytisch, ordentlich, dienend, präzise, praktisch, gesund, rein, schlau.

Schattenseiten: zynisch, kritisch, zu perfektionistisch, scheu, ungesund. Merkur, in Anlehnung an den gleichnamigen Gott der Wissenschaften und der Gerechtigkeit, ist der Botschafter der Jungfrau.

Die Waage in dir ist der Friedensstifter, der Künstler:
harmonisch, kompromissbereit, schönheitsliebend, taktvoll, künstlerisch.

Schattenseiten: unentschlossen, zögernd, eitel, kokett, defensiv, unehrlich.

Die Venus ist ihre Botschafterin; sie symbolisiert, analog der römischen Göttin Venus, Schönheit, Kunst, Harmonie.

Der Skorpion in dir ist der Detektiv, der Schattenarbeiter:
belastbar, heftig, leidenschaftlich, tiefgehend, treu, magisch, sexuell.

Schattenseiten: kontrollierend, eifersüchtig, misstrauisch, zwanghaft.

Der Planet Pluto ist der Botschafter des Skorpions; in der griechischen Mythologie ist er der Gott der Unterwelt, des Totenreichs und Verborgenen.

Der Schütze in dir ist der ewige Student, Philosoph und Zigeuner:

enthusiastisch, optimistisch, philosophisch, wissenschaftlich, ehrlich.

Schattenseiten: dogmatisch, wertend, übertreibend, unruhig, unverbindlich.

Der Planet Jupiter ist sein Botschafter; er symbolisiert, analog dem obersten römischen Gott, den Beschützer von Staat und Gesellschaft.

Der Steinbock in dir ist der Premierminister, Vater und Oberhaupt:

ehrgeizig, fleißig, integer, strukturiert, traditionell, effizient, ernst.

Schattenseiten: streng, pessimistisch, herrisch, steif, kalt, restriktiv.

Saturn ist der Botschafter von Steinbock und repräsentiert, analog dem gleichnamigen römischen Gott, Ackerbau, Aussaat und Ernte.

Der Wassermann ist dein innerer Revolutionär und Exzentriker:

freiheitsliebend, freundlich, unkonventionell, tolerant, innovativ, klug.

Schattenseiten: unzuverlässig, übereifrig, roboterhaft, unpraktisch.

Uranus ist sein Botschafter, dieser ist in der griechischen Mythologie der Gott des Himmels mit einer überschäumenden Schöpferkraft.

Der Fisch in dir ist dein Poet, Träumer und Mystiker:

emotional, einfühlsam, gefühlvoll, verträumt, aufopfernd, musisch.

Schattenthemen: wahnhaft, hypersensibel, grenzenlos, vage, passiv.

Neptun ist der Botschafter der Fische; er hat seinen Namen vom griechischen Gott der Quelle, des Wassers und der Meere.

Wichtig zu wissen: Jeder Mensch trägt alle diese Urprinzipien in sich, nur eben in individuell verschieden ausgeprägter Form.

Das Geburtshoroskop gibt Auskunft darüber, welche dieser Archetypen bei einem Menschen dominant, sind und somit sein Wesen und seine Art des Handelns mehr oder weniger stark prägen.

Die Archetypen, die in uns wirken, können wir uns auch als Schauspieler unseres Lebenstheaters vorstellen. Jeder Archetyp vertritt eine bestimmte Qualität und Energie. Einige Darsteller haben Hauptrollen, andere Nebenrollen. Ein Leben fühlt sich dann stimmig an, wenn jeder unserer Archetypen seinen passenden Platz mit der passenden Rolle in unserm Lebenstheater einnehmen darf. So entsteht schließlich unser Lebensfilm. Je bewusster wir mit diesen Energien, die unser Potential repräsentieren, umgehen, umso eher können wir positive Schöpfer unseres eigenen Lebens werden.

Weiterführende Infos zur Astrologie

www.astrodata.ch: ist seit 40 Jahren am Aufbau und Verbreiten einer seriösen Astrologie beteiligt mit verschiedensten Computeranalysen, Wochennewslettern, der Zeitschrift „Astrodata" und einem Ausbildungsangebot.

www.silkeschaefer.com: sehr präsent auf YouTube mit Interviews zur „Neuen Zeit", Vollmondmeditationen und Online-Ausbildungen.

www.astro-management.com von Dr. Christof Niederwieser: Astrologie und Prognostik, v. a. Wirtschaftsastrologie und Online-Ausbildungen.

7

DIE FEINSTOFFLICHE
UND GEISTIGE WELT – ERFAHRUNGEN

*„Das einzig lebenswerte Abenteuer kann für den
modernen Menschen nur noch innen zu finden sein."*

C. G. Jung

Die feinstoffliche Welt ist das Nichtmaterielle, z. B. Gefühle, Gedanken, Glaubensmuster, Träume, Inhalte des Unter- und Überbewusstseins.
Nach Varda Hasselmann gehört auch die Seelenwelt mit ihren verschiedenen Ebenen zur feinstofflichen Welt. (Siehe 9. Kap. S. 323)

„Geist hat zwei Aspekte: einerseits gehören Begriffe wie Verstand, Intellekt, Denkfähigkeit, Urteilskraft sowie die Möglichkeit, Zusammenhänge zu erkennen und Einsichten zu gewinnen, zum Wort Geist. **Geist ist also das Medium, um wahrzunehmen und Bewusstheit zu erarbeiten.** Geist übernimmt eine Vermittlungsaufgabe zwischen Körper-Psyche-Seele und dem All-Einen. Geist hat kommunikative Aspekte, denn Geist sucht Verbindung und entwickelt sich im Kontakt und Austausch. Sprache, Schrift und Kunst sind Ausdruck geistiger Tätigkeit." Geist kann sich auch in die transpersonale Welt des Überbewusstseins öffnen für Intuition und Inspiration. In der transpersonalen, über das Ego hinausreichenden Welt können verschiedene Räume, Dimensionen und Seins-Zustände erforscht und erfahren werden.
Geist wird aber auch gebraucht als Begriff für das, was hinter allem steht, also für Gott, das All-Eine, Allumfassende.

Philosophie und Religionen sind für mich Lehren, mit welchen geistige Inhalte erklärt und in Strukturen gebracht werden wollen. Der Begriff „die geistige Welt" wird oft für alles Feinstoffliche gebraucht und mit Spiritualität gleichgesetzt. Spiritualität ist für mich auch mehr als religiöses Suchen; es ist das Anerkennen eines unendlichen Raumes von Qualitäten, von denen wir Menschen meist nur einen winzigen Bruchteil wahrnehmen und einordnen können. Die Empfangsbereitschaft für die Inhalte der „geistigen Welt" ist so individuell wie die Menschen selber. Es kommt ganz darauf an, worauf ich meine Antennen (Geist, Bewusstsein) richten kann, um die unterschiedlichen Sender/Welten/Dimensionen empfangen zu können.

Im Folgenden werde ich meine persönlichen Erfahrungen zu verschiedenen feinstofflichen, geistigen Themen schildern.

Sensitivität im Kindesalter

Mit sieben Jahren ging endlich mein Wunsch nach einer eigenen Katze in Erfüllung. Miggi hieß meine weißhaarige Schönheit mit buschigem roten Schwanz und roten Fellflecken an den Ohren. Die Vierbeinerin begleitete mich von da an durch mein Leben. Stand ich morgens auf, wartete sie bereits vor meiner Schlafzimmertüre. Ins Bett nehmen durfte ich sie nicht; das hatte mir meine Mutter aus hygienischen Gründen strikt verboten. Ging ich zur Schule, begleitete mich Miggi häufig. Bevor die verkehrsreiche Straße kam, blieb sie instinktiv sitzen. Um nach Hause zu kommen, hatte ich zwei Möglichkeiten. Entweder lief ich eine Straße entlang oder durch ein Landwirtschaftsgebiet. Miggi wartete meistens auf halbem Wege wie selbstverständlich auf mich und begleitete mich nach Hause. Wie konnte Miggi spüren, wann und auf welchem Weg ich heimwärts kehren würde? Dies war meine erste bewusste Erfahrung, die mir signalisierte: Es gibt etwas Höheres als den Verstand. Es schien eine Art feinstoffliche Ebene zu existieren, die mich mit Miggi verband. Dies spürte ich ganz deutlich. Erst später stieß ich auf die Forschungen von Rupert Sheldrake[25] über das Morphische Feld und seine ähnlichen Experimente und Erlebnisse mit Tieren.

In meiner Kindheit besuchte ich oft meine Großmutter, die nebenan auf einem Bauernhof lebte. Ich empfand sie als demütige, aber willensstarke Frau, die eine Art unscheinbare Kraft in ihrem Rücken hatte, welche sie größer und stärker wirken ließ, als sie in ihrer körperlichen Kleinheit war. Erst später erkannte ich, dass sie ein spirituelles Leben führte, das über das damals übliche christliche Papierbekenntnis hinausging. Sie schien in einer geistigen Verbindung und einem Dienen gegenüber Gott zu leben, welches ihr Kraft und Halt gab. Diese innere Haltung liess sie ruhig und gelassen bleiben, auch wenn sie beispielsweise von ihrem eher launischen Ehemann unschön betitelt und behandelt wurde. Heute würde ich sagen, Großmutter hatte eine starke, lichtvolle Aura. Für mich hielt sie, wann immer ich vorbeikam, eine Süßigkeit bereit. Es war ihre Art, mir ihre Liebe zu zeigen.

Im Zusammensein mit meiner Familie merkte ich, dass ich feinstoffliche Dinge sah und spürte, die meine Eltern und Geschwister so nicht wahrnahmen. Oftmals kam ich mir komisch vor mit meinen Empfindungen und Feststellungen, die sie nicht teilen konnten. Dies bewog mich mit der Zeit, zu hinterfragen, ob ich falsch sei in meiner Sicht der Dinge. Schon früh analysierte ich die Charaktere und Beziehungsmuster meiner Eltern. Es war meine natürliche Art, kein Blatt vor den Mund zu nehmen. Probleme und Spannungen sprach ich direkt an. Meine Offenheit schien ihnen manchmal sehr unangenehm zu sein. Mein Vater hörte bald von mir, dass er neurotisch und manisch-depressiv

---

25 Sheldrake postulierte, dass jede materielle Struktur (Menschen, Tiere, Pflanzen, Steine) in ein unsichtbares, selbstorganisierendes Feld eingebunden ist. Diese feinstoffliche Struktur (ähnliche Begriffe sind Aura, Informationsfeld) kann von bestimmten Menschen, Tieren und Pflanzen wahrgenommen werden.

sei; heute würde man diese Wesensart als bipolar bezeichnen. Meine Mutter ertrug nicht, dass etwas Negatives angesprochen wurde. Alles, was nicht harmonisch klang, wurde unter den Tisch gewischt. Ich, oft als Verursacherin der Disharmonie, wurde mit bösem Blick zum Schweigen gebracht. Sie war bewusste Anhängerin von Emil Coué und seiner Lehre vom „positiven Denken". Immer lächeln und alles Dunkle verdrängen, gefiel mir damals gar nicht. Aus dem Unvermögen und der Angst hinzuschauen, wurden die Schattenthemen meines Vaters verdrängt.

Ich zog es vor, mich oft im Freien anstatt in der Familie aufzuhalten. Beim Spielen mit den Nachbarskindern oder Schulfreunden war mir wohl. Liebend gerne streifte ich auch allein durch Wald und Wiesen.

Alleine in der Natur überkam mich oft das Gefühl, nicht allein zu sein. Wald und Wiesen schienen mit Wesenheiten und Kräften belebt, welche ich manchmal nur erahnte. Oft aber spürte ich etwas Beschützendes.

So ängstigte ich mich als Kind auch kaum, war waghalsig und experimentierfreudig. Mehr noch: Ich suchte das Abenteuer! Mit meinen Akrobatikübungen auf dem Fahrrad und den darauffolgenden Stürzen forderte ich meine Schutzengel öfters tüchtig heraus.

Meine Mutter meinte, ich müsste doch, wie meine ältere Schwester, auf Mädchengeburtstage eingeladen werden. Nach meinem Empfinden wurde dort geheuchelt, „getratscht" und um Sympathien für Freundlinnen geworben. All das interessierte mich nicht.

Bei meinen Lehrern war meine Direktheit ebenfalls nicht immer willkommen. Einmal stand ich vor meinen Primarlehrer, als er Vittorio, einen italienischen Migrantenjungen, ein weiteres Mal mit dem Holzscheit schlagen wollte. Aus tiefstem Herzen und mit Mitgefühl für Vittorio sagte ich dem Lehrer mitten ins Gesicht, er sei parteiisch; er hätte es auf die Ausländer abgesehen.

Aus heutiger Sicht würde ich sagen, dass ich sehr authentisch war. Ich stand zu mir und meinen Gefühlen.

Diese Sicherheit bröckelte in der Pubertät. Der Gifttod meiner geliebten Katze Miggi war ein emotionaler Schock mit depressiven Nachwirkungen.

Die zunehmende Kritik meiner Mutter an meiner direkten Art und meinem Lebensstil schmerzte mich mehr und mehr. Rückblickend schien diese Art der Reaktion die einzige Möglichkeit meiner Mutter gewesen zu sein, ihr Unverständnis mir gegenüber kundzutun. Uns waren einfach nicht die gleichen Werte wichtig. Ich hätte Tennis spielen, reiten, ein Instrument lernen können; doch ich war lieber allein oder mit meinen Hunden draußen in der Natur.

Mutter lernte in ihrer Kindheit und Jugend, sich anzupassen und unterzuordnen. Mich erlebte sie als Rebellin, „Eigenbrötlerin" und Revoluzzerin.

Die Rückmeldungen von Lehrern, ich sei frech, konnte ich mit der Zeit auch nicht mehr wegstecken. Aus meiner heutigen Sicht hinterfragte ich zu vieles im Schulsystem und im Leben; dies schien für viele Menschen in meinem Umfeld unangenehm.

In meiner Mittelschulzeit brach mein Selbst-Wert irgendwie ein. Das tat weh. Was sollte ich jetzt tun? Normal, gehemmt und heuchlerisch werden wie die andern? Zu beobachten, wie ich mich benehmen sollte, um eben angepasst und normal zu sein, wurde meine Beschäftigung.

Mit meiner Wahrnehmung war ich nur noch bei den andern, im Außen, aber nicht mehr bei mir. Ich spielte ein Spiel, bei dem ich nicht mehr ich war, sondern eine Vorstellung von mir als junge Frau. Wie hatte ich mich als Frau zu benehmen, um bei den Mitmenschen anzukommen?

Es war eine meiner unglücklichsten Zeiten – haltlos, sinnentleert und ohne innere Führung.

Diese Verzweiflung bewog mich vermehrt, bei einer höheren Instanz, meiner Seele, der Quelle, Gott, oder wie man es nennen will, um Hilfe zu bitten.

In meinem Au-pair-Vierteljahr in England erlebte ich erstmals wieder erhebende Momente in vielen fantastischen Musicals und Konzerten. Ich spürte, wie mich Musik innerlich zutiefst berühren und beglücken konnte.

Von meiner zerrütteten Gastfamilie lief ich nach einigen Wochen davon.

Ich wollte leben, statt mich anzupassen! Am brausenden Meeresstrand von Brighton genoss ich endlich romantische Gefühle mit einem iranischen Gaststudenten.

Wenig später kam es zum Zusammentreffen mit Gosha, meinem jetzigen Mann. Es fühlte sich an, als wäre er für mich von der geistigen Welt organisiert worden mit dem Begleitkommentar: „Das ist der Richtige, aber es wird nicht einfach sein."

In dem Moment, wo Gosha in mein Leben trat, fühlte ich mich wieder angebunden an meine Quelle. Mein Leben bekam Sinn und die Aufgabe, mich auf einen herausfordernden Seelenweg zu zweit einzulassen.

Begegnung mit Yoga

Wegen meiner Rückenprobleme nahm mich eine Lehrerkollegin mit zu ersten Yogastunden in Zürich. Diese fanden noch in einem Wohnzimmer statt. Die Körper- und Achtsamkeitsübungen taten mir von Anfang an gut. So beschloss ich, mit dem Üben dranzubleiben. Wenn ich längere Zeit in sitzender Haltung aufrecht meditierte, schwebte auf einmal mein Bewusstsein, mein Geist über meinem Körper. Ich konnte wie aus der Flugschau auf diesen herabschauen. Für dieses Phänomen, heute Dissoziation genannt, hatte ich damals keinen Namen und fragte mich, ob es wohl andern auch so erginge. Doch darüber wagte ich nicht zu sprechen. Mit den Jahren hatte ich das Gefühl, dieses Austreten des Bewusstseins aus dem Körper sei wohl nicht gesund und meditierte nur noch auf dem Rücken liegend. Auf diese Weise trennte sich mein Bewusstsein nicht mehr vom Körper.

Heiler und Schamane auf
den Philippinen

Im Jahre 1982 unternahm ich mit meinem Freund Gosha eine mehrmonatige Asienreise, welche uns auch auf die Philippinen führte. Wir besuchten das Städtchen Banaue, welches im Hochland lag und einen wunderschönen bunten Markt hatte.

Abends setzte ich mich für eine Erfrischung in ein Restaurant. Ein kleiner Mann mittleren Alters kam auf mich zu und fragte, ob ich Französisch könne. In seiner Hand hatte er einen Brief, den er nicht übersetzen konnte. Beim Übersetzen merkte ich, dass es ein Dankesbrief war von einer Patientin an einen philippinischen Geistheiler. Er gab zu erkennen, dass er der Heiler war, und fragte mich, ob ich an seiner Arbeit interessiert sei. Oh, das war ein gefundenes Fressen für mich! Natürlich interessierte mich eine solche Begegnung. Anderntags gingen Gosha und ich neugierig in seine Wohnung. Ein Klient lag auf einer Liege, bereit für eine Behandlung. Wir durften zusehen, wie der Heiler den Mann mit flinken Händen abtastete. Plötzlich drangen seine Finger an einer Stelle in die Haut ein und drückten im Gewebe herum, so dass Blut floss. Dann zog der Heiler ein kleines blutiges Stück Gewebe heraus und warf es in einen Kübel. Mit seinen Fingern schloss er die vorher offene Stelle und tupfte sie ab. Zu unserm Erstaunen war von der Operation gar nichts mehr zu sehen. Welch wundersames Geschehen! Der Heiler erzählte uns von der Heilarbeit, wie er sie von seinem Vater gelernt hatte. Als Erstes musste er als Jugendlicher Reiskörner in einem Wasserglas nur mit der Kraft der Vorstellung und seines Geistes zum Springen bringen. Erst nachdem ihm das gelungen war, erhielt er von seinem Vater weitere Unterweisungen im geistigen Heilen. Schließlich fragte er mich, ob ich Interesse hätte, mich für eine Geistheiler-Sitzung hinzulegen. Da mir bewusst war, dass ich noch einige „körperlich-seelische Knöpfe" hatte und mich diese Arbeit sehr interessierte, nutzte ich die Gelegenheit. Vertrauensvoll legte ich mich hin. Alsbald spürte ich an meiner Stirn und unter dem Nabel, wie seine Finger in mein Gewebe eindrangen. Es fühlte sich an, wie wenn die Finger etwas in meinem Gewebe suchen würden. Schließlich klaubten sie ein kleines Gewebestück heraus, das ebenfalls im Kübel landete. Gosha durfte von der Behandlung Fotos machen, welche noch heute in unserem Fotoalbum die Geschichte bezeugen. Zuletzt hatte der Heiler noch einen Wunsch. Er fragte, ob ich ihm vielleicht die Möglichkeit verschaffen könnte, als geistiger Heiler in die Schweiz zu kommen. Ich erkundigte mich daraufhin in der Schweiz beim Basler Psi-Verein (Parapsychologische Gesellschaft). Diese lehnten das Anliegen ab mit der Begründung, dass die Heiler im Ausland oft ihre Heilfähigkeiten einbüßten.

Ich bin seit dieser Kontaktaufnahme Mitglied des Basler Psi-Vereins, heute BPV. Unterdessen hat der BPV, der sich stark für die Erforschung der Grenzwissenschaften (z. B. geistiges Heilen, Medialität) einsetzt, schon manchen philippinischen Heiler in die Schweiz geholt, damit diese ihr Heilwissen zeigen und weitergeben konnten.

Auf unserer Philippinenreise begegnete uns auch ein alter Schamane. Er bot sich an, für uns ein Hühneropfer zu bringen, damit wir Reiseglück hätten. Vor unsern Augen durchschnitt er einem Huhn die Kehle und ließ das Blut auslaufen. Aus der Art und Weise, wie der Blutkuchen geronnen war, machte der Schamane seine Deutung. Diese Art von Zeremonie schauderte mich, erlaubte uns aber Einblick in die Kultur und Denkweise dieser Menschen.

Erste Begegnung mit Astrologie

Nach unserer Asienreise hatte ich meine erste persönliche Beratung bei einer professionellen Astrologin. Ich war tief beeindruckt, was aus den Planetenkonstellationen zu meiner Geburtszeit, dem sogenannten Kosmogramm, auf meinen jetzigen Charakter und möglichen Lebensweg geschlossen werden konnte. Da musste doch viel Weisheit im Ausspruch liegen: „Wie oben, so unten." Wie musste ich mir diese Verbindungen von oben zu unten vorstellen? Vorerst war ich zufrieden, dass diese „Verbindungen von den Planeten zu mir als Mensch" einfach wunderbare Aussagen zu Tage förderten. Es war für mich wie Seelenbalsam zu hören, dass es meine Lebensaufgabe wäre, mich mit dem Hintergründigen zu beschäftigen. Auch Dinge über meinen Charakter, die mir nicht so bewusst waren oder die ich lieber nicht wahrhaben wollte, wurden schonungslos angesprochen. Ich hatte das Gefühl, eine Landkarte von mir in den Händen zu halten, welche mir eine Art Orientierung fürs Leben gab. Astrologie und Yoga wurden zu meinen neuen Forschungsgebieten, welche mich bis heute begleiten und faszinieren.

Transpersonale Erfahrung –
Wiedervereinigung mit der Seele

Meine erste Schwangerschaft brachte mich durch meine inneren Nöte noch näher zur geistigen Welt, zu meiner Quelle, zu Gott. Ich war zutiefst enttäuscht vom mangelnden Einfühlungsvermögen meines Mannes bei der Zeugung unseres ersten Kindes und zu Beginn der Schwangerschaft. Innerlich und äußerlich war ich emotional am Verfrieren. Meine Astrologin bot mir hochdosierte homöopathische Mittel an, um den Weg zurück zu meinem wahren Wesen besser zu finden. Ich spürte großen inneren Druck, meine Seele, wie sie gedacht war, in mein Leben zurückzuholen und wieder einzulassen. Der Weg dorthin ging über Lähmungen in den Beinen, Essstörungen und massive Rückenschmerzen, bis ich bereit war, meinen Lehrerberuf loszulassen (siehe Kap.3). Nächtelang schrie ich, statt zu schlafen, nur noch zum Himmel: *„Welches ist mein Weg? Hilfe, Hilfe!?"* Nebst unerträglich brennenden Schmerzen im unteren Rücken gab es mehr und mehr entgrenzende = transpersonale Erfahrungen des Friedens. Schließlich ein finales Erlebnis, das sich wie eine Nahtoderfahrung anfühlte. In meinem Bewusstsein fiel ich durch einen langen Tunnel hinunter, war völlig halt- und hoffnungslos. Doch unten landete ich in einem hellen Licht und wurde von zwei liebevollen Händen aufgefangen und getragen. Es fühlte sich wie die Urgeborgenheit im Allumfassenden, in der vollkommenen Liebe an. Es war mein Ankommen in der Quelle. Da war eine sofortige Gewissheit, dass ich nun immer aus dieser Dimension irgendwie Führung bekommen würde. Wie ein Phönix stieg ich langsam aus der Asche, mit Zuversicht und Urvertrauen, meinen Seelenweg in ein neues Leben zu finden.

Leider konnte ich von alledem damals niemandem erzählen. Es war nicht greifbar und nicht verständlich für alle, die das nicht erlebten. Auch ich brauchte Zeit, um das Erfahrene irgendwie einzuordnen. Die Schulmedizin hätte es wahrscheinlich Psychose genannt. Für mich war es der Durchbruch in die transpersonale Welt, der über meinen Verstand und mein Ego hinausging. Seither trage ich diesen Schatz wie ein inneres Licht in mir, das mir nie mehr genommen werden kann. In den folgenden Jahren versuchte ich mit meinen geliebten Lichtmeditationen dieses innere Licht immer mehr zu verstärken. Heute kommt es mir wie ein Selbstläufer vor. Ich öffne mich in Demut für das höchste Licht, bitte um Führung und werde genährt mit immer noch mehr Licht und innerer Gewissheit von Führung.

Sensitivität

Sensitivität ist die Wahrnehmung feinstofflicher Energien von Lebewesen oder Ereignissen, die auf unserer Erde leben bzw. geschehen. Feinstofflich wahrnehmen bedeutet: Dinge, die mit unseren „normalen 5 Sinnen" nicht wahrnehmbar sind, innerlich zu spüren, zu hören oder zu sehen. Sensitive erhalten durch übersinnliche Wahrnehmung Informationen aus dem Leben eines Menschen, aus dessen Aura, den Chakren oder dem Energiefeld. Nicht jeder Sensitive ist auch ein Medium.
Sensitive Menschen nehmen Dinge aus der gleichen Dimension wahr, in der wir uns als Menschen befinden. Dies kann die Vergangenheit, Gegenwart oder potenzielle Zukunft eines Menschen sein. Tarotkarten deuten, Handlesen, Kaffeesatzlesen etc., all diese Hilfsmittel gehören auch in den Bereich der Sensitivität.

Medialität

Das Übermitteln von Informationen aus der transpersonalen Welt (oft „geistige Welt" genannt) wird im Allgemeinen als Medialität verstanden. Ein Medium arbeitet mit der transpersonalen, geistigen Welt, mit Jenseitskontakten (Kontakte mit Verstorbenen), Geistführern, Engeln, Meistern, Heiligen und anderen Wesen. Alle Medien sind auch „Sensitive".

Reinkarnation und Rückführungstherapie

Die Reinkarnations- oder Rückführungstherapie geht davon aus, dass Reinkarnationen (Wiedergeboren werden) und die Weiterentwicklung einer Seele über eine Vielzahl von Erdenleben geschehen. Aktuelle psychische und körperliche Probleme können durch frühere Inkarnationen verursacht sein. Erinnerungen an vergangene Leben sind möglich in einer Rückführung. Auch ein Lernen aus früheren Leben ist möglich. Verstrickungen mit Traumata aus früheren Erdenleben können durch Liebe und Vergebung auch im jetzigen Leben gelöst werden. Dadurch sind größere Bewusstheit und Heilung auch im aktuellen Erdenleben der Menschen erreichbar. Eine gewisse seelische Belastbarkeit und Stabilität sind für eine Rückführungstherapie nötig.

Mein Streben nach noch mehr Klarheit und Strukturen in der geistigen Welt war nach all diesen Erlebnissen unaufhaltsam. In einer der ersten medialen Schulen in der Schweiz begann ich in den 1980er Jahren eine Ausbildung. Die Übungen der Sensitivität und Medialität waren für mich „normal". Zum Beispiel galt es, mittels eines Gegenstandes, den ich von einer mir unbekannten Person in Händen hielt, Verschiedenes über diese Person auszusagen, nur durch feinstoffliches Einfühlen. In einer Übung mit der Schulleiterin meinte diese: *„Ja, du hast schon den Durchblick!"*

Einige Ereignisse brachten mich aber auch zum Staunen und Nachsinnen. Wir mussten unsere geistigen Helfer bitten, sich uns zu zeigen. *„Wer erschien da bei mir? Ausgerechnet Jesus!"* Seit meinem Konfirmandenunterricht lehnte ich diese „Figur" eigentlich eher ab, weil ich von Pfarrern nie befriedigende Erklärungen für die Symbolik in den Jesusgeschichten bekam. Meines Erachtens brauchte es keinen Mittler zwischen mir und dem Höchsten. Ich glaubte schon damals, den Draht zu Gott, zum Höchsten, zur Quelle irgendwie direkt zu fühlen. *„Was wollte mir Jesus jetzt sagen? Ich wusste es nicht."* Er war einfach da und erstaunte mich, dass er mein Helfer sein wollte.

Auf einer Ferien-Flussfahrt in Südfrankreich mit meiner Lehrerin für Medialität, erlebte ich erstmals eine geführte, sogenannte Rückführungsübung in frühere Leben.

In einem inneren Film wurde mir gezeigt, dass ich in Südfrankreich vor etwa neunzig Jahren als männlicher Porträtmaler in einer touristischen Hafenstadt gelebt hatte. Ich schien mir damals Erfahrungen im Zeichnen erarbeitet zu haben, welche ich als Talent in dieses Leben mitgebracht hatte.

Zu denken gab mir folgende Information aus der geistigen Welt: *„In diesem Leben sollst du nicht primär medial oder astrologisch arbeiten. Das hast du schon in früheren Leben getan. Viele deiner Ängste rühren daher, dass du dannzumal als Frau in diesen esoterischen Berufen ‚Unschönes‘, ja Hexenverfolgung, erlebt hast. In diesem Leben sollst du hilfesuchende Menschen mit Angeboten begleiten, die ihnen helfen können, ihren Weg selbst zu erspüren und zu finden. Das ist für dich besser als den Menschen ‚wahrzusagen‘ und sie damit allenfalls fremd zu bestimmen oder abhängig zu machen.“* Diese Botschaft kam bei mir sofort klar und nachvollziehbar an. Ich brach meine mediale Ausbildung ab und wollte den Fokus für die Zukunft mehr aufs Yoga legen. Yogalehrerin und Therapeutin als neue Berufungen waren für mich nun erstrebenswerte Ziele.

Neue Erfahrungen des Geistes

Seit meiner ersten Schwangerschaft hatte ich Schlafprobleme. Ich erwachte häufig in der Nacht, war dann einige Stunden wach und schlief erst gegen Morgen wieder ein.

„Was sollte ich in diesen vielen nächtlichen Wachstunden tun?“ Ich versuchte die Gedanken loszulassen und körperlich zu entspannen, doch mein Geist wollte einfach nicht einschlafen.

Irgendwann spürte ich, wie sich meinem Geist „neue Räume“ jenseits des Verstandes öffneten, in welche er zu reisen begann. Ich ließ es geschehen. Die Räume fühlten sich unendlich weit und friedvoll an. Mein Geist war wach, aber wie zum Stillstand gekommen in einem Meer von Leere. Ich war einfach präsent.

Infolge dieser Schlafprobleme fühlte ich mich auch tagsüber oft müde und musste mich nach dem Mittag zur Erholung hinlegen. Schlafmittel nahm ich nur im Notfall. Mich deswegen einem Arzt anzuvertrauen, war für mich auch keine Option. Ich hatte irgendwie das Gefühl, meine Seele wolle nachts mit mir reden, mir andere Welten zeigen.

Meine nächtlichen Wachstunden waren bestenfalls auch eine sehr kreative Zeit. Da kamen mir tausend Ideen, was ich künstlerisch anfertigen könnte. Ich betrieb in diesen Jahren, in denen ich körperlich eher geschwächt war und meinen zwei Kindern gute Betreuung geben wollte, zuhause ein kunsthandwerkliches Atelier. Für die nächtlichen Inspirationen war ich sehr dankbar, fühlte mich aber zeitweise auch überflutet von futuristischen Ideen. Mir wurde klar, dass alles, was ist, in meinem Geist und in der geistigen Welt seinen schöpferischen Anfang nimmt. Auch zu Problemen, Lebensfragen oder geistigen Themen kamen oft nachts die Antworten oder ergaben sich die besten Lösungen. *„Woher kamen eigentlich diese Ideen? Wer oder was hauchte diese mir ein? Was war da jenseits meines Verstandes? Was ist Inspiration? Woher kommt sie?"*

Während meiner Ausbildung in Craniosacraltherapie erlebte ich mehrere Zustände, welche ich verstandesmäßig nicht einordnen konnte. Bereits in einem Basisseminar zeigten sich mir bei einer Kopfbehandlung spezielle Lichtphänomene im ganzen Schädel. Einige Zeit später, als wir die vier Liquorräume[26] behandelten, reagierte mein Körper im ganzen Nervensystem mit Licht. Ich kam mir vor wie ein Wesen voller Lichtdrähte, die ich über mehrere Stunden nicht mehr abstellen konnte. Wie eine Außerirdische von einem anderen Planeten erlebte ich mich, als ich in diesem „erleuchteten" Zustand durch die Stadt Zürich zum Bahnhof gehen musste.

„Wie und warum entstanden diese Lichtphänomene in meinem Körper?"

In der craniosacralen Arbeit fühlte ich mich zuhause. Meine Behandlungen schienen bei den Klient:innen Gutes zu bewirken. Bei den einen durfte etwas auf der körperlichen Ebene verheilen, bei andern auf der seelischen oder auch geistig-spirituellen Ebene. Das geistig spirituelle Erleben wurde oft als heilsames Licht, Weite oder wie in Liebe getaucht beschrieben.

---

26 Der Liquorraum ist ein Hohlraumsystem im bzw. um das Gehirn und Rückenmark herum, das eine wasserklare Flüssigkeit, den Liquor, enthält.

Begegnung
mit einem Seelenverwandten

Meine persönliche Reise mit der geistigen Welt ging weiter und führte mich zum bereits erwähnten Homöopathen W. Eigentlich ging ich wegen meiner Verdauungsbeschwerden zu ihm. Doch schon bei der ersten Begegnung hatte ich das Gefühl, diese Seele, die mich da begrüßte, sei mir vertraut. Es flogen intensive Energiefunken von Herz zu Herz und ein tiefes Gefühl des Verstanden- und Verbundenseins war einfach da.

Für die Behandlung legte er mir seine Hand auf den Bauch, um auf seine ganz spezielle Art seine homöopathischen Mittel auszutesten. Plötzlich fiel ich in innere Bilder, bei denen sich mir ein Scheiterhaufen zeigte, auf dem ich lag. *„Waren dies Bilder aus einem meiner früheren Leben?"* Rundherum standen Männer in dunkeln Kapuzenmänteln mit Eisenstangen. Sie stocherten mit den Stangen in meinem Bauch herum und folterten mich auf diese Weise zu Tode.

Entsetzlich, aber ich verspürte weder Schmerzen noch Angst, es war einfach. Nur ein Gesicht glaubte ich zu erkennen als verkörperte Seele, die mir auch in diesem Leben wieder begegnete.

„Mochte ein solches Erlebnis aus früheren Leben einen Bezug und Einfluss haben auf meine damaligen Bauchprobleme?" Ich wusste es nicht.

Mit W. ergab sich ein intensiver geistiger Austausch. Wir unterhielten uns wie in einer anderen Dimension. Ich träumte öfters von ihm. Es fühlte sich an, als ob unsere Seelen nachts auf Reisen gingen und sich begegneten. Einmal hatte ich das Gefühl, unsere Seelen würden miteinander wie zwei rohe Eier verschmelzen. Es war eine unglaublich hohe orgastische Energie spürbar, die ich so nie mehr erlebte.

Schamanismus

Schamanismus ist die wohl älteste ganzheitliche Heilkunst. Über Generationen wurde ein Erfahrungsschatz gesammelt und weitergegeben, bei welchem die Heilkräfte der Natur, der Elemente Erde, Wasser, Luft und Feuer, die Kräfte der Pflanzen, Tiere und Mineralien von den Weisen (= Schaman) eines Volkes zum Wohle der Menschheit eingesetzt wurden.

Schamanismus entstand aus der Erfahrung, dass Krankheit immer eine Disharmonie zwischen Mensch, Natur und Kosmos ist. Der Schamane/die Schamanin hilft durch seine/ihre Kenntnisse, wieder ein Gleichgewicht im Hilfesuchenden herzustellen.

Das **Wort Schamanismus** kommt aus dem sibirischen und **bedeutet übersetzt: mit Hitze und Feuer arbeiten.** Symbolisch bedeutet dies, dass ein Schamane jemand ist, der „Energien umwandelt". Feuer ist nicht nur eine Kraft, sondern auch Energie. Für die sibirischen Schamanen ist das Feuer die größte Kraft der Transformation. Und da den Schamanen die Fähigkeit zu transformieren auch zugeschrieben wird, ergab sich dieser Begriff.

Im **schamanischen Weltbild** geht man davon aus, dass **alles lebt und belebt ist. Die menschliche Existenz ist nur eine von unzähligen Formen. In allen Formen existiert die Schöpferkraft, der Odem, der innere Geist des Lebens. Deshalb wird jede Existenzform, sei es Pflanze, Tier, Stein etc., mit besonderem Respekt behandelt. Dadurch, dass der innere Geist des Lebens überall derselbe ist, ist alles mit allem verbunden.**

Für Schamanen ist der Raum, der im Umfeld zwischen Menschen, zwischen Dingen, aber auch der leere Raum in einem Gegenstand oder innerhalb der Dinge kein Nichts, keine weite Leere. Der Raum ist etwas und hat genauso wie die Materie, die wir kennen, ganz bestimmte Eigenschaften und Merkmale. Wir wissen, dass physische Materie nicht fest ist, sondern sich aus Atomen zusammensetzt, die ihrerseits ja auch wiederum nicht aus komprimierter Masse bestehen, sondern aus Elektronen, die um den Atomkern kreisen.

Dieser Raum im Inneren und dazwischen kann erforscht werden. Durch dieses Wissen können Schamanen wahrnehmen, was andere nicht zu sehen vermögen. Es ist eine **Erweiterung des Bewusstseins auf feinstoffliche Welten und Dimensionen.**

Ein Schamane ist auch eine Person, die zwischen den Welten wandert. Es gibt Welten, die in Koexistenz mit unserer materiellen Welt sind, uns aber verborgen bleiben. **Sowie die materielle Welt verschiedene Ebenen hat (Menschen, Tiere, Pflanzen, Mineralien), existieren andere Welten in unterschiedlichen Dimensionen und Energiefrequenzen. Schamanen können die Grenzen ihrer Wahrnehmung erweitern und in diese Welten reisen, indem sie mit Hilfe von Techniken ihren Bewusstseinszustand verändern**. Dadurch sind sie imstande, Diagnosen ohne technische Geräte durchzuführen, Heilarbeiten zu verrichten und Inspiration und Kenntnisse zu erlangen.

Im schamanischen Konzept hat alles seinen Platz: die grobstofflichen Welten wie die feinstofflichen Dimensionen. Die Gesetze der Erde unterstehen den kosmischen Gesetzen. Quelle: diverse Internetbeiträge

In der Nähe meines Wohnortes gab es ein schamanisches Zentrum. Ich wusste wenig über den Schamanismus, als ich mich in einem ersten Seminar auf diese alte Heilslehre einließ. Bekannt war mir, dass bei der schamanischen Arbeit der Geist in andere Räume oder Dimensionen reisen durfte; das sprach mich an.

Verschiedene Rituale wurden zur Einstimmung auf die schamanische Arbeit ausgeführt: das Begrüßen der vier Himmelsrichtungen sowie der vier Elemente Erde, Wasser, Luft und Feuer. Eine Einladung an Himmel, Erde und die Ahnen gehörten ebenso dazu. Oft wurden die Rituale mit Gesang, Trommel- oder Rasselmusik begleitet. Ein bekanntes, im Westen unterdessen verbreitetes Reinigungs- und Heilritual ist die Schwitzhütte.

Die **Schwitzhütte** bzw. das **Schwitzhüttenritual** (ein Reinigungsritual) war bei den Indianern Nordamerikas, wie vermutlich auch bei vielen anderen Völkern der nördlichen Erdhalbkugel, weit verbreitet und diente der Vorbereitung von Zeremonien, der Reinigung, physischen Gesunderhaltung und zur Heilung bei Erkrankung. Die Schwitzhütte ist ein Rundbau, der nach bestimmten Regeln aus Weiden- oder Haselstäben erstellt und mit Blachen zugedeckt wird. In der Mitte der Hütte, in einem Steinkreis, wird ein Feuer gehütet. Jedes Ritual wird nach bestimmten Regeln und zu einem ausgewählten Thema vom Zeremonienmeister angeleitet. Die Teilnehmer sitzen um den Feuerkreis herum und öffnen durch Gesänge und Meditationen ihren Geist für das entsprechende Thema.

Besonders in Erinnerung geblieben war mir die Reise zu einem Kraftwesen. Von diesem Wesen sollten wir, in der dunklen und heißen Schwitzhütte sitzend, intuitiv eine Maske aus Ton formen. Dank meiner Vorkenntnisse im Gestalten mit Ton gab ich mich dieser Arbeit freudvoll und entspannt hin. *„Wie würde meine Kreation wohl bei Tageslicht aussehen?"* Die Form in Ton diente uns im folgenden Arbeitsschritt als Negativ; darüber bastelten wir nun eine Maske aus Papiermache. Bereits während dieses Prozesses schien die Maske zu mir als Wesen zu sprechen. Die ausgetrocknete Maske wurde bemalt und bekam nun auch noch passende Kleider aus Stofftüchern. Jeder Teilnehmer hatte danach die Aufgabe, verkleidet mit seiner Maskengestalt, diesem Geschöpf Ausdruck zu verleihen. Mittels Tanz und Bewegung galt es, ganz in die Energie des Kraftwesens einzutauchen. Das Wesen, das sich mir zeigte, war eine Tantra-Meisterin, eine kraftvolle Frau. Sie hatte ihre weiblichen und männlichen Energien integriert und strahlte eine würdevolle Kraft aus. Dieses Wesen kam mir aus früheren Bildern bekannt vor. *„War ich das wirklich in einem früheren Leben eine Tantrameisterin?"*, fragte ich mich. *„Was hatte dieses Erleben für das Hier und Jetzt zu bedeuten?"* Der innere Ruf, mich auch jetzt dem tantrischen Lebensweg hinzugeben, meine ganze weiblich-männliche Kraft und Magie mehr ins Leben zu bringen, war unüberhörbar. Danke für die heilsame, Mut machende Botschaft!

Auf eine andere Art berührend und transformierend war für mich die folgende schamanische Reise. Alle Teilnehmer:innen lagen auf dem Boden und wurden von der Stimme des Zeremonienmeisters in die „Unterwelt" begleitet. Schamanische Trommelklänge erleichterten dem Gehirn das Entspannen und Öffnen für die „Anderswelt" und ihre Botschaften jenseits des Alltagsverstandes.

In den mir gezeigten Bildern war ich eine anerkannte Heilerin, die etwa vor 175 Jahren gelebt hatte. Jesus war mein geistiger Helfer und meine Klient:innen stammten aus Kirchenkreisen. Es wurde mir ein sehr kranker Mann auf den Schoß gelegt, mit der Bitte, dass ich ihm helfen möge. Der Mann war aber so krank, dass er auf meinem Schoße verstarb, ohne dass ich ihn irgendwie behandelt hätte. Die Leute aus der Kirche, welche mir den Mann gebracht hatten, begannen auf einmal, mir die Schuld für den Tod des Mannes zuzuschieben. Ich wurde als schuldig angeklagt und schließlich hingerichtet. Als ich diesen Weg des Sterbens gehen musste, war ich sehr enttäuscht von meinem geistigen Helfer Jesus. Ich fühlte mich total im Stich gelassen, so dass ich zu ihm sagte: *„Mit dir will ich nie mehr etwas zu tun haben!"*

Ein herzzerreißendes Schluchzen und langes Weinen überkamen mich beim und nach dem Erleben dieser Geschichte.

„Schloss sich mit diesen Informationen der Kreis, warum ich auch in diesem Leben bis anhin eher auf Distanz ging zu Jesus? Auch damals, als er sich in meiner medialen Ausbildung wieder als mein geistiger Helfer zeigen wollte?" Durch diese neue Erfahrung, mit Bildern aus meinem Unterbewusstsein konnte ich mir und Jesus verzeihen und das bei der Hinrichtung abgegebene Gelübde auflösen.

Tief beeindruckend und bewegend fand und finde ich diese Seelen-Bilder-Geschichten. Bis heute scheinen sie unser Leben unbewusst zu prägen. Mir diese Bilder ins Bewusstsein zu bringen, hatte für mich sehr transformierendes Heilpotential. Es half mir, Unverstandenes in meinem Leben und Charakter besser zu verstehen und zu integrieren.

Wäre es sinnvoll, nach diesen Erfahrungen noch eine Ausbildung als Reinkarnationstherapeutin zu machen? Ich war offen dafür und besuchte ein erstes Seminar bei einem Lehrer für Reinkarnationstherapie.

Nach dem Seminar hatte ich das Gefühl, dass ich auch ohne Ausbildung zu früheren Seelenerfahrungen Zugang hätte, wenn es denn die Umstände erforderten. Mein Eindruck war damals, dass die Zeit reif sein musste oder der Leidensdruck genug groß, damit uns die geistige Welt an diese Erfahrungen führen will.

Um die Unterscheidungsfähigkeit in meinem Geist zu schulen, besuchte ich in den Jahren 2008–11 „Wahrnehmungsseminare". Da ging es zuerst darum, die eigene Mitte zu spüren und zu halten.

Die eigene Mitte, nach meinem Verständnis, ist ein energetischer Raum, den jedes bewusste Wesen in sich erfühlen kann. Diese Mitte ist vergleichbar mit dem Zentrum eines Zyklons (Wirbelsturm). Im Zentrum sind Stille, Ruhe und Frieden, rundherum kann es stürmen. Man fühlt sich im eigenen Zentrum in einer absoluten, reinen Seins-Qualität. In unserer Mitte sind wir losgelöst von den Emotionen und Gedanken, auch vom ganzen weltlichen Geschehen. Mehr verbunden sind wir dafür mit unserem Wesenskern, mit dem Selbst und unserer Seele. Dieser Raum der Mitte lässt sich nun mit dem eigenen Bewusstsein nach allen Seiten ausdehnen. Über den grobstofflichen und den feinstofflichen Körper dehnt sich dieser Bewusstseinsraum aus, so dass ich mich wie in einem energetischen schützenden Kokon fühle. Von diesem Kokon sind auch der Emotional- (Gefühle), Mental- (Gedanken) und Kausalkörper (Ursachen) umgeben, ja die gesamte Aura (feinstoffliches Energiefeld) ist darin integriert.

Wenn ich meine Mitte ins Unendliche ausdehne, kann ich das Gefühl der Entgrenzung erleben, das Verbundensein mit allem.

Jederzeit bleibe ich aber auch mit meinem grobstofflichen Körper verbunden und kann mein Bewusstsein willentlich steuern.

Für mich war dieser Schritt in meine Mitte wie ein Heimkommen in eine innere Sicherheit, Klarheit und Geborgenheit, heim in die Tiefe meines Selbst.

Diese Mitte, so wurden wir unterrichtet, gilt es im Leben möglichst bewusst zu halten. Wie ein ruhiges Zuhause fühlte sich meine Mitte an, von welchem aus ich mit meinem Wahrnehmen und Tun nach draußen gehen konnte. In meiner Mitte sein und diese halten ist für mich bis heute eines der wichtigsten geistigen Werkzeuge. Aus meiner Mitte heraus lernte ich nun wie ein Beobachter, alles, was mich ausmachte, zu erforschen: meine Gefühle, meine Gedanken, mein Unter- und Überbewusstsein. Ich konnte auch Räume, welche außerhalb von mir waren, erforschen, ohne mich oder meinen Körper dabei zu verlassen. Diese neue Technik fühlte sich wunderbar an. Bei der Arbeit aus meiner Mitte fühle ich mich immer gut geerdet und geschützt, kann aber auch alles, was mir die geistige, feinstoffliche Welt zeigen will, erforschen.

Aus meiner Mitte konnte und kann ich auch viel klarer meine Emotionen und Gedanken wahrnehmen. Wie ein Zuschauer aus einer Außensicht kann ich meine Rollen, die ich im Leben spiele oder mich nicht getraue zu leben, untersuchen. Auch die Themen Inspiration und Intuition können aus der Beobachterrolle erspürt, analysiert und bewusster angewendet werden. In meiner Mitte weilend, fühle ich mich auch sicherer in einem chaotischen Umfeld oder in schwierigen Situationen. Mein Handeln ist dann nicht emotional gesteuert, sondern ruhig und intuitiv. Die eigene Mitte halten und als Beobachterin ins Leben schauen zu können, war auch beste Voraussetzung für meine nächsten Ausbildungen.

Das Informationsfeld

Mit dem Erlernen des kinesiologischen Testens begann für mich die Auseinandersetzung mit dem Informationsfeld. Meinen Klienten sage ich jeweils, dass jedes Wesen eine Art „Informationsrucksack" hätte, in welchem alles, was dieses Wesen ausmacht, hineingepackt ist. Es sind dies die körperlichen Gegebenheiten im Jetzt und aus der Vergangenheit. Ebenso die emotionalen Erlebnisse, Schocks und Traumen sowie mentale Muster und Glaubenssätze. Auch Seelenerfahrungen von den Eltern, Ahnen und aus andern Ebenen sind in diesem Informationsrucksack wie auf einer Computerfestplatte abgespeichert.

Dieses persönliche Informationsfeld ist eingebettet in das allumfassende Informationsfeld. Dies scheint mir ein moderner Name aus der Quantenphysik für Gott, die Quelle, das Allumfassende. Denn nach den Erkenntnissen der Quantenphysik ist alles, was ist, Information, Schwingung und Energie.

Bereits in meiner Stoffwechselausbildung ABL wurde immer kinesiologisch getestet, wo und auf welcher Ebene der Körper Stress hatte. Bei der ABL-Methode wurde nach bestimmten Regeln erforscht, was der Körper an Unterstützung bräuchte, um den gefundenen Stress aufzulösen und sich selbst zu verheilen. Es ist das Informationsfeld einer Klient:in, welches von mir, als außenstehender Testperson, kinesiologisch abgefragt wird, wo es Stress gibt, z. B. in der Leber, im Schultergelenk, im Gehirn, im Emotionalkörper etc.

Dieses Testen findet mental statt, also in einem geistigen Raum, den ich als Testerin bei meinen Klient:innen betrete. Es ist eine faszinierende Erfahrung, wie über das kinesiologische Testen das Informationsfeld des Klienten zuverlässig Antwort geben kann!

Bald darauf lernte ich das Time-Waver-System kennen; dies ist ein computergesteuertes Heil-System, welches mit dem Informationsfeld von Menschen, Tieren, Unternehmen und allem, was ist, arbeiten kann.

Time-Waver – das Expertensystem für Informationsfeldmedizin

Mit einer modernen quantenphysikalischen Technik wird das Informationsfeld eines Menschen, Tieres oder auch Unternehmens abgescannt. Es wird ein bestimmtes Thema, ein Fokus eingegeben, zu welchem dann auf sogenannten Listen Heilinformationen abgerufen werden können. Diese Heilinformationen werden nach dem Resonanzprinzip aus dem mit tausenden von Daten hinterlegten Informationsfeld des TW herausgesucht. Die gefundenen Heilinformationen werden darauf der Person, dem Tier oder Unternehmen in Form von Schwingungen in gewissen Zeitabständen zugeschickt.

Marcus Schmieke, der Quantenphysik studiert und zehn Jahre in den Klöstern des Himalaja verbracht hatte, bekam aus der geistigen Welt den Auftrag, dieses Gerät zum Wohle der Menschheit zu entwickeln. Die Methode faszinierte mich von Anbeginn. Ich lernte dadurch weitere Details zum Informationsfeld und zur Quantenphysik kennen. So etwa, dass unser menschliches Leben nach jetzigem Stand von zwölf Dimensionen beeinflusst wird. Bewusst sind den meisten Menschen nur gerade deren vier, der materielle, dreidimensionale Raum und die Zeit. Der deutsche Physiker Burkhard Heim spricht von einem zwölfdimensionalen Aufbau des Universums. Neben den bekannten vier Dimensionen gibt es nach Heim ein energetisches Steuerungsfeld mit zwei Dimensionen, dann das globale Informationsfeld ebenso mit zwei Dimensionen und zuletzt das geistige Feld mit vier Dimensionen. Alle diese Dimensionen kommunizieren miteinander über die Zeitwelle, so die Erkenntnisse von Heim. Diese Erkenntnisse wurden bei Time-Waver in dessen Technik integriert.

Die Arbeit mit dem Time-Waver (TW) ist faszinierend, die Erfolge oft ebenso. Öfters benötige ich den TW auch für Fernbehandlungen. Denn der TW kann das Informationsfeld eines Wesens

„abtasten", egal, wo sich dieses gerade physisch aufhält. Wenn die Daten des Wesens eingegeben werden (Name, Geburtstag, aktuelle Adresse), dann ist dieses Wesen eindeutig identifizierbar auf unserem Planeten Erde.

Infolge meiner Elektrosensibilität kann ich jedoch nie lange vor dem Computer sitzen und damit arbeiten. In solchen Fällen nervt mich meine Sensibilität, doch für die Gesundheit ist es wohl generell besser, mich nicht stundenlang bestrahlen zu lassen.

Meine geistigen Helfer schienen diese Umstände realisiert zu haben. Sie haben mich deshalb eine Station weitergeschickt zur Methode Innerwise[27] und dessen Begründer Uwe Albrecht. Als Arzt mit vielen verschiedenen Fachausbildungen realisierte Uwe, dass die heutige Medizin oft die großen Zusammenhänge übersieht, welche hinter einem Problem oder einer Krankheit stecken. Uwe ist ein Mann mit inspiriertem Geist und entwickelte eine neue ganzheitliche Heilmethode.

Innerwise = die innere Weisheit – intuitive Diagnostik und Therapie

Dieses Heilsystem sollte wieder alle möglichen Ebenen eines Problems berücksichtigen: die körperliche, biochemische, energetische, rhythmische, emotionale, mentale und andere, noch unbekannte. Uwe kreierte eine Heilapotheke mit etwa 4000 Heilkarten. Diese Heilkarten wollte er als Tore für Heilmittel verstanden wissen. Die Heilmittel selbst sind als Schwingung zu verstehen, die, je nach Problem, in unterschiedlicher Frequenz abgerufen und auf einem Amulett abgespeichert werden können. Aus fast allen Heiltraditionen der Welt sind in einer Art „Innerwise-Cloud"-Heilmittel hinterlegt, z. B. aus der chinesischen Medizin, von Heilpflanzen, Homöopathie, Paracelsus, Märchen etc. Um den Problemen eines Klienten auf die Spur zu kommen, begründete Uwe die intuitive Diagnostik. Dabei

---

27 www.innerwise.com

betritt der Therapeut mit seinem geistigen Auge wieder das Informationsfeld der Klient:in. Kinesiologisch testend begibt sich die Therapeut:in auf eine Reise durch den grob- und feinstofflichen Körper sowie die Lebensthemen der Klient:in. Immer, wenn ein Thema über den kinesiologischen Armlängentest[28] Stress anzeigt, wird von der Therapeut:in intuitiv eine Heilkarte für die Klient:in gezogen, um diesen Stress zu neutralisieren. Am Schluss der Sitzung wird die Heilinformation aller gesammelten Heilkarten auf ein Amulett übertragen und gespeichert. Das Amulett wird in Herzensnähe getragen und kann nun wie eine Art Musik-CD die Klient:in mit der für ihre Verheilung nötigen „Seelenmusik" bespielen.

Von außen gesehen klingt das alles wie Hokuspokus. Doch der beste Beweis, dass die Methode wirkt, sind für mich immer wieder Babys. Die Mutter bekommt die Anweisung, das informierte Amulett in die Windeln des Babys zu legen und wirken zu lassen. Innerhalb von vier Wochen sind die Babyprobleme in der Regel behoben. Erstaunt bin ich immer wieder über die Stressthemen von Babys: Angst vor dem Leben, Trauer über den verlorenen Zwilling, Geburtstraumen, Wut, sich nicht besser ausdrücken oder bewegen zu können. Oft sind es auch Belastungen aus dem familiären Umfeld, welche das Baby plagen.

Durch die Auseinandersetzung mit dem Informationsfeld öffneten sich mir zunehmend neue geistige Räume, die ich zu erforschen begann. Nach dem neusten, anerkannten Stand der Physik ist alles, was ist, Information und Schwingung in verschiedenen Frequenzen. Ich begann in der Praxis, die verschiedensten Themen auszutesten, z. B. Unverträglichkeiten und Allergien, Schwermetallbelastungen, Geopathien wie Wasser-

---

28 Der kinesiologische Armlängentest ist ein „Instrument", um in irgendeinem System Stress ausfindig zu machen. Der Test kann selbst erlernt werden unter: armlaengentest.innerwise.com/de/armlaengentest.

adern oder Erdverwerfungen, Elektrosmog, Nahrungsergänzungsmittel. Ebenso lassen sich Themen des Unterbewusstseins oder der Vergangenheit testen. Ich habe festgestellt, dass ich das Informationsfeld einer andern Person auch über eine beliebige Distanz austesten kann, z. B. für eine Fernberatung, wenn ich mich präzise auf das zu testende Feld fokussieren kann. Um im Informationsfeld anderer Personen zu testen, ist die Einwilligung der jeweiligen Person nötig; auch hier gilt Datenschutz! Für mich selbst teste ich häufig Entscheidungen aus, wenn ich in meinen Gefühlen nicht ganz sicher bin. So lasse ich meine innere Weisheit entscheiden. Bei Wanderungen teste ich auf diese Weise den richtigen Weg aus oder ob demnächst Regen kommt. Beim Einkaufen teste ich manchmal schon zuhause, ob in einem Geschäft bestimmte Artikel, die ich suche, vorhanden sind. Dies bedingt, dass die zu testende Aussage sehr exakt formuliert ist. Innerlich muss ich leer sein von eigenen Gefühlen, Gedanken und Mustern. Erwartungsfrei aus meiner Mitte testend, gelingt es mir am besten, mich neutral mit dem entsprechenden Informationsfeld zu verbinden; ich bin einfach schauend.

Diese kinesiologische Testarbeit ist eher intellektuell, sehr fokussiert und spricht die Fähigkeiten meines schnellen Geistes an. Ich staune oft, wie mein Geist fast wie ein Computer im geistigen Internet herumturnen und Daten verarbeiten kann.

Überraschungen beim Hausbau

Auf unserem Bauplatz mussten wir drei alte Apfelbäume fällen. Mir war bewusst, dass ich dadurch den Elementarwesen, die im Wurzelwerk der Bäume lebten, keine Freude machte. Tatsächlich spürte ich ihre Wut, weil sie verdrängt wurden. Sie zogen sich gereizt in den nahen Wald zurück. Um diesen Wesen wieder einen Platz zu geben, wollten wir möglichst viele Quadratmeter des Baulandes der Natur zurückgeben. Ich sprach mit den Wesen und erklärte ihnen, dass sie zurückkommen könnten, sobald der Naturteich, der Gemüsegarten und die verschiedenen Dachbegrünungen hergestellt waren. Es schien sie zu befrieden.

Beim Installieren der Technik im Untergeschoss waren mehrere Firmen beteiligt, die sich häufig in der Verantwortung für Probleme stritten. Es war anstrengend für alle. Zu dieser Zeit besuchte ich ein Innerwise-Seminar zum Thema „Unternehmungen". Das war eine Möglichkeit, um unser Problem mit der Technikinstallation zu untersuchen. Ich glaubte, dass es ein Problem der Firmenzusammenarbeit war. Doch Uwe wies mich an, mehr aus der Metaebene auf unsere Baustelle zu schauen. Was sah ich da? Der Boden des Technikraumes war bedeckt mit Leichen! Zuerst war das für mich ein Schock, dann fragte ich mich und die geistige Ebene, was das bedeuten sollte. Mir wurde bewusst, dass unser Bauplatz an einem alten Pilgerweg lag. *„War es möglich, dass Seelen, die an diesem Weg wohl infolge Krankheit gestorben waren, den Weg ins Licht nicht gefunden hatten?"*

Ich lernte, wie ich mit Hilfe einer informierten Innerwise-Karte, mit Räuchern und Zuspruch die Seelen ins Licht begleiten konnte. Tatsächlich fanden sich die Firmen nachher und die Streitereien hatten ein Ende.

Sensitivitäts- und Medialitätstraining

In mir steckt aber auch die eher weibliche Seite, welche sich passiv empfangend in die geistigen Räume öffnet. Wie bereits erwähnt, waren es vor allem die vielen schlaflosen Nächte, welche mich inspirierten, nach innen zu lauschen und zu schauen. Aus dem Nachinnenschauen wurde dann plötzlich ein Über-mich-Hinausschauen in neue virtuelle Räume, die ich nicht kannte. Dies war zuerst ein zielloses Reisen und Forschen in Dimensionen, denen ich anfangs keinen Namen geben konnte.

Dann begann ich regelmäßig Meditationsabende bei einem Medium B. zu besuchen. Dort malten wir Seelenbilder, übten uns in automatischem Schreiben und versuchten, den Kontakt mit Verstorbenen herzustellen. Da war ich schnell wieder in meinem Element und merkte, dass ich diese Fähigkeiten wohl schon in früheren Leben trainiert hatte. Da ging es wieder um Sensitivität und Medialität (siehe S. 262).

Beim Malen eines Seelenbildes, einer sensitiven Übung geht es um das Empfangen von Schwingungen einer gegenübersitzenden Person, welche dann in eine farbige Formsprache übersetzt und anschließend für das Gegenüber interpretiert wird.

Das automatische Schreiben bezeichnet eine Methode des Schreibens, bei der Bilder, Gefühle und Ausdrücke (möglichst) unzensiert und ohne Eingreifen des kritischen Ichs wiedergegeben werden sollen. Meist nimmt man sich ein Thema vor und bittet dann das höhere Selbst, sich dazu zu äußern. Auf diese Weise werden Inhalte des Überbewusstseins runter- und solche des Unterbewusstseins hochgeladen. Diese Inhalte haben das Potential, dass das vorgegebene Thema unter neuen Blickwinkeln gesehen werden kann.

Ein mediales Erlebnis, das mich sehr beeindruckte, war das Erscheinen meines an einer Erbkrankheit verstorbenen Patenkindes. Er litt seit seiner Geburt an cystischer Fibrose, CF, und brauchte während seines ganzen Lebens verschiedene, aufwändige Therapien, um seine Lungen vom Schleim zu befreien und um seine Verdauung zu unterstützen. Infolge einer Resorptionsstörung im Darm sind CF-Kinder meist sehr mager. Deshalb wurde ihm geraten, einfach möglichst viele Kalorien zu sich nehmen, was er dann auch in Form von vielen Süßigkeiten und Fastfood tat. Zur Bekämpfung der bakteriellen und viralen Herde im Schleim seiner Lungen gab es regelmäßige Antibiotikakuren, von denen ich auch wusste, wie schädlich sie langfristig für den ganzen Körper sind. Mit der schulmedizinischen Beratung und Versorgung, die er bekam, war ich nicht sehr glücklich und gab ihm mehrmals andere Ratschläge aus der ganzheitlichen Medizin, die er aber nicht annehmen wollte oder konnte. Ich musste ihn seinen Weg gehen lassen. Trotz seiner Krankheit war mein Patenkind ein bewundernswertes Frohgemüt voller Witz und Spaß; er unterhielt seine Umgebung blendend. Mit 25 Jahren war sein Gesundheitszustand so schlecht, dass er sich einer Lungentransplantation unterziehen wollte/musste. Davon erhoffte er sich ein neues Leben. Nach der Operation war sein Gesicht fast bis zur Unkenntlichkeit aufgedunsen von den vielen Medikamenten, doch er wollte wieder leben! Um seine körperliche Schwäche zu kompensieren, war Autofahren seine Leidenschaft. Er ließ es sich nicht nehmen, auch nach der OP wieder mit geleasten Sportwagen tolle Ausfahrten zu unternehmen ... und holte sich dabei prompt eine Mittelohrentzündung. Ich spürte, wie die Schulmedizin nicht mehr weiterwusste. Schließlich wurde er am Ohr operiert, wobei es zu Nervenverletzungen kam. Seine Gesichtsmimik war nun völlig entstellt und chronische Schmerzen begleiteten ihn nach diesem Eingriff. Das Spital konnte er kaum mehr verlassen.

Er spürte sein Ende kommen und lud nochmals alle Freunde und Bekannte zu sich ins Spital ein. Wir standen traurig und berührt um sein Bett. Er machte hinter der Atemmaske, die ihn noch am Leben hielt, humorvolle Sprüche und herzte nochmals alle. Am nächsten Tag wollte er noch ein letztes Mal die Erde berühren, entfernte dann die Maske und schlief für immer ein.

Ich bewunderte sein Verhalten, war aber irgendwie sehr wütend auf die Schulmedizin. In meinen Augen missbrauchten sie ihn öfters als medizinisches „Versuchskaninchen".

In einer Meditation, kurz nach seinem Tode, zeigte er sich mir aus der geistigen Welt und sagte: *„Sei nicht wütend, das war mein Weg; es ist alles ok, wie es ist. Dies war mein Karma."*

Diese Worte bewirkten sehr viel in mir; vor allem sagten sie mir: *„Hör auf zu bewerten!"*

Anscheinend gilt irgendeine Form von Karma-Gesetz.

Karma, nach Sanskrit: „Wirken, Tat", bezeichnet ein spirituelles Konzept, nach dem jede Handlung – ob physisch, psychisch oder geistig – unweigerlich eine Folge hat. Diese Folge muss nicht unbedingt im gegenwärtigen Leben wirksam werden, sondern sie kann sich möglicherweise erst in einem zukünftigen Leben manifestieren.

In den indischen Religionen ist die Lehre des Karma eng mit dem Glauben an Samsara, den Kreislauf der Wiedergeburten, verbunden und damit an die Gültigkeit des Ursache-Wirkungs-Prinzips auf geistiger Ebene auch über mehrere Lebensspannen hinweg. Im Hinduismus, Buddhismus und Jainismus bezeichnet der Begriff die Folge jeder Tat, die Wirkungen von Handlungen und Gedanken in jeder Hinsicht, insbesondere die Rückwirkungen auf den Akteur selbst. Karma entsteht demnach durch eine Gesetzmäßigkeit (Ursache-Wirkung-Gesetz) und nicht wegen einer Beurteilung durch einen Weltenrichter oder Gott. Es geht nicht um „Göttliche Gnade" oder „Strafe", sondern um Selbstverantwortung. Karma und Wiedergeburt sind in verschiedenen Lehren unterschiedlich miteinander verknüpft. Entgegen einer weit verbreiteten Meinung ist es nicht das Ziel all dieser Lehren, kein Karma zu sammeln. Karma soll das persönliche Wachstum durch Eigenverantwortung unterstützen; das Karma-Gesetz ist gar das Benzin der Evolution.

In mitteleuropäischen spirituellen Lehren kommt der Begriff in der Anthroposophie Rudolf Steiners vor, dort ebenfalls in Verbindung mit der Reinkarnation.

Zu den Übungen mit der geistigen Welt gehört auch das Einladen der geistigen Helfer. Wie bereits früher erwähnt, hat sich Jesus bei mir als Erstes gezeigt. Heute bin ich sehr dankbar für seine geistige Unterstützung. Als weitere geistige Helferin schätze ich Hildegard von Bingen „an meiner Seite". Mit ihren Erfahrungen als Naturheilerin und Mystikerin scheint sie mich zu inspirieren.

Anhand eines Bildes, welches ich in einem Meditationszentrum an der Wand hängen sah, und von dem ich einfach nicht mehr wegkam, erkannte ich auch meinen dritten geistigen Helfer. Er ist ein dunkelhaariger, ehemals südamerikanischer Arzt, der mir beisteht mit intuitiven Eingebungen zu meiner Heilarbeit. Nach meinem Empfinden hat er auch schon, vor allem nachts, an mir selbst energetische Heilarbeit ausgeführt.

In den letzten Jahren zeigt sich auch immer öfter eine Energie, zu der mir der Begriff Christusenergie eingegeben wird. Wenn ich für meine Klienten das Innerwise-Amulett auflade, spüre ich einen Fluss von Kraft und Liebe von oben, welcher durch meine Hände hindurch aufs Amulett strömt. Auch in meinen nächtlichen Wachphasen werde ich immer wieder spontan überrascht von wunderbaren Kräften. Ohne mein Dazutun strömen lichtvolle Kräfte in meinen Brustraum. Mein ganzer Körper wird mit strahlendem Licht gefüllt, so dass ich ein tiefes Gefühl von Freude, Dankbarkeit und Weite empfinden darf.

Ich durfte auch die unterstützende und beschützende Kraft der Engel kennenlernen. Dies war vor über dreißig Jahren bei einem Fast-Autounfall. Auf meinem Auto hatte ich eigenhändig den Dachgepäckträger montiert und dann bei IKEA Möbelpakete aufgeladen. Während meiner Heimfahrt im abendlichen Stoßverkehr hörte ich auf einmal ein polterndes Geräusch hinter mir. Mein Blick in den Rückspiegel verriet mir, dass sich eben meine ganze Dachladung verselbständigt hatte und zu Boden ging. Der Autofahrer hinter mir fuhr über die Pakete, diese öffneten sich und wirbelten über die Autobahn. Schließlich flogen die zerzausten Pakete in weitem Bogen über ein Brückengeländer in ein Tobel. Ich hielt meinen Wagen sofort auf dem Pannenstreifen an, stieg aus und nahm am Himmel eine geballte Ladung von Energie wahr. Dies konnten nur Schutzengel sein, welche über dem Drama schwebten. Es war ein Wunder, dass es nicht zu einer Massenkarambolage kam, denn der Verkehr war sehr dicht. Zitternd und innerlich sehr berührt dankte ich meinen Helfern in der geistigen Welt. Der nachfolgende Fahrer hielt ebenfalls an. Sein Wagen schien durch das Paket nicht beschädigt. Der Verkehr blieb, wie von Geisterhand geführt, flüssig. Ich lernte daraus, dass ich im Umgang mit Autofahren keine halben Sachen mehr machen durfte. Eine Verwarnung und saftige Buße hatte ich dafür verdient!

Das Thema Sensitivität und Medialität vertiefe ich in den letzten Jahren gezielt in Übungsgruppen, um meine Unterscheidungsfähigkeit im Alltag zu verbessern ... und weil es einfach Spaß macht, mit den inneren, feinstofflich ausgerichteten Sinnen zu arbeiten.

Im Austausch mit einem Gegenüber wird trainiert, zu ganz verschiedenen Themen sensitiv wahrzunehmen; das heißt, die „Informationen des Feldes" (Aura) zu lesen, welche zum jeweiligen Thema beim Gegenüber gespeichert sind. Beispielsweise bekommen alle Teilnehmer der Übungsgruppe den Auftrag, einem unbekannten Gegenüber Auskunft zu geben über dessen Lieblingsbeschäftigungen, seine gegenwärtig wichtigsten Lebensthemen, seine Partnerschaftssituation oder seine Kindheit. Dies fördert das Einfühlungsvermögen nicht nur für die Klient:innen in der Praxis, sondern natürlich auch gegenüber Menschen im Alltag. So habe ich manchmal das Gefühl, ich könnte unterdessen Gefühle spüren, wie mit der Nase Gerüche wahrnehmen.

Bei den medialen Übungen geht es vor allem um die Kontaktaufnahme zu Verstorbenen, Engeln und Geistführern.

Auch dabei ist eine empfangende Haltung nötig, denn ein Kontakt kann nicht herbeigezwungen werden. Durch Beschreiben typischer Merkmale z. B. eines Verstorbenen, der sich meldet, sollte das Gegenüber die ihr bekannte Person dann erkennen können.

In der Praxis erlebe ich das spontane Erscheinen von Verstorbenen, Engeln und Helfern meist beim Abschließen einer Innerwise- oder Craniosacral-Therapie-Sitzung. Die Wesenheiten aus der geistigen Welt, oft Vater, Mutter, Großeltern, Freunde oder Schutzengel der Klient:in, kommen dann gerne mit einer liebevollen Botschaft, die sie der Klient:in noch auf den Weg mitgeben wollen.

Tantra als spirituelle Erfahrung

Seit der Begegnung mit meinem Mann Gosha hat mich das Thema „Tantra" magnetisch angezogen. Tantra wird von Laien meist
mit dem Thema Sexualität verbunden, ja sogar gleichgesetzt.

Tantra
Eigentlich heißt der Begriff „Tantra", der aus der Entwicklungs-
geschichte des Yoga stammt, das Gewebe. Das Wort „Tantra"
will aussagen, dass alles mit allem verbunden ist. Der Yoga-
Weg war während vieler Jahrhunderte durch eine asketische
Theorie und Praxis geprägt. „Erleuchtung" war demnach nur
durch eine strenge und enthaltsame Übungspraxis zu erreichen. Der Tantra-Yoga betonte neu, dass Sexualität, Sinnlichkeit und Spiritualität zusammengehören und miteinander verbunden sind.

Dieser Ansatz des ganzheitlichen Erlebens in allen Seins-Dimensionen mit allen Sinnen war es, was mich reizte, mich damit auseinanderzusetzen. Ich sah im Tantra schon in meinen
Zwanzigern eine Möglichkeit, eine Brücke zu bauen für die sehr
polare Herangehensweise an die Sexualität von meinem Mann
Gosha und mir. Erfolglos! Ich war sehr enttäuscht, dass sich
unsere während zwanzig Jahren männlich triebhaft gelebte
Sexualität wegen Goshas Widerstand kaum weiter entwickeln
und verfeinern ließ. Aus diesem Grunde beschloss ich, alleine den Schritt zu meinem ersten Tantra-Seminar bei Daniel
Odier zu wagen. Daniel schien für mich einen echten Tantrismus zu unterrichten. Er verbrachte viele Jahre in Indien und
im Himalaya und durfte Unterweisungen von wahren Meis-
ter:innen empfangen. Der ursprüngliche Tantrismus wurde
stark von Frauen geprägt. Die Frau wurde verehrt und gar be-
wundert als Hüterinnen der schöpferischen Kraft.

Daniel unterrichtet Tandava, einen Tanz, welchen ihm Lalita, eine indische Weise, vermittelt hatte. Dabei geht es darum, sich ganz aus dem Moment, aus den Impulsen, die im Körper gerade verspürt werden, zu bewegen. Der Verstand soll ausgeschaltet werden und der Körper mit all seinen Empfindungen darf die Führung übernehmen. Natürlich war ich anfänglich auch gewohnt, mit dem Verstand jede Bewegung zu kontrollieren, gar zu bewerten, ob es „gut und richtig" aussah. Daniel legte gezielt emotional stark bewegende, vor allem klassische Musik auf. Dadurch gelang es mir bald besser, mich von meinen Emotionen und dem Körper führen und bewegen zu lassen. Im Übungsraum waren manchmal bis zu siebzig Personen, welche alle ihren ganz persönlichen Tanz vollführten. Meistens begann der Tanz im Sitzen. Erste Impulse meldeten sich oft in der Wirbelsäule oder den Armen, und es galt, diesen zu folgen. Die empfangenen Impulse, umgesetzt in Bewegungen, führten immer tiefer in eine eigene innere Welt. Die Hingabe an das Gefühlte und das Umsetzen dessen in Bewegung wirkte bald sehr öffnend und befreiend. Der Körper kam mehr und mehr in eine Geschmeidigkeit, die Freude hochsteigen ließ. Ein inneres Gefühl von einem Geflecht, in welchem alle Fäden miteinander verbunden waren und voneinander abhängig sich bewegten, breitete sich aus. Mit zunehmender Erfahrung, aber nie verstandesmäßig oder technisch beeinflussbar, öffneten sich da und dort Körperräume, in welchen noch mehr fließende, lichtvolle Energie spürbar war. Die Wirbelsäule spielte in meinen Empfindungen eine wichtige Rolle. Sie schien das Tor und der Hauptkanal zu sein für die Energieflüsse.

Vom Yoga her kannte ich die Begriffe Idda, Pingala und Shushumna, welche Energiekanäle um und in der Wirbelsäule sind. In diesen sich intensivierenden Momenten des Tanzes hatte ich das Gefühl, dass es diese Kanäle waren, welche sich öffneten und in denen die Energie strömte. Es kam mir vor wie ein Geburtsvorgang. Langsam schlich die Energie in der Wirbelsäule hoch. Es fühlte sich irgendwie heilig und subtil an. Es war eine Form von einem sich selbst auslösenden langsamen Orgasmus, der von einem tiefen Gefühl der Freude, Weite und Dankbarkeit begleitet wurde. Anfänglich kam der Energiefluss oft auf halber Höhe zum Stocken. Es blieb ein Gefühl von *„da ist noch mehr Wunderbares möglich"* zurück. Also wurde dieses Gefühl „des noch nicht ganz geöffneten Systems" zur Motivation, noch mehr zu üben, mich dem Moment noch mehr hinzugeben.

Während dieser Seminare übernachtete ich in meinem kleinen Sommerhäuschen am Bodensee. Plötzlich, als ich so entspannt auf dem Bett lag, begann die Energie wieder aus meinem Becken hochzukriechen, völlig ohne mein Zutun. Ich war nur Beobachterin und spürte, wie die Energie auch in meinen Kopf floss. Völlig unerwartet öffnete sich nun mein Bewusstsein über meinen Körper hinaus in ein grenzenloses Bewusstsein. Zeit und Raum waren aufgehoben. Ein Hauch von Angst, was da geschah, wich schnell einem tiefen Vertrauen. Es war einfach wundersam, so offen und losgelöst zu sein. Ich wusste nicht, wie lange ich in diesem Zustand war. Irgendwann begann sich mein Bewusstsein wieder in meinen Körper zurückzuziehen und der Raum wurde wieder unterscheidbar. Eine tiefe Dankbarkeit über diese Erfahrung blieb zurück.

Daniel Odier lehrt in seinen Seminaren auch eine wunderschöne Form von tantrischer Massage. Mich beeindruckte dabei die achtsame und liebevolle Hingabe der/des Gebenden an die/den Empfänger. Auch bei dieser Massage ging es nicht primär um Techniken, sondern darum, sich dem intuitiven Fluss hinzugeben, der zwischen den Händen und Herzen der/des Gebenden und dem Körper der/des Empfangenden entstand. Es war wie ein Tanz der Berührungen, welcher beide Beteiligten nicht nur an der Oberfläche berührte, sondern auch tief im Herzen. Die Entspannung beim/bei der Empfangenden konnte so tief gehen, dass sich auch in dieser Arbeit Zeit und Raum auflösten. Ein Gefühl von zeitlosem Sein stellte sich ein; ein kostbares Geschenk, welches beide bereicherte.

Diese Art der Massage war weder sexorientiert, noch wurde sie geschlechtsspezifisch ausgeführt. Meinen ersten Austausch erlebte ich mit einer Frau und das Miteinandersein fühlte sich sehr stimmig und liebevoll an.

Tandava, diese besondere Art des Tanzes und die Massage-erfahrung, nahm ich wie große Geschenke mit nach Hause. Mit der Massage versuchte ich meinen Mann Gosha zu überraschen. Tatsächlich fühlte er sich sehr wohl dabei. Ich glaube, sein inneres Kind wurde damit richtig nachgenährt. Jedenfalls war die Massage für ihn so wohltuend, dass er bereit war, diese Art der Berührung auch mir zu schenken. *„Oh wie schön!"* Dies war endlich ein Schritt in Richtung Öffnung für Neues!

Den Tandava-Tanz habe ich seither in meinen Alltag integriert. Wenn ich verspannt bin vom Funktionieren im Alltag, ist es die perfekte Bewegungsmeditation, welche mich innerlich wieder weich werden lässt und die Energie zum Fließen bringt.

In den letzten Jahren durfte ich mit meinem Partner etliche sehr schöne Tantra-Seminare als Paar erleben. Diese waren aber alle vor allem auf das psychische, sinnliche und sexuelle Wohlergehen in der Partnerschaft ausgerichtet, weniger auf die spirituelle Entwicklung und Erfahrung.

Unterdessen ist es sogar Gosha, der mich zu Tantra-Seminaren einlädt, weil er anscheinend spürt, dass es ihm und uns guttut.

Im Winter 2020 nahmen wir als Paar an einem mehrtägigen Seminar teil mit dem Titel: „Go Beyond" = „Darüber hinausgehen". Dieses Thema, von dem ich etwas Hoch- und Tiefgang erwartete, sprach mich an. Beeindruckt hat mich dann vor allem, wie einfachste Übungen zu tiefen spirituellen Erfahrungen führen konnten.

Mein Erlebnis-Protokoll von zwei tantrischen Übungen:

Äußere Genitalberührung im Stehen
Die empfangende Person steht in leichter Grätsche, die gebende Person gibt mit einer Hand eine Art sanfte Stütze/Stimulans für den Beckenboden der empfangenden Person.
Ich erlebte diese Form der Beckenbodenberührung durch den Partner das erste Mal. Bald merkte ich, wie ich die Berührung durch meine sanften Bewegungen sehr gut selber steuern und

mich dort massieren und erregen konnte, wo mein Körper es gerne hatte. Bald kam es mir vor, als wenn ein Weihnachtsbaum mit Zündschnüren und Kerzen gezündet wurde. Unten am Stamm (Beckenboden) wurde die Schnur gezündet, dann floss die Energie den Stamm (Wirbelsäule) hinauf zum Weihnachtsstern im obersten Scheitel-Chakra. Schließlich wurden über die vielen Nebenzündschnüre die Kerzen am ganzen Baum zum Leuchten gebracht.

Es fühlte sich an, wie selber Weihnachtsbaum zu sein, ganz im Licht, davon genährt und gestärkt werden – phantastisch!

Schmetterlingsmeditation

Die Seminarteilnehmer lagen bekleidet auf dem Rücken auf Matten. Wir wurden angewiesen, die Füße geschlossen nahe am Gesäß aufzustellen. Die Knie sollten wir auseinanderhalten bis zum Punkt größter Spannung.

Auch diese Meditation erlebte ich das erste Mal, hatte aber früher schon bioenergetische Übungen gemacht. Die Grundstellung mit den Beinen brachte sehr schnell meine vertikale Energie in Fluss. Wieder erlebte ich zuerst die Weihnachtsbaum-Erfahrung wie oben beschrieben:

Zündschnur geht an, Energiestrom fließt vom Beckenboden- zum Scheitel-Chakra, dann wunderbare Ausbreitung des Lichtes in alle Zellen des Körpers. Es war ein Baden in einem Licht, das sich immer weiter ausdehnte.

Zu meinem Erstaunen zeigte sich plötzlich in einem vertikalen Strahl von oben kommend Jesus, den ich als geistigen Helfer seit vielen Jahren an meiner Seite weiß.

Dann kamen Verstorbene aus meiner Ahnenreihe, welche sich unterstützend hinter meinen Rücken stellten, danke!

Schließlich dehnte sich der Licht-Raum noch mehr aus und eine kraftvolle Engel-Energie umgab mich und brachte immer noch mehr Licht.

Es war tief beeindruckend, mit welchen Kräften ich da beschenkt wurde ... und die Übung war ja so einfach! Danke, danke!

Zur Zeit meines Schreibens ist die Welt durch Corona im Umbruch. Die Astrologen und Esoteriker haben für diese Zeit auch einen Anstieg des Energieniveaus des Planeten Erde vorausgesagt. Ich bin eher eine skeptische Beobachterin dieser Szene. Doch was ich erlebe, ist für mich Realität und meine Wahrheit. Meine Lichterfahrungen machten mich geneigt, in esoterischen Websites zu stöbern und dabei bin ich auf folgende Beschreibung von Bernd Borchert, „Center for spiritual Evolution" in Berlin, gestoßen:

Der Lichtkörperprozess
„Der Begriff „Lichtkörper" verweist sowohl auf den lichten Körper unseres Höheren Selbst als auch auf unseren physischen Körper, der sich im sogenannten „Lichtkörperprozess" zu einem in seiner Schwingungsfrequenz stark erhöhten Lichtkörper wandelt. Der Lichtkörperprozess beinhaltet die vollkommene Einswerdung mit unserem Höheren Selbst und dessen physische, ätherische, emotionale, mentale und spirituelle Integration. Bei Abschluss des Lichtkörperprozesses verkörpern wir die Qualitäten unseres Höheren Selbst auf allen Ebenen.

Durch die Einswerdung mit unserem Höheren Selbst stellen sich auf spiritueller Ebene die sogenannten „Siddhis" (paranormale Fähigkeiten) ein: Wir werden „hellhörig", können Informationen auf telepathischem Wege empfangen und weiterleiten (channeln). Die eigene Hellsichtigkeit bildet sich aus. Wir können feinstoffliche Energien sowohl bei uns selbst als auch in unserem Umfeld fühlen (Hellfühligkeit). In einem fortgeschrittenen Stadium können sich sogar die Qualitäten von Teleportation, Bilokation, Zeit- und Dimensionsreisen einstellen.

Auf physisch-ätherischer Ebene werden ehemals brachliegende Energiebahnen aktiviert, durch die hohe Energie- und Lichtfrequenzen in jede physische Zelle transportiert werden können. Dadurch kommt es im Lichtkörperprozess zu einem enormen Anwachsen unserer Lebensenergie und Schaffenskraft. Alterungsprozesse verlangsamen sich und können sogar gestoppt werden. Ehemals brachliegende Hirnareale – besonders die der rechten Hirnhälfte – werden aktiviert, so dass wir unsere gesamte Hirnkapazität nutzen können. Der voll ausgebildete Lichtkörper ist von bester Gesundheit und Abwehrkraft und ist sogar in der Lage, Licht zu „verstoffwechseln".

Das wichtigste Merkmal für unseren Lichtkörperaufbau und der eigentliche Gradmesser unserer spirituellen Entwicklung sind jedoch die Öffnung unseres Herzens und die Entfaltung aller Herzqualitäten. Die tiefe Öffnung des Herzens im Lichtkörperprozess hat nahezu magische Wirkungen. Wir entfalten eine tiefe Liebe zur gesamten Schöpfung; zu unserer Erde, den Tieren, Pflanzen, Mineralien und Naturwesen. Wir können uns selbst vollkommen annehmen und von Liebe getragene Beziehungen aufbauen und aufrechterhalten. Wir erleben, dass unsere Liebe uns mit allem verbindet, was ist. Und so verbindet unser Herz uns auch mit unserer eigenen Multidimensionalität. Multidimensionales Empfinden beinhaltet die Erkenntnis und Erfahrung, dass sich die gesamte Schöpfung in verschiedene Ebenen, Welten oder Dimensionen gliedert und dass wir mit unseren höheren Bewusstseinsträgern oder höheren Körpern auf all diesen Ebenen präsent sind. Wir erschließen uns unser persönliches „Welten-Gedächtnis" (Informationsfeld, Akasha) und können die Aufzeichnungen dessen lesen, was wir in Vorleben erfahren und gelernt haben. Wir erkennen unsere persönlichen Lebensziele und Lebensaufgaben, und wir setzen diese in unserem Leben um.

Im Prozess des Lichtkörperaufbaus und der Öffnung unseres Herzens weitet sich unsere Bewusstheit sehr weit aus und wir

machen die konkrete Erfahrung, eins zu sein mit der Welt, den
Menschen und Naturreichen. Wir reifen zu einem „kosmischen
Bewusstsein", in dem wir die Einheit mit allem Geschaffenen er-
fahren. Wir erkennen, dass wir Teil und Ausdruck jener großen
Schöpferkraft sind, der wir Namen wie Gott, göttliche Quelle
oder Alles-Was-Ist gegeben haben.

Der Aufstiegsprozess

Für all die Prozesse, die gegenwärtig in den Menschen arbeiten, gibt es etliche Begriffe: der Aufstiegsprozess, der Seelen-
integrations- oder der Transformationsprozess. Sie sind inso-
fern teilweise synonym, weil sie sich alle auf denselben Vorgang
beziehen – die energetische und bewusstseinsmäßige Integration des spirituellen Körpers. Daneben betonen sie mit ihrem
Namen bestimmte Aspekte des Vorgangs.

Der allgemeinste Begriff für all die Prozesse, die gegenwärtig in
den Menschen arbeiten, ist der „Aufstiegs-Prozess". Während der
Begriff „Lichtkörperprozess" den Fokus auf die physisch-ätheri-
schen Prozesse legt, weist der Begriff „Aufstiegsprozess" einerseits auf die Frequenzerhöhung der Körper mit zunehmender
Spiritualisierung hin, andererseits auf unseren Aufstieg in die
fünfte Energiedichtedimension, den wir nach Ausbildung des
Lichtkörpers mit unserem physischen Körper vollziehen. Der
Begriff Aufstiegsprozess beinhaltet im Besonderen die Ausbildung der Herzens- oder Strahlenqualitäten.

Sobald wir unseren physischen Körper durch die energetische
und bewusstseinsmäßige Integration unseres Höheren Selbst
zu einem Lichtkörper gewandelt haben, d. h. in das Sein unseres Höheren Selbst „aufgestiegen" sind, ist es für uns möglich,
zusammen mit unserem zu einem Lichtkörper transformierten
Körper einen Dimensionswechsel zu vollziehen. Dabei steigen
wir in die höhere fünfte Dimension, die Ebene unseres spirituellen Körpers, auf.

Die Dimensionen sind Schöpfungsebenen oder Bewusstseinssphären, die sich durch ihre Schwingungsfrequenzbereiche und die Art der in ihnen existierenden Wesen und Formen (oder auch die Abwesenheit von Formen) unterscheiden. Sie können sich die gesamte Schöpfung als ein riesiges Haus vorstellen, in dem es mehrere Stockwerke gibt. Die verschiedenen Stockwerke unterscheiden sich durch die Schwingungsfrequenz der Energie, die in dem jeweiligen Stockwerk herrscht. Im höchsten Stockwerk ist die Energie sehr hoch, und Sie können sich dazu eine Glühbirne höchster Leuchtkraft vorstellen, die dieses Stockwerk erhellt. Im untersten Stockwerk brennt hingegen eine Birne von sehr geringer Watt-Zahl. Die Wesen, die in den jeweiligen Stockwerken existieren, entsprechen der Schwingungsfrequenz ihrer Etage und sind perfekt an die Umgebung angepasst. Jede Etage bietet die ihr entsprechenden Erfahrungsmöglichkeiten und mit jedem der höheren Dimensionen oder Stockwerken erweitern sich das Bewusstsein und die Erfahrungsmöglichkeiten sowie die Bewusstheit darüber, wer wir tatsächlich sind, wird größer.

Als Mensch leben wir gegenwärtig im dritten Stockwerk, der dritten Dimensionen. Unsere höheren Körper (spiritueller Körper, Kausalkörper) leben in den darüber befindlichen Etagen, und unser Quellenselbst, der Teil in uns, der in bewusster Einheit mit der göttlichen Quelle lebt, existiert bildlich gesprochen im Dachgeschoss. Alle Körper in den verschiedenen Stockwerken sind über einen Lichtkanal (Silberschnur/Anthakarana) miteinander verbunden, und dieser Lichtkanal, um in unserem Beispiel zu bleiben, bildet sozusagen den Fahrstuhl oder die Treppe, der die einzelnen Körper miteinander verbindet."

Auf einem Spaziergang mit einer Freundin, welche auch Therapeutin ist, wagte ich sie zu fragen, was sie in ihrem Inneren in dieser Zeit des Umbruchs und der energetischen Frequenzveränderungen erleben würde. Lichterfahrungen, wie ich sie beschrieb, kannte sie nicht.

Hilfe von anderen Wesenheiten und Dimensionen

Sie erzählte mir von ihrer Arbeit mit den Einhörnern und Drachen, die sie für sich und ihre Behandlungen um Unterstützung bat. Anfänglich konnte ich damit nichts anfangen. Doch ich wusste, dass sie eine erfolgreiche Therapeutin war, und deshalb interessierten mich ihre Informationen. Sie empfahl mir Meditationen von Diana Cooper; diese arbeitet als Heilerin mit Drachen und Einhörnern. Ich kaufte mir darauf ihr Buch: „Der Aufstieg von Erde und Menschheit" mit kosmischen Schlüsseln für dein Leben in der fünften Dimension. Ich habe alles gelesen über „die Zukunft unserer Meisterschaft", „die Hallen des Lernens von Meister Kuthumi", „das Drachenreich" und die „Facetten der Erleuchtung". Nach Diana Cooper kommen die Drachen aus der neunten Dimension, die Einhörner aus der siebten, und wir können sie als Helfer herbeibitten.

Ich musste mir eingestehen, dass ich zu dieser Erlebniswelt kaum Resonanz hatte. Zu behaupten, dass es diese „Welt" deshalb nicht gebe, schien mir aber falsch. Ich musste mir eher eingestehen, dass mein Geist für diese Erfahrungen im Moment einfach keinen Empfang herstellen kann.

Hingegen fühlte ich mich hingezogen zu einer Weiterbildung zum Thema „Symbolik" bei Willi Bucheli. Er arbeitete vierzig Jahre lang als Naturheilpraktiker. Seit zwanzig Jahren hat er sich zunehmend der Aurachirurgie, der Arbeit im feinstofflichen Körper, verschrieben. Als Heil-Werkzeuge benützt er auch Symbole. Diese wurden von Wesenheiten anderer Dimensionen, von anderen Sternen und Galaxien einigen ausgewählten Menschen medial übermittelt (gechannelt).

Symbolsysteme für die neue Zeit
In den letzten Jahren wurden verschiedene Symbolsysteme bekannt. Alle arbeiten mit den sogenannten „freien Energien", wel-

che durch die Symbole eine Form erhalten und eine Wirkung entfalten. Freie Energien sind unabhängig von Raum und Zeit.

Das **Ingmar**-Symbolsystem hat seinen Ursprung im Sonnensystem des Aldebaran (im Sternbild Stier). Hier geht es um Symbole, die aus der 5. Dimension kommen und in ihrer Wirkung auf der körperlichen Ebene ansetzen.

Die Symbole von **Larimar** lassen sich dem Sirius B (Im Sternbild des großen Hundes) zuordnen. Die Wirkkräfte stammen hauptsächlich aus der 6. Dimensionsebene, aktivieren die Spiritualität und fördern die psychische Stabilität des Menschen.

Das Symbolsystem von **Antares** (der 7. Dimension zuordenbar) hat vor allem die Fähigkeit, Blockaden aufzulösen und die Energien des Menschen ins Fließen zu bringen. Es setzt direkt am Emotionalkörper an.

Die **Anda Te** sind Lichtwesen, deren Ziel es ist, den Menschen auf seinem Entwicklungsweg zu mehr Liebe zu unterstützen. Die Symbolkräfte der Anda Te helfen das persönliche Energiesystem zu klären, öffnen das Herz, unterstützen die Eigenliebe und Achtsamkeit als Voraussetzung für die Liebe selbst.

Insgesamt haben diese Systeme die Aufgabe, ein möglichst breites Spektrum an Wirkkräften anzubieten, um den Menschen in seiner Entfaltung hilfreich zu unterstützen. Sie können miteinander beliebig kombiniert werden.

Die Symbolkräfte entfalten immer nur dann ihre Wirkung, wenn sie im Sinne der aktuellen Entwicklung angebracht ist.

W.B. zeigte uns Kursteilnehmern, wie wir die Symbole zur Unterstützung von verschiedensten Lebens-Situationen nutzen konnten:

» Zur **Unterstützung im Alltag** gehören die Energetisierung von Wasser, die Entgiftung von Nahrungsmitteln und Medikamenten, die Entstörung von elektromagnetischen Feldern (Sicherungskasten, Handy, Elektroleitungen), die Optimierung des Energieverbrauchs beim Auto, die energetische Reinigung von Häusern und Räumen, die Neutralisierung von Geopathien etc.

» Zur **Konfliktlösung in Beziehungen** gilt es ein „Heilpaket zu schnüren", in welchem kinesiologisch ausgetestete Symbole gesetzt (auf einen Zettel geschrieben) und mit gezielten Worten für die betroffenen Personen und deren Themen „eingeschwungen" werden. Das „Heilpaket" wirkt in der Regel während drei Wochen unterstützend. Danach kann es, wenn nötig, mit neuen Themen und Symbolen wiederholt werden.

» Um einen **Heilungsverlauf günstig zu beeinflussen**, werden positive Zielvorstellungen aufgeschrieben, die dann mit ausgetesteten Symbolen unterstützt und für die betreffende Person/Wesen übertragen werden.

» Zur **Auflösung von Glaubenssätzen und Ängsten** werden diese zuerst erfasst/aufgeschrieben und kinesiologisch getestet, ob sie wirklich Stress verursachen. Danach werden die passenden Symbole ausgetestet, welche helfen, die Glaubenssätze und Ängste zu transformieren.

Ich bin gespannt, was ich von Willi noch alles lernen darf, und bedanke mich einmal mehr bei der geistigen Welt für die Führung zu immer neuen, bereichernden Offenbarungen und Erkenntnissen ... ganz nach dem Leitsatz auf meiner Website:

„Je mehr ich entdecke, desto mehr wundere ich mich.
Je mehr ich mich wundere, desto mehr verbeuge ich mich.
Je mehr ich mich verbeuge, desto mehr entdecke ich."
Albert Einstein

8

LIEBE UND SEXUALITÄT – EINE LEBENSSCHULE

*„Die Liebe ist der Weg zu Glück, Zufriedenheit,
Gesundheit und Weisheit."*

*„Das Geheimnis der Liebe ist seelische
Wachheit und Freiheit."*

Dies sind Zitate aus dem Vorwort von
Peter Lausters Buch:
„Die Liebe, Psychologie eines Phänomens."

Lausters Buch hat mich gefunden, als ich bereits den Titel für dieses Kapitel gesetzt hatte. Ich kann es nur jedermann/-frau herzlich zum Lesen empfehlen!

Die 9 Mythen der Liebe

Peter Lauster beginnt in seinem Buch mit den 9 Mythen der Liebe, die er anschaulich, auf dem Hintergrund seiner langjährigen psychotherapeutischen Erfahrungen, zerpflückt. Ich möchte diese hier stichwortartig festhalten:

Mythos 1: Sexualität macht frei.
„Wer nur seine Sexualität entfaltet und dabei seine seelische Liebesfähigkeit nicht gleichzeitig mit entwickelt, kann keine volle Befriedi-

gung finden. Es bleibt ein Frustrationsrest bestehen, denn die Seele fühlt sich nicht genährt."

Mythos 2: Sexualprobleme gelöst – alle Probleme gelöst.
„Um alle Probleme zu lösen, muss die Liebe hinzukommen, aber nicht nur die Liebe zu einem speziellen Sexualpartner, sondern eine generelle Liebe, eine gesamte Entfaltung der gesamten psychophysischen Liebesfähigkeit."

Mythos 3: Der Orgasmus ist das Ziel der Liebe.
„Der Orgasmus ist das Ziel der Sexualität, wenn es um die biologische Aufgabe der Fortpflanzung und Arterhaltung geht. Das seelische Erleben der Sexualität kann jedoch gesteigert werden, wenn die Liebe dazukommt als Form von seelischer und körperlicher Zuwendung."

Mythos 4: Technik ist wichtig für eine befriedigende Sexualität.
„Wo in einer Beziehung Liebe ist, spielt die sexuelle Stimulierung keine dominierende Rolle, denn die Sexualität ergibt sich von allein, ohne dass der Verstand mit seinen gelernten Programmen etwas hinzutun müsste. Freie Liebe ist schöpferisch und findet im richtigen Moment das Richtige."

Mythos 5: Liebe in der Jugend ist anders als im Alter.
„Die Liebesfähigkeit ist die Fähigkeit, die Außenwelt und auch sich selbst mit wachen Sinnen positiv wahrzunehmen. Die Seele bleibt immer jung, wenn sie meditativ und sensitiv ist; deshalb muss die Liebe im Alter nicht anders sein. Die Liebe entwickelt sich ein Leben lang über die sinnliche Erfahrung allen Lebens."

Mythos 6: Die große Liebe dauert ewig.
„Ein Leben ist dann glücklich, wenn es dem Menschen gelingt, seine Liebesfähigkeit täglich neu zu entfalten. Jeder Mensch ist für seine Liebe selbst verantwortlich, sowohl, was die Intensität als auch die Länge anbelangt.

Liebe ist nur möglich, wenn völlige Offenheit herrscht, wenn die Seele bereit ist zu empfinden, wenn ich verletzlich bin und empfänglich für den Augenblick. Angst, Abkapselung und Streben nach Sicherheit verhindern Liebe und Lebendigkeit."

Mythos 7: Eifersucht gehört zur Liebe.

„Eifersucht entsteht durch Besitzanspruch. Wer in der Liebe glücklich werden will, konzentriert sich auf die eigene Liebe. Liebe will Liebe und Zärtlichkeit geben, will fördern, Interesse und Respekt am andern zeigen. Wer so lebt, ist liebesfähig und wird durch seine Liebe glücklich werden. Wer besitzen will und Angst hat, schwächt seine Liebesfähigkeit und kann alles verlieren."

*„Die wirkliche Liebe beginnt da,
wo keine Gegenliebe erwartet wird."*

Antoine de St-Exupéry

Mythos 8: Die Liebe ist ein Ereignis des Schicksals.

„Liebe ist immer eine Frage der Bereitschaft. Kann ich offen und aufgeschlossen sein und den anderen Menschen in mich aufnehmen? Kann ich ihn möglicherweise lieben? Wenn diese Bereitschaft fehlt, entsteht keine Liebe. Liebe ist ein aktives Sich-Öffnen und Sich-der-Liebe-Hingeben."

Mythos 9: Der Mensch kann nur eine oder zwei große Lieben erleben.

Ein liebesfähiger Mensch lebt, um zu lieben, und er fragt nicht nach der großen Liebe. Für ihn ist jede Liebe eine große Liebe. Es gibt keine „große" Liebe mehr, keine Fixierung, sondern nur noch den Fluss des Lebens, die Wechselhaftigkeit alles Lebendigen."

Was ist Liebe?

Liebe ist ein Gefühl, das wir über unser Bewusstsein wahrnehmen können. Die Liebe ist also keine Sache des Verstandes und des Denkens, sondern eine Angelegenheit des Gefühls. Das Gefühl Liebe wird immer subjektiv erlebt und kann sehr unterschiedlich empfunden werden. Doch alle Menschen erleben das Gefühl der Liebe als seelisch nährend, stützend, positiv, lebensbejahend.

Ich glaube gar, dass jeder Mensch mit bestimmten Antennen für bestimmte Liebeserfahrungen ins Leben kommt; ich nenne dies das „Suchbild der Liebe". Astrologisch wird dieses potentielle Suchbild vor allem durch die Stellung und die Aspekte von Mond, Venus, Mars, Neptun und Pluto im Horoskop ersichtlich.

Welche Arten von Liebe können gesucht und erlebt werden?

Mutterliebe ist die erste Liebe, die jedes Menschenwesen, das ins Leben tritt, zu erleben wünscht. Die in den Embryo inkarnierende Seele möchte liebevoll willkommen geheißen werden. Das Neugeborene ist schutzlos, braucht Nahrung und bedingungslose Zuwendung. Es ist das erste Mal getrennt von der Mutter und fühlt sich allein.

Astrologisch gibt die Mondkonstellation eine Idee, in welcher Qualität das Bedürfnis nach Mutterliebe gestillt werden kann. Da gibt es zum Beispiel die verschlingende Mutter, die abwesende, die gefühlvolle, die projizierende, die strenge etc., welche für das Kind zu einer ersten Lebenserfahrung wird.

Vater, Geschwister und andere nahe Bezugspersonen können einem Kind in seinem Leben durch ihre Liebesfähigkeit ein Gefühl von angenommen, geliebt und gefördert geben ... oder auch nicht.

Diese frühen Liebesprägungen sind entscheidend für die spätere Entwicklung der eigenen Liebesfähigkeit.

Freundesliebe wird mit zunehmender Sozialisierung des Menschen gesucht, in der Schule, in der Freizeit, im Beruf. Anfänglich denkt der Mensch, es sei Schicksal, ob er Freunde gewinnen kann. Später können wir erkennen, dass auch Freundesliebe nach dem Resonanzprinzip funktioniert. Ich ziehe diejenigen Freunde an, für die ich mich öffnen kann. Meist sind es Menschen, mit denen ich etwas Gemeinsames teile oder die mich in etwas Gegensätzlichem ergänzen und „vervollständigen".

Partnerliebe ist eine spezielle Form der Freundesliebe. Es ist die Entscheidung, dass ich mich noch tiefer auf eine Beziehung einlassen will. Ich öffne mich dabei auch für seelische Nähe (Intimität) und Sexualität.

Tierliebe ist für viele Menschen eine Seelenliebe, die nicht verletzt, die annimmt und liebt, wie ich bin. Tiere werden häufig geliebt wegen ihrer Anhänglichkeit und Treue. Als Kommunikationspartner und für das Empfinden körperlicher Nähe werden sie ebenso geschätzt.

Naturliebe erlebt der Mensch gleichwohl als gebende, liebende Kraft, die keine Gegenleistung verlangt.

Liebe in einem Beruf, Hobby oder Projekt kann ein Mensch dann erleben, wenn er in der Hingabe an seine Beschäftigung seelisch genährt wird und Flow-Gefühle erleben kann.

Kosmische Liebe, All-Liebe oder Gottesliebe entsteht durch das Öffnen des Herzens und des Geistes in einen transzendenten Raum, zu einer den Verstand übersteigenden Kraft. Auch die Affinität zu dieser Form der Liebe kann im Horoskop erkannt werden. Das Erleben einer kosmischen Liebe und die Anbindung zur geistigen Welt, als Schutz vor den irdischen Erfahrungen, ist bei vielen Kindern noch ein unausgesprochener, natürlicher Rückhalt. Leider verstehen die meisten Erwachsenen nicht mehr, wie sie diese Verbindung des Kindes zur geistigen Welt unterstützen können. Eigentlich wäre der Auftrag der Religionen (Religio = Rückbindung), die Kinder in eine vertrauensvolle Hingabe an die „Schöpferkräfte" zu führen. Doch die Realität in der westlichen Welt ist eine andere. Viele Menschen wenden sich von den traditionellen Religionen ab, weil sie dort nicht die richtige Seelennahrung gefunden haben.

Dafür scheint die Suche nach der allumfassenden Liebe, nach einem seelisch-geistigen Heimkommen, heute unter dem Begriff „Spiritualität" als persönliche Entwicklungsaufgabe in immer breiteren Kreisen anzukommen.

Wie kann ich Liebe er-leben?

Liebe wird in den ersten Lebensjahren eines Menschen vor allem passiv erlebt als positive Zuwendung. Diese Zuwendung kann körperlich sein in Form von Nähren, Streicheln und Gehaltenwerden, verbal als Lob oder Ermunterung und nonverbal als Interesse, Unterstützung, und Respekt für die Person.

Ich meinerseits hatte bereits als Kind das Gefühl, über der ganzen Schöpfung hänge ein „Schleier der Liebe", und ich sei darin eingebettet.

Vor allem wenn ich in der Natur war, im Wald, empfand ich mich stark mit dieser nährenden Liebeskraft verbunden. Ich legte mich oft ins Gras und erlebte Sonne und Wind geradezu als ekstatisch belebend. Die Kribbel-Gefühle auf der Haut und den energetischen Flow im ganzen Körper zu spüren, waren für mich etwas vom Höchsten.

Umso enttäuschter war ich, dass meine Mutter gar nicht verstand, warum ich so gerne allein in der Natur herumstreifte. In ihrer Mutterliebe, die stark und wohlgemeint war, hatte sie andere Vorstellungen, was gut für mich war. Astrologisch nennt man das eine überlagernde Mutterliebe. Auch meine ältere Schwester erlebte ich mehr als störend in meinen kosmischen Liebesgefühlen. Wir stritten uns häufig und hatten schon als Kinder ganz unterschiedliche Prioritäten im Leben.

Wo gab es also für mich zwischenmenschliche Liebe zu erleben? Wenn ich gute Noten von der Schule brachte, wurde ich gelobt; das war liebevoller Seelenbalsam. Liebe war offensichtlich bei meinen Eltern „käuflich" durch meine Leistungen. Es war nur logisch, dass ich diese Art der Zuwendung und des Lobs möglichst häufig anstrebte; ich wurde zur Schulstreberin. Meine ältere Schwester erhielt Lob für ihr schmeichelhaftes, angepasstes Verhalten, also verstärkte sie diese Charaktereigenschaft. Gosha erlebte Wertschätzung, wenn er fleißig zupackte und früh Verantwortung übernahm. Wir alle wurden mit sogenannter Liebe, Lob und Zuwendung gesteuert, ja manipuliert. Das scheint in unserer leistungsbetonten Nachkriegsgesellschaft die Form der Liebe zu sein, die wohl viele in der Kindheit erlebt haben.

In der westlichen Wohlstandsgesellschaft wurden auch materielle Geschenke Ersatz für fehlende Zeit der Zuwendung, Ersatz für wahre Liebe.

Es scheint jedoch für alle Menschen das größte Geschenk zu sein, wenn sie bedingungslose Liebe erleben dürfen in Form von Zuwendung, Akzeptanz ihrer Wesensart und Unterstützung auf dem eigenen Lebensweg. Um solche Liebe schenken zu können, braucht es die Fähigkeit der Einfühlung, des Zuhörens, der Wertfreiheit sowie Zeit füreinander. Wo werden uns Menschen diese Qualitäten als wichtig aufgezeigt und gelehrt? Das Wort Liebesfähigkeit existiert kaum in unserem Vokabular.

In meiner Kindheit war es folgerichtig, dass ich aus meiner Sicht mangels verständnisvoller Menschenkontakte die Liebe zu Tieren suchte. Meine Katze Miggi schenkte mir Zuwendung, Zärtlichkeit, Treue, Begleitung, Schlauheit bis zu ihrem Tod durch Vergiftung.

Manchmal ist es erst der Verlust eines „Liebesobjektes", der uns spüren lässt, was für uns „Liebe" bedeutet.

Als Jugendliche beginnen wir Menschen mit Freundschaften Erfahrungen zu sammeln. Wir erleben Sympathie und Antipathie, Dazugehören und Ausgestoßenwerden. Dazugehören setzen viele Menschen gleich mit geliebt werden; folglich ist das etwas zu Erstrebendes. Im Hintergrund stresst aber oft noch mehr die Ur-Angst des Alleinseins, was häufig mit „nicht geliebt werden" gleichgesetzt wird. Wenigen ist bewusst, dass sie für das Dazugehören oft einen Preis zahlen, nämlich Teile ihrer Identität zu opfern, um „geliebt zu werden".

Wenn sich der Sexualtrieb meldet, folgt der Mensch den Naturgesetzen und geht auf Partnersuche. Jetzt kommen zwei wichtige Gefühle zusammen: der Sexualtrieb und die Liebe, welche beide nach Erfüllung suchen. Kann das gut gehen ohne „Ausbildung" und Unterstützung in diesen Themen?

In der Partnersuche werden wir meist durch völlig unbewusste Motive geleitet. Vordergründig glauben wir, es sei die Liebe, eine bestimmte Eigenschaft oder gar eine magische Anziehung, die uns zusammenbringt. Ich vermute jedoch, dass unsere Partnerwahl schon viel früher, nämlich in der Seelenwelt vor der Inkarnation, vorherbestimmt wurde. Mehr dazu siehe Kapitel 9.

Auf die erste große Verliebtheit zeigen sich in jeder Paarbeziehung Tretminen = Themen, in denen wir verletzlich sind. Hier entscheidet sich oft, ob eine Paarbeziehung eine Vertiefung erlebt oder auseinandergeht.

Nach Lauster gilt: ***„Liebe und Intimität können nur geschehen, wenn absolute Offenheit besteht. Liebe muss wichtiger sein als der Schutz vor meiner Verletzlichkeit. Die Angst vor Verletzung durch den anderen tötet jede Liebe; denn Angst macht zu und verhindert Einfühlung und Zuwendung. Es ist vor allem die Angst, nicht geliebt und in seiner Individualität angenommen zu werden. Diese Angst wird meist schon ins Leben mitgebracht und nach dem Resonanzprinzip dann in der Kindheit verstärkt.***

Der einzige Weg, das Glück der Liebe zu erfahren, ist, diese Ängste zu überwinden und sich zu öffnen für das Wagnis der Liebe und des Lebens."

Weil dieser Weg Mut und ehrliche Zuwendung braucht, bleiben viele Paarbeziehungen an der Oberfläche stecken. Als Folge davon fühlt sich die Seele nicht liebend genährt und eine unterschwellige Frustration bleibt.

Viele Paare wollen Sicherheit in der Liebe und verwechseln dann Liebe mit Besitzanspruch oder mit einem funktionellen Tauschhandel. Ich gebe dir, damit du mir gibst, und wir machen ein Treue- und Sicherheitsabkommen. Dies führt nach Lauster zu Verkrampfung, Angespanntheit und macht uns stumpf. Solches Verhalten ist nach Lauster der Tod der Liebe, denn Liebe kann nur im Moment entstehen.

Was ist Liebesfähigkeit?

„Liebe ist die höchste Form seelischer Zuwendung und Offenheit mit allen Sinnen zu mir selbst, zur Umwelt und zur Transzendenz.“

Peter Lauster

» Liebesfähigkeit zeichnet sich durch Fühlen, nicht durch Denken aus.

» Die Sinne müssen sich öffnen, so dass Sensitivität/Feinfühligkeit entsteht.

» Die Begierde, etwas haben zu wollen, muss verschwinden.

» Liebesfähigkeit entsteht auf der Grundlage von Selbst-Bewusstsein; dieses muss entwickelt und gestärkt werden durch Selbst-Erkenntnis.

» Liebesfähigkeit zeichnet sich durch eine positive Offenheit zum Leben aus; dies erfordert Mut, Ängste immer wieder zu überwinden.

» Wenn Liebe herrscht, muss das Denken schweigen; Liebe ist Meditation.
» Sexualität kann ein Teil der Liebe sein.

„Liebe ist die Fähigkeit,
andere Hüllen des Bewusstseins zu betreten;
es ist die Hingabe an die Transzendenz."

Nisargadatta Maharaj

„Die Liebe sagt: Ich bin alles.
Die Weisheit sagt: Ich bin nichts.
Zwischen diesen beiden fließt mein Leben."

Nisargadatta Maharaj

In der seelisch nährenden Liebe der Erwachsenen sollte es also weniger darum gehen, Liebe passiv von außen zu erwarten, als vielmehr um die Erkenntnis, dass ich als erwachsene Person Liebesfähigkeit aktiv in mir entwickeln und pflegen kann/sollte.

Es gilt zu lernen, sich der Liebe hinzugeben durch eine offene, positive Zuwendung an das Leben mit allen Sinnen. Erst dann kann ich die Erfahrung machen, wie Liebe vom Leben zurückkommt als Schönheit, Freude, Lebendigkeit und Gesundheit. Auch von einer mystischen, den Verstand übersteigenden Ebene, der Transzendenz, ist die Erfahrung von Liebe möglich. Wege dazu sind das Öffnen in die Stille (Meditation), aber auch Tanz und Naturerfahrungen.

Bereits die Weisen der Yoga-Tradition haben die Zusammenhänge von Seelenzufriedenheit und Liebesfähigkeit erkannt und deshalb für alle Menschen als möglichen Weg den „Bhakti-Yoga" empfohlen. Dies ist der Yoga des Herzens und der bedingungslosen, liebenden Hingabe an das Leben, an Gott, an die höchste Schöpferkraft.

In meiner Partnerschaft gingen die Vorstellungen zum Thema: „Was ist Liebe?" von Anfang an weit auseinander. Die höchste Form von Partnerliebe waren für mich Anteilnahme am Wesen und an den Interessen des andern. Mir war und ist es eine Freude, mich einzulassen auf tiefste Gefühle und Gedanken. Ich war ehrlich interessiert daran, Goshas Gefühls- und Gedankenwelt kennenzulernen, um ihn besser verstehen zu können. In der Sexualität träumte ich von Zärtlichkeit, körperlich-seelischem Verschmelzen und in etwas Größerem aufgehen. Gosha seinerseits hatte ein großes Bedürfnis nach Lob und Bestätigung in seinem alltäglichen Funktionieren. Sein Leben war ein ernsthaftes Bemühen um Perfektion. Er wollte allen alles recht machen, in der Hoffnung, von den Mitmenschen dadurch geliebt zu werden. Er diente im Alltag mit Leistungen, die er für richtig empfand, um damit Liebesbezeugungen zu bekommen. Doch dahinter stand immer eine große Angst, nicht zu genügen oder abgewiesen zu werden. Diese hinderte ihn daran, sich zu öffnen, locker und empfindsam zu sein. Was seine leidenschaftliche, egoistische Sexualität mit Liebe zu tun hatte, war mir immer ein Rätsel. Seelengesprächen und der Auseinandersetzung mit unseren Tretminen wich Gosha von Anfang an aus.

Unter diesen Voraussetzungen war natürlich Frustration über enttäuschte Erwartungen auf beiden Seiten vorprogrammiert. Da wir trotz dieser Erkenntnis nicht voneinander loskamen, ergab sich für mich die Frage: *„Lassen sich Liebesfähigkeit und lieben lernen?"* Es begannen bei mir ein Suchen und Forschen nach erfüllender Liebe.

Heute glaube ich, dass mich gerade diese dauernden Frustrationen in der partnerschaftlichen Liebe so stark auf mich selber zurückgeworfen hatten, dass ich dadurch zu vielen Erkenntnissen gekommen bin:

» Liebe erhalten und weitergeben braucht ein offenes Herz.
» Ich öffne mein Herz nicht andern zuliebe, sondern mir zuliebe.
» Je offener mein Herz ist, umso intensiver kann ich Liebe empfinden.
» Liebe ist immer da, denn Gott, das Allumfassende ist Liebe.
» Ängste und Zweifel sind Liebestöter, Vertrauen fördert die Liebe.
» Um die Liebe zu stärken, müssen Ängste erforscht und erlöst werden.
» Liebe kann nicht erzwungen werden – Liebe ist frei.
» Die Kraft zu lieben, erhalte ich von einer größeren Kraft, die mich trägt.
» Liebe wird genährt aus der Selbst-Liebe und der Selbst-Entfaltung.
» Liebe fließt und stellt keine Bedingungen.
» Lieben ist ein Gefühl höchster Erfüllung und Lebendigkeit.
» Sinn des Lebens ist es, sich immer wieder für die Liebe zu öffnen, sie zu empfangen und weiterzugeben.
» Ich bin Liebe, ich bin im Sein, ich bin Dankbarkeit.

*„Der Sinn des Lebens ist allein
das Erlebnis der Liebe.“*

Peter Lauster

Ich habe mich auf meiner Suche nach Liebesglück also nicht mehr vom Partner abhängig gemacht, sondern bin zur Einsicht gekommen, dass ich selber für mein Glücklich-Sein sorgen muss.

Dazu beobachtete ich, wann und wo ich in mir Liebesgefühle wahrnehmen konnte und wodurch sie ausgelöst wurden.

Die Glücksgefühle, die ich in der freien Natur erleben durfte, waren mir von Kindesbeinen an vertraut. Also war es naheliegend, mir täglich eine Portion Naturerfahrung zu verordnen. Früher nahm ich die Kinder mit in den Wald oder an Gewässer und ließ sie dort mit Naturmaterialien spielen. Sie genossen es, ihrer Spielfantasie freien Lauf zu lassen. Später und bis heute gehe ich in die Natur zur Verdauung meiner Alltagsgeschichten, zur Inspiration, wenn ich Ideen brauche oder zur Regeneration, wenn ich Erholung suche. Dabei genieße ich es, mich meinen Gefühlen und Gedanken frei hinzugeben. Ich nehme die unterschiedlichen Stimmungen in der Natur wahr und staune über die Wunderwerke der Schöpfung, die mir begegnen. Durch diese offene, nicht wertende Hingabe an das, was ist, fühle ich mich immer lebendiger und freier. Ich spüre ein liebevolles Genährtwerden und Aufgehobensein im Schoße der Natur.

Als ich mich durch Yogatechniken körperlich und geistig zu entspannen lernte, fiel mir auf, dass dieses innerliche Loslassen in mir ein Gefühl von wunderbarer Weite gab. Zusätzlich übte ich nun noch mental, Licht, als Symbol für die höchste Kraft, in meinem Herzraum und dem ganzen Körper zu visualisieren. Ich kann mich erinnern, welch freudvolles Gefühl es war, als ich meinen Körper erstmals ganz mit Licht gefüllt empfand. Schließlich galt es, das innen gefühlte Licht nun auch über die Körpergrenzen hinaus auszudehnen und selbst zu einer leuchtenden Sonne zu werden. Die dabei erlebten Glücksgefühle wurden immer intensiver. Empfindungen von Frieden, Liebe und Aufgehen in etwas Größerem ergaben sich immer spontaner. Ich fühlte mich wie angeschlossen an eine Quelle der Liebe. Das Schöne daran war/ist, diese Quelle war/ist immer da, ich muss mich nur anschließen durch Entspannung,

Öffnen für das höchste Licht, Empfangen und Annehmen. Ich hatte wohl meinen wichtigsten Schlüssel für bedingungslose Liebe gefunden.

Was bedeutete es für den Alltag, wenn ich Glücksgefühle und bedingungslose Liebe auch dort erleben wollte? Es wurde mir klar, dass ich meinen Alltags- und Lebensstress gut managen lernen musste, um von der Anspannung immer wieder zur Entspannung wechseln zu können.

Um das zu erreichen, waren und sind viel Achtsamkeit und Selbsterkenntnis in jedem Moment nötig. Anfänglich war auch ich gefangen in Ängsten wie: *„Was denken die andern? So werde ich noch mehr Außenseiterin."* Doch die Verbindung zur Quelle, welche ich immer mehr als Verbindung zu meiner Seele empfand, gab mir Mut, meinen Weg zu gehen, Schritte zur Selbst-Entfaltung zu wagen. Die inneren Stimmen, die mir meinen Weg wiesen, wurden immer klarer und das Vertrauen in sie stärker. Ich fühle mich heute sehr liebevoll geführt und glaube, diese Liebe und das Vertrauen in die eigenen Seelenkräfte auch weitergeben zu können. Im Gegenzug fiel es mir immer leichter, Gewohnheiten im Alltag zu verändern, welche mir körperlich oder seelisch-geistig nicht guttaten, z. B. die Reizüberflutung durch Medien, unpassende Ernährung, das Stadtleben oder geschwätzige Menschen. Selbstüberforderung durch zu viel Arbeit oder zu viel Wollen gilt es bestmöglich zu meiden. Konsequent lernte ich Oasen der Ruhe und des Rückzugs einzuplanen. Diese gönne ich mir seit Jahren nach dem Mittagessen und frühmorgens, wenn ich bereits wach bin. Die Disziplin hat sich in den letzten dreißig Jahren gelohnt; ich fühle mich dadurch seelisch ausgeglichen und innerlich zufrieden. Im Außen gilt es zu akzeptieren, was ich nicht ändern kann.

Stimmige Musik, freies Bewegen oder Ausdrucksmalen können mir ebenso helfen, in ein Gefühl der Offenheit und Liebe zu kommen, gerade auch nach anstrengenden Arbeitstagen oder bei belastenden Gedanken und Gefühlen.

Glücks- und Liebesgefühle im Zusammensein mit Menschen erlebe ich dann, wenn von beiden Seiten Offenheit und Vertrauen im Herzen da sind. Ich bin dankbar, dass ich solchen Menschen immer wieder begegnen darf.

Unterdessen habe ich gelernt, Menschen mit offenem Herzen dort abzuholen, wo sie stehen. Erwartungen, dass Mitmenschen mich dort abholen, wo ich stehe, kann ich immer besser loslassen. Oft ergeben sich große Offenheit und Vertrauen auch bei Klient:innen, was zu sehr liebevollen und beglückenden Momenten im Alltag führen kann.

Nur bei Gosha ertappte ich mich ab und zu, dass ich eine große Sehnsucht danach hatte, dass er mir eines Tages aufmerksam zuhörte, was mich bewegte, welche Gefühle ich spürte und welche Gedanken mich umtrieben.

Während des Schreibens dieser Zeilen scheint sich zu diesem Thema eine Türe zu öffnen: **Wir lernen über unser Innenleben zu kommunizieren.**

Liebe und Sexualität

> **„Liebe kann sich ohne Sexualität entfalten
> und Sexualität ist ohne Liebe möglich.
> Doch wer nur seine Sexualität entfaltet und
> dabei seine seelische Liebesfähigkeit nicht
> gleichzeitig mitentwickelt, kann keine volle
> Befriedigung finden. Es bleibt ein Rest an
> Frustration, denn die Seele fühlt sich
> ohne Liebe nicht genährt."**

Peter Lauster

Menschen, welche in ihrer Kindheit wenig bedingungslose Zuwendung erhalten haben, möchten oft später in einer Paarbeziehung dieses Loch stopfen. Sie wünschen sich dann liebevolle und wertschätzende Zuwendung, die oft in Absicherungsversprechen und Besitzen-Wollen endet. Häufig wird auch nur der Sexualtrieb entfaltet, ohne die Sexualität in die Liebe einzubinden, da sie Liebesfähigkeit nicht kennen und entwickelt haben.

Eigentlich wäre es von Anfang an wünschenswert, wenn Liebespaare über ihre Erwartungen und Gefühle austauschen und einander zuhören könnten.

Alain de Botton formulierte es in einem Interview über Liebe und Romantik im Alltag so: ***„Wir brauchen Partner:innen, welche uns von Anbeginn ihr Wesen offenbaren und vor ihren Unvollkommenheiten warnen. Fragen Sie Ihre Partner:in schon zu Beginn einer Beziehung, was sie gefühlsmäßig ausmacht. Kommunikationsfähigkeit, Sensibilität und Lernbereitschaft sind langfristig die wichtigsten Hilfsmittel der Liebe."***

Das klingt ja gut, doch zu Beginn unserer Partnerschaft waren wir schlichtweg beide nicht fähig zu solcher Art von Kommunikation. Wir waren meines Erachtens beide „neurotisch" und in unserem Selbstwert durch unseren „mitgebrachten Rucksack" geschwächt. Dies gibt nach Lauster zwangsläufig Reibung; jeder reibt sich an der Störung des andern. *„Neurotische Beziehungen sind immer mit Erwartungen, Hoffnungen, Zielen und Ideologien verbunden. Da gehen die Liebe und Wertschätzung zu Ende und der Kampf oder die Ent-Wicklung der eigenen Persönlichkeit beginnt.*

Nur psychisch gesunde, in sich ruhende Menschen können den andern in seiner Individualität respektieren und belassen, weil er seine eigene Individualität als etwas Positives und Unantastbares erlebt."

Liebesfähigkeit ist also etwas, was es zu lernen und entwickeln gilt, und ebenso scheint es mir mit der Sexualität zu sein. Ich frage mich oft, woher im Ausleben der Sexualität bei jedem Menschen die Vorlieben und die inneren Bilder kommen. Einiges darüber kann auch bereits das Geburtshoroskop aussagen (Kapitel 6) und unsere mitgebrachte Anlage (Kapitel 9).

Die Sexualität eines Menschen ist im weitesten Sinne die Gesamtheit aller Lebensäußerungen, Verhaltensweisen, Emotionen und Interaktionen, die in Bezug auf sein Geschlecht gelebt und erlebt werden.

Wie ein Mensch seine Sexualität lebt, wird beeinflusst durch

» die Kultur und Religion, in der ein Mensch lebt,
» die Sozialstruktur wie Familie, Umfeld, Beruf, Gesellschaft,
» die herrschende Sexualmoral und
» den persönlichen Entwicklungsstand eines Menschen.

Zu jeder Zeit gab es auf der Erde **verschiedenste Kulturen**, welche das sexuelle Verhalten der Menschen unterschiedlich prägten. Auch heute gibt es noch Kulturen, in denen die Vielehigkeit (Polygamie) gelebt wird. Dabei dürfen Männer mehrere Frauen heiraten. Seltener kommt es vor, dass eine Frau mehrere Männer heiratet. Im Laufe der kulturellen und v. a. der wirtschaftlichen Entwicklung hat sich in den Industrieländern die Einehe (Monogamie) durchgesetzt. Heute scheint mir im Westen ein völliger Umbruch im Gange, was die Wahl der Geschlechtspartner anbelangt. In vielen Ländern werden unterdessen gleichgeschlechtliche Ehen gesetzlich zugelassen. Offene sexuelle Beziehungen sind im Westen zur Normalität geworden.

Die **Sozialstruktur,** das gesellschaftliche und ökonomische Umfeld, ist ebenso prägend für das Ausleben der Sexualität. Verfügbare Zeit, Geld, Bildung und die räumlichen Verhältnisse sind maßgebliche Faktoren, welche das Sexualleben beeinflussen.

Die **Sexualmoral**, die Werte, welche im Ausleben der Sexualität gelten, sind von der Kultur und Sozialstruktur geprägt, in der ein Mensch lebt. Zu diesen Werten gehört die persönliche Haltung gegenüber vorehelichem Geschlechtsverkehr, Sexualität nur zur Zeugung von Nachkommen, Sexualität als Liebeserlebnis, Masturbation, freies Ausleben der Sexualität, One-Night-Stand, Polyamorie, Seitensprung, Prostitution etc.

Am wichtigsten in Bezug auf das Ausleben der Sexualität scheinen mir aber **die individuelle Anlage sowie der persönliche Entwicklungsstand** eines Menschen und seiner Seele zu sein. Wird Sexualität vor allem als Triebbefriedigung gelebt? Wird Sexualität als Machtinstrument benutzt? Ist das sexuelle Erleben mit Erotik, Zärtlichkeiten, Humor, Sprache, einem Liebesgefühl im Herzen verbunden oder gar mit einem spirituellen Erleben des All-Eins-Seins?

Daraus ergibt sich **die sexuelle Identität**, die Art und Weise, wie ein Mensch sich selber definiert bezüglich seines persönlichen sexuellen Empfindens und seiner diesbezüglichen Bedürfnisse.

Die **sexuelle Orientierung ist auf eine andere Person gerichtet** und definiert das nachhaltige Interesse einer Person in Bezug auf das Geschlecht eines potenziellen Partners auf der Basis von Erotik, Sexualität, Herzensliebe und Spiritualität.

Die sogenannte **Queer-Bewegung** fordert uns heutzutage auf, jegliche geschlechtsspezifischen Muster (Rollenbilder, Werte) zu de-konstruieren und jedem Menschen das Recht auf selbstdefinierte Geschlechtsidentität einzuräumen.

Ich finde diese Gedanken wertvoll, denn sie erfordern ein Hinspüren und Erforschen, was einerseits die eigene wirkliche, sexuelle Identität ist, welche ein Mensch in eine Beziehung einbringen kann. Andererseits werden Wünsche und Bedürfnisse bezüglich Sexualität bewusst, die jemand an ein Gegenüber hat.

Diese Identitäts- und Orientierungsfindung scheint mir dem Wandel der Zeit und der Entwicklung der Persönlichkeit unterworfen zu sein. Im besten Falle bleibt Sexualität lebendig und veränderbar ein Leben lang.

Wie ein Mensch seine Sexualität er-lebt, wird beeinflusst von

» seinem Körperbewusstsein,
» seiner Sensitivität (mit allen Sinnen spüren),
» seinen Ängsten und mentalen oder emotionalen Blockaden,
» seiner Selbst-Liebe und seinem Selbst-Wert sowie
» seinem Rollenverständnis in der sexuellen Beziehung.

Je mehr ein Paar diese Themen bearbeitet und integriert hat, umso freier und erfüllender kann eine sexuelle Begegnung erlebt werden.

Tantra, Kamasutra und Neo-Tantra

Der **Tantrismus** (siehe Kap. 4) beruft sich auf eine Textzusammenfassung aus verschiedenen Quellen und **verfolgt das Ziel, Weltliches in Überweltliches zu transformieren, um so zum höchsten Bewusstsein der Einheit *(samadhi)* zu gelangen.** Der Tantriker möchte nicht der Welt entfliehen, sondern sie mit allen Sinnen erfahren und beherrschen.

„Klassischer Yoga ist Beherrschung von Körper und Geist mit Bewusstheit. Tantra-Yoga ist Genuss und Hingabe mit Bewusstheit."

In Anlehnung an das lesenswerte, neu erschienene Buch „Yoga – die 5 Schlüssel zur Gesundheit" von Dr. Christian Larsen und Dr. Claudia Guggenbühl sind die folgenden Texte entstanden:

Der Körper wird im Tantra zum wichtigsten Hilfsmittel; er soll transformiert, ja unsterblich werden durch tantrische Rituale. Auch übersinnliche Fähigkeiten wurden angestrebt.

Ziel dieser Rituale ist die Aktivierung der weiblichen. Schöpferkraft *shakti,* welche mit der männlichen Geisteskraft *Shiva* vereint werden sollte, um *samadhi,* die Erleuchtung und Vereinigung mit dem Göttlichen, zu erlangen.

Zu Beginn glaubten die Yogis, dass sie die weibliche Kraft *shakti* nur durch die sexuelle Vereinigung mit Frauen, sogenannten Yoginis, über deren sexuelle Sekrete erhalten würden.

Mit der Zeit wurden dann die sexuellen Riten sublimiert, also nicht mehr im Äußeren vollzogen, sondern auf eine innere energetische Ebene verlagert. Diese innere, einem jeden Menschen innewohnende weibliche Kraft, *shakti,* wurde fortan *kundalini* genannt. Mit Körperstellungen *(asanas)*, Atemkontrolle *(pranayama)*, Verschlüssen *(bandhas)* und Siegel *(mudras)* versuchte der Yogi seinen Körper in eine Art abgeriegeltes System zu verwandeln. Der Atem, die Energie und auch die körperlichen Flüssigkeiten, insbesondere der männliche Samen, wurden angehalten, um dann *shakti* durch den mittleren Wirbelsäulenkanal *(sushumna)* nach oben zu zwingen. Aus diesen Techniken entstand schließlich der Hatha-Yoga. Ursprünglich waren diese Übungen nur den Männern vorbehalten. Nach der indischen Gesundheitslehre sollte der Samen des Mannes nicht verschwendet werden, um geistig fit und vital zu bleiben.

Die Frauen wurden aufgrund ihrer biologischen und energetischen Ausstattung mit der Schöpferkraft *shakti* als von Natur aus stark und auch gefährlich angesehen, weil sie den Mann verführen konnten. Die Frau und ihre Sexualität bedurften daher einer strikten Kontrolle durch den Mann. Das mochte in einem streng geregelten rituellen Geschlechtsakt, in dem die Frau nicht Frau, sondern Göttin war, gelingen.

So wurde im ursprünglichen Tantrismus sexuelle Enthaltsamkeit mit spirituellen Ambitionen auf der einen Seite gepflegt, die hohe Kunst des Liebesspiels für den irdischen Lustgewinn auf der andern Seite.

Das **Kamasutra**, übersetzt **die „Verse des Verlangens",** wurde wahrscheinlich ca. 300 n. Chr. verfasst von Vatsyayana als
ein „Lehrwerk über Lebenskunst und Erotik".

Nebst Sex-Positionen lehrt es in vielen Differenzierungen den
Umgang von Männern mit Frauen und umgekehrt. Für V. fügen sich die Menschen nicht passiv ihrem Schicksal, sondern beeinflussen ihre Lebensumstände. Neben rationalen Methoden
zählt auch die Magie zur Erfolgshilfe. V. betrachtet die ganze
Welt von der Warte der Sexualität aus. Umgekehrt beeinflusst
jeder Lebensbereich die Sexualität. Daher ist es die erste Aufgabe des Kamasutras, die Komponenten zu benennen und zu
erläutern, die die erotische Anziehungskraft eines Mannes und
einer Frau ausmachen. Einen hohen Wert für Männer misst V.
„der Erzählkunst und der Sprache" bei. Er vertritt die Ansicht,
dass die Komponenten, die die Persönlichkeit eines erotischen
Menschen ausmachen, nicht angeboren sind, sondern erworben werden; sie sind eine Sache des Wissens und des Könnens.
Von Schönheit spricht er dabei selten, sie ist zu sehr eine „Laune der Natur". Alle Künste und auch Körperstellungen sind der
„Weg, wie der Partnerin oder dem Partner eine Freude zu machen ist". Er beschreibt, wie Konflikte und Verletzungen mit
Takt zu lösen oder zu vermeiden sind.

Das Kamasutra war damals an eine städtische und mondäne Elite gerichtet.

Es bestand aus sieben Kapiteln. Darin ging es um „das gesellschaftliche Leben und die Erotik", „Liebestechniken", die
„Jungfrauen und die Ehefrauen", „die Frauen anderer Männer",
„die Kurtisanen" und „geheime Mittel zur Steigerung der Liebeskraft und Sexualität".

Berühmt wurden im Westen v. a. die Liebestechniken als die
„Kunst der Vereinigung". Im Kamasutra ist die Frau vollwertige
Teilnehmerin an der Sexualität. Sie kann und soll auch, je nach
Situation, die aktive Rolle übernehmen. Die Frau wird als sexuelles Wesen mit eigenen Gefühlen und Emotionen dargestellt,

die ein Mann verstehen muss, um die erotische Lust in ganzer Fülle genießen zu können.

Im Kamasutra wird keine innerliche Liebe zelebriert. Es gibt kein spirituelles Streben und keine seelische Hingabe. Sexualität soll leicht, unbeschwert und durch und durch weltlich gelebt werden dürfen.

Neo-Tantra wurde vom Philosophen **Osho (Bhagwan, Shree Rajneesh, 1931–1990)** begründet. Er versuchte der ursprünglichen tantrischen Idee, die Weltliches in Überweltliches transformieren wollte, ein neues, dem Zeitgeist angepasstes Gesicht zu geben.

Er gründete in den 1970er Jahren die Neo-Sannyas-Bewegung, der sich tausende Menschen, v. a. aus westlichen Ländern, anschlossen. Osho gründete einen Ashram in Poona und hielt fortan viele Vorträge über Yoga, Spiritualität, Mystik und Tantra.

Das Wichtigste bei einer sexuellen Vereinigung war für Osho, dass beide Partner mit allen Sinnen, ihrer ganzen Seele und mit ganzem Herzen präsent sind.
„Eure Gedanken stehen völlig still. Wenn man sich total mit seinem Geliebten/seiner Geliebten entspannt, hört man auf zu denken, der Verstand existiert nicht mehr, nur das Herz schlägt. Das Liebesspiel wird zu einer natürlichen Meditation." (Osho 2020)

Der Akt ist eine Frage des Bewusstseins, nicht der Akrobatik. Zentral ist die Fähigkeit, sich tief zu entspannen und alles loszulassen.

Osho unterscheidet zwei Orgasmen: den „Gipfelorgasmus" als Entladung nach starker sexueller Erregung und den „Talorgasmus", der in eine tiefe Meditation führt.

„Mann und Frau sind nur beim Vorspiel erregt.
Sobald der Mann in die Frau eingedrungen ist,
entspannen sich beide.
Beide bewegen sich überhaupt nicht mehr
und gehen völlig in der Umarmung auf.
Nur wenn einer von beiden spürt,
dass die Erektion nachlässt, bewegen sie sich ein
wenig, um das Feuer wieder zu entfachen.
Danach sinken sie wieder in einen Zustand völliger
Entspannung. Diese Art von tiefer, zärtlicher
Vereinigung kann stundenlang dauern, ohne dass es
zum Samenerguss kommt.
Für Osho ist die Ejakulation eine unnötige
Energieverschwendung – ganz im Sinne des
ursprünglichen Tantra. Das Zusammentreffen
zweier unterschiedlicher Energien führt dazu,
dass sich die Liebenden gegenseitig Energie
zuführen; ihre Energie beginnt kreisförmig
ineinanderzufließen.
Die langsame, stille und tiefe Einswerdung zweier
Menschen ist nicht sexuell, sondern spirituell.“

(Osho)

Osho spricht auch vom Aufsteigen der *kundalini*:

„Diese Energie setzt sich in Bewegung, wenn
man total entspannt ist und so miteinander
verschmolzen, dass es den anderen nicht mehr gibt.
Das entsteht im Tal, nicht auf dem Gipfel.
Aufmerksam, präsent und entspannt Liebe zu
machen führt in die Transzendenz,
zu samadhi. Eine solche Erfahrung transformiert die
Liebenden. Sie sind noch viele Tage danach ruhig,
gelassen und zentriert.“

Etliche Anhänger von Osho griffen seine Neo-Tantra-Lehre auf und verbreiteten sie weiter in Büchern und Seminaren. Zu diesen gehören auch Diana Richardson und ihr Partner Michael, welche die „Slow-Sex-Bewegung" gründeten. In Wochenseminaren werden Paare mit theoretischen Informationen zur Praxis des achtsamen Sex angeleitet.

Ich erlebte dieses Seminar als sehr hilfreich zur Weiterentwicklung unserer Sexualität. Männer scheinen oft einen gewissen Widerstand überwinden zu müssen, um sich dem Jetzt einfach hinzugeben und zu vertrauen, dass daraus etwas Neues, Genussvolles entstehen kann. Längerfristig entdecken aber meist beide Partner, dass diese Art der Vereinigung keinen Erektions- oder Reibungsstress mehr erzeugt, dafür neue Qualitäten der Nähe, Entspannung und Seelennahrung.

Selbstverantwortung in Liebe und Sexualität

In der Corona-Krise ist wohl noch mehr Menschen bewusst geworden, dass wir eine Verantwortung für unsere Gesundheit haben.

Wie steht es mit der Eigenverantwortung bei den Themen Liebe, Sexualität und Spiritualität? Diese Themen beeinflussen unsere Lebensqualität enorm und doch wird ihnen in kaum einem öffentlichen Bildungs- oder Erziehungsangebot gebührend Beachtung geschenkt. Im Internet steht zwar viel zum Thema Sexualität geschrieben, doch in vielen Partnerschaften fehlt die direkte und tiefgründige Kommunikation darüber. Die meisten Menschen scheinen bei diesen Themen durch Freud- und Leiderfahrungen selbst einen Weg suchen zu müssen.

Umso wertvoller fand und finde ich die gut (!) geführten Tantra-Seminare, in welchen Themen der Liebe, Sexualität und Spiritualität thematisiert und mit praktischen Übungen erlebbar gemacht werden.

Zu meinen Kindern sagte ich gar, dass ich ihnen lieber Tantra-Seminare als Autofahrstunden bezahlen würde. Offizielle Weiterbildungen in Liebe, Sexualität und Spiritualität sollten meines Erachtens eines Tages zur Allgemeinbildung gehören wie Informatik oder Autofahren.

Oft sind die heutigen Tantra-Seminare weniger auf die Erleuchtung oder Sextechniken ausgerichtet, sondern auf die Persönlichkeitsentwicklung als Ganzes. Welche Qualitäten müssen wir entwickeln für eine liebevolle und nährende Sexualität und Partnerschaft?

Die Themen der sieben Chakren können dazu ein Leitfaden sein:

z. B. Anstöße zur Selbstreflexion bezüglich Selbstbewusstsein, Urvertrauen und Erdung; Lust, Leidenschaft und Kreativität; Selbstausdruck, Macht und Abgrenzung; Umgang mit schwierigen Gefühlen, Herzensqualitäten wie Mitgefühl und alle Formen der Liebe; Kommunikation in allen Lebensbereichen; Verstand und Intuition; Spiritualität, Inspiration und geistige Führung.

Zusätzlich bereichernd in den Tantra-Seminaren ist auch der Austausch mit anderen Menschen und Paaren. In diesen Kreisen kann man riskieren über alle Lebensthemen zu sprechen, was ich als sehr befreiend empfinde.

Um unser Sorgenkind „Kommunikation" auf eine befriedigende Art zu lernen, brauchten wir tatsächlich eine lange, therapeutisch gestützte Übungszeit mit konsequenten Regeln. Zweimal die Woche wollten/mussten wir uns zuhause Zeit nehmen für unsere Zweiergespräche. Nun scheinen wir endlich einen gewissen Durchbruch geschafft zu haben! Auch heikle Themen, alte Verletzungen und gegensätzliche Meinungen können wir meistens ruhig mitteilen im Wissen und Vertrauen, dass sie respektvoll und mitfühlend akzeptiert werden. Für beide spürbar haben wir dadurch eine neue Ebene von Nähe und Intimität gefunden.

9

SEELENENTWICKLUNG – KARMA UND REINKARNATION

Leben ist Entwicklung

Von dem Moment an, in welchem eine Frau schwanger wird, geht es um die Entwicklung eines neuen Menschenwesens. Gespannt wird beobachtet, und heute in den Industrieländern mit Hightech-Medizin überwacht, wie sich das befruchtete Ei und später der Embryo entwickeln. Für das menschliche Leben und Überleben wird (in den Industrieländern) von jetzt an fast alles getan. Abtreibungen werden oft als Tabu und Kindstod als schweres Schicksal bewertet. Wagt jemand zu fragen, was wohl der Weg und die Aufgabe der inkarnierten Seele sein könnten?

Jedes Menschenwesen wird nach der Geburt an Entwicklungsnormen gemessen bezüglich Größe, Gewicht, Motorik, Sensorik und später Intellekt.

Obwohl ich all diesen Parametern mehr als genügte, fiel ich in der Pubertät in eine Depression. In mir bohrte die Frage: *„Ist das alles, was im Leben wichtig ist? Kann es Sinn des Lebens sein, eine gute Schülerin zu sein, schöne Kleider zu besitzen, Eltern mit zwei Autos zu haben, einen Sexpartner zu suchen und Partys zu feiern?“*

In meinem Umfeld bekam ich dazu keine Antworten. Doch in mir war ein Impuls zu spüren, der mir glauben machen wollte, dass es in jedem Leben um eine ganz persönlich-seelische Entwicklung geht.

Die Seelenlehre nach
Hasselmann und Schmolke

Auf der Suche nach theoretischer Literatur zu obigem Thema stieß ich erst kürzlich auf die Bücher von Varda Hasselmann (V.H.) und Frank Schmolke (F.S.). V.H. stellt sich seit gut dreißig Jahren als Trance-Medium für eine Wesenheit aus der kausalen Ebene, welche sie ihre „Quelle" nennt, zur Verfügung. Diese Wesenheit besteht aus in die Kausalebene aufgestiegenen Seelen, welche dort mehr Erkenntnisse und Zusammenhänge sehen als wir Menschen da auf der Erde. Aus dieser „Quelle" erhielt V.H. Informationen über die Seelenwelt, deren Aufbau und Aufgaben. F.S., ihr Lebenspartner, pflegte die Fragen an die „Quelle" zu stellen und die übermittelten Botschaften festzuhalten. Hilfreiche und tröstliche Erläuterungen und Antworten zu verschiedensten Lebensfragen wurden dadurch in ihren Büchern festgehalten. Die „Quelle" meint:

„Als Seele bezeichnen wir den ewigen Aspekt eines Menschenwesens. Sie ist kein mysteriöses Gebilde, sondern mittels präziser Kriterien durchaus zu beschreiben und zu verstehen. Sie gehorcht ihren eigenen Gesetzmäßigkeiten, unterliegt dem Prinzip der Entwicklung und reichert sich im Laufe ihrer individuellen Entwicklung mit Liebe und Erkenntnis an.

Die Seele kann in drei Welten leben. In der physischen Welt ist die Seele in einen Körper, in ein Menschenleben, eingebunden. Nach dem Tod kehrt die Seele mit all ihren Erfahrungen (Gefühlen, Gedanken, Glaubensmustern) in die feinstoffliche oder astrale Welt zurück. Dort gilt es, die im letzten Leben gemachten Erfahrungen zu verdauen und auszuwerten. Es folgt eine mehr oder weniger lange Ruhezeit, bis wieder eine neue Inkarnation geplant ist. Nach abgeschlossenem Inkarnationszyklus, der 70–100 Inkarnationen umfassen kann, kehrt die Seele mit ihrer Seelenfamilie in die Kausalwelt zurück. Erst in der Kausalwelt ist die Seele in einem entspannten Ruhezustand der Liebe und des Wohlwollens. Jede Seele ist Teil einer Seelenfamilie, welche meist aus etwa 1000 Einzelseelen besteht. Die Seelenfamilien schließen sich wiederum zusammen zu Seelensippen" (mehr dazu siehe „Welten der Seele" von V. H.).

Nach meinen Erfahrungen, und nun auch in Übereinstimmung mit V.H., entwirft jede Seele ihren Lebensplan in der feinstofflichen Welt mit ihrer Seelenfamilie und ihren Seelenführern. Jede neue Inkarnation baut auf vorangegangenen Inkarnationserfahrungen auf und setzt so die Seelenentwicklung fort. Eine re-inkarnierende Seele sucht, teils etliche Zeit vor der Befruchtung von Ei und Samen, Eltern und Umstände aus, mit denen sie in Resonanz geht. Das heißt, dass die Kind- und Eltern-Seelen dann in einer „Frequenz schwingen", welche für die gemeinsamen seelischen Lernaufgaben zusammenpassen. Dabei betont die „Quelle", dass nicht gewertet werden soll, welche Erfahrungen oder Herausforderungen gut oder schlecht, einfach oder leicht sind Alle Erfahrungen gehören zum Leben und bereichern den Erfahrungs-Pool der Seelenfamilie.

Seelenentwicklung ist Sinn und Ziel der menschlichen Inkarnation. Das Gewinnen von Erkenntnis und Liebesfähigkeit das Wichtigste dabei. (V.H. aus „Welten der Seele")

Bereits als Kind nahm ich innerlich fragend wahr, warum wir Menschen derart unterschiedlich mit Talenten, Interessen und Problemen ausgestattete Wesen sind. *„Hatte ‚der liebe Gott' die Charaktereigenschaften und Talente so unterschiedlich verteilt? Warum hatte ich so viele Fähigkeiten bereits im Kindergarten?"* Ob mit den Händen oder mit dem Kopf, alles fiel mir leicht. Irgendwie ging für mich die wissenschaftliche Theorie von der Genetik als bestimmender Erbanlage nicht auf. Die Empfindung, Erfahrungen aus früheren Leben als prägende Themen für das jetzige Leben mitgebracht zu haben, fühlte sich für mich bald stimmiger an. Als sich mir dann meine ersten Bilder aus „früheren Leben" zeigten, wurde Reinkarnation als Wiederkehr der Seele zu meiner inneren Gewissheit. Vor über vierzig Jahren war ich mit dieser Meinung, bzw. den Erfahrungen dazu natürlich eine Außenseiterin und „Hexe". Eine „Hexe" zu sein, scheute ich mich in diesem Leben aus tiefstem Herzen, ja gar großen Ängsten und gefühltem Schmerz.

Nach Meinung von V.H. ist es eine Frage der Seelenentwicklung, für welche Geisteshaltung sich ein Mensch öffnen kann. **Demnach gibt es Junge Seelen, mit wenig Lebenserfahrung, sowie Reife und Alte Seelen mit mehr bis viel Lebenserfahrung. Junge Seelen sind sehr mit ihrem Lebenskampf im Hier und Jetzt beschäftigt, wohingegen Alte Seelen sich mehr der geistigen Welt und ihren Gesetzen öffnen können.** Von der „Quelle" aus der Kausalwelt wird wiederholt betont, dass zwischen Jungen und Alten Seelen keine Wertung oder Konkurrenz stattfinden soll. So wie ein Baby nicht schlechter oder weniger wert ist als ein alter, weiser Mensch, so verhält es sich auch mit den Seelen. Jede Seele erarbeitet sich in ihrem Tempo Erkenntnisse und Liebesfähigkeit (aus „Die Seelenfamilie" von V.H.).

Ein Kernthema dieser Seelenlehre sind die „Archetypen der See-le", welche V.H. von der „Quelle" mitgeteilt bekam. Dabei werden 49 Archetypen unterschieden und auf sieben Themenbereiche aufgeteilt.

Die einzelnen Themenbereiche sind:

1. **Die Seelenrolle** beschreibt das Essenzielle einer Person und wird durch alle Inkarnationen beibehalten. Es sind dies die sieben Archetypen: **Heiler, Künstler, Krieger, Gelehrter, Priester, Weiser, König.**

2. **Die Urangst mit Haupt- und Nebenmerkmal** ist die größte Barriere, die heimlichste Schwierigkeit im eigenen Leben. Die Angst verbirgt sich hinter einer Maske, einem Archetyp, durch den die Angst kompensiert wird, um sie nicht zu spüren. Zu den sieben Urängsten gehören:

   a) Die **Angst vor Wertlosigkeit** verbirgt sich hinter der **Maske des Märtyrers,** der es allen recht machen will, um seinen Selbstwert dadurch zu stabilisieren. Er muss sich selbst Wert geben lernen und mehr für sich sorgen.

   b) Die **Angst vor Lebendigkeit** verbirgt sich hinter der **Maske der Selbstsabotage.** Durch kontrollierendes, gehemmtes oder aufopferndes Verhalten verhindert dieser Mensch die Entfaltung seiner eigenen Lebendigkeit. Es gilt, die selbst kreierten Blockaden zu er-lösen und sich mutig zu zeigen.

   c) Die **Angst vor Mangel** verbirgt sich hinter dem **Archetyp der Gier.** Durch die Angst, zu kurz zu kommen, wird Gier zum Antrieb. Das richtige Maß geht verloren. Es gilt, Hinspüren zu lernen, was in welcher Menge guttut.

d) Die **Angst vor Verletzung** verbirgt sich hinter der **Maske des Hochmuts.** Die eigene Verletzlichkeit wird hinter Stolz und Selbstgefälligkeit versteckt. Herzöffnung und Verletzlichkeit zulassen, wollen gelernt werden.

e) Die **Angst vor Unzulänglichkeit**, nicht zu genügen, wird hinter der **Maske von Selbstverleugnung** versteckt. Anstelle von Unterwürfigkeit und falscher Bescheidenheit darf dieser Mensch lernen, seine eigenen Anlagen zu entdecken, zu lieben und selbst-bewusst auszudrücken.

f) Die **Angst vor Veränderung** und Unberechenbarkeit wird hinter der **Maske von Starrsinn** versteckt. Muster von Sturheit und Härte dürfen vermehrt ersetzt werden durch Vertrauen in den stetigen Wandel des Lebens, Flexibilität im Geiste und die Toleranz anderer Meinungen.

g) Die **Angst, etwas zu verpassen,** versteckt sich hinter der **Maske der Ungeduld.** Unduldsamkeit und Vorschnelligkeit dürfen erkannt und in die Hingabe an den Moment und das Vertrauen in die „richtige Zeit" verwandelt werden.

„Diese Ängste kennt jeder Mensch in einer mehr oder weniger starken bewussten Ausprägung. Doch wer eine von ihnen zu seinem Haupt- oder Nebenmerkmal – als Bestandteil seines Seelenmusters – gewählt hat, erfährt sie als Dominante, die sein Erleben prägt. Das bedeutet, dass er von ihr beherrscht wird, dass sein Unbewusstes in ihr wurzelt. Die Seele braucht das Angstmerkmal in ihrem Inkarnationsplan, um sich durch Reibung mit den Merkmalen der Mitmenschen zu erspüren. Angst ist nicht überflüssig; sie gehört unverzichtbar zum Menschsein."

(V.H.: „Archetypen der Seele" S. 102)

3. **Entwicklungsziel** beschreibt die entscheidenden Aspekte der Lebensthematik; alles, was eine Seele werden will, was im Mittelpunkt der Bemühungen steht. Als Entwicklungsziele gelten:

a) **Verzögern**: Das Motto dieses Menschen heißt: „Halt, nicht so schnell! Ich muss mir das alles noch einmal genau anschauen. Ich brauche Zeit, um hinzufühlen.“

b) **Ablehnen**: Dieser Mensch lernt in seinem Leben „sichten und sieben“, d.h. herauszufinden, was für ihn stimmt und was nicht. Er trainiert seine Urteilskraft und wagt, in Liebe „nein“ zu sagen.

c) **Unterordnen**: Ziel dieser Seele ist es zu lernen, sich in etwas Größeres harmonisch einzufügen, sich unterzuordnen und hinzugeben, nicht aber, sich aus Angst zu unterwerfen.

d) **Stillstehen**: Dieses Ziel ist dem inneren Wachstum förderlich, denn dieser Mensch braucht viel Zeit zum Träumen und Nachsinnen, zum Nachfühlen und das Leben verdauen.

e) **Akzeptieren** bedeutet Bejahung, sich einzulassen auf alles, was ist.
Es ist ein bedingungsloses Annehmen, welches Freude macht, offen, weich und gütig. Selbstlose Liebe versus geheuchelte Liebesdienerei darf gelernt werden.

f) **Beschleunigen** als Lebensziel wird dann gewählt, wenn eine Seele Mut und Kraft in sich verspürt, in diesem Leben mehr und Anspruchsvolleres zu verwirklichen, zu erfahren und zu erleben als in ihren vorangehenden. Es ist besonders anstrengend.

g) **Herrschen**: Wer dieses Entwicklungsziel wählt, muss in besonderem Maße Selbstkritik üben, um sich vor den Auswirkungen der Angst auf dieses Ziel zu hüten. Siehe dazu das untenstehende Beispiel mit dem +/- Pol des Herrschens.

4. **Der Modus ist die Art und Weise**, wie eine Seele ihr Ziel am besten erreichen kann; es ist die Quelle der Kraft, des persönlichen Antriebs. Es sind dies: **Zurückhaltung, Vorsicht, Ausdauer, Beobachtung, Macht, Leidenschaftlichkeit und Aggressivität.**

5. **Die Mentalität, die Geisteshaltung**, mit welcher ein Mensch die Welt betrachtet und einordnet; sie ist eine geistige Anlage/Fähigkeit: **Stoiker, Skeptiker, Zyniker, Pragmatiker, Idealist, Spiritualist, Realist.**

6. **Das Reaktionsmuster** besteht aus einem ersten Chakra, genannt **Zentrierung**, welches bei einem Menschen am schnellsten reagiert und sich öffnet, wenn von diesem Menschen eine Reaktion gefordert wird. Diese Energie sucht dann eine **Orientierung** und drückt sich über ein zweites Chakra aus. Die Energien werden im Zusammenhang mit den Chakren wie folgt bezeichnet:

    a) **Das Instinktive Zentrum ist dem 1.Chakra und den Nebennieren zugeordnet.** Es garantiert das Überleben durch instinktive Wahrnehmung von Gefahren. Die Reaktion ist unreflektiert und spontan.

    b) **Das Sexuelle Zentrum ist dem 2.Chakra und den Geschlechtsdrüsen zugeordnet.** Die Reaktion erfolgt aus der ursprünglichen, sexuellen Lebensenergie, ist kraftvoll, dynamisch und kreativ.

    c) **Das Motorische Zentrum ist dem 3. Chakra und der Bauchspeicheldrüse zugeordnet.** Eine große Beweglichkeit und starker Aktivitätsdrang in Körper und Geist zeichnen diese Reaktion aus.

    d) **Das Emotionale Zentrum ist dem 4.Chakra und der Thymusdrüse zugeordnet.** Auf plötzliche Geschehnisse reagiert dieser Mensch unmittelbar gefühlsmäßig; Fühlen kommt vor Handeln oder Denken.

e) Das Intellektuelle Zentrum ist dem 5.Chakra zugeordnet und der Schilddrüse. Ausdruckskraft und schöpferische Fähigkeiten sind hier auf die mentale Ebene des Denkens und Sprechens verlagert.

f) Das Spirituelle Zentrum ist dem 6. Chakra und der Hypophyse zugeordnet. Hier werden Bilder, Ideen und Visionen hervorgebracht durch geistige Inspiration, die über den Verstand hinausgeht.

g) Das Ekstatische Zentrum ist dem 7.Chakra zugeordnet und der Zirbeldrüse. Die Reaktion entsteht aus einer entgrenzten, unkontrollierten Empfindungsbereitschaft, aus einem Erleben des Einsseins.

7. **Das Seelenalter** ergibt sich aus der Anzahl Inkarnationen, welche eine Seele bereits in einem Körper durchlaufen hat. Jede Seele beginnt ihre ersten Inkarnationen als **Säugling-Seele**, wird dann zur **Kind-Seele, Jungen Seele, Reifen Seele** und gegen Ende ihres Inkarnationszyklus zur **Alten Seele**. Selten sind Transpersonale und Transliminale Seelen, welche zwischen körperlicher und nichtkörperlicher Dimension wechseln können.

Ein neues Leben in der Astralwelt wird vorbereitet, indem bereits dort aus jedem der sieben Themenbereiche ein Archetyp ausgewählt wird. Diese sieben Archetypen bilden die Seelenmatrix, den Kern, das Wesentliche, das Potential der Seelen- und Wachstumsaufgabe jedes Einzelnen.

Selbsterkenntnisse

Im Buch „Die Archetypen der Seele" von Varda Hasselmann und Frank Schmolke werden auf 500 Seiten sehr detaillierte Informationen zum Verständnis der Archetypen gegeben. Mir ging es beim Lesen dieser Lehre vorerst darum, was ich für mich, Gosha und unsere Partnerschaft allenfalls daraus erkennen und lernen könnte. Ich habe mir zugemutet, die Archetypen mittels kinesiologischen Testens herauszufinden, und glaube, dass es für mich so funktioniert hat.

Um zu dieser Überzeugung zu gelangen, habe ich auch etliche Klient:innen auf ihre Archetypen ausgetestet. Die Resultate waren auch für die Klient:innen überzeugend und echt hilfreich für deren Selbsterkenntnis.

In den nachfolgenden Archetypenbeschreibungen werden jedem Archetyp zwei Polaritäten zugeordnet – und +. Der –Pol entspricht der angstbesetzten Ausprägung des Archetypen, der +Pol entspricht der aus Liebe handelnden Qualität, z. B. beim Archetyp „Herrschen":

– Wenn ein Herrscher mit Angst regiert, dann klammert er sich ängstlich an die Macht und wird als Diktator oder Tyrann wahrgenommen.

+ Wenn ein Herrscher/Chef Verantwortung und eine Vorbildrolle für sein Volk/Untergebene übernimmt, dann wird er als liebevoller Führer wahrgenommen und geschätzt.

Die von Lisa und Gosha gewählten sieben Archetypen sind folgende:

Thema	Archetypen von Lisa	Archetypen von Gosha
Seelenrolle	Künstler → gestalten: - gekünstelt + einfallsreich	Gelehrter →Lernen/Lehren - theoretisch + wissend
Hauptangst	Urangst, vor Mangel → Gier: - unersättlich + selbstzufrieden	Urangst vor Lebendigkeit → Selbstsabotage: - selbstzerstörend + aufopfernd
Nebenangst	Urangst, etwas zu verpassen → Ungeduld: - unduldsam + waghalsig	Urangst vor Wertlosigkeit → Märtyrer: - selbstbestrafend + selbstlos
Ziel	Herrschen → - Diktatur + Führung	Herrschen → - Diktatur + Führung
Modus	Beobachtung → - Überwachung + Klarsicht	Ausdauer → - Unverrückbarkeit + Beharrlichkeit
Mentalität	Idealist → - abgehoben + verschmelzend	Pragmatiker → - stur + praktisch
Zentrierung	spirituell (6.Chakra) → - telepathisch + inspiriert	sexuell (2.Chakra) → - verführerisch + schöpferisch
Orientierung	instinktiv (1.Chakra) → - unbedacht + spontan	motorisch (3.Chakra) → - hektisch + unermüdlich
Seelenalter	Alte Seele	Reife Seele

Die nachfolgenden Auszüge stützen sich auf die Informationen, wie sie Varda Hasselmann von ihrer „Quelle" empfangen hat.

Die 7 Archetypen (siehe obige Tabelle) von Lisa und Gosha im Detail:

1. Die Seelenrolle von Lisa und Gosha

„Lisa, mit der Seelenrolle des Künstlers, hat das große Bedürfnis zu gestalten, etwas Sichtbares, Beweisbares, Einzigartiges, Neues aus sich heraus. Dies gibt ihr/ihm das Recht zu existieren. Der Künstler will kindliche Freude und Zufriedenheit bei seinem Tun. Er versucht dem Geformten eine Schönheit und Harmonie zu geben, die Ausdruck seiner eigenen inneren Befindlichkeit ist. Die Wertschätzung seiner Originalität durch die Mitmenschen nährt ihn. Sein energetischer Ausdruck ist leicht, luftig, hell, seine Aura Licht. Die Künstlerseele lässt sich nicht gerne festlegen und schwebt wie ein Schmetterling von einer Blüte des Lebens zur andern. In der Beziehung zu andern Menschen und besonders auch in der Sexualität braucht der Künstler eine erhebliche Vielfalt und Abwechslung. Routine, Beharrlichkeit und stumpfsinnige Arbeiten töten seine Kreativität."

„Gosha mit der Seelenrolle des Gelehrten ist auf das Lernen konzentriert, und wenn er genug gelernt hat, findet er den Mut, das Gelernte zu lehren. Eine Gelehrtenseele braucht immer wieder Zeiten des Rückzugs, der inneren Distanz und der Selbstbesinnung. Erst so kann leere Theorie in authentisches Wissen verwandelt werden. Oft spezialisiert sich der Gelehrte auf ein Fachgebiet, um dort eine Autorität zu sein; dies ist die Erfüllung des Gelehrten. Der Gelehrte kommt immer dann gut beim Publikum an, wenn seine Lehre mit Liebe, Freude und Begeisterung erfüllt ist. Oft umgibt ihn aber auch eine gewisse Kühle und Distanziertheit. Auch in Beziehungen braucht er etwas länger, um Zutrauen zu fassen. Man erreicht ihn am besten in seiner Liebe, wenn man seine Neigung, etwas wissen zu wollen, unterstützt. Der Gelehrte trifft überdies oft auf einen Menschen, der ihm auf inneren Gebieten etwas beizubringen hat."

Wer könnte das in Goshas Leben sein?

Ich konnte uns und unsere Wesensunterschiede in diesen Beschreibungen der Seelenrollen sehr gut wiederfinden; mir verhalf es zu mehr Verständnis.

Nachdem ich unsere **Urängste, d. h. Grund- und Nebenangst**, ausgetestet hatte, ging ich zu Gosha und sagte ihm: *„Wenn ich dir Lisas Ängste sage, wirst du sofort sagen: ‚Ja, das stimmt.' Wenn ich dir deine Ängste sagen werde, wirst du sie wahrscheinlich zuerst leugnen."*

2. Grundangst bestehend aus Haupt- und Nebenangst

Lisas Hauptangst:
Angst vor Mangel → Gier

„Die Urangst vor Mangel führt zum Merkmal der Gier. Es ist die Angst, nicht satt zu werden, die Angst zu kurz zu kommen. Es ist die Angst zu verhungern, auf Nahrung, gleich welcher Art, verzichten zu müssen. Die Objekte seiner Begierde sind so vielfältig wie das Leben selbst. Der Gierige möchte mehr von dem haben, was ihm seiner Auffassung nach fehlt: mehr Aufmerksamkeit, mehr Lebendigkeit, mehr Glück, mehr Verzeihen, mehr Wissen, mehr Erfolg, mehr Gesundheit, mehr Nähe, mehr Entwicklung. Die Gier treibt einen Menschen dazu, all seine Energie einzusetzen, um das, was ihm angeblich fehlt, zu erlangen. Der Gierige wird sich sein Ziel immer so stecken, dass es ihm möglichst fern und unerreichbar bleibt. Nur so kann sich seine Gier voll entwickeln und aufrechterhalten werden.

In allen Gesellschaften gibt es anerkannte Bereiche, wo Gier ausgelebt werden darf, z. B. Geld, Erfolg, Wissen, Gerechtigkeit.

Der Gierige hat Angst vor seinem Hunger, erlebt sie aber meist bereits als Kleinkind in Bezug auf Nahrung, Stillzeiten und Zuwendung. Später kann sich diese Angst als Übergewicht zeigen oder auch Magersucht. Denn auch die Askese ist ein Ausdruck der Gier; man versucht dabei das Mangelgefühl zu verdrängen und mit einem neuen Suchtverhalten zu ersetzen.

Zum Angstmerkmal der Gier gehören Scham, Neid, Geiz und Verzicht.

Die Auflösung dieser Angst geht über das Bewusstwerden, wann Mangel oder Gier empfunden werden. Dann gilt es, zu spüren, was vom Begehrten oder Verzichteten in welchem Maße guttut."

Lisas Nebenangst:
Angst, etwas zu verpassen → Ungeduld

„Ungeduld bedeutet eine lebenslange Auseinandersetzung mit dem irdischen Phänomen der verrinnenden Zeit: zu früh, zu spät, zu wenig Zeit.

Der Ungeduldige kennt viele Wege, um seine Ungeduld zu rechtfertigen. Er will alles möglichst schnell bewältigen und eilig auf seine Ziele hinsteuern.

So kann der Ungeduldige den Moment nicht richtig annehmen. Es fällt ihm schwer, das, was jetzt und heute ist, als vollkommen wahrzunehmen. Er wartet immer darauf, dass etwas anderes, etwas Neues, etwas Besseres passiert. Er hat Angst, in Trägheit zu verfallen, weil er befürchtet, dieses Andere, Neue, Bessere zu versäumen. Dadurch setzt der Mensch mit dem Angstmerkmal der Ungeduld sich und andere unter Druck. Er betrügt sich selbst um die Möglichkeit der persönlichen Zufriedenheit.

Der Ungeduldige kann im Leben viel erreichen. Doch wird es ihm immer schwerfallen, sich am Erreichten zu freuen, denn jede Etappe seiner langen Reise treibt ihn in seiner Ungeduld sofort weiter. Das Muster der Ungeduld wählen oft Seelen, die sich nicht im Klaren sind, ob sie die gewählte Inkarnation wirklich mit all ihren Konsequenzen leben möchten. Etwas zieht sie zurück in die ewige Ruhe, aus der sie herkommen. Doch da sie einsehen, dass sie das Leben nun auf der Erde leben müssen, versuchen sie, es so intensiv und effizient wie möglich hinter sich zu bringen. Dies kann auch zu einem riskanten, waghalsigen Verhalten führen. Die Energie des Ungeduldigen kann sehr mitreißend und motivierend sein, solange sein Umfeld mitmacht. Fühlen sich die Mitmenschen hingegen zu fest unter (Zeit-)Druck, so kann der Ungeduldige intolerant werden. Im Minuspol ist der Ungeduldige dann hin und her gerissen zwischen dem Muster der Unduldsamkeit und dem der Engelsgeduld,

Die Angst vor Mangel schien bei mir bereits im Mutterbauch angefangen zu haben und zeigte sich dann auch nach der Geburt. Ich hatte das Gefühl, ich käme mit Nahrung und Zuwendung zu kurz und begann, sobald ich das konnte, mich für meine Bedürfnisse zu wehren. Als Kind bekam ich von der Mutter sogar den Beinamen „Ego", was ich selber nie verstand. Sie schien zu beobachten, dass ich mich gut durchsetzen konnte, dort, wo es mir wichtig erschien. Ich wollte nicht viel essen oder haben, jedoch genau das, was ich mir in den Kopf gesetzt hatte. Beispielsweise wünschte ich mir zum elften Geburtstag einen Apfelbaum, um damit gegen die vielen Ziersträucher in Papas Garten zu rebellieren. Da ich in meiner Familie beobachtete, dass materielle Fülle allein nicht zum Glück führte, versuchte ich mich eher in der Askese. Das Mangelgefühl wurde vermieden, indem es geleugnet wurde. Anstatt Gier zu spüren, übte ich mich im Hungern und materiellen Verzicht. Von diesem „Gier-Thema" erlöst wurde ich durch die Erlebnisse in der ersten Schwangerschaft. Keine Zuwendung, kein Essen mehr ... und das Leben ging weiter ...

Dies war eine so tiefgreifende Transformation von Angst und Frustration zu Vertrauen und Aufgehobensein in etwas Größerem, dass ich meine Angst vor materiellem Mangel fallen lassen konnte. Auch hatte mir bereits die Astrologin gesagt: *„Materiell werden Sie immer genug haben."* Eine kühne Aussage, die mich aber in meiner Angst, evtl. zeitweise als Mutter nicht mitverdienen zu können, entlastete.

Eine andere Gier, die mich schon früh im Leben begleitete, war die Gier nach Wissen und Erfahrungen. Da war auch die Angst dabei, etwas Wichtiges im Leben zu verpassen, wenn ich nicht dauernd viele Informationen sammeln und alles, wonach ich Lust hatte im Leben, ausprobieren konnte. Diesbezüglich lehrte mich das Leben, durch meine gesundheitlichen Einbrüche in jungen Jahren, loszulassen. Vor allem wurde mir als

Hochsensible gezeigt, dass ich nicht nur auf gelerntes äußeres Wissen bauen sollte, sondern mich vor allem den inneren Erfahrungen zuwenden sollte. Diese gewann ich nicht unter Zeitdruck und Ungeduld, sondern in der Hingabe an den Moment und an die innere Führung. Meine Urängste sind nie ganz weg; doch das Bewusstsein dafür nimmt eindeutig inneren Stress weg. Ich kann mein Mangelgefühl, meine innere Ungeduld und dadurch Zeitdruck, den ich mir selber mache, unterdessen erkennen und verständnisvoll umarmen, wenn sie sich im Alltag zeigen.

Goshas Hauptangst:
Angst vor Lebendigkeit → Selbstsabotage

„Menschen mit diesem Archetyp wollen eigentlich die irdische Freude an Leib und Leben erforschen und kontrollieren. Angst vor Lebendigkeit ist daher die Angst, Kontrolle über die Lebendigkeit und deren Ausdruck, die Freude, zu verlieren. Ist die Kontrolle nicht mehr so gewährleistet, wie der Mensch es in seiner Angst verlangt, zieht er es vor, die Lebensfreude zunichtezumachen, sie zu zerstören und auszulöschen. Er versucht damit, seine eigene Lebendigkeit nicht überschäumen zu lassen, denn das wäre allzu bedrohlich. Lieber sabotiert dieser Mensch dann sich selber, als dass er Lebendigkeit und Spontaneität zulässt. Diese Angst kann sich in vielen Lebensbereichen ausdrücken. Zum Beispiel als Angst vor Kontrollverlust in Liebesbeziehungen, im Beruf, in der materiellen Existenz. Die destruktiven Kräfte können gegen sich selber gerichtet werden, um sich seiner Lebensfreude zu berauben. Mit dem Muster der Selbstsabotage besteht aber auch die Möglichkeit, destruktiv auf andere zu wirken und ihnen die Freude am Leben durch die eigene Negativität zu vergällen. Letztendlich richtet sich sein Verhalten aber immer gegen den Verursacher selber, denn er verdirbt sich so sein eigenes Lebensglück.

Aus Angst, seine Lebendigkeit selbst zu leben, opfert dieser Mensch seine Energie manchmal einer Idee, für ein Projekt oder für die Bedürfnisse anderer. Er selbst wagt nicht zu fühlen oder zu sagen, was ihm wohltäte und ihn beglücken würde. So möchte er eigentlich nicht wirklich glücklich sein, obwohl er es glaubt. Kontrolle ist ihm in seiner Angst wichtiger als Lebendigkeit. Daher wird er oft ein einsamer Eigenbrötler.

Der Mensch mit dem Thema ‚Selbstsabotage' hat in seiner Kindheit oft ein häusliches Klima erlebt, das ihm auch kleine Freuden und Vergnügen vergällte oder missgönnte. Oft war auch die Stimmung pessimistisch und wenig ermunternd, so dass bereits das Kind seine Bedürfnisse zu leugnen lernte. Das Auflösen der Angst geschieht über das Erkennen der Brille, durch die man in die Welt schaut. Es gilt den Fokus vermehrt auf die Freude und die eigene Lebendigkeit im Alltag zu richten. Das Führen eines Freude-Tagebuches kann hilfreich sein."

Goshas Nebenangst:
Angst vor Wertlosigkeit → Märtyrertum
„Wenn ein Mensch inkarniert, wird die Auseinandersetzung mit Schuld und die Frage nach dem Wert eines Menschen notwendig. Die Urangst, wertlos und existentiell schuldig zu sein, kann sich bis zur schmerzvollen Gewissheit steigern. Sie lässt einen Menschen zum Märtyrer werden. Für diesen ist die Selbst-Aufopferung die ‚liebevollste' Tat, denn er glaubt, dass er durch Edelmut und Selbstlosigkeit seinen Wert erweisen und erkämpfen muss. Oft war er ein unerwünschtes oder misshandeltes Kind. Weil er mit dem Gefühl, nicht liebenswert zu sein, nicht leben kann, stellt er sein Leben in den Dienst des Unterfangens nachzuweisen, dass er liebenswert ist, weil er doch unentwegt edel und selbstlos ist. Er will als nobler Charakter ins Grab sinken, schuldlos bis zum letzten Atemzug. Eine Konsequenz davon ist oft, dass er nicht weiß, wie er sich wehren soll. Mit jeder aggressiven Handlung und auch mit heftigen Worten fürchtet er, sich schuldig zu machen. Schuldgefühle spielen im Leben des Märtyrers eine zentrale Rolle. Weil er sich selbst die Schuld für alles zuschreibt, was in ihm, mit ihm und mit anderen passiert, kommt er schnell an den Punkt, wo er sich überlastet fühlt. Doch da er sich selbst nicht wertvoll empfindet, glaubt er, auch keine Hilfe zu verdienen. Stattdessen zieht er sich gerne auf körperli-

che Krankheiten oder Unfälle zurück, um dadurch Aufmerksamkeit, Dankbarkeit und Zuwendung zu bekommen. Er fordert Rücksicht nicht mit Worten, sondern durch sein Verhalten und tyrannisiert bisweilen seine Umgebung mit seinem stillen Leiden. Er verzichtet auf Liebe, da er sich selbst ja nicht liebenswert findet, und hält andere dadurch von sich fern. Mit der Urangst vor Wertlosigkeit sehnt sich der Mensch aber unendlich danach, wertvoll zu sein und geliebt zu werden. Doch er glaubt, dies nur durch selbstloses Tun und Verzicht erkaufen zu können.

Der Märtyrer muss erkennen, dass jeder etwas wert ist, der an seinen eigenen Wert glaubt, ohne ihn sich bestätigen zu müssen. Der existentielle Wert eines Menschen ist immer vorhanden; er entspringt seiner seelischen Würde. Der Wert eines Menschen besteht in der unvergänglichen Schönheit seiner Seele; er kann ihm weder gewährt noch genommen werden. Es gilt, Vertrauen in den Wert der eigenen Seele zu entwickeln – Selbst-Wert."

Gosha ließ sich seine Ängste möglichst nicht anmerken. Doch ich spürte seit Beginn unserer Beziehung, dass hinter der Fassade viel Angststress war. Durch die Seelenlehre von V. H. bekamen seine Ängste auf einmal ein sehr klares Gesicht: Selbstsabotage und Märtyrertum waren seine Masken für die Urängste „Angst vor Lebendigkeit" und „Angst vor Wertlosigkeit".

Seine Angst vor Lebendigkeit nahm ich dadurch wahr, dass er sehr streng und beherrscht mit sich und seinem Selbstausdruck war. Wahrscheinlich ist diese Angst auch der Grund dafür, dass er mich mit meiner sprudelnden Lebendigkeit oft ablehnte, ja gar wegschob. Er wollte sein Verhalten kontrollieren und hatte auch die Tendenz, mein Verhalten nach seinem Empfinden, was richtig war, zu kontrollieren. Seine große Angst vor Ablehnung in der Außenwelt versteckte er hinter einer (bewusst gewählten) Maske von Höflichkeit und Diplomatie und begrub dadurch oft seine und unsere Spontaneität. Den dadurch entstandenen Triebstau schien er dann nicht anders als in einer eingleisigen, leiden-schaftlichen Sexualität ausleben zu können.

Sich aufopfernde Menschen sind in unserer Gesellschaft gerne gesehen. So wurden die Schule und Politik Einsatzfelder für Goshas „Angst vor Wertlosigkeit", in denen er Bestätigung und Wertschätzung durch seine aufopfernde Arbeit bekam. Auch dieser Einsatz war aber begleitet von dauerndem Stress, nicht zu genügen. Erst mit den Jahren merkte Gosha, dass das Zulassen von Freude und Lockerheit in der Schule ihm das Unterrichten viel leichter machte als die dauernde „Angst vor Kontrollverlust" in der Klasse.

In der jetzigen Zeit des dritten Lebensabschnittes sind diese Ängste nochmals hochaktuell geworden, da Gosha seinen Selbstwert nicht mehr über den Beruf bestätigen konnte. Mit mir, als lebens- und veränderungsfreudiger Partnerin, fühlt er sich nochmals total herausgefordert.

3. Das Ziel von Lisa und Gosha: Herrschen → –Diktatur//+Führung

„Jedes Entwicklungsziel erfordert Reibung, das heißt einige Widrigkeiten durch Umstände und Personen im Leben, damit die Seele daran wachsen kann. Besonders wichtig ist dieses Wachstum bei Menschen, welche sich als Lebensziel ‚Herrschen' ausgesucht haben. Herrschen am –Pol ist mit Angst besetzt und ergibt einen Diktator, was für die untergebenen Menschen eine schlimme Erfahrung ist. Deshalb ist die Selbstkritik für einen Menschen mit dem Entwicklungsziel Herrschen besonders wichtig. Der +Pol des Herrschens manifestiert sich in einer verantwortungsbewussten Führung. Dies erreicht der Mensch mit dem Ziel Herrschen, wenn er gelernt hat, sich selber zu beherrschen und seine Liebesfähigkeit zum Wohle der andern einzusetzen. Das bedeutet, dass jeder, der gut führen will, zunächst einmal lernen muss, die eigenen Kräfte (positive und negative) unter Kontrolle zu bringen. Bereits als Kind spürt ein Mensch mit dem Ziel Herrschen seine Kraft, andere zu manipulieren, sei es mit Trotz oder Charme und Schmeichelei. Es gelingt ihm meistens, seine Wünsche durchzusetzen. In der Jugend hat der Mensch mit

dem Archetyp Herrschen selbst ein kritisches Auge auf Menschen in Führungspositionen. Erst mit den Jahren der Reifung und Selbsterkenntnis gelingt es dem Herrschenden, seine unbewusst diktatorischen Anteile zurückzunehmen und eine authentische Führungskraft zu entwickeln. Er ist nun in der Lage, seine Kraft maß- und liebevoll einzusetzen, und muss nicht mehr bei jeder Gelegenheit beweisen, dass er größer, stärker und klüger als andere ist. Er besitzt nun die Fähigkeit, Vorbild zu sein. Immer häufiger kann er für sich in Anspruch nehmen, Führung aus Erfahrung zu übernehmen, wodurch der Pegel seiner Angst sinkt.

Wenn der Mensch mit dem Ziel Herrschen aus Gründen der gesellschaftlichen Prägung, der Erziehung oder der individuellen Neurose wenig oder gar keine Gelegenheit hat, sich als Herrschender, Führender oder Dominierender zu erproben, dann wird er anderen die Herrschaft über seine Person einräumen. Sein Ziel, Erfahrungen mit dem Thema Herrschen zu machen, wird er genauso nachhaltig erreichen, indem er sich beherrschen lässt. Er lernt dann aus der Erfahrung von Gefühlen wie Hass und Ablehnung gegenüber jeglicher Dominanz und Diktatur in seinem Umfeld. Autoritäten in seinem Leben werden für ihn zu seinem Problem, zu seiner negativen Projektion, seien es Vaterfiguren, dominante Mütter oder Chefs.

Verbirgt ein Mensch mit dem Ziel Herrschen seine Kraft, so neigt er zu selbstverleugnendem Kriechertum, das sich Ausdruck verschafft in kleinlichen und bösartigen Formen der Kontrolle und Machtausübung gegenüber Schwächeren.

Im Bereich persönlicher Beziehungen braucht ein Mensch mit dem Entwicklungsziel Herrschen die Ergänzung durch Persönlichkeiten, die ihrerseits von einem gesunden Selbstbewusstsein und einer natürlichen Durchsetzungs- und Sinnkraft erfüllt sind. Um einen Menschen mit dem Ziel Herrschen richtig lieben zu können, ist es nötig, ihm Grenzen zu setzen und nachdrücklich darauf hinzuweisen, wann er Diktatur ausübt und andere unter sein Angstregime stellt."

Die Erkenntnis, dass wir beide das Entwicklungsziel Herrschen gewählt haben, war ein Aha-Erlebnis, aber auch eine Erklärung für unsere ewigen Machtkonflikte. Obige Erläuterungen gaben mir etliche Anhaltspunkte, was positiv gelebtes Herrschen bedeutet, denn Herrschen ist nicht gleich Herrschen! Der Minus-Pol deutet auf ein Verhalten, das von Angst bestimmt wird; beim Herrschen ergibt das eine Tyrannen oder Diktator.

Beim Plus-Pol ist das Herrschen mit Liebe, Mitgefühl und Verantwortung verbunden; was einen einfühlsamen, erfahrenen Führer gibt, dem gerne Respekt gezollt wird.

So heißt es denn, erkenne dich selbst, was das Herrschen in unserer Beziehung angeht! Wo und wann stecken Angst und Machtgehabe dahinter, wann sind Liebe, Mitgefühl und Wohlwollen bestimmend.

Diese Erkenntnisse wurden zu einem wichtigen Focus in unserem Alltag.

Insbesondere mussten wir lernen unsere verschiedenen Ansichten und Meinungen gleichwertig nebeneinander stehen zu lassen anstatt Recht haben zu wollen.

4. Der Modus, die Art und Weise, wie wir unser Ziel erreichen:

Lisas Modus:
Beobachtung → –Überwachung//+Klarsicht

„Menschen mit dem Modus Beobachtung erkennt man an ihrer sehr lebhaften Mimik und an ihren ruhelosen Augen. Ihre Aufmerksamkeit ist gleichzeitig auf vielerlei Dinge in ihrem Umfeld gerichtet. Deshalb braucht der Beobachter viel Zeit, um zu verarbeiten, was seine Sinne ihm an Eindrücken vermittelt haben. Gibt er sich die Zeit tagsüber nicht, so dient die Nacht dem Verarbeiten und Einordnen des Erlebten. Der Modus Beobachtung führt dazu, dass man alles sieht, spürt, riecht, tastet und registriert. Nichts entgeht und die Chakren sind weit offen. Nun kommt es darauf an, wie der Beobachter die Früchte seiner Wahrnehmung verarbeitet. Werden die Beobachtungen angstvoll ausgewertet (–Pol), um andere zu überwachen oder sich vor Gefahren zu schützen? Oder ist es ein Beobachten aus Liebe und Anteilnahme am Leben, um Zusammenhänge zu verstehen und Einsichten zu gewinnen (+Pol)?

Solche Menschen beobachten auch oft sich selber und erringen dadurch nachhaltige Klarsicht, um ihre inneren Motivationen, Verdrängungsmechanismen und psychischen Zusammenhänge zu verstehen. Dieser Modus ist eine Fähigkeit, die jedem Forscher und Wissenschaftler sehr gut ansteht. Der Beobachtende hat auch viel Geduld, um seine Wahrnehmungen zu verknüpfen und aus einem neutralen, ganzheitlichen Blickwinkel zu beurteilen. Gerne stellt dieser Mensch auch Fragen. Einerseits weil er neugierig ist und alles bis in die Tiefe genau verstehen will, andererseits um seine Beobachtungen zu überprüfen. Andere Menschen können sich dadurch unablässig beobachtet und interpretiert fühlen, wodurch sie leicht nervös oder aggressiv werden, weil auf diese Weise eigene Ängste wachgerufen werden.

Der Beobachtende kann schlecht abschalten. Doch gerade das wäre es, was ihn von seinen Ängsten nach und nach erlösen könnte. Meditation kann ihm helfen, seine Fühler einzuziehen und sich zu entspannen.

Der Modus des Beobachters kommt in der Gesellschaft am häufigsten vor, sehr oft aber angstbesetzt, misstrauisch, kontrollierend. Erst wenn dieser Modus liebevoll und empathisch zur Erforschung des eigenen Selbst eingesetzt wird oder andern helfen kann, sich selbst zu erkennen und Einsichten zu gewinnen, wird dieser Modus seiner eigentlichen Bestimmung gerecht.

Dieser Modus kann bestenfalls zu höchster innerer Schau führen und zum achtsamen Leben im Jetzt.“

Goshas Modus:
Ausdauer → –Unverrückbarkeit//+Beharrlichkeit
„Wer sich diesen Modus wählt, neigt dazu, im +Pol mit unerschütterlichen Beharrlichkeit auf seine Ziele zuzustreben. Das können Lebensziele wie Familie, Beruf und Projekte sein oder Vorhaben des täglichen Lebens.

Dieser Mensch ist ausdauernd und in seiner Energie geduldig und langatmig. Daraus entsteht auch leicht der –Pol der Unverrückbarkeit, indem dieser Mensch nicht loslassen kann und möglich nichts verändern möchte. Ein Mensch, der seinen Modus Ausdauer mehr vom angstbesetzten Pol her lebt, hat große Schwierigkeiten, den Wandel zuzulassen, denn wenn er sich einmal etwas vorgenommen und sich darin eingerichtet hat, möchte er darauf bestehen, dass an dieser Einrichtung nicht mehr gerüttelt wird. Dies können eine Ehe sein, eine Wohnung, aber auch Gewohnheiten. Jede Form der Veränderung weckt im Menschen mit dem Modus der Ausdauer tiefe Ängste, oft eine Starre oder einen ausdauernden Kampf.

Für das Funktionieren der Gesellschaft und für bestimmte kulturelle Leistungen sind Menschen mit dem positiv gelebten Modus Ausdauer sehr wichtig. Sie sind tragende Säulen in Politik, Wirtschaft, Kultur, Bildung und Sport, aber auch in der Pflege.

Falsche Ausdauer zeigt jemand, der das Alte nicht loslässt, obgleich das, was er festhält, ihm mehr schadet als nutzt. Durch Festhalten treibt er selber immer mehr in Angst und Lieblosigkeit und huldigt der Unverrückbarkeit. Er klammert sich an Prinzipien und beschneidet seine eigene Lebendigkeit.

Auch Ausdauer muss handeln und flexibel bleiben, denn Leben ist immer dem Wandel und der Veränderung unterworfen.

Die prachtvollsten Blüten treibt dieser Modus, wenn ein Mensch sich ausdauernd selbst beobachtet, sich seinem Inneren zuwendet und aus dieser Beobachtung heraus einen Wachstums- und Entwicklungsplan für sich selbst entwirft. Seine Intuition, seine innere Stimme, wird ihm einen Weg weisen zu seiner eigenen, dauernden inneren Veränderung zum höchsten Ziel der Selbst-Liebe und Selbst-Erkenntnis."

5. Die Mentalität, die geistige Grundhaltung gegenüber dem Leben:

Lisas Mentalität:
Idealist → –abgehoben//+verschmelzend

„Für den Idealisten ist das Seiende nicht vollkommen. Der Idealist schaut voraus und schaut hinauf. Er hat eine mehr oder minder deutliche Vision von dem, was möglich, erreichbar, wünschenswert und beglückend wäre.

Das gilt sowohl für ihn selbst als auch für seine Mitmenschen und die Welt. Es gilt ebenso für die Welt der Materie und die immateriellen Werte. Jede Mentalität ist ein Versuch, die Wahrheit zu erfassen, zu beschreiben und zu integrieren. Der Idealist tendiert dazu, die Wahrheit nicht dort zu sehen, wo sie ist. Er sieht sie wie eine leuchtende Schrift am Himmel, die es zu lesen gilt. Je größer die Distanz zwischen dem Idealisten und seinen Idealen ist, umso schwieriger wird es für ihn, mit sich selbst und dem So-Seienden zufrieden zu sein. Der Idealist ist ein ewig Suchender, der gar nicht wirklich finden möchte. Denn zu finden würde seine Sehnsucht stillen, doch ohne Sehnsucht möchte der Idealist gar nicht leben. Der Weg ist sein Ziel!

Unglücklich ist der Idealist in zweierlei Situationen: einerseits, wenn alle seine Wunschträume erfüllt sind, und andrerseits, wenn er sich selbst zu weit von seinen Idealen entfernt sieht. Der Idealist ist häufig gefangen zwischen dem Wunsch oder Zwang, all seine ethischen Ansprüche zu erfüllen, und der Erkenntnis, dass er nicht in der Lage ist, es zu tun. Auch kaum jemand in seinem Umfeld schafft es, den Normen, die er setzt, zu entsprechen. Dann empfindet er Trauer, Verbitterung und Enttäuschung und neigt zur Selbstbestrafung. Erst wenn er seine nicht erreichbaren Vorstellungen loslässt, kann der Idealist wieder etwas Glück empfinden.

Ein Idealist ist nicht gerne ‚hier‘, sondern lieber ‚dort‘ und schaut empor. Er erkennt, dass es etwas Größeres, Weiteres, Besseres und Höheres gibt und dass es möglich ist, zu diesen Bereichen Zugang zu finden. Er kommt mit sich selber ins Reine, wenn er sich umgeben fühlt von einem hellen Glanz, dem Widerschein des Einsseins. Er verschmilzt mit dem Schönsten und Besten. Er löst die Grenzen seiner Individualität im Ganzen auf, ohne seine Identität zu verlieren.

Der weise Idealist liebt schließlich seine Schwächen. Wenn er sie lieben kann, fällt es ihm auch leicht, seine Mitmenschen so zu akzeptieren, wie sie sind. Er versteht es dann, sie sanft auf der Straße zum höchsten Licht zu geleiten.“

Goshas Mentalität:
Pragmatike „→ −stur//+praktisch“
„Der Pragmatiker betrachtet die Phänomene des Lebens aus einer gewissen neutralen Distanz und fragt sich dann: ‚Was nützt das? Wozu ist das gut? Was kann ich damit anfangen? Was bewirkt es

und was wird es verändern?' Der Pragmatiker stellt die Wirkung und Anwendbarkeit einer mentalen Einstellung in den Vordergrund. Eine Idee, die nicht angewendet werden kann und keine greifbaren Konsequenzen zeitigt, ist ihm nichts wert. Der Pragmatiker leistet also einen wichtigen Beitrag ans Ganze, indem er das Theoretische konkretisiert und die Essenz auf seine Anwendbarkeit testet. Der Pragmatiker sucht, was praktikabel ierscheint, und ist auch bereit, das an sich selbst auszuprobieren. Ist eine Methode aber zu kompliziert, z. B. Bewusstseinserweiterung, dann wird er sie gerne ablehnen. In Ekstase gerät der Pragmatiker, wenn er feststellt: Es funktioniert! So gerät er in Versuchung, die Welt auf das Machbare und Funktionelle zu reduzieren. Die Enge seines Horizonts wird dann offenbar, wenn er nicht mehr neutral beobachten kann, ob das, was er untersucht, bei anderen Wirkung zeigt, auch wenn der Erfolg bei ihm selber ausbleibt. Dann wird er zu einem verdrossenen, verschlossenen und für Neues unzugänglichen Menschen. Wozu Neues ausprobieren, wenn das Alte und Bewährte seinen Dienst tut? Wenn der Pragmatiker allzu große Angst hat vor Veränderungen, hält er mit großer Sturheit an Traditionen oder Gewohnheiten fest, obwohl sie keine positiven Wirkungen mehr haben. Das können Ernährungsweisen sein, die Arbeitsstelle, Beziehungen, aber auch eingefahrene Reaktionen und Gefühlshaltungen. So bewegt sich der Pragmatiker zwischen den Polen seiner Experimentierfreudigkeit, die auf die praktische Erprobung von Neuem ausgerichtet ist, und einer ängstlichen Haltung andererseits, die das Neue ablehnt, sich am bereits Erprobten festklammert, um nur ja nicht dem Ungewissen zu viel Raum zu schenken.

Der Pragmatiker liebt seine Gewohnheiten und er liebt auch sich selbst. Wenn Ängste und Sturheit aber den Pragmatiker beherrschen, dann schneidet er sich vom Leben mit seinen ständigen Pulsationen ab und auch von der Selbstliebe. Deshalb sollte er seine Gewohnheiten immer wieder überprüfen nach dem Motto: Wahr ist, was der Mensch hilfreich anwenden kann."

6. Das Reaktionsmuster in den Chakren bei Lisa und Gosha:

Lisas Reaktionsmuster:
von der Zentrierung zur Orientierung, d. h.
vom 6. Chakra → spirituell: –telepathisch//+inspiriert
zum 1. Chakra → instinktiv: –unbedacht//+spontan

*„**Das spirituelle Zentrum im 6. Chakra als Zentrierung** bringt Bilder, Ideen und Visionen hervor; es wird auch drittes Auge genannt. Dieses Zentrum bietet eine entgrenzte Qualität des Expressiven und des Mentalen an; es hat mit Geistigkeit und Inspiration durch den Geist zu tun. Dieser Geist ist nicht mehr von den Zwängen des Verstandes und des konditionierten Denkens geführt, sondern offen für Einflüsse durch Energien außerhalb seiner selbst. Der +Pol bedeutet bedingungslose geistige Offenheit und Bereitschaft zu empfangen, gnadenvolle Auflösung mentaler Grenzen. Das kann der Mensch nicht aktiv bewirken; er muss es zulassen können. Dies wird als Inspiriertheit erlebt, als geistige Behauchung, frei von jeglicher Angst. Es bedeutet Klarheit, Bewusstheit, Gewissheit, frei von Gefühlen, frei von Gedanken und Überlegungen. Der +Pol ist zeitlos, ungefiltert, intensiv, erfüllt von Helligkeit, lautlos, teilnahmslos, gerade weil die Teilhabe einer externen Kraft voll und ganz zugelassen wird.*

Solche entgrenzten Zustände können in einem menschlichen Körper nur von begrenzter Dauer sein; ein Zuviel erschöpft und kann schließlich krank machen.

Der –Pol, telepathisch genannt, ist auf den physischen Bereich bezogen, z. B. als Übermittlung mentaler Daten in Form von Gedankenübertragung. Dies ist nicht negativ, doch im Vergleich zum +Pol mit weniger Energie, Offenheit, Entspannung und mit niedrigerer Frequenz verbunden. Telepathie kann geschult werden, ist also kontrollierbar und daher mit einem Hauch von Angstspannung verbunden.

Das spirituelle Zentrum ist grundsätzlich jedem Menschen zugänglich, sobald er die Furcht vor dem Kontakt mit Kräften und Energien außerhalb seiner Verstandesgrenzen überwinden kann. Der Weg in diese Zustände führt oft über tiefe Entspannung, meditative Zustände, das Gebet oder das bewusste Verbinden mit göttlichen Quellen.“

***„Das instinktive Zentrum im 1. Chakra** garantiert das Überleben und schnelle, lebensrettende Reaktionen. Es tritt dann in Kraft, wenn wirklich elementare Lebensgefahr droht. Das instinktive Zentrum ist jener Bereich des Körpers, der all die vielfältigen unartikulierten Informationen aufnimmt und umsetzt, denen ein Mensch auf körperlicher Ebene unablässig ausgesetzt ist. Es reagiert zum Beispiel auf Strahlenbelastung, Gerüche, Schwingungen im Umfeld wie auch auf kollektive Stimmungen. Über das instinktive Zentrum erfährt der Mensch auch, ob ein Gewitter im Anzug ist, eine Kriegsgefahr droht, obwohl er weder Nachrichten hört noch Zeitung liest. Je besser das instinktive Zentrum funktioniert, umso stärker lebt ein Mensch aus seinen unreflektierten, spontanen Reaktionen heraus. Das kann von Vorteil sein, aber auch von Nachteil. Denn der betreffende Mensch kann nicht erklären, warum er dies so und nicht anders macht oder entscheidet. Er ist sich einfach sicher und er entscheidet meistens richtig. Dies kann zu Schwierigkeiten in der Erziehung und Sozialisation führen, denn Erziehung ist meistens darauf ausgerichtet, anstelle von Instinkten Regeln zu setzen.*

Wird das instinktive Zentrum als Orientierung der Energie gewählt wie bei Lisa, so kann die Reaktion im –Pol, wenn Angst dabei ist und man sich zu wenig auf die Instinkte verlässt, vorschnell und unbedacht sein. Ist die Person gut verankert in ihrer Zentrierung und Orientierung, dann handelt es sich um eine erfrischend spontane Persönlichkeit.“

Die Beschreibung meines Reaktionsmusters deckt sich sehr gut mit meiner Realität eines spirituellen, geistig sehr offenen und inspirierten Menschen, der am liebsten sehr bodenständig und spontan reagiert. Meine geistigen Erkenntnisse versuchte ich immer zu erden und mit dem instinktiv Gefühlten zu verbinden. Es ist mir bis heute ein Anliegen, Brücken zu bauen zwischen der geistig erfahrbaren und der materiell mess- und sichtbaren Welt. Dabei kamen mir schon früh viele Menschen wie „Elefanten in meinem Porzellanladen“ vor. Traurigerweise sind das nach meiner Erfahrung heute viele Naturwissenschaftler, die den Kontakt zum Himmel (Intuition und Inspiration) und den geistigen Gesetzen sowie zur Erde (Instinkt) und den Lebensgesetzen verloren haben. Ein Resultat davon sind für mich der sogenannt wissenschaftliche Umgang und die daraus resultierenden Maßnahmen mit dem Corona-Virus.

Goshas Reaktionsmuster:
von der Zentrierung zur Orientierung, d. h.
vom 2. Chakra → sexuell: –verführerisch//+schöpferisch
zum 3. Chakra → motorisch: –hektisch//+unermüdlich

__„Das sexuelle Zentrum im 2. Chakra als Zentrierung__ haben eher wenige Menschen, obwohl sich die meisten Menschen geschlechtlich betätigen. Wer das sexuelle Zentrum als Zentrierung hat, kann aus einer großen Kraft schöpfen, die handlungsfähig und dynamisch macht, die auf einer elementaren Ebene kreativ ist und Neues hervorbringen kann, wenn das Zentrum bewusst als schöpferisches Zentrum aktiviert und genutzt wird. Die sexuelle Natur der Energie meint alle elementaren Lebenskräfte, die nach Ausdruck suchen, sei es im geistigen, künstlerischen oder vitalen Bereich. Der sexuell zentrierte Mensch muss sich bewegen, um seine Schöpferkraft in Schwung zu bringen und sie sinnvoll nutzen zu können. Dazu gehört auch die Belebung durch geschlechtliche Aktivität oder zumindest durch die damit verbundenen Fantasien und die körperliche Aufladung. Dies gestattet ihnen erst, im eigentlichen Sinne Zeugungskraft zu entwickeln, die über die biologische Zeugungsfähigkeit weit hinausgeht. Sexuell zentrierte Menschen sind in der Regel enger und stärker mit ihrem Körper verbunden als emotional oder intellektuell betonte. Körperlichkeit und Materie werden als Mittel zu lustvoller Erfahrung anerkannt. Ein sexuell orientierter Mensch sollte in allem, was er tut und unternimmt, auf seine Lustgefühle achten. Immer dann, wenn er körperliches Wohlempfinden zu seinem Maßstab macht, befindet er sich mit seinem Zentrum im Einklang.

Menschen mit sexueller Zentrierung geben sich gerne und mit triebhafter Lust der körperlichen, geschlechtlichen Sexualität hin, weil der Akt für sie die Voraussetzung für alle anderen elementaren Formen der Schöpferkraft darstellt. Die sexuelle Zentrierung drückt sich nur dann in einer kaum kontrollierbaren Triebhaftigkeit aus, wenn die Ängste und Einschränkungen, die ein Mensch sich auferlegt, ihn beherrschen. Wenn die Angst vor Verboten und gesellschaftlichen Tabuisierungen schwindet, kann sich der sexuell Zentrierte zu einer befreiten und befreienden körperlichen Ekstase emporschwingen, die ihm ein physisch integriertes, leuchtendes und hingebungsvolles Aussehen verleihen. Sein Erscheinungsbild ist dann geprägt von Vitalität und Gelöstheit, das nicht in Muskelverspannungen und Charaktermasken gefangen bleibt.“

„Das motorische Zentrum im 3. Chakra kennzeichnet Menschen mit großer Beweglichkeit. Diese Beweglichkeit kann sich in allen Formen ihrer Existenz manifestieren; in starker Erregung des Geistes oder der Emotionen, aber auch in einem Bedürfnis nach sportlicher Betätigung, Reisen und Mobilität. Da der motorisch Zentrierte seine dadurch entstehende Unruhe spürt, sehnt er sich manchmal danach, etwas ruhiger zu sein. Doch ein motorischer Mensch mit einer unterdrückten Bewegungslust wird nervös oder verspannt, weil er seine innere Spannung nicht durch Bewegung ableiten kann.

Der motorische Mensch hat stets etwas vor. Seine Aktivitäten auf vielen Gebieten halten ihn in Atem. Er glaubt stets zu wissen, was er erreichen will und kann. Wird der motorisch Zentrierte zu hektisch, dann lässt seine Konzentrationsfähigkeit nach und er leidet an Anspannung im muskulären Bereich. Die innere Getriebenheit kann beim motorisch zentrierten Menschen in die Erschöpfung infolge Überarbeitung führen, sogenanntes Burn-out. Er braucht dann längere Zeit der Erholung, um sein vegetatives Nervensystem zu regenerieren und wieder in seine Kraft zu kommen. Typische Krankheiten eines motorisch zentrierten Menschen sind auch Störungen des Bewegungsapparates wie Rheuma, Arthrosen, Ischias und Verdauungsbeschwerden durch allzu schnelles Essen. Mit seiner Unermüdlichkeit neigt dieser Charaktertyp dazu, sich zu überfordern und zu überreizen. Oft bewegt er sich am Abgrund der Erschöpfung und will seine Grenzen nicht anerkennen.

Ein Mensch mit einem **sexuell-motorischen Reaktionsmuster** wie Gosha wird niemals wirklich körperliche Befriedigung emp-

finden, wenn er abwartet und sich passiv verhält. Er muss in Bewegung kommen, auf Menschen und Situationen zugehen und sich aktiv mit dem Leben auseinandersetzen; aktiv im Sinne von körperlicher und geistiger Bewegung. Die beiden Zentren sexuell und motorisch verstärken sich gegenseitig und führen zu starkem Aktivitätsdrang, der befriedigt werden will, bevor Ruhephasen eintreten können.“

Obige Informationen zu Goshas Anlagen haben mir einen erweiterten Blickwinkel auf sein mitgebrachtes sexuelles Verhalten ermöglicht.

Die Reibung unserer Reaktionsmuster aneinander mit unseren unterschiedlichen Bedürfnissen und Empfindungen hat viel Schmerz, Wut und Trauer in beiden von uns hinterlassen. Durch achtsame Gespräche, wie wir sie in unserem Kommunikationstraining gelernt hatten, konnten wir die Gegensätze allmählich akzeptieren und auf für beide akzeptable Weise integrieren. Ein Aha-Erlebnis ergab sich für mich auch bezüglich Goshas Vorliebe, Velotouren und Wanderungen für Gruppen zu planen und durchzuführen. Hier lebt er unbewusst das schöpferische Prinzip (Sexuelle Zentrierung) in Verbindung mit dem Bewegungsprinzip (Motorische Orientierung). Auch seine geliebte Gartenplanung und Bewirtschaftung entsprechen dem schöpferischen Prinzip verbunden mit viel Bewegung.

7. Das Seelenalter

„Die Quelle“ möchte uns wissen lassen, dass unsere Haltung der Welt gegenüber stark abhängig ist von unserem Seelenalter, d. h. der Anzahl Inkarnationen, welche eine Seele bereits erlebt hat. Eine Alte Seele hat mehr Lebenserfahrung als eine Junge oder Kinderseele und wird sich schon deswegen der Welt gegenüber anders verhalten und andere Bedürfnisse zeigen. Je jünger eine Seele ist, umso stärker ist sie ins Kollektiv, in die Gemeinschaft eingebunden und hat noch wenig Bewusstsein von sich selber.

Erst mit zunehmender Seelenerfahrung wächst das Bewusstsein für sich selber und nimmt die Bereitschaft zu, Verantwortung für sich und die Gemeinschaft zu übernehmen. Ein Individuationsprozess zum „Ich bin ich" setzt mit der Reifen Seele ein. Die volle Hingabe an die Transzendenz, an das Göttliche, das „All-Eins-Sein" vollendet erst die Alte Seele.

Am Anfang des 21. Jahrhunderts existieren auf der Erde nach den Durchsagen der „Quelle" durchschnittlich 4 % Alte Seelen, 22 % Reife Seelen, 40 % Junge Seelen, 18 % Kind-Seelen, der Rest entfällt auf Säuglings-Seelen, welche erst am Anfang ihrer Inkarnationserfahrungen sind und wenige auf Transpersonale und Transliminale Seelen. Transpersonale und Transliminale Seelen sind transzendente Seelenzustände, d. h. die Seelen haben bereits ihren Körper abgelegt und befinden sich in einem „astralen Warteraum". Von dort können sie weiterhin energetisch auf noch inkarnierte Seelen unterstützend einwirken. („Archetypen der Seele" S. 447ff)

Ein Mensch durchlebt 70–100 Inkarnationen bis zur Vollendung seines ganzen Inkarnationszyklus. Dies kann angeblich 6–10'000 Jahre dauern.

Gosha ist eine Reife Seele

„Die Reife Seele entdeckt als solche eine neue Welt: Psyche und Seele.

Während die jüngeren Seelenalter ganz mit der Erforschung und Aneignung von äußeren Bedingungen und Möglichkeiten in ihr Leben beschäftigt sind, stößt die gereifte Seele jetzt auf neue Schichten der Wirklichkeit. Die Vorstellung, eine Psyche zu besitzen und auch eine Seele zu haben, wird jetzt greifbare Wirklichkeit. Die Reife Seele erlebt sich dadurch in einem Zwiespalt zwischen ihrem äußeren und inneren Erleben.

Eine junge Seele ist noch bereit, ihre Konflikte, Probleme und Schwierigkeiten entweder zu leugnen oder mit großem Schwung beiseite zu fegen, da sie sich mit einer Verunsicherung ihres Glaubens an ihre eigenen Kräfte nicht auseinandersetzen möchte.

Die Reife Seele kann sich ihrer Angst vor Problemen bereits besser stellen. Ihr Blick beginnt, sich von außen nach innen zu wenden und dabei entdeckt sie jetzt auch Abgründe und Dunkelzonen, die in jüngeren Seelenaltern für die Psyche unsichtbar waren. Mit zu-

nehmendem Mut gestaltet sie ihr Leben derart, dass die Problematik von Beziehungen, Arbeit, Besitz, Gesundheit und Erfolg eine immer größere Rolle spielen darf. Je häufiger eine Reife Seele in ihrer Auseinandersetzung mit sich selbst und den Kräften ihrer Existenz in Berührung kommt, umso schmerzhafter werden auch die Auseinandersetzungen mit ihrer Identitätsstruktur. Sie entdeckt die tiefe Verunsicherung, welche in der Frage ‚Wer bin ich?‘ enthalten ist. Doch sie hört auch neue Antworten, die ihr Trost schenken und die Gewissheit geben, dass sie auch unabhängig existiert von der Bestätigung durch andere Menschen, soziale Normen, Gesetze der Kultur oder Nation. Sie sucht jetzt nicht nur Menschen, die genauso sind wie sie, sondern nähert sich Mitmenschen an, die durch ihre Andersartigkeit einen wachstumsfördernden Reiz auf sie ausüben. Die reife Seele sucht neue Verbindungen und spürt auch eine neue Verbundenheit.

Sie beginnt auch die Zusammenhänge von Mikrokosmos und Makrokosmos zu erforschen, da ihr Blick über das unmittelbar Wahrnehmbare hinausreicht. Nach und nach erkennt die Reife Seele, dass eine geistige Kraft hinter allen Phänomenen des Lebens und der eigenen Existenz steht. Sie erkennt auch sich selbst als ein Sinn stiftendes Partikel der gesamten Existenz. Diese Sinnhaftigkeit wird immer wieder neu gesucht durch das Durchstreifen der sichtbaren und unsichtbaren Daseinsbereiche.

Das Leben im Körper wird ernster genommen als je zuvor. Die Reife Seele versteht nämlich jetzt erst, dass Leid, Hoffnungslosigkeit und Qual nicht ausschließlich unliebsame oder durch Sündhaftigkeit bedingte Phänomene sind, sondern unmittelbar zu ihrer Lebens- und Erfahrungsreise gehören. Sie erkennt zum ersten Mal, dass sie selbst für ihr Wohlbefinden etwas tun kann durch gesunde Ernährung, Bewegung und Selbsterkenntnis. Auch ihre Schwächen werden ihr bewusst.

Mit der Erfahrung von Leid erwirbt sie sich auch ein großes Verständnis für die Sorgen und Nöte ihrer Mitmenschen. Die Weltsicht verändert sich. Nicht mehr der äußere Erfolg steht als Leitstern über allen Wünschen, sondern eine innere Befriedigung und Erfülltheit, die auf eine eigene Wertschätzung des Vollbrachten ausgerichtet ist.

Ethik und Moral werden persönlicher, ebenso der kreative und künstlerische Ausdruck.

Jetzt wird auch Verantwortung übernommen in einem Ausmaß, welches der Jungen Seele noch fremd war. Die Reife Seele ist jetzt geneigt, soziale Lasten zu tragen. Sie kümmert sich um das Wohl der Gemeinschaft und innerhalb dieser Gemeinschaft gerade nicht um die Erfolgreichen, sondern um jene, die aus eigener Kraft nicht für sich sorgen können.

Die Bereitschaft zur Verantwortung kann leicht in eine Überverantwortlichkeit umschlagen. Eine reife Seele schreibt sich gerne und übermäßig Schuld zu und leidet an Versagen, wenn ihr etwas aus der Kontrolle entgleitet. Sie verfällt dann in Selbstanklage und Depression, weil sie nicht erkennt, dass sie sich zu viel zugemutet hat. Ein Sehnen nach Zugehörigkeit entsteht. Diese findet sie aber nicht mehr im Kollekti wie die Jüngeren Seelen, sondern nur in ihrem eigenen Inneren durch Erforschen ihres Wesenskerns.

Der Inkarnationszyklus der Reifen Seelen ist auch dadurch gekennzeichnet, dass erst jetzt die karmischen Verbindungen aus früheren Leben anerkannt werden. Die Seele beginnt damit, sie nach und nach durch entsprechende bewusste Handlungsweisen, Akte der Liebe und des Verzeihens aufzulösen. Die Liebesfähigkeit der reifen Seele wächst Schritt für Schritt und Stufe für Stufe dadurch, dass Karma-Verpflichtungen empfunden und bejaht werden. Zwar werden die vertrauten Schwingungen noch nicht immer erkannt, doch die karmischen Begegnungen haben eine ungekannte Intensität, der sich die Reife Seele stellen will. Fast jeder Lebenszyklus einer Reifen Seele ist nun der Aufgabe gewidmet, wenigstens eine karmische Fessel zu lösen. Es wird betont, dass Menschen mit einer Reifen Seele fast immer überaus mutige Individuen sind, die mit großer Ernsthaftigkeit ihre seelischen Ziele verfolgen und auch bereit sind, sich den Schwierigkeiten ihrer Existenz auszusetzen und sie zu bewältigen. Da sind Themen wie chronische Krankheiten, Trennung von Eltern, Kindstod, Heimatverlust, Verlust des Lebenspartners, schwierige karmische Absprachen, Verlust von Besitz, unschuldig schuldig werden, langjährige Pflege, im kreativen Ausdruck keine Anerkennung bekommen etc.

Sexualität dient mehr als je zuvor dazu, einem andern Menschen wirklich nahe zu kommen, sich zu öffnen und die eigene Verletzlichkeit zu spüren, zuzulassen und zu zeigen.

Um sich aus Angst und Beklemmung zu befreien, vergießen diese Seelen oft viele Tränen; dadurch werden ihre fundamentalen Ängste zunehmend bewusster und kleiner. Weisheit und Liebesfähigkeit wachsen nun stetig mit der eigenen Anerkennung und Bewältigung von Problemen.“

Lisa ist eine Alte Seele

„Der Zyklus der Alten Seele ist einer Thematik gewidmet, die sich mit den Worten Einsamkeit und Verbundenheit beschreiben lässt. Während alle vorangehenden Seelenzyklen der allmählichen Loslösung vom Kollektiv galten und zunehmend die Individualisierung, Freiheit und Bewusstheit der Seele anstrebten, spürt die Alte Seele schmerzhaft, dass sie auf der Körperebene allein ist, auf der seelischen Ebene jedoch verbundener denn je. Die bewusste Liebesfähigkeit im Körper der Alten Seele nähert sich jetzt ihrem Höhepunkt.

Zunächst fühlt sie sich einsam, weil es in ihrer unmittelbaren Umgebung nur wenige Menschen geben wird, die ebenfalls eine Alte Seele besitzen.

Darum stößt ein Mensch mit einer Alten Seele in seiner Umgebung von seiner Geburt an oft auf Unverständnis, Fremdheit, Distanz, sogar auf Ablehnung durch die Jungen Seelen. Alle Kraft ist gefordert, um in diesem Stadium den Kontakt zum eigenen Inneren, der die einzige Verankerung zu bieten scheint, aufrechtzuerhalten.

Die Alte Seele erlebt neu reale Erfahrungen und eine zunehmende Verbundenheit nicht auf der physischen, sondern durch die seelische Verknüpfung mit der astralen und auch der kausalen Dimension. Diese Verbundenheit wird erst eintreten, wenn die Vereinzelung wahrhaft anerkannt und bejaht wurde. Bewusstsein und Unterbewusstsein lassen sich ergreifen von Kräften, die nicht unmittelbar dem Alltagsbewusstsein zugeordnet werden können. Frühere Inkarnationen werden bewusst und Beziehungen zu Seelenverwandten erkannt. Es wächst die Fähigkeit, Weisungen oder Botschaften aus höheren Seinsebenen intuitiv oder inspirativ zu empfangen, um von transpersonalen Wesenheiten zu lernen.

Wie soll sich eine Alte Seele auf der Erde heimisch fühlen, wenn doch ihre Seele Verbundenheit, Liebe und Nähe zu andern Sphären spürbar deutlicher erfährt als dort, wo sich der Körper manifestiert? Soll und will sie hier sein oder dort?

Oft wird durch diesen Zwiespalt der Körper schwächlich und empfindlich und möchte sich den Lästigkeiten der körperlichen Existenzanforderungen entziehen. Eine größtmögliche Distanz zur Alltagsrealität wird gesucht.

Jene Seelen, die sich den sinnlichen Freuden des Lebens widmen, werden durch eine Alte Seele gerne verspöttelt, denn selber wird eine Bedürfnislosigkeit gesucht. Doch auch für die Alte Seele gilt es, ihre Inkarnationen bewusst zu leben und zu erleben. Die Herausforderung für die Alte Seele besteht also darin, wahrhaft im Hier und Jetzt zu sein und sich dennoch mit ihrem Bewusstsein immer wieder über die Grenzen des körperlich Erfahrbaren hinauszubegeben.

Alte Seelen sind es oft müde, um ihre materielle Existenz und ihre Lebensgrundlage in der realen Welt zu kämpfen. Sie haben schon so viel gemacht und erlebt, dass sie sich oft am liebsten in eine kleine, stille Nische zurückziehen würden, um sich versorgen und pflegen zu lassen.

Alte Seelen sind mehr als Jüngere Seelen aufgerufen, Dinge zu überprüfen. Alles will auf die Frage getestet werden, ob es auch für sie selbst das Richtige ist. Sie haben Schwierigkeiten, sich mit fremden Autoritäten und Vorschriften abzufinden, die ihre ungewöhnliche Personalität in Grenzen und genormte Bahnen weisen will.

Alte Seelen schauen oft mehr, als dass sie sehen, denn sie scheinen in den Phänomenen des Lebens nicht nur das für alle Sichtbare zu erblicken, sondern transzendente oder symbolische Aspekte. Sie betrachten ihre Wirklichkeit stets im Zusammenhang mit anderen Realitäten. Das bedeutet, dass die Alte Seele Bezüge und Beziehungen sieht, die nicht allgemein als gültig anerkannt werden. Sie spürt das alles durchwebende Bezugssystem als erfahrbares Energiephänomen. Menschen mit einer Alten Seele verfeinern ihr eigenes körperliches Energiesystem immer mehr und werden so zunehmend empfindlicher für alle Frequenzen, die ihre Schwingungsebene kreuzen oder stören. Sie können auch mit ihrem eigenen Energiesystem spielen, die Frequenzen verändern durch Meditieren, Entspannen oder den Energiekörper ausdehnen für Astralreisen oder zum Empfangen von Heilenergien. Deshalb ist es gut und richtig für eine Alte Seele, im Falle einer körperlichen Krankheit vorzugsweise feinstoffliche Behandlungsweisen zu wählen.

Die Sensibilität gegenüber Gift- und Schadstoffen nimmt massiv zu. Auch unter Schmutz, Lärm und schlechten Gerüchen leiden Alte Seelen am meisten. Je durchlässiger der Körper einer Alten Seele ist, umso schwieriger ist es für sie, ihr Immunsystem im Gleichgewicht zu halten.

Doch anstatt sich vor der konfliktreichen Materie zu schützen, ist es wichtiger zu lernen, das Unerwünschte und Bedrohliche durch sich hindurchfließen zu lassen und den Geist mit seiner gewaltigen Potenz zu Hilfe zu rufen. Mit geistigen Methoden kann sie Schadstoffe und unliebsame Energien herausfiltern und ausscheiden. Doch es ist nicht zu verhehlen, dass eine Alte Seele unter ihren vielfältigen Sensibilitäten leiden wird. Diese körperlichen Empfindlichkeiten sind notwendige Entsprechungen für eine gesteigerte geistige und spirituelle Sensitivität.

Intuition und Inspiration werden jetzt dafür eingesetzt, die wichtigsten geplanten und notwendigen Schritte der eigenen Inkarnation zu erkennen und zielführend zu verwirklichen. Die Seele will ihren Weg, und keinen anderen, gehen.

Religion bedeutet der Alten Seele grundsätzlich eine Absage an alle etablierten Formen von Glauben und Dogma. Glaube wird ersetzt durch eine immer deutlicher zutage tretende Gewissheit. Bis dahin sucht die Alte Seele nach Verbindungen mit dem Allganzen, spürt das göttliche Prinzip in sich selber manifestiert, weiß aber nicht, wie sie es begreifen kann. Sie möchte sich von diesem großen Geist, der alles durchwoben hat, tragen lassen. Das Göttliche ist immer und überall im Sinne eines Pantheismus.

Wovor hat die alte Seele Angst? Sie fürchtet sich vor Auflösung, obwohl sie unablässig danach strebt. Sie stellt hohe Anforderungen an sich. Die Bedingungslosigkeit der Liebe wird zum zentralen Anliegen der Alten Seele. Die Bereitschaft zur Liebe wächst unaufhaltsam. Damit verbunden ist auch die Objektlosigkeit ihrer Liebe. Auf die Dramen und Tragödien der zwischenmenschlichen Beziehungen will sie sich nur noch spielerisch einlassen. Ihre Liebe, die sich mehr und mehr von den früher empfundenen Emotionen löst, verströmt die Alte Seele auf alle in ihrer unmittelbaren und weiteren Umgebung, ohne sich auf einen einzigen Menschen zu konzentrieren.

Ein Mensch mit einer Alten Seele hat viele Begabungen und Talente. Die in früheren Inkarnationen erworbenen Kenntnisse stehen ihm latent zur Verfügung. Er weiß aber oft nicht, welcher seiner Neigungen er am liebsten nachgehen möchte.

Weisheit, Güte, Gelassenheit, Offenheit, Demut und Hilfsbereitschaft sind einer Alten Seele zugänglicher als einer Jungen. Gleichwohl schließt sie sich aus Angst vor den daraus folgenden Entgrenzungsprozessen häufig und immer wieder von einer Dauerhaftigkeit dieser Zustände aus. Der Verlust der liebenden Schwingung stürzt sie dann in eine schmerzliche Leere.

Rauschhafte und ekstatische Erlebnisse werden nun immer häufiger eintreten, ganz von selbst, ohne Hilfsmittel und ohne besondere Übungen oder Techniken. Die Alte Seele spürt, dass die innere Stille, die wahre Ekstase, die köstliche Übereinstimmung mit den Schwingungen der kosmischen Liebe jenseits aller angestrengten Bemühungen liegen. In ihr selbst und im Mut, die Grenzen der Angst zu überschreiten, erkennt sie die Erfüllung. Je näher das Ende der Seelenreise rückt, umso selbstverständlicher und zahlreicher werden die Augenblicke der ekstatischen Vereinigung mit dem Ganzen.

Ein Abschluss des Inkarnationszyklus ist nicht nur durch die Erkenntnis des Allganzen bedingt und auch keineswegs durch die Auflösung aller karmischen Verstrickungen, sondern allein davon, dass eine Liebesfähigkeit umfassender Art erreicht, gespürt, erlebt und gelebt wird. Da Liebe sich bis zuletzt auch im Kontakt und in der Intimität mit andern verkörperten Seelen erfährt, ist es auch bis zuletzt notwendig, dass eine Alte Seele sich für Begegnungen bereithält, die ihr das geben können, was sie aus eigener Kraft noch nicht hervorbringen kann, weil es in der dual strukturierten physischen Welt nicht möglich ist."

Karma – verschiedene Definitionen

Bei meiner Suche nach Definitionen für den Begriff „Karma" habe ich festgestellt, dass es auch heute noch sehr unterschiedliche Erklärungen gibt. Die Ausgangsbedeutung ist „ausgleichende Tat". Oft wird heute fast alles, was mit früheren Leben zu tun hat, als „karmisch" bezeichnet. Die „Quelle" von Varda Hasselmann meint dazu im Buch „Die Seelenfamilie" S. 90:

„Die Notwendigkeit eines Ausgleichs in einem späteren Leben ist nur dann nötig, wenn ein Mensch einem anderen aus angstvoll böser Absicht die Möglichkeit genommen hat, seinen seelischen Lebensplan durchzuführen. Dies kann ein Mord oder eine schreckliche Folter sein, die einen Menschen psychisch zu einem Wrack werden lässt. Nicht karmisch sind hingegen alle Handlungen, die unbeabsichtigt zum Schaden eines andern gereichen. Es ist also die Motivation hinter einer Handlung, die Karma verursacht.

Karma kann nicht durch eigenes Leid ausgeglichen werden, also etwa durch eine schreckliche Krankheit, sondern nur dadurch, dass Opfer und Täter in einem späteren Leben bereit sind, eine nötige Anzahl von Jahren in der engen Gemeinschaft einer Hass-Liebe-Beziehung wieder zur Liebe zurückzufinden. Diese Hass-Liebe auszuhalten, sie durchzustehen, anstatt von ihr davonzulaufen, ist gerade eine Vorbedingung zur Auflösung der Schuld."

„Nur wer auch die Erfahrung absoluter Lieblosigkeit gemacht hat, kann erfahren, was Liebe ist."

(„Welten der Seele")

Eine karmische Beziehung

Wenn man eine alte karmische Verstrickung vermutet, kann man sich folgende Fragen stellen („Die Seelenfamilie", S.93ff)

» *„Gerate ich im Zusammenhang mit dieser Person schnell in hochgradige nichtsexuelle Erregung?*
» *Empfinden wir beide sowohl intensive Anziehung als auch Abstoßung, eine Mischung von Faszination und Panik?*
» *Entwickelt einer von uns beiden unbestimmte Schuldgefühle, der andere hingegen starke, unerklärliche (Todes-)Angst?*
» *Könnte die Beziehung als Hassliebe bezeichnet werden?*
» *Gibt es ohne Grund ein Bedürfnis nach Rache?*
» *Ist die Beziehung zugleich von einer ungewöhnlichen Leidensbereitschaft und von einem nichtmasochistischen Durchhaltevermögen geprägt?*
» *Habe ich das Gefühl, dass sich die Beziehung trotz allem lohnt, weiß aber nicht, warum?*
» *Gestatte ich mir die Fantasie, diese Person zu ermorden oder von ihr ermordet worden zu sein?*
» *Habe ich das Gefühl von einer „unerledigten alten Geschichte", die dennoch seltsam aktuell ist?"*

Wie soll ich mich nun am besten verhalten, wenn ich eine karmische Verstrickung vermute? Die „Quelle" meint („Welten der Seele" S.188):

„Nichts ist so aussagekräftig wie ein erster Blickkontakt, der vieles verschweigt und dennoch alles sagt. Es ist nun die persönliche Freiheit, ob ich mich diesem ‚Wiederbegegneten' stellen möchte oder nicht. Durch das Vermeiden verschiebe ich das Potenzial zur Auflösung der Verstrickung auf eine spätere Begegnung. Lasse ich mich auf die Begegnung ein, besteht die Möglichkeit, seelisch einen bedeutenden Lernschritt zu tun."

Wie soll ich nun praktisch vorgehen, ist die logische nächste Frage an die „Quelle":

„Nicht das Bedürfnis, alte Verletzungen zudecken zu wollen mit süßlicher Freundlichkeit und klebriger Liebe, sondern die Konfrontation mit der bewegenden Nähe, die durch ein Wiederaufleben einer alten Bekanntschaft entsteht – das ist die Leistung, die ihr erbringen könnt. Konfrontation bedeutet authentische Reaktion. Es bedeutet, dass ihr aufgefordert seid, euch zu zeigen in eurer aktuellen Wahrheit, ganz gleichgültig, ob sie eurem Gegenüber gefällt oder nicht. Die Angst, nicht zu gefallen, die Angst vor Ablehnung wird euch am meisten daran hindern, die Gelegenheit wahrzunehmen, ein karmisches Band zu entflechten. Nur das eine wird helfen: die Maske abzulegen und die Angst beiseitezuschieben, die euch von Nähe trennt. Wahrhaftigkeit und Echtheit, Verletzlichkeit und Hilflosigkeit angesichts der Macht einer solchen Verstrickung machen euch weich und zugänglich für eine Nähe, die alte Wunden heilt."

Seelenentwicklung
durch Reinkarnation

Wie bereits erwähnt, hatte ich das erste Mal das Gefühl von Seelenaufgabe und Lebenssinn, als ich meinem Partner Gosha begegnete. Der erste Impuls in der Begegnung, *„Das ist der Richtige, aber es wird nicht einfach sein"*, machte mich schon damals etwas stutzig. Doch in der ersten großen Verliebtheit verdrängte ich diesen Hinweis. Als dann die Herausforderungen unserer Beziehung immer spürbarer wurden, wandte ich mich an „meinen Himmel", heute würde ich sagen an „mein höheres Selbst", um neue Antworten zu erhalten. Und die Antwort kam postwendend: *„Du kommst von den oberen Chakren, Gosha von den unteren, und im Herzen müsst ihr euch begegnen."* Für mich war es eine klare Antwort. In unserer Beziehung war eine Entwicklung zum Herzen, zum Mitgefühl, zur Liebe und zur Überwindung der Polaritäten gefordert.

Doch wie sollte Partnerschaftsentwicklung gehen, wenn der Partner kein Ohr dafür hatte und sich lieber seiner beruflichen Karriere zuwandte?

Meiner inneren Stimme gehorchend, versuchte ich für mich Schritte zum Herzen zu unternehmen. Das hieß für mich, noch mehr Einfühlungsvermögen und Verständnis für das Gegenüber aufzubringen, aber auch meine eigenen Gefühle wahrzunehmen. Mein Herz generell zu öffnen, um die Kraft der kosmischen Liebe als Kraftquelle zu empfangen. Ich wollte bewusst meine Liebesfähigkeit zu mir und andern entwickeln. Dabei wurde mir klar, dass wir Menschen wirklich auf ganz verschiedenen Bewusstseinsebenen oder in Bewusstseinswelten leben. Bewusstseinsweite, -höhe und -tiefe schienen mir eine Folge von Seelenentwicklung zu sein.

Als ich dann „vom Himmel, meiner Quelle" die Geschichte gezeigt bekam, dass ich in einem früheren Leben Tantra-Meisterin war und Gosha mein Diener, fragte ich mich: *„Ist das auch ein Hinweis auf unsere unterschiedliche Bewusstseinsentwicklung in diesem Leben? Kann es sein, dass ich eine ältere, erfahrenere Seele bin als Gosha? Was hat das für Folgen für unsere Beziehung? Was muss ich, was Gosha daraus lernen?"*

Varda Hasselmann zeigt in ihrem Buch „Junge Seelen, Alte Seelen" sehr schön diesen Sachverhalt der unterschiedlichen Seelenreife auf. Immer geht es darum, voneinander zu lernen. Alle, die Kinder haben, wissen, dass Kinder auch zu uns kommen, um unsere Lehrmeister zu sein. Es wird von der „Quelle" wiederholt betont, dass ältere Seelen nicht besser oder wertvoller sind als junge, sondern einfach erfahrener.

Mir wurde in inneren Bildern der „Mord aus Leidenschaft" gezeigt in einem früheren Leben mit Gosha. *„Konnte aus dieser Tat das Karma unserer Beziehungswunde entstehen, die wir in diesem Leben verheilen sollten?"*

Ich fragte meine Quelle immer wieder ab, ob ich in der Beziehung noch dranbleiben solle, wenn es schwierig war, und bekam ein: *„Ja, aber."* Ich solle primär meinen Entwicklungsweg gehen. *„Wenn du mit Gosha ins Leiden kommst, dann musst du ihm* *deine Grenzen des Erträglichen und deiner Geduld aufzeigen"*, war die Botschaft.

Einige Zeit sah ich mich als das „sexuelle Opfer" in unserer Beziehung.

Dann wurde mir klar, dass ich ja diejenige war, die beschlossen hatte, sich auf Goshas Ebene und Wünsche einzulassen. Ich gab mich seinen Sex-Bedürfnissen hin, um als Frau anerkannt und wertgeschätzt zu werden, aber auch, um ihm eine Freude zu machen. Mein Handeln war geprägt von Harmonie- und Liebesbedürfnis und einem Quäntchen Neugier, Goshas Welt kennenzulernen. Erst als mein Leidensdruck zu groß wurde, schaffte ich es, Gosha ultimativ zu einer Weiterentwicklung in der Sexualität aufzufordern und einem Herauskommen aus seiner Komfortzone. Die Zeit in tantrischen Gruppen und der Austausch mit andern Paaren waren dazu sehr hilfreich. Während unseres Hausbauprojektes erlebten wir einige erfüllte und freudvolle Jahre.

Seit Gosha pensioniert ist und mehr Zeit zuhause verbringt, begannen sich die vorher verdrängten Reibungspunkte vermehrt zu zeigen. Kommunikationsprobleme und eine Ambivalenz in Bezug auf Nähe wurden offensichtlich. Demzufolge wurde die Stimmung zwischen uns gereizt und gehässig. Für mich war klar, dass hier ein neuer Entwicklungsschritt in die Tiefe angesagt war, wenn wir nicht in einer „Pseudo-Beziehung" oder Scheidung enden wollten. Es galt, wie ich es schon immer verspürte, noch etwas viel Tieferes in unserer Beziehung zu verheilen.

Für mein Empfinden ging und geht es im Leben darum, als Seele Erfahrungen zu sammeln. Dazu war und ist es nach meiner Ansicht nötig, in verschiedenen Leben die unterschiedlichsten Archetypenkombinationen zu durchleben. Alle erlebten psychischen Erfahrungen nimmt die Seele bei ihrem Austritt aus dem Körper mit und speichert sie in ihrem Astralkörper. In einer nächsten Inkarnation bringt die Seele das bereits Erlebte als Grunderfahrung im Unterbewusstsein wieder mit.

Je mehr Erfahrungen sie hat, umso verständnisvoller wird eine Seele für die Verschiedenheit der Menschenwesen und der

Lebenswege auf dieser Erde. Die Folge davon ist bestenfalls, dass eine reifere Seele aufhört zu urteilen. Sie sieht sich dafür mehr und mehr in der Verantwortung für ihr Denken und Handeln, für ihre persönliche Entwicklung nach dem Leitsatz:

> *„Man hat immer die Wahl*
> *und jede Wahl ist gültig.“*

Um das Thema Reinkarnation noch mehr in meiner persönlichen Seelengeschichte zu erforschen, ging ich im Frühling 2021 zur professionellen Reinkarnations-Therapeutin C. Mir war aufgefallen, dass mir in diesem Leben bis anhin vor allem Opferrollen als Frau bewusst geworden waren. Diese prägten mich auch. Zeitweise erfüllten sie mein Ego gar mit Selbstmitleid. Wenn meine Hypothese der Seelenentwicklung durch das Erleben verschiedener Archetypen stimmte, dann musste es doch in meiner Seele auch abgespeicherte Täterrollen geben. Aus dieser Vermutung entstand der Wunsch, meine Vergangenheit auf Täterrollen zu durchforsten.

Nachfolgend zitiere ich aus dem von der Reinkarnations-Therapeutin C. während der Sitzung verfassten Protokoll:

„Lisas gegenwärtigen Themen: Schulter, linke Körperseite, Partnerschaft, Bandscheiben, Täterleben.

C. führt mich mit ihren Worten zuerst in eine Entspannung. In meinen inneren Bildern zeigt sich eine helle Kugel. Eine Frau namens Angela erscheint; sie ist traurig und hat Angst. Ich werde aufgefordert, mein höheres Selbst mit den ‚Hohen Räten‘ zu verbinden. Die ‚Hohen Räte‘ sind weise Seelen aus der Kausalebene, welche mich im Prozess begleiten werden.

C bittet für mich um die Einsicht in frühere Leben. Folgendes wird mir gezeigt:

1. Früheres Leben

Ich bin im Schmerz, weil ich vergewaltigt wurde. Ich trage ein weißes Kleid, bin barfuß und heiße Maischa (die Lebendige). Ein Mann namens Arat (Mut, Kühnheit) hat mich vergewaltigt, danach herrscht ein Todeskampf. Der Mann ist verzweifelt; er ist ein Diener in Indien. Maischa war Tantra-Meisterin an einem indischen Hof; jetzt ist sie tot. Im Jenseits holt die Mutter Maischa ab.

Die ‚Hohen Räte‘ wurden nach der Bedeutung dieser Inkarnation für mich gefragt. ‚Falle auf die Knie und weine; du hast das auch gemacht‘, war ihre Bemerkung dazu. Engel schützen mich. Ihre Botschaft ist: ‚Es geht nicht um Schuld, sondern um Versöhnung.‘

2. Früheres Leben

Ich bin ein Ritter in Rüstung und reite auf einem Pferd. Eine Frau liegt hilflos am Boden. Ich vergehe mich an ihr, bereue es sofort, steige aufs Pferd und reite davon. Es herrscht Kriegsgetümmel. Auf die Frage nach dem Wann und Wo, zeigt sich mir die Zahl 1499 und als Ort das heutige Bulgarien. Das schlechte Gewissen plagt mich. Ich reite zurück zur Frau, doch sie ist bereits tot. Ich nehme sie aufs Pferd, reite zu einem Fluss und werfe sie ins Wasser. Ich schäme mich sehr.

C. fordert mich auf, die ‚Hohen Räte‘ zu fragen, ob es weitere Täterleben gebe, die ich anschauen müsste. ‚Ja, die folgende Situation sei wichtig‘, meinen sie:

3. Früheres Leben

Ich bin Mutter mit zwei Kindern, einem Jungen und einem Mädchen und schütze diese. Daneben ist mein Mann, der wütend ist und mich und die Kinder mit einem Beil bedroht. Ich nehme ihm das Beil weg und erschlage ihn. Innerlich bin ich sehr zerrissen und verzweifelt. Die Kinder sind schockiert und traurig. Da kommt ein Jäger daher, sieht die Szene, stürzt sich auf die Mutter/Frau los und droht ihr. Er lasse mich los, wenn ich mich ihm zur Verfügung stelle. Ich bin geschockt, kenne den Jäger und weiß, dass er alleine lebt. Mit dem Jäger gehe ich schließlich mit, um mit meinen Kindern zu überleben. Den toten Mann vergraben wir. Der Jäger verliebt sich in die Frau. Doch das Mädchen macht der Mutter Vorwürfe wegen der Tötung des Vaters und droht ihr, dass sie alles verraten werde. Jäger und Mutter beschließen, die Tochter aus dem Weg zu schaffen, indem sie diese ertränken. Danach haben beide ein sehr schlechtes Gewissen. Ihr Haus brennt, nachdem der Blitz eingeschlagen hatte. Sie glauben, durch ihre schlechte Tat dieses Unglück als Strafe angezogen zu haben. Um das schlechte Gewissen zu sühnen, bauen sie alles wieder auf. Die Morde lasten wie ein schweres Gewicht auf der Familie.

Die ‚Hohen Räte‘ sagen, dies sei jetzt genug für mich, um zu erkennen, dass auch ich Täterin war in früheren Leben.

C. fragt mich, ob ich die Seelen der beteiligten Menschen in diesen früheren Leben erkennen könne. Ich bekomme klare und für mich klärende Auskünfte dazu, wer diese Personen im jetzigen Leben sind/waren.

Zum Schluss bietet mir C. einen offenen Kieferzapfen an, damit ich all mein altes Gepäck in diesen hineinstecken könne. Da waren Groll, Machtspiele, Übergriffe, Herzleere, Trauer und alte Prägungen.

Ein Kelch der Vergebung wird nun unter allen Beteiligten aus den früheren Leben und den heutigen Leben in Gedanken herumgereicht.

Die ‚Hohen Räte‘ meinen: ‚In deinem jetzigen Leben geht es um Selbstvertrauen, Minderwertigkeit ablegen, Klarheit, Erdung und Heilung.‘"

Der Kreis schließt sich

Seit ich auch noch diese Erfahrung der Reinkarnation in frühere Täterleben machen durfte, hat sich bei mir der Kreis geschlossen und eine innere Ruhe ist eingekehrt.

**„Kein Mensch war/ist ohne Grund
in deinem Leben.
Der eine war/ist ein Geschenk,
der andere eine Lektion"**

10

THERAPEUTISCHE PRAXIS – ERFAHRUNGSBERICHTE

Behandlungsablauf in meiner Praxis

Nachdem die Klient:innen mir ihre Beschwerde-Themen geschildert haben, erkläre ich ihnen mein therapeutisches Vorgehen. Wenn nicht eine ganz bestimmte Methode von der Klient:in verlangt wird, bitte ich sie, auf der Liege Platz zu nehmen für eine kinesiologische Testung. Ich erkläre ihnen, dass ich durch die kinesiologische Testung ihr Informationsfeld (ihren Lebensrucksack) abfragen werde, um herauszufinden, was dieses jetzt als bestes methodisches Vorgehen auswählen würde. Auf diese Weise ergibt sich häufig eine Aneinanderreihung von verschiedenen Methoden in einer Sitzung.

Craniosacral-Therapie-Behandlung

Diese Art der Behandlung ist für mich immer prioritär angesagt *bei Sturz- und Schleudertraumen*. Durch die Craniosacral-Therapie kann dem Körper sofort Hilfe geleistet werden, um aus dem Schock wieder in den Rhythmus und den Fluss der Lebensenergie zurückzukommen. Dies erspart dem Körper sehr viel Arbeit, die er aufwenden müsste, um sich selbst aus dem Trauma herauszuarbeiten. Die Behandelten fühlen sich danach meist sehr erleichtert und wie neu geboren.

Dasselbe gilt auch für Neugeborene. Bei der Geburt erleben die Babys oft massive Stauchungen im Nacken und Druck am Schädel und Schultergürtel, was durch die Craniosacrale Arbeit neutralisiert werden kann.

Craniosacral-Therapie ist ebenso ein geeigneter Einstieg, um mit persönlichen Körpersymptomen, Gefühlen und Mustern in einen tieferen Kontakt zu kommen. Im Gewebe abgespeicherte Gefühle können erlebt werden, Bilder sich zeigen in einer Symbolsprache oder ganz konkret von früheren Ereignissen.

Grundsätzlich ist eine Craniosacral-Therapie-Behandlung eine ganzheitlich regulierende Therapie, welche alle Ebenen erfasst, die körperliche, psychische und geistige und entsprechend zu einem tiefen Gefühl eines ganzheitlichen Wohlbefindens führen kann.

Herr A., 70J.:
Burnout-Symptome, Prostataprobleme, Herzschmerzen, Probleme am rechten Auge, Tinnitus, Borreliose

Der Behandlungseinstieg erfolgte über die intuitive Diagnostik nach Innerwise mit gleichzeitigem Auflegen von ent-stressenden Innerwise-Heilkarten. Durch dieses Vorgehen entstand ein umfassendes Protokoll der „Baustellen", die sich im Moment zeigen wollten, mit gleichzeitigen feinstofflichen Heilimpulsen durch die Karten. Da Leber und Darm nicht in Ordnung waren, wurde die Ernährung auf Allergien und Unverträglichkeiten getestet. A. erhielt eine Ernährungsempfehlung und ausgetestete orthomolekulare Produkte zur Regeneration von Darm, Leber, Prostata und des Nervensystems. Die Innerwise-Heilkarten-Informationen wurden energetisch auf ein Innerwise-Amulett übertragen, welches A. von jetzt an als eine Art Seelen-CD mit sich trug. Die feinstofflichen Ebenen (Psyche, Seele, Geist) und das Unterbewusstsein (Gefühle, innere Bilder, Gedanken) wurden durch diese Informationen in der Verheilung unterstützt.

Bei den Herz- und Augenschmerzen testete die Aura-Chirurgie als sinnvolle Methode. Im Herzen galt es eine Kugel aurachirurgisch zu entfernen. Zu diesem Thema sagte der Klient, dass er erlebt hatte, wie ein Mann vor seinem Wohnhaus erschossen wurde. Durch die Entfernung der Kugel im feinstofflichen Feld löste sich der Schmerz in der Herzgegend sofort auf. Als zusätzliche Methode wollte M.s Informationsfeld die „Psychosomatischen Energetik". Das Herzchakra ging zu folgendem Thema in Resonanz: „Man meint, alte Schrecknisse nie überwinden zu können, da sie einen immer wieder einholen." Die Herzschmerzen blieben definitiv weg; auch eine tiefe Trauer löste sich auf.

Beim Augenproblem musste aurachirurgisch das Thema „Blendung in früherem Leben" aufgelöst werden. Begleitend war auch eine Leberdiät nötig, denn A. trank zu viel Alkohol. Die Augen gelten als Sinnesorgane, die mit der Leber korrelieren und darum auch über die Leber behandelt werden können/müssen.

Im Zusammenhang mit dem Tinnitus und dem Burnout gaben beim Testen der Aura von A. die Themen: Schuld, Sklavenjoch und Pfählung an, die dann erfolgreich aufgelöst wurden. Die Nackenverspannungen waren sofort weniger. Den Schuldgefühlen und der Tendenz von A., sich selbst zu überfordern oder überfordert zu fühlen, wurde natürlich auch im Gespräch Raum gegeben. Über seinen Tinnitus gewann A. mehr Sensibilität für seinen Stress, den er vorher verdrängt hatte. Den Tinnitus lernte A. durch bessere Stresswahrnehmung zu regulieren.

A. hatte insgesamt sieben Sitzungen bei mir, löste in diesem Zeitraum alle beruflichen Verpflichtungen auf und zog für einen Neubeginn an einen neuen Wohnort.

B. hatte mit dreizehn Jahren eine Wirbelsäulenoperation wegen ihrer Skoliose. Vom fünften Brustwirbel bis zum fünften Lendenwirbel wurde der Rücken mit einer Metallstange versteift. Über längere Zeit musste die Klientin als Kind ein Gipskorsett tragen, welches sie als sehr einengend empfand. Durch tägliche Übungen hat die Klientin diesen Eingriff, nach ihren Worten gut integriert. Was blieb, war eine Platzangst wegen der aufgezwungenen Enge mit dem Korsett, die sie bei mir gerne behandelt hätte.

Wir sprachen über dazu mögliche Therapiemethoden und starteten mit einer Craniosacral-Therapie-Sitzung. Sie sprach gut darauf an, spürte viel Energie fließen und Entspannung einkehren. Um mit der Platzangst zu arbeiten, schlug ich ihr in einer nächsten Sitzung den „Emotional-Journey" nach Brandon Bays vor. Nach einem Monat war sie bereit für diese innere Reise durch ihre Emotionen, die ich nach einem Protokoll anleitete. Sie begann mit dem Wahrnehmen des Engegefühls um ihre Brust. Durch eine Vielzahl von anderen abgespeicherten Emotionen, die sich zeigen wollten, gelangte sie schließlich in die Quelle des Vertrauens und des Lichts. Mit Hilfe dieser Quellen-Erfahrung, die für jeden Menschen einmalig nährend ist, gelang es ihr, die vorher negativen Emotionen zu verheilen und loszulassen. Nach dieser Sitzung schaffte sie es, mit ihrer Platzangst bedeutend besser umzugehen.

Herr C., 45J.: Schlafprobleme, Überforderungsgefühle im Job

C. kam ein erstes Mal wegen seiner Schlafprobleme und dem Stress im Job. Er glaubte den Anforderungen bei der Arbeit nicht zu genügen und erwachte nachts voller Angst. Ich empfahl ihm einen Einstieg mit der Innerwise-Diagnostik, um feststellen zu können, wo und auf welchen Ebenen seine Stressoren lagen. Beim Thema „emotionale Ladung" zeigten sich Angst und Selbstzerstörung. Die Nebennieren, Produktionsorte des Adrenalins, waren sehr gestresst, was längerfristig zu einer sogenannten Nebennierenerschöpfung führen kann. Alle diese Stressoren wurden einerseits durch Innerwise-Heilkarten neutralisiert. Zusätzlich testete aber auch die „Psychosomatische Energetik" als hilfreiche Methode. Ich testete kinesiologisch C.s Chakren aus und blieb beim ersten Chakra mit dem Thema Urvertrauen stecken. Der Konflikt, der C. aktiv plagte, waren seine Minderwertigkeitsgefühle. C. erhielt mehrere homöopathische Komplexmittel, um dieses Thema, aber auch die Angst und den Stress zu bearbeiten.

Beim Stichwort „Geopathie" testete C. ebenfalls negativ. Das bedeutete, dass sein Schlafplatz an einem vom Untergrund her ungünstigen Ort ist. Unter dem Schlafplatz kann es eine Wasserader/-kreuzung, eine Verwerfung oder andere Erdstörungen haben, die sich ungünstig auf den darüber Schlafenden auswirken können. Am besten ist es in einem solchen Fall, wenn das Bett an einen günstigeren Platz verschoben wird. Einen solchen kann ich durch virtuelles Austesten des Raumes bestimmen. Ich habe festgestellt, auch an mir, dass meistens Menschen solche ungünstigen Plätze wählen, welche auch in ihrer Persönlichkeit irgendeinen „persönlichen Verriss" haben, d. h. nicht stimmig auf ihrem Seelenweg sind. Bei C. zeigte sich das durch „Fremdenergien" in seinem Beckenraum. Darauf angesprochen, erzählte er mir sofort eine ihn dort belastende Geschichte. Ich gab C. folgende Affirmation mit:

„Ich habe alle Talente und Fähigkeiten, welche ich zur Bewältigung meiner Lebensaufgabe brauche." Einen nächsten Termin vereinbarten wir in zwei Monaten. C.s Lebensenergie war unterdessen von 50 auf 75 % gestiegen.

Er wollte dieses Mal weiterforschen, was hinter seinen Ängsten steckte; dazu verwendeten wir den „Emotions-Code". Durch kinesiologisches Testen kamen wir zu verschiedenen Lebensstationen, in welchen er sich überfordert und als Kind nicht unterstützt fühlte. Diese Ereignisse wurden auf diese Weise nochmals ins Bewusstsein geholt und ausgeleitet. In dieser Sitzung testete ich auch, ob C.s Körper Bedarf an „Stoffen" hätte: Omega-3, Q10, B-Komplex (Nervensystem, Erschöpfung) sowie Melatonin (Schlafhormon) gaben an und wurden für vier Wochen empfohlen.

In einer dritten Sitzung gab das Thema „Aurachirurgie" an. Ich durfte ihn befreien von mehreren belastenden Erfahrungen, die er feinstofflich in seinem Becken und auf seinen Schultern trug. Er spürte die Erleichterung.

Nun hörte ich ein Jahr lang nichts mehr von C., was ich als gutes Omen wertete.

Dann trieben ihn nochmals Angst und Schlaflosigkeit in meine Praxis. Er hatte eine neue Stelle angetreten und fühlte sich wieder überfordert. Er selber wusste, dass er dieses Mal nicht davonlaufen, sondern sich den Themen stellen wollte. In seinen Chakren gab jetzt das Thema „zu streng mit sich selber sein" an. Er machte viele Überstunden, um seinen Ansprüchen gerecht zu werden; dadurch war er wieder erschöpft und zunehmend unglücklich. Ich fragte ihn, ob er bereit sei, seine Archetypen kennenzulernen, was er bejahte. Bei den Ängsten hatte er den „Märtyrer" gewählt, um seine Angst vor Wertlosigkeit zu kompensieren. Er sah die Zusammenhänge seiner Selbstaufopferung aufgrund seiner Minderwertigkeitsgefühle sofort ein. Ich empfahl ihm, nochmals mit homöopathischen Komplexmitteln an seinen Themen zu arbeiten. Mit dem Emotions-Code wurden weitere in der Tiefe „triggernde" Emotionen ausgeleitet.

Da sich C. wie gefangen fühlte in immer wiederkehrenden Ängsten, die er als Enge in der Herzgegend beschrieb, schien er jetzt in seinem „karmischen Zentralkonflikt" angekommen zu sein. Dies ist nach Dr. Banis eine mitgebrachte Urangst, die mit der „psychosomatischen Energetik" und deren homöopathischen Komplexmitteln angegangen werden kann.

C. war sich jetzt seiner Angst-Ursachen bewusst, doch wenn er nachts erwachte, konnte er immer noch schlecht mit seinen Angstgefühlen umgehen.

So schlug ich auch ihm den „Emotional Journey" vor, eine geführte Reise durch alle Emotionen, die sich hinter den Angstgefühlen zeigen wollten.

C. konnte meinen Anweisungen gut folgen, ließ sich tief auf seine Gefühle ein und schließlich auch in diese Quellenerfahrung des Getragenwerdens, des Lichts und des inneren Friedens. Durch die Erfahrung dieser Urkraft gelang es ihm, zu seinen Angstgefühlen eine Art Distanz zu gewinnen. Er fühlte sich nun selber getragen von einem tiefen „Urvertrauen" und dem Wissen, dass er diese Angst in sein Leben mitgenommen hatte, um daran zu wachsen und in seiner Seelenheimat anzukommen. Bravo!

Frau D., 54J.: Gelenkschmerzen, Weichteilrheuma

D. suchte mich wegen ihrer Gelenk- und diffusen Gewebeschmerzen auf, die sie nicht einordnen konnte. Über die Innerwise-Diagnostik bekam ich schnell ein Bild ihrer Stressoren. Als Erstes musste die Ernährung angegangen werden. D. hatte eine Fruktose-Malabsorption, d. h., sie konnte Fruktose höchstens in kleinen Mengen verstoffwechseln. Ebenso trank sie zu viel Kaffee und Alkohol und aß zu viele Kohlenhydrate in Form von Süssigkeiten, Brot und Teigwaren. Das Bindegewebe war übersäuert, „vergiftet" und verschlackt. Die Nebennieren schienen unter einer Dauerproduktion von Cortisol zu stehen, was für mich hieß, dass es in ihrem Körper Entzündungsherde gab. Ich erklärte ihr, dass all diese Umstände zu ihren Schmerzzuständen führen konnten.

Auf der seelischen Ebene testete ich Selbstzerstörung, einen „Riss im Seelenfeld", zu wenig Bewegung und „das Leben aufräumen".

Behutsam und in verständlichen Worten versuchte ich ihr diese Themen näher zu bringen. Meistens sind die Klient:innen erstaunt, wie schnell ich auf ihre Lebensthemen stoße, so dass sie widerstandslos, ja eher erlöst, gerne darüber berichten. D. war klar, was sie in den nächsten Wochen zu tun hatte: Früchte möglichst meiden, auch Fruktose-, Sorbit-, Manit- und Xylit-haltige Produkte. Weniger Kaffee und Alkohol trinken, dafür mehr Wasser, um die Entgiftung zu unterstützen. Weniger Süßigkeiten und raffinierte Kohlenhydrate (Zucker, Weissbrot, Teigwaren) konsumieren, dafür mehr Gemüse essen, um den Körper zu entsäuern. Unterstützend bekam sie Probiotika für den Darm, Basen zur Entsäuerung sowie andere ausgetestete Vitamine, Fett- und Aminosäuren. Sie nahm die Lektion ernst und nach sechs Wochen waren ihre Entzündungen weitgehend abgeklungen. Die Schultern, Knie und den ganzen Körper empfand D. als viel weniger schmerzhaft.

Nun gab es noch Fremdenergien zu bereinigen, indem der Riss im Seelenfeld geschlossen, und die nicht in ihre Aura gehörenden Energien entfernt wurden. Sie arbeitete in einem Pflegeheim und spürte jeweils selber, wenn sich eine verstorbene alte Seele des Pflegeheims bei ihr anhaftete.

Zur besseren seelischen Abgrenzung und Leberentgiftung nahm sie nun Tropfen der Mariendistel ein. Ich zeigte ihr, wie sie ihre Aura selber schützen bzw. energetisch reinigen konnte.

In ihren Füßen, dem Hals und Kopf erkannte ich noch weitere Disharmonien. Es schienen aus früheren Leben mitgebrachte Themen darin enthalten zu sein, die auf die Innerwise-Heilkarten gut ansprachen.

Die Schmerzen in ihrem rechten Fuß führten uns zu einer
Knieoperation, welche sie mit 13 Jahren über sich ergehen lassen
musste und deren Sinn sie nicht verstand. Es steckte eigentlich
ein ungelöster Konflikt mit dem Vater darin. Sie fühlte sich von
ihm nicht wertgeschätzt, ja klein gemacht, was sie (bis heute)
wütend und traurig machte. Ihr Gefühl der Wertlosigkeit verdrängte sie durch aufopferndes Arbeiten in der Pflege (Archetyp Märtyrer). Ihre Angst, zu kurz zu kommen (Archetyp Gier),
kompensierte sie mit Fressattacken und ihrem Sammeltrieb
für zu viel Materie. Sie war sehr einsichtig in ihre Themen und
spürte, wie sie sich in ihrem Körper zunehmend wohler fühlte,
wenn sie ihr Verhalten entsprechend änderte.

Frau E., 62J.: Endometriose

E. hatte bereits zweimal eine Operation im Bauchraum wegen
Verwachsungen (Endometriose) um den Dünndarm mit an-
schließendem Darmverschluss. Sie und die Schulmedizin wussten nicht, woher das Problem kam.

Mittels der Innerwise-Diagnostik fanden wir Entzündungen
im Bauchraum, im Hals und in den Nebenhöhlen mit Bakterien,
Parasiten und Pilzen, die dort nicht hingehörten. Beim Testen
der Nahrungsmittel zeigten sich eine Unverträglichkeit gegenüber tierischen Milchprodukten sowie eine Allergie auf einige
Doldenblütlergewächse (Sellerie, Karotten, Kümmel, Koriander).

Die Leber und der ganze Verdauungstrakt brauchten Ent-
lastung durch eine angepasste Ernährung und heilsame Unterstützung durch Probiotika, Heilerde und Neem (ayurvedisches
Mittel gegen Parasiten, Bakterien, Pilze).

Auch E. schlief auf einer Geopathie, hatte eine zu starke Belastung mit Elektrosmog und viel Stress privat und beruflich.

Nach zwei Monaten mit der empfohlenen Diät sowie den
„Stoffen" waren bei E. alle Entzündungen weg. Nun gaben beim

Testen nur noch die feinstofflichen Ebenen der Emotionen und Gedanken an, sowohl im Verdauungstrakt als auch in der Gebärmutter. Mit der Emotions-Code-Methode konnten wir etliche Stressoren der Vergangenheit (Überforderung, Schwangerschaftstrauma) herausfinden und ausleiten. E. fühlte sich schon recht wohl und war zuversichtlich, dass sie ihr Darmthema jetzt in den Griff bekommen würde.

Ein halbes Jahr später kam ein neuer Hilfeschrei E. hatte sich bei Gartenarbeiten überfordert und im Halsbereich etwas eingeklemmt. Der Hausarzt verordnete ihr Schmerzmittel zur Einnahme; diese wurden auch von ihrem Verdauungstrakt aufgenommen. Sehr schnell spürte sie, wie sich ihr Darm dadurch entzündete und im Bauch wieder ein Drama abzulaufen begann. Leider konnte auch ich ihr keine nützliche Nothilfe anbieten.

Sie landete wieder im Spital mit einem Darmverschluss und musste ein drittes Mal ihren Bauch zur Operation freigeben. Dies erschütterte sie sehr.

Nach dem Eingriff wollte sie ihre Verdauungsorgane wieder stützen mit einer optimalen Ernährung und orthomolekularen Stoffen.

Beim Testen gab mir dieses Mal auch die Aurachirurgie an als Methode, mit der wir arbeiten sollten. Von ihren Schultern löste ich das Sklavenjoch und die Selbstkasteiung. Im Becken gaben die Pfählung und schwarze Magie an, d. h., ihre Aura (feinstofflicher Körper) testete bei diesen Begriffen mit Stress. Mittels einfacher Techniken wurden diese Stressoren aus ihrem Feld entfernt. Sklavenjoch und Pfählung sind Erfahrungen, welche die Seele in der Regel aus früheren Leben mitbringt. Selbstkasteiung hängt oft mit religiösen Gelübden aus diesen oder früheren Leben zusammen. Beim Begriff „schwarze Magie" bemerkte E. selber, dass sie dies in diesem Leben erlebt hätte; sie sei von einem Mieter, dem sie gekündigt hatte, aufs Schlimmste verflucht worden. Als wir nachforschten, wann das passiert war, fanden wir heraus, dass ihre Darmprobleme einige Wochen später losgingen. Nach dieser Behandlung schien das Thema „Endometriose" abgeschlossen zu sein. Ich durfte wieder einmal viel dazulernen.

WORTE DANACH

UND DANK

Es war ein spezieller Moment, als ich mein Manuskript freigab für das Lektorat des Novum Verlages. Während achtzehn Monaten fühlte ich mich schwanger mit meinem Buchprojekt, nun sollte das Baby geboren werden. Wie würde wohl die Stellungnahme der ersten außenstehenden Person ausfallen, die meinen Text zu lesen bekam?

Die Rückmeldung des Lektors, dass er mein Werk mit Freude gelesen habe und sogar etwas daraus lernen konnte, empfand ich als große Erleichterung.

Mir ist sehr bewusst, dass ich Ihnen, werte Leser:in, mit meinen Zeilen teils Ungewohntes zumute.

Ich bedanke mich für Ihre Anteilnahme an meiner Forschungsreise und hoffe, dass auch Sie dabei das eine oder andere an Interessantem entdecken durften.

Das Ziel war klar: Mein Buch sollte inhaltlich eine Mischung aus Autobiographie und Fachwissen werden. Der Weg dorthin war ein unvorhersehbares Abenteuer mit vielen Abzweigungen und manchmal auch Sackgassen. Das Schreiben war eine heilsame Auseinandersetzung mit meinem bisherigen und gegenwärtigen Leben.

Zu welchen Themen wollte ich etwas weitergeben? Wie persönlich und intim durfte das Berichten sein? Wird meine persönliche Offenheit als Anstoß zur Selbstreflexion aufgenommen oder wird sie mir Unverständnis entgegenbringen? Diese Fragen bewegten mich.

Mut, zu mir und meinen Empfindungen zu stehen sowie das, was sich für mich als stimmig anfühlte, zu erzählen, wurden schließlich zu meinem inneren Maßstab.

Allen recht getan ist bekanntlich eine Kunst, die niemand kann.

Meinem Partner bin ich sehr dankbar, dass er trotz Vorbehalten zum Inhalt bereit war, meine Zeilen zu lesen und zu korrigieren. Auch im Umgang mit der Computertechnik waren er und meine Tochter mir geschätzte Hilfen. Ich danke euch von Herzen!

Das Astrologie-Kapitel durfte ich meiner Astrologen-Freundin Ruth Züger zur Begutachtung vorlegen. Auch ihr ein herzliches Dankeschön!

Den Novum-Verlag habe ich ausgewählt, weil er mir all die Arbeit abnahm, um die ich mich nicht selber kümmern wollte: Korrektorat und Lektorat, Titelschutz, ISBN-Nummer, Layout, Cover und Marktpräsenz. Die Zusammenarbeit war von Anfang an gut strukturiert und transparent kommuniziert. Danke!

Danken möchte ich auch dem Leben, meiner Seele und allen guten Kräften, die mich liebevoll zügelnd und unterstützend durch die Höhen und Tiefen meines Lebens begleiten. Gerade im Annehmen der Gegensätze und im Akzeptieren der Widersprüche im menschlichen Leben habe ich gelernt, etwas Versöhnliches, ja Liebevolles, zu erkennen nach meinem Motto:

„Liebe und Frieden kehren dort ein, wo ich
aufmerksam hinschauen und annehmen kann,
was ist, horche und spüre, was meine Seele will
und dann danach handle."

LITERATURVERZEICHNIS

1. Von der Zeugung bis zur Geburt

- ISPPM Schweiz *www.isppm.ch*
- Selbsterfahrungsworkshop „soul loss" aus prä- und perinataler Perspektive mit Matthew Appleton und Jenni Meyer

2. Ernährung – das große Lebensthema

- Lichtnahrung Auszug aus: de.wikipedia.org, Juni 2021
- Jasmuheen: „Lichtnahrung. Die Nahrungsquelle für das kommende Jahrtausend".
- Koha-Verlag, Burgrain 1997, ISBN 3-929512-26-2
- Michael Werner: „Leben durch Lichtnahrung, ein Erfahrungsbericht eines
- Wissenschaftlers"; ISBN 3-03800-229-1
- Dr. Peter J. D'Adamo mit Catherine Whitney: „4 Blutgruppen – vier Strategien für ein
- gesundes Leben"; ISBN 3-492-04118-3
- Die Konstitutionstypen (Doshas) im Ayurveda Auszug aus *www.ayurveda-produkte.de* Dr. Reimar Banis: „Lehrbuch Psychosomatische Energetik –
- Durch Energieheilung zu neuem Leben"; ISBN 3-936486-15-8
- Maria Schmid-Spirig: „ABL – Auto Biologisches Lernen"; ISBN 978-3-033-00842-7
- Allergiezentrum Schweiz: *www.aha.ch* Auszug zu Unverträglichkeiten und Allergien

- Marcus Schmieke: „Timewaver –
  Informationsfeldmedizin"; *www.timewaver.com*
- Uwe Albrecht: „Innerwise – Heilung für alles Lebendige";
  www.inerwise.com
- A.W. Dänzer: „Die unsichtbare Kraft in Lebensmitteln: Bio
  und Nicht-Bio", Verlag: Bewusstes Dasein, Zürich, 2014,
  ISBN 978-3-905158-15-1

3. Partnerschaft – Das ist der Richtige, aber es wird nicht einfach sein

- Stanislav Grof: „Die Psychologie der Zukunft",
  ISBN 978-3-907029-76-3
- Gopi Krishna: „Kundalini:
  Erweckung der geistigen Kraft im Menschen",
  ISBN 3-502-61210-2 und Auszüge von: *de.wikipedia.org*
- Daniel Odier: *www.danielodier.com*
  oder *www.tandava.love*
- Jörg A. Stuckensen: „Chronischer Schmerz ist nur
  Verspannung"; ISBN 978-3-738661-48-4
- Andreas Moritz: „Die wundersame Leber- und
  Gallenblasenreinigung", ISBN 978-3-944125-44-2
- *www.shimainstitut.ch:* Tantra-Seminare und
  Jahrestraining

4. Yoga – altes Wissen und Weisheit

- Berufsverband deutscher Yogalehrer:
  „Der Weg des Yoga – Handbuch für Übende und
- Lehrende"; ISBN 3-928632-02-7
- Helmtrud Wieland: „Das Spektrum des Yoga";
  ISBN 978-3-873481-50-3
- Sri Aurobindo: „Handbuch des integralen Yoga";
  ISBN 978-3-8671000-9-0
- Sri Chinmoy: „Yoga und das spirituelle Leben";
  ISBN 978-3-8953200-6-4

- Paramahansa Yogananda: „Autobiographie eines Yogi";
  ISBN 978-0-8761209-0-3
- Bodo J. Baginski; Shahila sharamon: „Chakrahandbuch";
  ISBN 978-3-89385-038-9
- Elisabeth Gnehm: „Yoga-Lehrer-Diplom-Arbeit" 1997
- *https://wiki.yoga-vidya.de*
- Dr. Christian Larsen und Dr. Claudia Guggenbühl:
  „Yoga, die 5 Schlüssel zur Gesundheit", GU-Verlag,
  ISBN 978-3-8338-7896-1

5. Psychosomatik – Wie Gefühle, Gedanken und Bilder den Körper beeinflussen und unser Leben mitbestimmen

- V. Hasselmann/F. Schmolke: „Welten der Seele",
  ISBN 978-3-442-12196-0
- Dr. Reimar Banis: „Lehrbuch Psychosomatische Energetik"
- „Durch Energieheilung zu neuem Leben",
  ISBN 3-936486-15-8
- Brandon Bays: „The Journey" Der Highway zur Seele",
  ISBN 978-3-86722-920-3
- Maria Schmid-Spirig: „ABL – Auto Biologisches Lernen",
  ISBN 978-3-033-00842-7
- Stephen W. Porges: „Die Polyvagal-Theorie und die Suche
  nach Sicherheit", ISBN 978-3-944476-19-3
  Bradley Nelson: „Der Emotionscode",
  ISBN 978-3-86731-241-7

6. Astrologie – eine Hilfe zur Bewusstseinserweiterung

- „Grundwissen der Astrologie", Fernlehrgang, Astrodata-
  Verlag 1994
- Alexandra Klinghammer und Claude Weiss: „Die Lilith-
  Fibel"; Astrodata-Verlag, ISBN 978-3-907029-78-7
- Verena Bachmann: „Die Chiron-Fibel", Astrodata-Verlag,
  ISBN 978-3-907029-80-0

7. Die feinstoffliche und geistige Welt – Erfahrungen

- V. Hasselmann/F. Schmolke: „Weisheit der Seele",
  ISBN 978-3-442-12262-2
- V. Hasselmann/F. Schmolke: „Archetypen der Seele",
  ISBN 978-3-442-21929-2
- *www.aurachirurgie.li* Gerhard Klügl
- *www.willibucheli.ch* Willi Bucheli: „Symbolik"

8. Liebe und Sexualität – Lebenslanges Lernen

- Peter Lauster: „Die Liebe – Psychologie eines Phänomens",
  ISBN 978-3-499-17677-7
- Alain de Botton im Gespräch – „Liebe, Romantik und
  Alltag", Sternstunde Philosophie | SRF Kultur vom
  13.02.2017 à Youtube
- Dr. Christian Larsen und Dr. Claudia Guggenbühl:
  „Yoga, die 5 Schlüssel zur Gesundheit", GU-Verlag,
  ISBN 978-3-8338-7896-1

9. Seelenentwicklung – Karma und Reinkarnation

- V. Hasselmann/F. Schmolke: „Archetypen der Seele",
  ISBN978-3-442-21929-2
- V. Hasselmann/F.Schmolke: „Welten der Seele",
  ISBN 978-3-442-12196-0
- V. Hasselmann/F.Schmolke: „Die Seelenfamilie",
  ISBN 978-3-442-21529-4
- Trutz Hardo: „Das große Handbuch der Reinkarnation",
  ISBN 378-3-89845-549-7

Die Autorin

Elisabeth Gnehm (geb. 1957) verbrachte ihre Kindheit in der Ostschweiz. Ihr Seelenwunsch war es, Verhaltensforscherin zu werden, denn das Beobachten und Analysieren von Lebenszusammenhängen faszinierte sie schon früh. Erst wurde sie aber Oberstufenlehrerin. Rückenprobleme und unerklärliche Ängste zwangen sie bald, sich selber zu erforschen. Die Begegnung mit Yoga und Astrologie waren für sie Schlüssel zu einer ganzheitlichen Gesundheit und zur Bewusstwerdung ihrer Lebensaufgabe. Auch ihre Partnerschaft erlebt sie bis heute als „Forschungs- und Entwicklungsprojekt", an dem es zu wachsen galt und gilt. Nach der Geburt ihrer zwei Kinder wurde sie selber Yogalehrerin und Therapeutin. Ihren Erkenntnisdrang stillte sie in vielen Weiterbildungen und Selbsterfahrungen. Nachdem sie immer wieder darauf angesprochen wurde, ihre Erfahrungen doch als Buch zu veröffentlichen, hat sie 2022 diese in „Die Seele will gehört werden" niedergeschrieben.

www.elisabeth-gnehm.ch

Der Verlag

*„Wer aufhört
besser zu werden,
hat aufgehört
gut zu sein!*

Basierend auf diesem Motto ist es dem novum Verlag
ein Anliegen, neue Manuskripte aufzuspüren, zu veröffentlichen und deren Autoren langfristig zu fördern.
Mittlerweile gilt der 1997 gegründete und mehrfach
prämierte Verlag als Spezialist für Neuautoren in
Deutschland, Österreich und der Schweiz.

**Für jedes neue Manuskript wird innerhalb we-
niger Wochen eine kostenfreie, unverbindliche
Lektorats-Prüfung erstellt.**

Weitere Informationen zum Verlag und
seinen Büchern finden Sie im Internet unter:

www.novumverlag.com